현대인을 위한

# 정신건강론

안권순 저

학지사

# 머리말

현대사회는 인공지능(AI), 4차 산업혁명이 도래하면서 가치관도 변하고 사회도 빠르게 변해 가고 있다. 아울러 경제성장과 의료기술의 발달과 더불어 인간의 평균수명도 증가하고 있으며, 삶의 질이 높아지고 건강과 관련된 웰빙(well-being), 힐링(healing) 등에 관심이 증가하면서 사람들은 행복하게 살기를 희망한다. 인간은 가능성을 품고 사는 존재이다. 단 1%의 가능성만 있어도 누구든지 긍정심리의 힘을 가질 수 있다고 한다. 즉, 인간이 지니는 잠재력, 동기, 능력 등을 발휘하여 자기를 실현하고 행복한 삶을 살 수 있게 하는 심리적 힘이 긍정심리요, 행복을 지키는 일이다.

건강이란 육체적으로나 정신적으로 다 같이 그 기능을 효과적으로 발휘하는 상태를 말한다. 신체 상태와 건강은 의미가 다르다. 건강은 정신적인 면도 중요하다. 신체가 튼튼하고 질병에 걸리지 않았더라도 행동 양상에 따라 정신 상태가 건강하지 않을 수 있다. 1948년 세계보건기구(World Health Organization: WHO)는 헌장에서 건강에 대해 "단순히 질병이나 허약함이 없는 상태가 아니라 신체적 · 정신적 · 사회적으로 완전한 안녕 상태"라고 규정하였다.

정신건강은 정신 면에서의 건강을 의미한다. 세계보건기구에 의한 정신건강의 정의는 정신장애뿐만 아니라 자신의 잠재력을 실현하고 공동체에 유익하도록 기여할 수 있는 것이라고 되어 있다. 정신건강은 기본적인 인권이며, 그것을 최대한 향유하는 목적에서 「정신보건법」이 제정되었다. 이러한 시대적 변화에 대처하고 복잡하고 새로운 문제를 해결하고자 건강 관련 영역도 더 세분화되고 확장되면서 시대의 흐름과 새로운 경향성을 반영하는 정신건강 영역 서적의 필요성이 대두하였다.

이러한 요구에 부응하여 누구나 쉽게 정신건강 영역에 접근하고 보건학 분야 등 새로운 이론과 원리 등을 적용하여 실제에 도움이 되도록 이 책을 구성하였다. 이 책은 제1장 인간행동과 정신건강의 이해, 제2장 적응, 부적응 및 적응기제/방어기제, 제3장 이상행동, 증상론/정신병리학 및 치료심리, 제4장 스트레스와 정신건강, 제5장 성격과 정신건강, 제6장 인간관계와 정신건강, 제7장 성, 사랑과 정신건강, 제8장 중독과 정신건강, 제9장 자살과 정신건강, 제10장 학대와 정신건강, 제11장 문화적 다양성과 정신건강, 제12장 정신장애와 정신건강, 제13장 정신건강과 법, 위기대처 및 건강관리로 구성되어 있다.

교재를 집필하면서 나름대로 최선의 노력을 다하였으나 여전히 미진한 부분도 보이고 아쉬운 마음도 든다. 이 책의 부족한 부분이나 보완해야 할 부분은 수정을 통하여 채워지도록 독자 여러분의 아낌없는 격려와 질책을 바란다. 끝으로, 이 책이 출판되기까지 많은 수고와 노력을 아끼지 않은 학지사 관계자 분들께 감사의 마음을 전하는 바이다.

2023년 2월<br>안권순

# 차례

CHAPTER 01

# 인간행동과 정신건강의 이해

1. 인간의 행동
2. 건강과 정신건강의 개념
3. 안녕, 웰빙 및 건강모형

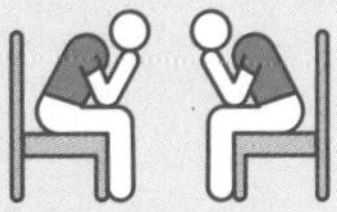

## 1. 인간의 행동

인간은 어떤 행동을 하고 왜 그러한 행동을 하는가? 그러한 행동은 어떤 환경의 지배를 받으며, 어떻게 하면 인간이 환경에 잘 적응하고 살 수 있는가? 인간행동의 본질과 인간의 정신은 어떤 역할을 하는가에 대한 문제에 답하려고 학자들은 부단히 노력하고 있다. 인간행동은 사적인 생활 및 집단 내 생활에서 인간이 표현하고 반응하는 말과 행동의 일체를 말한다. 아울러 인간행동은 쌍방향적으로 교환되며, 원만한 사회생활을 위해서는 타인의 행동을 적절하게 이해하고 그에 효과적으로 반응하는 능력이 필요하다. 따라서 인간행동은 문화, 태도, 정서, 가치, 윤리, 유전 등에 영향을 받은 인간에 의해 표출된 행위이고 그 행위는 본능, 욕구, 충동, 분노, 기쁨, 절망 등 내적 상태를 포함한다.

인간은 부모로부터의 유전적 특성에 기인한 영향을 받아 장애를 위시하여 타고난 특정 건강상태를 가질 수 있고 이것과 연관된 행동특성을 보일 수 있다(Berger & Federico, 1982). 생물학적 원인으로 인간행동은 인지 · 심리 · 정서적 특성에 따라 다르게 나타날 수 있다. 또한 사회구조적 원인에 따라서도 행동특성이 다르게 나타날 수 있으며, 오랫동안 축적되어 온 문화적 가치나 생활양식은 인간행동과 사고를 제한할 수 있다고 주장하였다.

따라서 인간행동을 이해하기 위해서는 인간행동과 유사한 개념으로 마음, 동기, 학습, 발달, 성격 등을 통해 이해하여야 한다. 인간도 생물종의 일부로 인간행동 중에서는 동물의 그것과 유사한 점도 많지만, 인간은 다른 동물은 결코 수행할 수 없는 행동능력을 가지고 있다. 즉, 상징과 의미의 창조와 학습, 지식과 기술의 창조와 활용, 제도와 관습의 창조와 개선, 비판적 사고와 자기 성찰, 자유의지와 전략적 선택이 그것이다.

따라서 인간행동을 이해하기 위해서는 신체적 움직임, 심리적 측면, 개인이 처한 상황적 측면을 포괄하는 광의의 개념과 인간발달, 성격, 이상, 행동 또는 부적응 행동에 대한 이해가 필요하다. 아울러 인간행동을 정확하게 이해하기 위해, 첫째, 생물학적, 심리적, 사회적 존재(bio-psycho-social)인 인간의 수정에서부터 사망에 이르기까지의 변화와 안정성, 즉 인간발달의 이해와, 둘째, 인간행동의 주된 결정 요인인 성격의 이해, 셋째, 이상행동 또는 부적응 행동에 대한 이해가 필요하다.

인간행동을 이해하기 위해 우선 인간의 본질에 대하여 살펴보기로 한다. 인간의 본질에 대한 접근으로, 첫째, 종교적 인간학에서 인간과 신의 관계 속에서 정립되는 인간상이다. 둘째, 이성적 인간학에서는 인간의 죄악성으로 인하여 모든 지식은 온전할 수 없는 것이었다. 셋째,

생물학적 인간학에서는 이성적 인간학은 다소 이원론을 극복해 보고자 하였으나 결국은 정신과 물질(다른 개체)과 구별하는 이원론이었다. 따라서 인간을 '만물의 영장'이라고 하는데, 그 이유를 통상 인간은 다른 존재와 달리 정신을 가졌기 때문이라고 보기도 한다.

그리고 인간의 발달을 이해할 필요가 있다. 인간의 발달은 "임신에서 죽음에 이르기까지의 전생애(life-span)에 걸쳐 나타나는 모든 연령에서의 인간의 변화"(Woolfolk, 1993)이다. 즉, 모든 변화의 양상과 그 과정이 양적, 질적으로 성장 혹은 변화해 가는 과정이다. 질적인 변화는 조직과 구조의 변화를 말하며, 양적인 변화는 신장이나 체중의 증가와 같은 기능이 다원화 내지 정교화하는 과정이다.

인간행동을 이해하기 위해서는  인간의 신경계에 대해 이해해야 한다. 신경계는 몸 안팎의 각종 변화에 대처하여 몸 각 부분의 기능을 종합 통제하는 기관으로 내부 환경이나 외부환경에 대한 정보를 수용기로부터 받아서 중추로 보내고 중추는 정보를 통합하여 근육, 분비선 등의 효과기에 정보를 전달하여 작용을 조절하는 신호를 보낸다.

인간행동을 심리학적 관점에서 살펴보면, '심리학은 행동과 정신과정을 체계적이고 과학적인 탐구를 하는 학문'이다. 이 정의에서 중요한 것은 각각의 용어가 광범위한 의미를 지니고 있다는 것이다. 인간과 동물 모두에게서 관찰될 수 있는 행위나 반응의 행동(behavior)과 직접 관찰될 수 없는 정신과정(mental process) 등 광범위하고 복잡한 것들이 포함된다. 심리학자들의 관심 주제는 신경체계, 감각과 지각, 학습, 발달, 건강, 성적 행동, 집단이나 조직 같은 사회적 상황에 처한 사람들의 행동이다. 심리학의 연구범위는 단지 사람들이 행하는 것뿐 아니라 그들의 사고, 감정, 지각, 추리과정, 기억 및 신체 기능을 유지시키는 생물학적 활동까지도 포함한다.

다음은 성격의 이해이다. 성격(personality)이란 한 사람을 다른 사람과 구별하는 합리적으로 안정된 감정, 동기 및 행동 패턴으로 말할 수 있으나 한마디로 정의하기란 어렵다. 성격은 개인이 가지고 있는 고유하고 독특한 성질이 포함되어 있으며, 이러한 개인의 독특성이 시간이 지나더라도 비교적 안정적으로 변함없이 나타나는 일관성을 가진다. 아울러 인지적인 부분뿐만 아니라 행동양식까지도 포함하고 있다. 성격을 정의할 때 이러한 독특성, 일관성 및 행동양식 모두를 고려할 필요가 있다.

## 2. 건강과 정신건강의 개념

### 1) 건강이란

건강(健康: health)은 한마디로 정의하기는 힘드나, 과거에는 건강을 '질병이 없거나 허약하지 않은 상태'라고 흔히 생각하였다. 그러나 질병과 허약이 임상적으로 뚜렷이 나타나는 경우도 있겠지만 건강과 구별이 모호할 때가 많다. 따라서 임상적으로 질병이 발견되지 않았다고 해서 건강하다고 할 수 없으며, 현재 건강하다고 판단된 사람에서도 의학기술이 발전하면 이상(異常: abnormal)이 발견될 수 있을 것이다.

1948년 세계보건기구(World Health Organization: WHO)는 헌장에서 건강이란 신체적 · 정신적 및 사회적으로 완전한 안녕의 상태로서, 단지 질병이 없다거나 허약하지 않은 상태를 말하는 것은 아니라고 했다. 건강은 한 인간생활의 모든 측면인 의 · 식 · 주, 노동, 인간관계 및 사회생활 등과 밀접한 관계가 있으며, 개인의 정서적 균형, 정신적 구조의 외부환경에의 적응은 물론 사회생활을 영위해 나갈 수 있는 능력을 포함하고 있다고 하였다. 세계보건기구(WHO)의 건강에 대한 정의의 특징은, 첫째, 건강의 사회적 측면이 강조되고, 둘째, 건강을 당위적인 측면에서 규정한 선언으로서 의미가 크며, 셋째, 실제 적용을 위하여 구체적이고 측정 가능한 요소로 구성된 개념으로 발전시키고, 넷째, 보편적인 인간의 가치를 모두 포함했다는 점이다. 따라서 건강은 생존의 추구라기보다는 일상생활에 잘 대처할 수 있는 능력을 말한다. 신체 역량뿐 아니라, 개인적 · 사회적 대처 능력을 강조하는 입체적이고 긍정적인 개념이다.

건강에 대한 개념도를 살펴보면 [그림 1-1]과 같다.

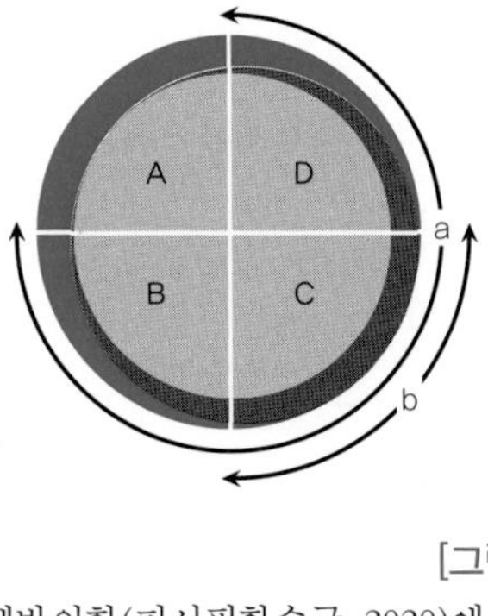


A. 의학적으로 완전한 건강상태
B. 질병의 전 단계(전염병-잠복기, 만성병-자각증상이 없는 시기)
C. 안전한 질병 상태로 노동력이 상실되어 사회생활에서 일탈된 상태
D. 질병에서 회복되는 단계

→ 네 가지 단계는 완전히 연속된 상태이며 각 단계 상호 간 이동이 가능
- 보건 의식이 향상된 계층에서는 B, C, D 범위(a)를 병적으로 인식
- 보건 의식이 빈약한 계층에서는 C(b)만을 병적으로 인식

[그림 1-1] **건강의 개념도(건강의 연속성)**

출처: 예방의학(퍼시픽학술국, 2020)에서 발췌 인용.

그러므로 건강하다고 하는 것은 다음과 같이 말할 수 있다. 첫째, 질병이 없는 상태를 말한다. 신체적으로 건강하여 일의 능률을 올릴 수 있는 상태를 말한다. 아무리 두뇌가 명석하고 체격이 건장하더라도 질병으로 고생을 하거나, 허약한 상태에 놓여 있다면 일의 능률을 올릴 수 없기 때문에 건강하다고 할 수 없다. 둘째, 정신적으로 건강하여 항상 명랑하고 쾌활한 상태여야 한다. 가정이나 친구 간의 불화로 정신적인 고통이 머리에서 떠날 날이 없다면 아무리 즐거운 일이나 아름다운 꽃을 보더라도 감정이 메말라 항상 피로한 상태가 될 것이다. 셋째, 사회적으로 안정을 누릴 수 있어야 한다. 인간이 사회생활을 하는 데 있어서 신체나 정신상태가 건전하면 왕성한 활동력으로 맡은 바 자신의 임무를 충분히 수행할 수 있다. 그리고 조금 더 일을 하더라도 건강에 지장이 없으므로, 경제적으로 여유를 갖게 되고, 대인관계도 원만해지기 때문에 사회적으로 안정을 누릴 수 있다.

이러한 개념들로부터 생각할 수 있는 건강은, 의학적 치료와 질병의 예방 그리고 건강 증진으로 세분할 수 있다. 의학적 치료는 아픈 사람에게 해당되는 것으로 그들을 살리기 위해 힘쓰고 건강을 회복시켜서 피해를 최소화하게 한다. 병의 예방은 건강을 위협하는 병이나 여러 가지 환경요인에 해당되는 것으로 이러한 위협에서 사람을 보호할 방법을 찾는 것이다. 건강 증진은 기본적으로 건강한 사람이 추구하는 것으로 건강한 상태를 유지하고 증진시키기 위한 생활형태의 개인적, 사회적 방법을 찾는 것이다.

## 2) 정신건강이란

정신(精神, mental)은 감각, 지각, 감정, 기억, 욕구, 여러 형태의 추론, 동기, 선택, 인격적 특색, 무의식 등으로 반영되는 그 어떤 것이다. 정신 영역은 흔히 인간만의 고유한 것으로 간주되고 있다. 사고, 지식, 목적이나 의도 등의 개념은 정신과 긴밀히 관련된다. 사고한다는 사실은 인간이 정신을 가졌다는 증거가 되기도 한다. 사고는 반성적인 것이어서 사고 자체를 숙고하고 사고의 본성을 정의하며 정신이론을 발달시킬 수 있다. 목적은 미래의 결과를 이끌기 위한 행동방향이라고 할 수 있어서 정신과 공통적 요소를 포함하거나 최소한 정신과 연관된다. 이것은 때때로 의지력, 즉 이성적 욕구나 지적 욕구라고도 불린다.

정신은 육체나 물질에 반대되는 영혼이나 마음이라는 뜻을 지니고 있다(김정미, 박희숙, 2016). 정신은 단순히 논리적인 판단과 생각을 정신이라고 판단하는가 하면, 감정을 다루는 정서, 그리고 사람과 사람 사이에서 관찰할 수 있는 모든 상황을 정신이라고 한다(Bloom, 1984; Cattan & Tilford, 2006). 따라서 정신은 눈에 보이지 않는 것이기 때문에 시대와 문화에 따라 상당히 다른 정의들을 보여 주고 있다.

정신건강(精神健康, mental health)은 정신 면에서의 건강을 의미한다. 세계보건기구(WHO)에 의한 정신건강의 정의는 정신장애뿐만 아니라 자신의 잠재력을 실현하고 공동체에 유익하도록 기여할 수 있는 것이라고 되어 있다. 정신건강은 기본적인 인권이며, 그것을 최대한 향유하는 목적에서 「정신보건법」이 제정되었다. 법에서는 정신장애를 가진 사람의 인권을 배려하고 치료 또는 예방하며 사회 공동체로 회복하고 정신건강을 유지 · 증진해 나가도록 선언하고 있다. 상당한 고통과 삶의 기능에 장애를 초래하는 단계가 된 경우 정신장애라고 진단될 수 있다.

정신건강의 구성요소를 보면 [그림 1-2]와 같다.

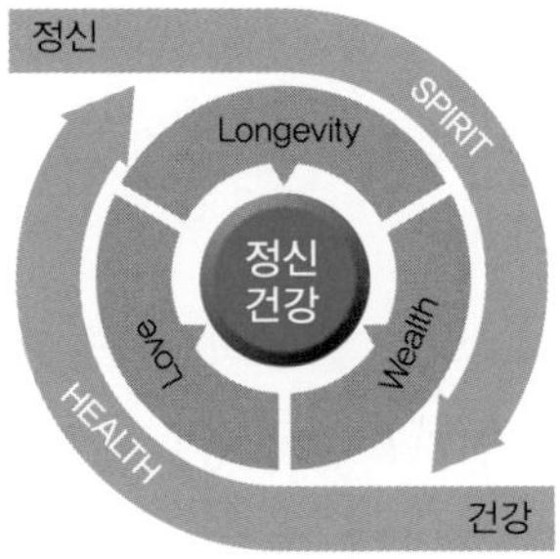


[그림 1-2] **정신건강의 구성요소**

미국정신위생위원회(National Committee for Mental Hygiene)에 따르면 정신건강이란 정신적 질병에 걸려 있지 않은 상태만이 아니고 만족스러운 인간관계와 이것을 유지해 나갈 수 있는 능력을 나타낸다. 이것은 모든 종류의 개인적 · 사회적 적응을 포함하며 어떠한 환경에도 대처해 나갈 수 있는 균형 있고(balanced), 건전하고(wholesome), 통일된(integrated) 성격(personality)을 발달시킨다는 것을 의미한다고 주장하였다.

한편, 미국정신의학회(American Psychiatric Association: APA)에서는 정신건강이란 정신적 질환을 예방하고 초기 치료를 통하여 정신질환을 감소시키며 정신건강을 유지하고 증진시키는 방법으로 정의하였다. 따라서 정신적 장애와 이것으로 야기되는 여러 가지 장애를 예방하고 치료하고, 사람들이 스스로에 대한 이해를 높이며 사회에 보다 잘 적응할 수 있도록 정신의 건강상태를 관리 및 증진시키는 모든 활동을 포함한다.

아울러 정신건강은 '개인이 자신의 능력을 실현하고, 일상의 스트레스에 대처해 가며, 생산적으로 일할 수 있고, 자신이 속한 공동체에 공헌할 수 있는 안녕의 상태'로 정의할 수 있다. 물론 이 정의는 여러 문화적 배경에 따라 다르게 해석될 수 있다. 모든 인간은 유일하며 타인과는 다른 방법으로 환경 및 스트레스에 대처하기 때문에 문화적 배경이 중요한 변수로 작용할 수 있다.

사회경제적 요인이나 환경적 요인도 정신건강에 영향을 미칠 수 있다. 일반적인 건강 및 신체질환의 경우와 마찬가지로 정신건강과 정신질환에도 사회적, 심리적, 생물학적 요인들이 상호작용하여 복합적으로 영향을 준다. 열악한 주거환경이나 낮은 소득, 낮은 교육수준 등을 포함한 빈곤의 지표들은 정신건강에 영향을 준다. 사회경제적으로 불리한 상황이 증가하며 지속되면 개인과 사회는 정신건강의 측면에서는 큰 위험에 처하게 된다. 그런 상황에서 개인은 불안감과 절망을 경험하고, 사회적 위치가 급속하게 변하고, 폭력의 위험에 노출되며, 신체질환의 발생이 증가할 수 있기에 정신질환에 대한 취약성이 증가할 수 있다. 따라서 기본적인 시민의 권리나 정치적, 사회경제적, 문화적 권리를 존중하고 보호하는 분위기는 정신건강 증진에 있어 기본이다. 안전과 자유가 없다면 높은 수준의 정신건강을 유지하는 것이 불가능하다.

정신건강은 행동과 연관되어 있다. 알코올과 약물 남용이나 의존, 폭력, 여성이나 아동학대, 그리고 에이즈, 우울, 불안 등의 건강문제가 있으면 실업, 저소득, 저학력, 직장에서의 스트레스, 성차별, 사회적 차별, 유해한 생활 습관, 인권침해 등의 상황에 대처하는 능력을 떨어뜨린다.

이상의 여러 개념을 고려해 볼 때, 정신건강이란 한 인간이 사회생활을 자발적이고도 독립적으로 영위해 나가기 위해 생각하고 판단하는 능력에 병적 증세나 정신병리가 없고, 환경에 대한 적응력이 있으며, 성숙한 인격을 갖추고 있는 상태로서 주관적인 안녕감, 자기효능감, 자발성, 유능감, 세대 상호 간의 의존과 타인과의 관계 속에서 개인의 인지적 · 정서적 잠재능력에 대한 자기실현 등을 포함하는 것이라고 말할 수 있다.

### 3) 정신건강의 요인 및 조건

건전한 정신건강의 조건으로는 우선 자기존중과 타인존중을 할 줄 알고, 자신과 타인이 지닌 장점과 한계에 대해 이해 · 수용하며, 모든 행동에는 원인과 결과가 있음을 이해하고, 자아실현에 대한 동기를 이해하려고 끊임없이 노력하는 자세가 필요하다. 그러면 건강한 사람이란 어떤 조건과 행동특성을 가지고 있는지를 살펴보기로 하자. 정신의학적으로 건강한 성인이란 인생의 목표와 더불어 자아나 자아정체감을 깨닫고 행동하며 자기 스스로를 조절하고 현실을 인식하며 현실 변화에 따라 적응할 줄 아는 사람이라고 말할 수 있다.

정신건강의 조건은 학자마다 다양하게 주장하고 있다. Jahoda(1958)는 자아정체감, 자아실현, 통합력, 자율성, 현실지각능력, 환경적응능력 등을 들었고, Carroll(1997)은 자신과 타인을 존중하는 능력, 자신에 대한 이해와 수용, 자아실현에 대한 욕구라고 설명하였다. 이러한 조건들을 보면 정신건강의 조건이 자신, 타인, 그리고 사회환경에 대한 바른 이해와 수용을 바탕으로 사회적 기능 또는 역할수행 여부와 자신의 감정이나 정서의 처리능력에 달려 있음을 알 수 있다. 일반적으로 정신이 건강한 사람은 다음의 행동특성을 지니고 있다.

첫째, 자기 자신의 현재 느낌, 욕구, 동기 등에 대해 정확히 지각한다는 점이다. 둘째, 타인의 욕구, 감정, 동기 등에 대해 바른 이해를 한다는 점이다. 셋째, 환경조건을 현실 그대로 정확하게 수용하고 인정하며 인지적 왜곡이 심하지 않다. 넷째, 사회적 책임과 기능수행을 성실하게 수행한다. 다섯째, 정서와 감정처리에 성숙함을 보이며 정서지수가 높다. 여섯째, 유머감각을 가지고 있다.

## 3. 안녕, 웰빙 및 건강모형

### 1) 안녕과 웰빙

안녕(wellness)은 개인이 최적의 건강에 성공적으로 도달하기 위하여 생활양식을 변화하도록 능동적으로 노력하는 과정이다(Hettler, 1980). 따라서 안녕이란 삶의 질 향상과 인간이 살아가는 데 필요한 정신적, 사회적, 지적, 정서적, 신체적인 균형을 조화롭게 만들어 가는 다차원적 활동이다. 또한 온전한 통합적 건강의 조화로움을 통하여 개인의 최상의 건강을 위한 잠재적 능력을 극대화시켜 삶의 질을 높이는 실천 운동이다.

안녕은 삶의 질 향상과 개인의 잠재력 능력을 극대화시키기 위한 행동에 관여하는 것으로 안녕의 구성요소는 신체적, 감정적, 정신적, 지적, 사회적 요소로 이루어져 있으며, 이는 개인의 가능성을 최대화하는 활동들에 영향을 주어 삶의 질을 향상시키는 것이다.

특히 Anspaugh 등(1991)은 안녕의 다섯 가지 차원으로 신체적, 사회적, 정서적, 지적 및 영적 차원을 주장하였고, 개개인이 최적의 건강과 안녕에 도달하기 위해서는 각 차원 내의 요인들을 지녀야 한다고 하였다. 이들이 제시한 다섯 가지 차원은 다음과 같다. 첫째, 신체적 안녕(physical wellness)으로 일상적인 업무수행능력, 정상적인 신체적 기능력, 영양관리, 흡연 및 음주관리 그리고 전반적으로 긍정적인 생활습관의 실천능력이다. 둘째, 사회적 안녕(social wellness)은 각 개인이 속한 환경 내 사람들과의 성공적인 상호작용으로 타인과의 친밀감, 대인관계 및 다양한 견해의 신념을 지닌 사람들에 대한 수용 능력이다. 셋째, 정서적 안녕(emotional wellness)으로 상황 대처능력, 스트레스 관리 및 자신의 한계를 수용하는 능력이다. 넷째, 지적 안녕(intellectual wellness)으로 의료지식의 관심도, 자아개발과 지식 습득, 교육의 가치 등 필요한 정보를 효과적으로 배우고 이용하는 능력이다. 다섯째, 영적 안녕(spiritual wellness)으로 인간을 하나 되게 하고 삶의 의미와 목적을 제공하는 자연, 과학, 종교 등에 대한 믿음이다.

웰빙(well-being)은 '안녕', '복지', 순수한 우리말로 '참살이'라고 부른다. 웰빙이란 육체적 · 정신적 건강의 조화를 통해 행복하고 아름다운 삶을 추구하는 삶의 유형이나 문화를 통틀어 일컫는다. 따라서 웰빙은 물질적인 풍요에 치우치는 첨단화된 산업 사회에서 육체와 정신의 건강하고 조화로운 결합을 추구하는 새로운 삶의 방식이나 문화 현상으로 볼 수 있다. 따라서 웰빙의 개념은, 첫째, 정신과 신체의 통합적인 건강을 강조한다. 둘째, 삶의 방식에 있어 자연에 순응한다. 셋째, 현대의 기계적 문명의 가치보다는 자기 자신과 인간 가치를 지향한다고 볼 수 있다.

### 2) 건강과 안녕 모형

건강에 대한 정의와 개념은 매우 다양하고 복잡하다. Smith(1981)는 건강과 안녕에 대해 질병은 건강하지 않은 느낌으로 인해 사회적 역할과 업무를 수행하는 데 무능함으로써 나타난다고 보고, 다음과 같은 건강모형을 주장하였다. 첫째, 임상모형(clinical model)에서 건강은 질병이나 손상의 증상 및 징후가 없는 형태이며 아프지 않은 상태를 의미한다. 이 모형에서는 인간을 기능을 지닌 생리적인 체계로 본다. 의사 등과 같은 의료인들은 임상적 모형에 근거하여 질병의 증상과 징후를 경감시키고 기능부전과 통증을 제거한다. 둘째, 역할수행모형(role performance model)에서는 건강은 사회적 역할을 수행하는 개인의 능력, 이에 업무를 수행하는 능력으로 결정된다. 이에 질병은 자신의 역할을 수행하지 못하는 무능력을 의미한다. 이 모형에서는 임상적으로 병적 소견이 있을지라도 자신의 역할을 이행할 수 있는 사람이 건강한 사람이라고 한다. 셋째, 적응모형(adaptive model)에서는 건강은 창조적인 과정으로, 질병은 적응과정의 실패나 부적절한 적응으로 본다. 즉, 치료의 목적은 사람의 적응능력 또는 대처능력을 회복하게 하는 것이다. 넷째, 행복모형(eudaemonistic model)은 건강을 포괄적인 관점으로 보고, 건강은 개인의 잠재력을 실현한 상태이며, 질병은 자기실현을 방해하는 상태로 본다. 즉, 인간은 성취와 완전한 발달 및 자아의 실현을 원한다고 보는 포괄적인 개념이다.

### 3) 건강의 범이론적 모형 및 계획행동 이론

우선, 건강의 범이론적 모형(transtheoretical model)은 건강행동이 과거행동과 의도에 따라 정해진 단계들을 거쳐 일어난다고 가정한다(Prochaska, 1996). 이 이론의 단계는 다음과 같다. 첫째, 숙고 전 단계로 행동을 수행할 혹은 개선하려는 의도가 전혀 없는 단계이다. 가령, 주변에서 현재 행동(음주나 흡연 등)이 건강을 위협할 것이라고 알려 줘도 본인은 문제없다고 말하는 경우를 들 수 있다. 즉, 흡연이나 음주를 계속하면서 "우리 가족 중에서 90세에 돌아가시기 전까지 매일 담배를 하루에 한 갑씩 피우셨다."든가, "음주를 매일 하셨다."라고 자랑하는 경우를 말한다. 둘째, 숙고단계에서는 자신의 문제행동을 변화시킬 것인가 '숙고'한다. 문제는 인지하고 있으나 행동의 변화는 없는 단계이다. 예를 들어, 계단을 올라갈 때 숨이 차오르자 '담배를 끊어야 하나 봐.'라고 생각했다가도 '아니야, 업무 때문에 스트레스를 너무 받아서 담배 없이는 살 수가 없어.'라고 곧바로 포기하는 경우이다. 셋째, 준비단계로 이 단계에서는 이제 변해야겠다고 마음먹고 준비한다. 그리고 언제, 어떻게, 어떠한 방식으로 담배나 술을 끊어야 할지를 계획해 본다. "새해 첫날부터 금연이나 금주를 해야지."라고 주위에 알리고, 자기 주변에 금연 클리닉이나 단주모임이 있나 알아본다. 넷째, 실행단계로 이 단계는 말 그대로 행동단계이다. 실제로 시간과 에너지를 쏟으며 문제행동을 변화시키는 행동을 한다. 다섯째, 유지단계로 변화를 시작한 지 반년 이상 되어 재발 방지와 굳히기 단계에 들어간다.

건강신념과 관련해서 계획행동이론(theory of planned behaviors)에 따르면 개인은 사회적 맥락에 두고 사회적 인지를 중시한다(Ajzen, 1985). 예를 들어 흡연은 건강을 해친다는 것을 분명히 알고, 주위 사람들이 흡연을 좋지 않게 보며, 또한 금연에 성공할 자신이 있다고 하면 이러한 요소들이 결합하여 금연하고자 하는 의도가 확실해진다. 흡연이나 음주는 건강을 해친다는 것을 분명히 알고, 주위 사람들이 흡연이나 음주를 좋지 않게 보며, 또한 금연이나 금주에 성공할 자신이 있다면 이러한 요소들이 결합하여 금연하고자 하는 의도가 명확해진다. 그다음 행동으로 옮긴다는 것이 계획행동이론이다. 이 이론에서는 행동에 대한 태도(attitude toward the behavior), 주관적 규준(subjective norm) 및 지각된 행동 통제(perceived behavioral control)가 행동하고자 하는 의도를 생성한다고 가정한다. 계획행동이론은, 첫째, 행동에 대한 태도는 행동의 결과에 대한 믿음과 그 결과의 가치로 구성된다. 둘째, 주관적 규준은 중요인물들이 행동을 어떻게 보는지, 이 인물들의 견해를 따르고자 하는 동기가 얼마나 강한지에 대한 인식이다. 셋째, 지각된 행동 통제는 행동을 실행에 옮기는 데 필요한 지식, 기술 등을 갖추었고 기회가 되므로 행동을 성공적으로 수행할 수 있을 것이라는 믿음을 말한다. 이러한 요소를 통해 행동하고자 하는 의도를 예측할 수 있고, 이러한 의도는 곧 행동을 예측하는 요인이라는 것이 계획행동이론이다.

## 4) 건강신념모형

건강신념모형(health belief model)이란 1950년대 인간의 행위가 개인이 그 목표에 대하여 생각하는 가치와 목표를 달성할 가능성에 대한 생각에 달려 있다고 가정하는 심리학과 행동이론을 기본으로 하여 발달하였다. 미국의 심리학자들이 개발하였고, 이후 Rosenstock(1986)과 Becker(1974)가 정교화시켰다.

1950년대 초기에 사회심리학회에서는 자극반응이론과 인지이론의 커다란 두 가지 이론에서 도출된 학습이론의 영향을 받아 인간행동을 이해하려는 접근이 시작되었다. 이 중 인지이론은 주관적 가설이나 주체가 생각하는 기대의 역할을 강조한다. 이 관점에서 행동은 결과물에 대한 주관적 가치와 주관적 가능성이나 기대의 한 기능이며, 특별한 행동은 그 결과를 성취할 것으로 본다. 이를 일반적으로 가치기대이론이라고 부른다.

건강신념모형은 개인의 사회적 행동의 주요 결정 요인인 인지적 변수에 초점을 맞추기 때문에 사회인지모델로 분류된다. 사회인지모델은 건강행동을 수행하는 사람의 다양성을 이해하는 접근법을 제공한다. 이 모델은 건강을 개선하기 위해 건강행동변화를 위한 방법을 제안하기 때문에 유용하다. 건강신념모형은 개별 환자가 예방적 보건 서비스를 수락 또는 거절하거나 건강한 행동을 채택할 수 있는 이유를 설명한다. 건강신념모델은 다음 네 가지 변화 조건이 존재할 때 사람들이 건강증진이나 질병예방에 관한 메시지에 가장 잘 반응할 것이라고 제안한다.

- 자신이 특정한 질환을 가질 위험이 있다고 생각한다.
- 위험이 심각하고 질환이 발병하는 결과가 바람직하지 않다고 믿는다.
- 특정 행동변화로 인해 위험이 감소한다고 생각한다.
- 행동변화에 대한 장벽이 극복되고 관리될 수 있다고 믿는다.

### (1) 건강신념모형도

건강신념모형도는 [그림 1-3]과 같으며, 지각된 민감성, 지각된 심각성, 지각된 유익성, 지각된 장애성 등 네 가지 구성요인으로 설명된다. 또한 행동하는 데 방아쇠 역할을 하는 자극이

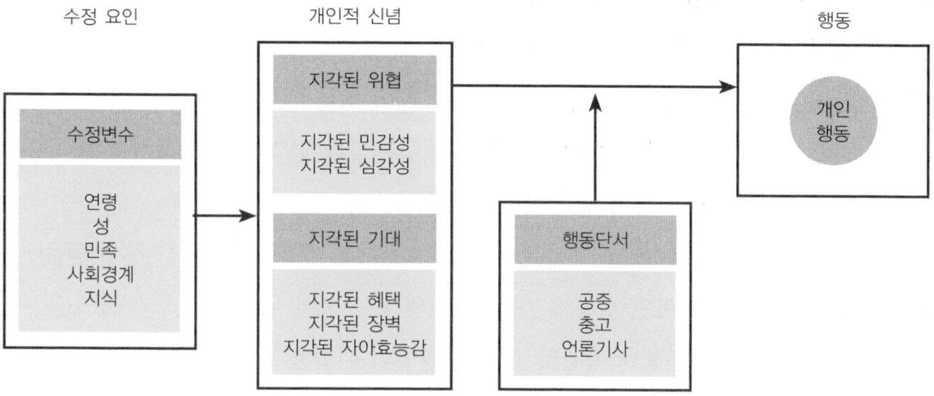


[그림 1-3] **건강신념모형도**

출처: Glanz, K., Rimer, B. K., & Viswanath, K. (2008). Health behavior and health education: Theory, research, and practice (4th ed.). San Francisco: Jossey-Bass.

있을 때 행동의 계기가 되어 적절한 행위가 일어난다. 최근에는 자기효능의 개념이 추가되었다. 이는 행동을 성공적으로 수행할 능력에 대한 자신감이다.

(2) 주요 개념

건강신념모형은 처음에는 예방적 건강 조치를 취하는 사람의 가능성을 예측하고 건강 서비스를 찾는 것에 대한 사람의 동기와 의사결정을 이해하기 위해 개발되었다. 질병을 피하고자 하는 욕망이나 반대로 건강해질 수 있다는 기초 위에서의 심리 및 행동이론에서 파생되었다. 특정 건강 조치가 질병을 예방하거나 치료할 것이라는 믿음에 달려 있다. 모델의 구성요소는 지각된 민감성, 지각된 심각성, 지각된 유익성, 지각된 장벽, 행동단서, 자아효능감과 수정 변수를 포함한다(Rosenstock, 1974).

- 지각된 민감성(perceived susceptibility): 지각된 민감성은 어떤 건강상태가 될 것이라는 가능성에 대한 생각이다. 자신이 어떤 질병에 걸릴 위험이 있다고 지각하거나, 질병에 이미 걸린 경우 의료적 진단을 받아들이거나 재발할 위험성이 있다고 생각하는 등 일반적으로 질병에 민감하다고 믿는 것이다. 즉, 질병에 걸릴 위험이 있다는 주관적 지각이다. 질병에 대한 개인의 느낌에는 편차가 크다.
- 지각된 심각성(perceived severity): 지각된 심각성은 질병에 걸렸을 경우나 치료를 하지 않았을 경우 어느 정도 심각하게 될 것인지에 대한 지각이다. 또는 이미 질병에 걸린 경우

이를 치료하지 않고 내버려 두었을 때 죽음, 장애, 고통을 느끼거나 사회적으로 직업 상실, 가족생활과 사회관계에 문제가 생길 것 등에 대한 심각성이며 민감성과 심각성의 조합은 지각된 위협감으로 나타난다. 즉, 질병에 걸린 또는 질병을 치료하지 않은 채로 남겨두는 심각성에 대한 개인의 느낌이다. 개인의 심각성은 다양하며 심각성을 평가할 때 의학적 결과, 가족생활이나 사회적 관계를 고려한다.

- 지각된 유익성(perceived benefits): 지각된 유익성은 특정 행위를 하게 될 경우 얻을 수 있는 혜택에 대한 지각이다. 어떤 상황에 대해 개인의 민감성이 위협감을 느껴 행동을 취할 때 그러한 행동의 과정은 특정한 행위의 효과가 질병의 위협을 감소시킬 수 있다고 여겨질 때 나타난다는 것이다. 즉, 사람들이 자신의 건강문제에 대해 민감하고 심각하게 느낄지라도 다양한 행위가 질병의 위험을 감소시키는 데 유용하다고 믿을 때, 즉 건강행위가 가능하고 효과적이라고 느낄 때 행동하게 된다는 것이다.
- 지각된 장벽(perceived barrier): 지각된 장애성은 특정 건강행위에 대한 부정적 지각으로 어떤 행위를 하려고 할 때 그 건강행위에 잠재되어 있는 부정적인 측면이다. 어떤 행위를 취할 시에 거기에 들어가는 비용이나 위험성, 부작용, 고통, 불편함, 시간소비, 습관변화 등이 건강행위를 방해하게 된다는 것이다. 그러므로 민감성과 심각성이 적절한 조화를 이루는 것이 행동 에너지를 만들고, 장애를 덜 가져온다는 유익성의 지각이 행동을 하게 만드는 것이다. 즉, 권고한 건강 조치를 취하는 데 장애가 있는 사람의 느낌이다. 장벽에 대한 감정에는 폭넓은 편차가 있어 비용/이익 분석으로 이어진다. 비싸고, 위험하고, 불쾌하고, 시간이 오래 걸리고, 불편하다는 인식을 평가한다.
- 행동단서(cue to action): 뚜렷한 행동을 촉진하고 활성화하는 자극이다. 권고한 건강 조치를 수락하기 위해 의사결정 과정을 시작하는 데 필요한 자극이다. 이러한 단서는 내부(흉부 통증) 또는 외부(다른 사람의 조언, 가족의 질병, 신문 기사)일 수 있다.
- 자아효능감(self-efficacy): Bandura가 정의한 자기효능감은 주어진 행위가 어떤 성과를 끌어낼 것이라는 개인의 기대를 정의한 것이다. 그중 효능기대감은 자신의 건강에 필요한 행위를 잘 해낼 수 있다는 확신으로 행위수행에 대한 훈련, 자신감 등이다. Rosenstock(1986)과 Becker(1974) 등은 건강신념모형에 민감성, 심각성, 유익성, 장애성의 초기 개념과 분리된 구성요소로서 자기효능감을 추가하였다. 행동을 성공적으로 수행할 수 있는 능력에 대한 자신감의 정도이다. 자아효능감은 사람이 원하는 행동을 수행하는지 여부와 직접 관련된다.

### (3) 건강신념모형 적용

기본적으로 건강신념모형은 건강 관련 행위를 설명하는 데 유용하도록 개발되었다. '왜'를 탐구하며, 변화에 대한 지렛대를 확인하는 데 길잡이가 될 수도 있다. 건강신념모형에 대한 대부분의 적용은 개인이 건강한 행위를 하도록 메시지 개발을 돕는 것이다. 이 메시지는 교육자료 인쇄물, 대중매체, 일대일 상담을 통해 전달될 수 있다.

**표 1-1 건강신념 모형의 핵심 개념**

| 핵심 개념 | 정의 | 적용 |
|---|---|---|
| 지각된 민감성 | 상황변화에 대한 개인의 신념 | • 위험 인구 집단이나 위험 수준 규정 내림<br>• 개인의 특성이나 행동에 근거한 위험요인의 개별화<br>• 개인의 실제 위험을 좀 더 일관성 있게 인지하도록 만들어 줌 |
| 지각된 심각성 | 상황을 위험하게 느끼는지에 대한 개인의 신념 | • 위험요인과 상황결과를 세분화 |
| 지각된 유익성 | 결과의 심각성이나 위험을 감소시키기 위해 권고된 효능에 대한 개인의 믿음 | • 언제, 어떻게 행동할지 규정 내림: 기대되는 긍정적 효과를 명확히 함 |
| 지각된 장벽 | 권고된 행동에 대한 실제적이고 심리적인 비용의 개인 신념 | • 잘못된 정보, 보상, 도움을 수정할 지각된 장애를 감소시켜 주거나 확인시켜 줌 |
| 자기효능감 | 개인의 행동능력에 대한 신뢰 | • 인지를 증진시킬 정보 제공<br>• 행동수행에 대한 훈련 및 안내 제공<br>• 추진력 있는 목표 설정 및 언어적 강화<br>• 바람직한 행동 설명 및 불안 감소 |

CHAPTER 02

# 적응, 부적응 및 적응기제/방어기제

1. 적응의 개념
2. 적응의 이론
3. 갈등의 의미와 유형
4. 적응의 대처양식
5. 부적응의 개념
6. 적응기제/방어기제

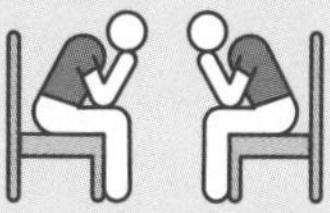

## 1. 적응의 개념

적응(adaptation)이란 하나의 순응개념으로 사람이 살아가는 과정에서 만나게 되는 다양한 상황에 맞추어 가는 동시에 살아남는 것을 말한다. 즉, 생물체가 환경의 변화에 맞게 자신의 상태나 구조를 끊임없이 변화시키는 과정으로, 적응은 변화하는 환경에서 만족스럽게 생존하기 위한 개인의 노력으로 조절(accommodation)과 동화(assimilation)의 과정을 거쳐 이루어진다. 조절이란 주어진 환경에 맞추어 자신을 변화시키는 과정이며, 동화는 자신의 욕구에 맞추어 환경을 변화시키는 과정을 뜻한다. 따라서 적응은 개인의 내적 욕구와 환경적 욕구가 조화를 이루는 관계를 맺고 유지되는 과정을 말한다.

인간이 적응해 나가지 않으면 안 되는 욕구를 살펴보면 다음과 같다. 첫째, 신체적 적응으로 내적 욕구로서 신체 조직의 활동에서 기인하는 생리적 욕구이다. 이러한 욕구는 생득적인 것으로 생명과 안락의 확보 유지를 위해서 필요하며, 체온 조절, 수면 같은 욕구는 적당한 옷을 입거나 잠을 자는 의도적인 행동을 통해 충족될 수 있다. 둘째, 심리적 적응으로 사회화 과정을 통해 내적 욕구가 된 것을 들 수 있다. 아동은 부모와의 상호작용을 갖는 동안 사회 가치를 수용하게 되고, 그것을 차차 내면화하여 자기의 성격으로 통합시켜 나간다. 셋째, 사회적 적응으로 이는 사회환경에서 비롯되는 것이다, 즉 다른 사람들에게 서로 의존하며 살아가는 사회생활에서 비롯된다. 인간은 그가 태어난 문화권의 사회제도가 개인에게 강요하는 일정한 사회가치와 그 문화의 행동양식 등에 동조해야 한다. 넷째, 도덕적 적응으로 이는 사회화 과정에서 내적인 욕구가 된 것으로 부모와의 상호작용을 통해서 사회 가치를 수용하고 그것을 내면화하며 옳고 그름에 대한 도덕 · 윤리적 가치 판단을 학습하게 된다.

적응에 대한 개념은 개인이 환경에 순응하는 소극적 관점과 개인이 자신의 목적을 달성하기 위하여 환경을 변화시키는 적극적인 관점으로 구분할 수 있다. 즉, 적응은 단순히 표현형만 변하는 것과 유전자형까지 변하는 경우가 있다. 적응의 예로는 사막에서 자라는 선인장의 잎이 점차 가시 모양으로 변하여 수분의 손실을 최소화하도록 된 것과 비좁은 숲에서 위로만 자라던 나무를 넓은 들에 옮겨 심으면 옆으로 넓게 퍼져 자라게 되는 것 등이 있다. 또 다른 예로 북극여우의 경우 열 손실을 줄이기 위해 귀가 작고, 열 발생을 늘리기 위해 몸집이 크며, 사막여우의 경우 열 발산을 늘리기 위해 귀가 크고, 열 발생을 줄이기 위해 몸집이 작은 경우이다.

한편, 적응(adjustment)이란 환경의 요청에 부응하여 스스로의 욕망을 조절함으로써 균형을 이루어 나가는 것, 즉 욕구와 가능성 간의 균형을 이루려는 노력이다. 유기체가 환경에 대해 만족한 관계를 갖는 것으로 생물학적으로는 실제의 요구에 대한 순응(adaptation)과 살아남는 것(survival)이 있다. 따라서 적응이란 심리학적으로는 개체 요구의 해소과정이며, 요구를 만족시키기 위해 장애를 극복하려고 하는 노력을 포함시키는 과정이라고 할 수 있다.

적응은 한편으로는 개인의 욕구가, 다른 한편으로는 환경의 주장이 충분히 만족된 상태로 대상 혹은 사회환경과의 조화를 말한다. 이 조화로운 관계가 획득될 수 있는 과정이라고 정의하였다(Eysenck & Wurzburg, 1972). 건강한 적응의 특성으로는 융통성, 자발성, 창의성을 들 수 있으며, 효과적인 적응은 충동이나 목표를 통제하면서 사회적 규범(norms)에 맞추어 살아가는 것이고, 한편으로는 사회가 항상 옳지만은 않기 때문에 때로는 적응을 거부하는 것이 건강한 성격이라고 볼 수 있다. 건강한 적응을 하는 사람의 특성은 동조와 비동조, 그리고 자기통제와 자발성 간의 균형을 유지하는 사람이라 할 수 있다. 또한 자신의 장점과 단점을 잘 알고, 자신의 욕구와 적절히 조화되는 사회적 역할을 선택하며, 지나친 불안이나 좌절감 없이 위협적 상황에 잘 적응해 가는 사람이다.

적응은 두 가지 과정이 있는데, 첫째, 소극적 과정으로 주어진 환경이나 여건에 자기 자신을 맞추어 가는 과정과, 둘째, 적극적 과정으로 자기의 욕구를 충족시키기 위해서 주변의 환경적 요인을 변화시키는 과정이 그것이다. 또한 어려운 상황에 대처하는 세 가지 방법이 있는데, 문제해결(problem-solving)의 방법, 주어진 상황을 그대로 받아들이는 수용의 방법 및 적응기제(또는 방어기제: defense mechanism)를 사용하는 방법이다. 따라서 적응이란 인간이 자기 자신의 욕구와 환경 사이에서 조화를 이루어 그 욕구를 충족시키는 과정이며 항상성(homeostasis) 유지를 위해 노력하는 일련의 과정이다. 반면, 부적응이란 개인이 주위 환경이나 사회의 요구를 적절히 수용하지 못하고 타인과의 관계에서 조화를 이루지 못함으로 인해 발생하는 불만이나 불안에 처한 것을 의미한다.

정신건강은 적응과 밀접한 관련이 있다. 적응을 잘한다는 것은 환경과의 상호작용에서 개인의 욕구를 잘 충족시킬 수 있다는 것이며, 또한 환경에 순응하는 것으로서 적응과 자신의 욕구를 실현하는 것으로서의 적응을 동시에 추구할 수 있다는 것을 의미한다. 따라서 개인적 행복을 추구함과 동시에 자신이 당면한 문제 상황에 효과적으로 대처하여 문제를 해결할 수 있을 때 정신건강의 유지가 가능하다고 본다.

## 2. 적응의 이론

### 1) 정신역동 접근

정신역동(psycho dynamic) 이론은 프로이트(Freud)의 정신분석 이론에서 출발한다. 무의식적 과정이 인간의 행동을 결정한다는 가정을 근간으로 하는 프로이트의 정신분석 이론에 뿌리를 둔 정신역동 접근(psycho dynamic approach)은 최근 단기 정신역동치료적 접근이라고도 불리는데, 인간의 행동을 '정신 내의 운동과 그 상호작용'에 초점을 두고 이해한다. 다시 말해, 정신이 행동을 어떻게 자극하는지 그리고 정신과 행동이 개인의 사회환경과 어떻게 영향을 주고받는지를 강조한다. 정신역동에서 인간 본성에 관한 프로이트의 관점은 기본적으로 결정론이다. 프로이트에 따르면, 인간의 행동은 비합리적인 힘, 무의식적 동기, 생물학적 그리고 생의 초기 6년 동안의 주요한 정신성적 사상에 의해 전개된 본능적 충동에 의해 결정된다(Gerald Corey, 조현춘 외 역, 2003). 본능은 프로이트적 접근의 핵심으로 초기에는 성적 에너지를 리비도(libido)라고 불렀지만, 후에는 모든 삶의 본능적 에너지를 리비도라고 부름으로써 성장, 발달, 창조성을 추구한다.

이 접근에 따르면, 정신적 문제는 다음의 네 가지 형태 중 하나로 표출된다(김규수, 1999). 첫째, 특정 상황에서 적응의 어려움은 개인의 내적인 갈등의 산물로, 갈등을 외부세계로 대치시키는 성격장애를 발달시킨다. 둘째, 개인이 과다한 자아방어기제(ego defense mechanism)를 작동시킴으로써 나타나는 신경증(neurosis)이 된다. 셋째, 심리와 신체 내의 과도한 긴장은 긴장의 방출과 해결을 필요로 하고 이것이 신체적 아픔을 통해 나타나는 정신신체적(psychosomatic) 장애를 유발한다. 넷째, 자아가 더 이상 현실에 대응할 수 있는 능력을 상실하였을 때 개인은 정신병적(psychotic) 반응을 보인다.

### 2) 심리사회 접근

심리사회 모델의 주요 이론적 배경은 정신역동이며, '상황 속의 인간'의 시각을 강조하지만 개입의 초점은 역시 클라이언트(client) 개인의 심리적 상태, 개인을 둘러싼 사회환경, 그리고 개인과 환경과의 상호작용 양상에 동시에 주어진다(윤현숙 외, 2001).

Woods와 Hollis(1990)는 심리사회 모델의 이론적 배경으로 생태체계 이론, 정신역동 이론,

역할 이론, 의사소통 이론 등을 제시하였다. 심리사회 모델의 가장 주요한 이론은 정신역동이며, 이 가운데 정신분석 이론과 대상관계 이론은 심리사회적 이론에 큰 영향을 미치고 있다.

심리사회 모델은 인간의 문제를 심리적이고 사회적인 문제로 이해하면서 '상황 속의 인간(person-in-situation)'을 강조하는 관점이다. 심리사회 모델의 주요 이론적 배경은 정신역동이며, '상황 속의 인간'의 시각을 강조하지만, 개입의 초점은 역시 클라이언트의 심리내적인 과정에 치중되어 있다(Woodrow, 1983). 즉, 심리사회 접근에서는 클라이언트가 자신의 행동과 감정에 대해 이해하고 통찰함으로써 자신의 문제를 해결하기 위한 능력을 고취하도록 원조하는 것을 강조하는 한편, 상황 속의 인간에서 의미하는 인간은 변화하고 발전 가능성을 가진 존엄한 존재를 정의하며, 상황은 의식주와 같은 물질적인 자원뿐만 아니라 대인관계를 통해 얻게 되는 개인의 사회적인 관계도 포함한다. 따라서 심리사회적 이론은 인간의 수용과 자기결정권의 가치를 존중하며, 사회적 자원의 결핍이 개인의 문제에 미치는 영향력을 중시한다고 하겠다.

## 3. 갈등의 의미와 유형

갈등(conflict)이란 두 개 이상의 행동 목표나 대상을 선택하게 될 때 비슷한 유인가(valence)를 띠고 장의 힘(field forces)이 대립된 상태를 말한다. 장(場, field)의 힘이 비슷할 때는 갈등이 쉽게 해소되지 못하고, 이와 같은 갈등이 계속되면서 해소되지 않을 경우에는 부적응 행동이 일어나게 된다. 즉, 갈등이란 정신역학적 개념에서 보면, 방향이 상반되는 같은 양의 힘이 있을 때, 즉 정신활동이 정체되고 내부 압력이 높아져 정신적인 긴장이 해소되지 않고 불안 정도가 높아질 때 발생하는 것이라고 본다.

Lewin(1996)은 갈등의 유형을 다음과 같이 구분하였다.

첫째, 접근-접근 갈등(approach-approach conflict)이다. 이는 정적(positive) 유인가를 띠고 있는 두 개의 상호 배타적인 행동 목표가 동시에 나타날 때 일어나는 갈등을 말한다. 즉, 매력적인 두 개의 긍정적 목표물에 끌려 긍정적인 욕구가 동시에 생겨나서 어떻게 행동해야 좋을지 모를 때 나타나는 갈등이다. 즉, 두 개의 매력적인 선택 간의 갈등이다. 예컨대, 입사시험에서 조건이 좋은 회사 두 군데에 동시에 합격했는데, 어느 회사를 선택하여야 할지 망설이는 경우를 말한다. 이런 경우 어느 한쪽을 선택하면 괴로운 갈등상태나 심각한 행동의 혼란을 일으키지 않고 효과적으로 적응해 나갈 수 있을 것이다. 그러나 한쪽 목표를 획득하여 욕구를 만족시키면 나머지 반대쪽에 대한 미련이 강해져서 강한 유의성을 가지게 되기도 한다. 즉, 포기했던 회사가 더 매력적으로 보여 후회하는 마음을 갖는다든지 하면서, 이 갈등에서 한쪽을 선택하는 것이 다른 중요한 것의 상실을 의미할 때는 문제가 심각해진다.

둘째, 접근-회피 갈등(approach-avoidance conflict)이다. 이는 동일한 행동 목표가 한편으로는 정적(positive) 유인가를 띠고 다른 한편으로는 부적(negative) 유인가를 띤 경우에 경험하는 갈등이다. 즉, 두 가지 끌리는 목표와 싫은 목표가 동시에 존재하는 경우이다. 예를 들면, 어느 학생이 학교성적에서 나쁜 성적도 받고 싶어 하지 않고, 공부하기도 싫은 경우에 해당된다. 물론 열심히 공부해서 시험 성적이 좋으면 해결되는 경우이다. 접근-회피 갈등 장면에서는 회피함으로써 문제가 해결되지 않는다. 갈등에 대한 긴장 상태가 비교적 오래 계속되며 불안을 느낀다. 특히 증오감이나 적대감을 표출할 수 없을 때에는 부적응 행동이 일어난다.

셋째, 회피-회피 갈등(avoidance-avoidance conflict)이다. 이는 두 가지 부정적 목표물이 모두 바람직하지 못하지만 둘 중에 하나를 선택해야 하는 경우 부정적인 갈등이 동시에 나타나 이럴 수도 없고 저럴 수도 없는 상태에서 나타나는 갈등이다. 즉, 부적 유인가를 띠고 있는 두 개의 상호 배타적인 행동 목표가 동시에 일어날 때의 갈등이다. 예컨대, 어떤 사람과 친하고 싶어 접근하다가도 거절당할까 봐 두려워하는 상태의 경우에 해당한다. 이 갈등 유형은 갈등 기간이 매우 길고 가능하면 선택과 결정을 피하려고 한다.

넷째, 이중 접근-회피 갈등(double approach-avoidance conflict)이다. 이는 두 가지 행동 목표가 각각 정적 및 부적 유인가를 띠고 있을 때 일어나는 갈등이다. 예를 들어, 직장 선택 시 겪는 갈등에서 A 회사는 지위가 높으나 승진 기회, 상여금이 적고 주말까지도 일해야 하며, B 회사는 급여 수준이 높으나, 직장에서 몇 년이 지나면 무더기 해고나 경영주의 정책이 자주 바뀌는 등 평판이 나쁜 경우이다.

이러한 이중 접근-회피 갈등을 해결하기 위하여 Janis와 Mann(1977)은 다음과 같은 다섯 가지 유형을 제안하였다. ① 비갈등적 고수(unconflicted adherence)로 의사결정자는 손해의 위험이 있을 것이라는 정보를 무시하고 그가 하고 있는 일을 계속하기로 결정하며, ② 새로운 행동으로의 비갈등적 변화로 의사결정자는 가장 분명하고 강력하게 지지받은 새로운 행동을 무비판적으로 채택하며, ③ 방어적 회피(defence avoidance)로 의사결정자는 지연시키거나 타인에게 책임을 전가시키거나 하는 등 정확한 정보에 선택적으로 주의를 기울이지 않음으로써 갈등을 피하며, ④ 과경계(hypervigilance)로 의사결정자는 광적으로 궁지에서 빠져나가는 방법을 탐색하고 일시적으로 안심시켜 줄 것 같이 보이는 해결책을 충동적으로 채택한다. ⑤ 경계(vigilance)로 의사결정자는 적절한 정보를 찾고 이를 공정하게 처리하고 선택을 결정하기 전에 다른 방안들을 조심스럽게 평가한다.

## 4. 적응의 대처양식

어떤 행동이 적응적이라는 것은 그 행동이 그 사람으로 하여금 특정한 목적을 성취하는 것을 얼마나 가능하도록 해 주는가에 관련된 것으로 부적응 이상행동을 정의하는 근본적인 요소이다. 구체적으로 적응적 행동은 다음 세 가지 측면, 첫째, 그 행동이 그 사람의 생존을 증진시키는가? 둘째, 그 행동이 사람의 만족과 행복을 증진시키는가? 셋째, 그 행동이 사회의 안녕을 증진시키는가라고 할 수 있다

적응의 대처방법은 문제중심적 대처, 정서중심적 대처 및 문제-정서 혼합 대처의 세 가지 방법이 있다.

### 1) 문제중심적 대처

문제중심적 대처(problem-focused coping) 방법은 스트레스를 유발하는 문제행동이나 환경적인 조건을 변화시켜 스트레스를 해소하고자 하는 노력이다. 문제중심적 대처의 목표는 위협이나 문제 자체를 직접적으로 관리하는 것이다. 문제중심적 대처전략은 환경지향적 대처와 내부지향적 대처로 구분할 수 있다. 환경지향적 대처는 문제를 규정하고 대안적 해결책을 제시하며, 이익과 부담의 관점에서 대안책을 비교 · 검토해 보고, 대안책들 중에서 선택한 대안을 실행에 옮기는 행동으로 이루어진다. 문제중심적 대처전략과 기술은, 첫째, 능동적 대처로 스트레스를 능동적으로 제거하거나 다루려고 시도하며, 그 영향을 제거하고자 한다. 둘째, 계획하기로 스트레스원(stressor)을 어떻게 처리할 것인가에 관해 생각한다. 셋째, 도구적 지지 추구로 조언, 조력 및 정보를 구한다. 넷째, 경쟁활동의 억압으로 스트레스원을 극복하기 위하여 다른 행위는 중지한다. 다섯째, 대처 억제로 적당한 시기까지 대처 행위를 잠시 미뤄 둔다.

일반적으로 제시되는 문제해결과 의사결정에서의 창의적 해결단계는 다음과 같다(이근후, 박영숙 공역, 1990).

첫째, 문제의 정의이다. 해결하여야 할 문제가 무엇인가? 대부분의 사람은 스트레스를 유발하는 상황의 근본적 문제점을 파악하지 못하고 겉으로 드러나는 부수적 결과나 지엽적 문제에만 연연해하는 경우가 많다. 중요한 것은 문제의 출처를 파악한 후에 이에 대한 해결책을 강구할 수 있도록 간단명료하게 진술이 필요하며, 문제에 대한 정의를 분명하게 내린 후에 해결에 필요한 여러 측면의 분석이 필요하다. 둘째, 대안설정이다. 문제상황에 대한 해결책을 모색하

는 데 있어 생각할 수 있는 가능한 한 많은 대안을 검토해 보는 것이 바람직하다. 개인적 문제를 해결하기 위해서도 그렇지만 집단이나 조직에서의 문제를 해결하는 경우에 여러 사람의 의견을 수렴하는 합리적 해결책을 찾는 방법은 매우 효과적이다. 셋째, 결과의 예견이다. 이는 여러 가지 아이디어에 대한 평가과정이다. 각 방법이나 아이디어의 결과는 무엇인가? 각 아이디어가 문제상황에 어떻게 작용할 것인지를 생각해 본다. 넷째, 해결책의 선택이다. 이는 문제를 가장 잘 해결하고 관련자의 욕구를 잘 충족시켜 줄 수 있는 방법을 선택한다. 효과적인 의사소통은 기술을 활용하며 자신의 메시지가 중요한 것임을 상대에게 설득시켜야 한다. 다섯째, 재평가이다. 이는 모든 결과를 예측할 수 없으므로 자신이 선택한 결정에 대해 재평가할 준비가 되어 있어야 한다. 자신이 선택한 방법이 효과가 없다면 그 이유를 생각해 보고 이를 재정리한 후 다시 시도해 보아야 한다.

### 2) 정서중심적 대처

정서중심적 대처(emotion-focused coping) 방법은 스트레스에 의해 유발된 정서적 반응, 즉 불안이나 초조 등의 정서적 고통을 감소시키는 데 초점을 두는 방법이다. 스트레스의 원인을 회피하거나 스트레스 상황을 인지적으로 재구성하는 대처방식으로 정서중심적 대처의 목표는 정서적 균형을 이루는 것이다. 정서중심적 대처전략과 기술로는, 첫째, 정서적 지지 추구로 사기 진작, 공감 및 타인의 이해를 구한다. 둘째, 정서 분출하기로 괴로운 감정에 중점을 두어 그에 관해서 이야기한다. 셋째, 긍정적인 재해석 · 성장으로 긍정적인 방법을 통해 상황을 재해석한다. 넷째, 행동적 철회로 스트레스원을 줄이기 위한 노력을 한다. 다섯째, 정신적 철회로 스트레스원에 대한 생각을 분산시키기 위하여 다른 활동에 주의를 돌린다.

정서중심적 대처기술을 살펴보면 다음과 같다. 첫째, 소망적 사고(wishful thinking)로 스트레스는 기왕에 일어난 일이니 나의 행동이나 생각을 바꾸도록 노력한다. 둘째, 거리두기(distancing)로 스트레스를 유발하는 곤란하고 어려운 상황에 대해 모든 것을 잊어버리려고 노력한다. 셋째, 긴장해소로 스트레스로 인해 발생한 불안이나 갈등 등을 없애기 위해 운동이나 예술 등의 다른 일에 몰두하려 든다. 넷째, 사회적 지지 추구(seeking social support)이다. 이는 다른 사람의 동정과 이해, 지지를 얻으려고 노력한다. 다섯째, 책임 수용(accepting responsibility)이다. 이는 스트레스를 유발한 문제를 일으킨 사람이 자신이라는 사실을 깨닫고 자신의 책임이었음을 생각하고 이를 받아들이려 노력한다.

따라서 적응은 개인의 내적 · 외적 욕구를 인지하고 환경 혹은 자기 자신을 맞추어 가는 것이라고 할 수 있다. 이처럼 적응은 몸과 마음의 건강을 유지하는 데 중요한 과정이며, 인간은 이러한 과정을 통하여 성장해 가는 것이라 할 수 있다(홍숙기, 2003).

이처럼 적응을 위해서는 내적인 욕구와 환경의 조화로운 관계 수립과 유지가 중요하며, 개인적인 욕구와 환경은 상호작용하는 것임을 이해하는 것이 중요하다. 적응의 방법으로 문제를 해결하는 방법, 주어진 문제를 그대로 수용하는 방법 및 방어기제와 같은 적응기제를 사용하는 방법이 있다.

### 3) 문제-정서 혼합 대처

문제-정서 혼합 대처(problem-emotion mixed coping) 방법은 스트레스 사건과 관련이 없는 구체적 활동에 참여함으로써 스트레스로 인한 정서적 고통을 줄이려고 하는 대처노력으로 목욕을 하거나 음악을 듣거나 하는 등의 행동을 포함한다. 일반적으로 사람들은 스트레스 상황에서 문제중심적 대처와 정서중심적 대처를 혼합하여 사용하는 경향이 있다. 대부분의 피험자가 문제중심적 대처와 정서중심적 대처를 함께 사용하는 것으로 나타났다(Lazarus & Folkman, 1984).

문제-정서 혼합 대처기술에는 성장지향과 직면하기가 있다. 첫째, 성장지향(growth oriented)은 스트레스를 받은 일로부터 자신의 성장에 도움이 되는 효과를 찾으려고 애쓴다. 둘째, 직면하기(confront)는 스트레스를 일으키고 있는 상황을 바꾸기 위해 어려움에 맞서 공격적으로 행동하려 한다.

## 5. 부적응의 개념

### 1) 부적응이란

부적응(不適應, maladjustment)은 일정한 환경이나 조건에 맞추어 응하지 못하는 것으로, 즉 주어진 상황에 적응하지 못하는 비정상적인 상태를 뜻한다. 인간의 욕구는 지연되기도 하고 전혀 충족되지 않는 경우도 있다. 여러 가지 장애에 부딪쳐 욕구가 충족되지 못할 때 개인이 맛보게 되는 경험을 욕구 저지(prevention) 또는 욕구불만(frustration)이라 한다. 인간은 욕구를 충족시키려 하는 존재이며 욕구로 인해 야기된 긴장을 해소시키려는 목표를 설정하고 행동한다. 결국 인간행동의 동인(動因)은 욕구이다.

Rosenzweig(2004)는 욕구불만의 원천을 신체적 요인, 지적 요인, 사회·경제적 요인, 타인의 간섭이나 방해 및 문화적 요인으로 구분하였다. 그는 이와 같은 원천에서 발생되는 욕구불만의 상태를 견뎌 내는 힘을 '욕구불만내성'이라 하였는데, 개인에 따라 그 정도와 반응양식이 각각 다르다. 이 반응양식이 비정상적일 경우가 부적응이다.

일반적으로 나타나는 부적응 행동의 신호나 증상은 다음 네 가지를 들 수 있다. 첫째, 근심걱정이 많아지는데 이는 적응상에 곤란이 있다는 가장 중요한 신호의 하나로서 더 나아가서는 불안·공포·우울·죄책감 등의 증상을 보이는 경우도 흔히 있다. 이런 상태에서는 개인의 생활이 위축되고, 문제에 성공적으로 대처하기가 힘들어진다. 둘째, 신체적인 질병으로 나타나는데, 특히 궤양·고혈압·신경증·식욕부진·기관지천식 등이 적응상의 곤란으로 인해 발병될 수 있다. 셋째, 사회적인 준거에서 유리된 행동을 보이는 것이다. 인간은 사회적으로 정해진 규정에 따라 행동하지 못할 때에는 그가 생활하는 사회나 타인과의 성공적인 접촉이 불가능해져서 사회적으로 고립당하게 된다. 넷째, 기능상의 비효율성이 나타나는데 이는 인격이 붕괴되고, 사회적 적응이 거의 불가능한 정신상태로서 흔히 망상과 환각증세를 보이며, 기괴한 언행과 사고를 하고, 자기통제력을 상실하여 현실을 거의 감지하지 못한다. 이러한 부적응증의 일반적인 증상은 부적응 행동의 형을 판별하는 데 많은 도움이 되며, 이에 근거하여 부적응 행동의 형을 분류하는 것이 상례이다.

이러한 부적응 행동은 사회적 행동문제로 사회적 고립, 분리불안, 등교 거부 등이 있고, 정서 및 성격과 관련된 행동문제로 공격적 행동, 반사회적 행동, 언어장애, 자기비하와 자기기행(self-display)적 행동이 있으며, 학업과 관련된 행동문제로 학습지진, 학업부진을 들 수 있다. 부적응 행동의 원인으로는 생물학적인 것, 충동과 욕구의 좌절과 같은 심리적인 것, 불건전한 정서적 경험이나 성격에 기인된 것, 가정의 환경적 조건 등에 기인된 것 등을 들 수 있다.

또한 불건전한 정서적 경험으로는 불안이나 공포, 적대감이나 죄책감, 가족원으로부터의 심리적인 긴장, 열등감과 차별 등이 있을 수 있으며 이에 대한 도피·투쟁·왜곡 등의 부적응 행동이 나타나게 되는 경우도 많다. 이 밖에 가족의 불화, 부모의 편애, 과잉보호, 가정의 결손, 가정의 경제적 빈곤이 원인이 되기도 한다.

부적응은 인간관계에서도 나타나는데 인간이 친밀한 관계를 맺지 못하거나 반목하면 인간관계는 심리적 고통을 경험하는 불행의 가장 주요한 원천이 된다. 이러한 인간관계의 부적응 기준은, 첫째, 주관적 불편감(subjective discomfort)이다. 이러한 불편감은 다양한 부정적인 불쾌감정을 뜻하며 인간관계 속에서 느끼는 불안, 분노 및 좌절감 등을 포함한다. 이러한 불쾌감정이 참기 어려울 정도로 과도한 상태를 부적응 상태라 할 수 있다. 둘째, 역기능(dysfunction)이다. 인간관계의 역기능은 개인의 사회적 적응에 결과적으로 부정적인 영향을 미치는 인간관계를 의미한다. 개인이 자신의 능력을 발휘하고 추구하는 목표를 달성하는 데 결과적으로 손해와 지장을 초래하는 인간관계는 역기능적이며 부적응적이라 할 수 있다. 셋째, 사회문화적 규범의 일탈(deviation from sociocultrural norm)이다. 모든 사회와 집단에는 구성원의 행동규범이 외현적으로 또는 암묵적으로 정해져 있는 것이 일반적이다. 어느 사회이든 남녀노소를 막론하고 상황에 따라서 상대방에게 지켜야 할 여러 가지 행동규범이 있다. 이러한 인간관계의 대상과 상황에 따라 지켜야 할 행동규범과 행동양식에 대해서 무지하거나 부적절한 행동을 하는 사람은 주변의 사람들에게 좋은 인상을 줄 수 없다.

### 2) 부적응 행동의 모델

부적응 행동이란 목적으로 하는 행동이 저지되거나 적응 행동이 좌절되어 사회적 규범을 무시하고 욕구충족을 위해 일반적인 기준에서 일탈된 행동을 보이는 것이다. 부적응 행동의 모델에는 의학적, 정신분석학적, 행동주의적, 인본주의적 및 사회문화적 모델이 있다. 이러한 모델들은 부적응 행동의 본질과 원인을 이해하기 위한 서로 다른 방법을 제공해 줄 뿐만 아니라 행동에 대한 서로 다른 치료방법을 제시하고 있다는 점에서 의의가 있다.

부적응 행동의 모델에 대하여 살펴보기로 하자.

첫째, 의학적 모델로 이는 부적응 행동의 원인이 생리적 기능의 이상, 즉 호르몬 분비의 불균형, 생화학 물질의 결핍, 그리고 신체 일부의 손상 등에 의하여 나타난 결과라고 믿는 것이다.

둘째, 정신분석학적 모델로 이는 부적응의 원인을 어린 시절의 억압된 욕구, 특히 성이나 공격성과 같은 기본적 충동들의 갈등에서 그 뿌리를 찾는 것이다. 이 모델은 아동기의 성적, 공격적 충동이 다른 형태로 나타나는 일련의 단계를 거친다고 본다. 만약 우리가 이러한 충동을 적절히 충족시키지 못하면 이들은 무의식 속에 해결되지 않은 채 남아 있게 되며 결국은 성인기 동안 부적응 행동을 통하여 나타나게 되는 것이다.

셋째, 행동주의적 모델로 이는 부적응 행동의 원인이나 내면세계가 아닌 행동 그 자체에 초점을 맞추려는 것이다. 이 모델은 부적응 행동의 원인이 되는 내면세계를 들여다볼 필요는 없고 단지 무엇이 그 행동을 유발하고 옹호하는가를 보기 위해 환경을 주시해야 한다고 주장한다.

넷째, 인본주의적 모델로 이는 인간이란 무엇인가의 본질적 문제와 인간이 자신을 지각하는 방법에 초점을 맞추고 있다. 이 모델에서는 부적응 행동을 일상생활의 도전에 대한 자연적인 반응으로 간주한다.

다섯째, 사회문화적 모델로 이는 한 인간을 부적응 행동의 주체로 보기보다는 개인이 속한 사회문화 속의 어떤 요인을 하나의 원인으로 보려고 하는 것이다. 이 모델은 인종적 편견, 가난, 경제적 결핍 등에 초점을 맞추어 부적응 행동을 사회 속에서 개인이 기능하는 한 측면의 반영으로 보려고 한다.

여섯째, 절충적 모델로 건강한 심리학자들은 이 절충적 모델을 택하고 있다. 그들은 하나 이상의 모델을 사용한다. 예를 들어, 어떤 사람의 부적응 행동을 성이나 공격적 욕구 사이에서 일어난 갈등(정신분석학적 접근)으로 간주하고 동시에 약물로 치료하며(의학적 접근), 그 개인에게 새로운 행동을 가르친다(행동적 접근). 그러면서도 이들에게 치유될 수 있다는 자신감을 갖도록 격려해 주기도 한다(인본주의적 모델). 따라서 각각의 이론적 모델은 서로 대치되기보다는 보완적이라고 할 수 있다.

### 3) 부적응적 인간관계 유형

인간관계 문제는 주변 상황에 의해 발생하는 경우도 있고, 그 사람의 개인적인 특성 때문에 발생하는 경우도 있다. 인간관계에서 고통을 주고받고 부적응을 경험하는 사람들의 문제는 매우 다양하다. 인간관계 부적응은 그 원인, 발생 양상, 내용, 심리적 결과 등에 따라 다양하게 분류될 수 있다. 이러한 인간관계 문제는 일시적으로 특정 시기에 발생하기도 하고 지속적으로 장시간에 걸쳐 만성적으로 겪기도 한다.

권석만(2015a)은 인간관계 부적응의 유형에 대하여 회피형, 피상형, 미숙형, 탐닉형으로 분류하여 설명하였다.

첫째, 인간관계 회피형으로 이는 인간관계를 회피하고 고립된 생활을 하는 사람들이다. 이러한 회피형 중 인간관계 고립형은 인간관계에 매우 소극적이어서 거의 친구가 없거나 인간관계의 폭이 매우 제한되어 있는 것이고, 인간관계 경시형은 인간관계가 삶에 있어서 중요하지 않으며 실상 무의미하다고 생각하는 사람들이다. 그리고 인간관계 불안형은 사람들을 만나는 것이 불안하고 두려워서 인간관계를 피하는 사람들이다.

둘째, 인간관계 피상형으로 이는 깊이 있고 의미 있는 인간관계를 맺지 못하고 피상적인 인간관계를 맺는 사람들이다. 이러한 인간관계 피상형 중 인간관계 실리형은 인간관계의 주된 의미를 실리적인 목적에 두는 사람들이다. 그리고 인간관계 유희형은 쾌락과 즐거움을 인간관계에서 얻는 최고의 가치로 생각하는 사람들이다.

셋째, 인간관계 미숙형으로 이는 대인기술 또는 사회적 기술이 부족하여 인간관계가 원활하지 못한 사람들이다. 이러한 인간관계 미숙형 중 인간관계 소외형은 미숙한 대인기술로 인해 다른 사람들로부터 따돌림을 당하고 소외당하는 사람들이다. 그리고 인간관계 반목형은 여러 인간관계에서 다툼과 대립을 반복적으로 경험하는 사람들이다.

넷째, 인간관계 탐닉형으로 이는 다른 사람과의 친밀한 관계를 강박적으로 추구하는 사람들이다. 이러한 인간관계 탐닉형 중 인간관계 의존형은 자신이 매우 외롭고 나약한 존재라는 생각이 내면에 깔려 있다. 그리고 인간관계 지배형은 혼자서는 허전함과 불안감을 느끼는 사람들이다.

이처럼 인간은 누구나 완벽하지 않기 때문에 불완전한 인간관계의 모습이 있다. 따라서 긍정적이고 원만한 인간관계는 행복한 삶뿐만 아니라 정신건강을 유지하는 필수적인 조건이라 할 수 있다.

## 6. 적응기제/방어기제

### 1) 적응기제/방어기제란

적응(adjustment)이란 개인이 심리적 · 사회적 장애를 극복하고 자신의 욕구를 충족하기 위해 개인적으로나 사회적으로 수용될 수 있는 행동을 하는 것을 의미하는데, 인간은 적응과정에서 자기가 설정한 목표에 도달하지 못하든가 심리적으로 감당하기 어려운 문제사태에 당면했을 때 갈등에 빠지게 되는데, 이런 상태에서 목표를 수정하거나 문제사태를 우회 내지 대리적 목표를 설정하고 긴장이나 불안을 해소하려고 한다. 이와 같은 해소방법을 적응기제(Adjustment mechanism)라고 한다. 적응기제는 방어기제, 도피기제, 공격기제로 분류할 수 있다(Shaffer, 1956).

인간은 해부학적 · 생물학적으로 적응이 유지되어 왔고, 안정유지, 욕구충족, 불안에 견디는 능력을 가지고 있다. 또한 인간은 신체적으로나 심리적으로 평정을 원하며 이 평정이 깨어졌을 때는 다시 평정을 되찾으려는 본능을 가지고 있다. 심리적으로도 인간은 평정을 유지하기 위한 심리적 작용, 즉 심리기제로서 평온함을 되찾으려는 작용이 있고 이것을 방어기제(defense mechanism)라 불렀다. 나비가 보호색을 띠는 이유는 주위환경에 적응하고 자신의 생명을 보호하기 위함이다. 이처럼 방어기제는 스트레스 및 불안의 위협에서 자신을 보호하기 위해 실제적인 욕망을 무의식적으로 속이면서 대체하는 양식이다. 무엇이 위협적인지 분명치 않은 상황이나 자아개념을 위협하는 심미적 갈등이 있을 때 일어나며, 이성적이고 직접적인 방법으로 불안을 통제할 수 없을 때, 자아를 붕괴의 위험에서 보호하기 위해 무의식적으로 사용하는 사고 및 행동 수단이다. 따라서 방어기제란 인간 심리 내부의 형평(equilibrium)이 깨어졌을 때 개체보존을 위해서 다시 형평을 찾으려는 항상성(homeostasis)의 작용이라 할 수 있다.

방어기제란 마음의 평정을 깨뜨리는 것들은 의식의 영역으로 올라오게 되면 불안을 야기하며, 주로 사회적 · 도덕적으로 용납되지 못하는 원초아의 욕구나 욕망, 충동, 초자아의 압력, 과거의 기억이나 현실의 요구, 욕구불만, 내적 갈등, 죄책감 등 무의식 속에 억압되어 있던 받아들이기 어려운 충동 등이다. 이때 자아가 불안을 처리하여 마음의 평정을 회복시키려는 노력을 동원하는 것을 방어기제라 할 수 있다(이형영, 1992).

## 2) 적응기제의 유형

적응기제의 종류는 다음과 같다.

### (1) 저항

저항(resistance)은 억압된 재료들이 의식화되는 것을 방해하는 것을 말하는데, 그 이유는 억압된 감정이 의식화되면 너무 고통스럽기 때문이다. 이럴 경우 대개 기억이 없다는 답변을 하는 경우가 많다. 프로이트가 억압에 대한 개념을 체계화할 수 있었던 것은 자유연상 과정에서 억압된 내용을 상기시킬 때 흔히 부딪히게 되는 연상의 단절, 당혹, 침묵, 불안 등의 관찰을 통해서이다. 즉, 무의식의 내용을 의식화할 때 심층 수준에서 의식화를 방해하는 방어기제가 바로 저항이다.

### (2) 금욕주의

금욕주의(asceticism)는 경험을 통해 얻을 수 있는 직접적인 쾌감의 뿌리를 뽑는 것을 말한다. 이때 갖가지 쾌락에 대한 가치판단을 내리는 데는 도덕적인 요소가 개입한다. 금욕주의란 의식에서 지각되는 모든 기본적 즐거움에 반대하면서 그 참된 즐거움과 만족을 이런 금욕에서 얻는 것이다.

### (3) 투사적 동일시

투사적 동일시(projection identification)는 원시적 방어기제로서 네 가지 조건을 구비한 경우를 말한다(Kernberg, 1985). 첫째, 자기 속에 있는 위험한 충동과 공격적인 충동을 상대방에 투사한다. 둘째, 그 상대방에 대해 공감을 가진다. 셋째, 그 상대방을 계속 조정하려 든다. 넷째, 그 상대방과 계속 아주 가까운 관계를 유지한다.

### (4) 원상복귀

원상복귀(undoing)는 의식에서 어떤 대상을 향해 품고 있는 자기의 성적인 또는 적대적인 욕구로 인해 상대방이 당할 것이라고 생각되는 피해를 원래 상태로 되돌려 놓는 것을 의미한다. 이러한 원상복귀의 기제는 굿과 같은 의식(ritual)에서 주로 활용된다.

### (5) 역전

역전(reversion)은 감정, 태도, 관계를 반대로 변경하는 것을 말한다. 이러한 역전은 반동형성과 구별되는데, 엄밀한 의미로 말하면 반동형성은 감정의 역전에 해당되는 개념이다. 역전의 예로는, 극도로 수동적이며 무기력한 어머니에게 무의식적으로 반항하면서 유능한 여성으로 성장한 사람이 자신의 성공에 대해 죄책감과 불안을 경험하는 경우를 들 수 있다.

### (6) 반복강박

반복강박(repetition compulsion)은 정신질환에서 흔히 보는 양상으로 경험으로부터 배우지 못하고, 계속 일정한 병적 행동 양상을 반복하는 것이다. 이는 무의식이 주로 행동을 결정하기 때문이다. 미숙한 자아는 실패를 거듭함에도 불구하고 같은 행동 양상을 되풀이하기 쉽다. 예를 들어, 결혼에 계속 실패함에도 불구하고 전과 같이 알코올 중독자와 또 결혼하는 것이다.

### (7) 지성화

지성화(intellectualization) 또는 주지화란 고통스러운 감정과 충동을 누르기 위해 그것들을 직접 경험하는 대신 그것들에 대해 생각을 많이 하는 것을 말한다. 이는 여러모로 체계적인 생각을 많이 하고 그 생각에 붙어 있는 정서를 제거하여 용납 못할 충동에서 유발되는 불안을 막는다는 심리적 책략이다.

### 3) 방어기제의 종류

방어기제의 종류는 다음과 같다.

(1) 억압

억압(repression)은 있었던 일을 없었던 것으로 여기는 심리태도이다. 억압은 불안에 대한 일차적 방어기전이며, 갈등을 해결하기 위해 가장 흔히 사용되는 무의식적 정신기제이다. 억압을 통해 자아는 위협적인 충동, 감정, 소원, 환상, 기억 등이 의식화되는 것을 막는다. 바람직하지 못한 충동이 의식으로 나오려는 것을 막을 때, 자아는 정신적 에너지를 사용하게 된다. 특히 죄책감이나 수치심 또는 자존심을 상하게 하는 경험일수록 억압되기 쉽다. 억압이 실패할 경우 자아는 더욱 복잡한 방어를 작동시키게 된다. 따라서 억압은 역동정신의학의 기본이 된다. 귀찮은 과제를 잘 잊는 경우나 지나친 수줍음 또는 소심, 복종은 어린 시절의 공포나 미움 그리고 분노가 의식화되려는 것에 대한 방어일 수 있다.

(2) 억제

억제(suppression)란 의식 혹은 반의식적으로 잊으려고 노력하는 것이다. 예컨대, 실연당한 젊은이가 옛 기억들을 잊으려 하는 경우이다. 방어기제 중 유일하게 의식에서 이루어진다. 예를 들어, 화장실에 가고 싶어도 참는다거나 안 좋은 생각은 애써 회피하려고 한다.

(3) 합리화

합리화(rationalization)는 그 행동 속에 숨어 있는 실제 원인 대신에 자아가 의식에서 용납할 수 있는 '그럴듯한 이유', 즉 가장 경우에 맞고 합리적이며 의식에 부합하고 도덕 윤리관에 어긋나지 않는 이유를 대는 기제이다. 어느 정도 가벼운 합리화는 체면유지 등에 도움을 주지만 심한 합리화는 망상을 형성하는 데 기여한다. 이는 무의식적인 과정으로서 본인은 합리화의 의도를 인식하지 못한다. 거짓말은 그 이유가 의식적인 허구에서 나온다는 사실을 알고 있다는 점에서 합리화와는 다르다. 예를 들어, 선무당이 장구 탓을 한다거나 지각한 이유를 묻자 "차가 막혀서"라고 답하는 경우를 들 수 있다.

(4) 동일시

동일시(identification)란 불안을 없애기 위해 불안의 원인이 되는 그 대상이나 사람과 같이 되려는 수단이다. 동일시는 충동이 용납되기 어려운 경우, 충동 그 자체는 부정되지만 그 충동을 갖고 있는 어떤 사람(그의 일면을 묶음으로써)과 동일시함으로써 받아들이는 과정을 말한다. 동일시란 부모, 형, 윗사람 등 주위의 중요 인물들의 태도와 행동을 닮는 것을 말하는데, 이는 단순한 흉내(imitation)와는 다르다. 동일시는 자아와 초자아의 건강한 성장을 결정하는 데 가장 중요한 정신기제이다.

(5) 승화

승화(sublimation)는 성적, 공격적 에너지를 사회적, 개인적으로 유용하게 돌려쓰는 기제이다. 승화는 용납되지 않는 충동을 억압으로 충분히 해결하지 못했을 때 사회적으로 용납되는 형태로 둔갑시켜 의식세계로 나가게 하는 것을 말한다. 따라서 가장 건강한 형태의 방어기제이다. 승화는 각종 예술, 문화, 종교, 과학 및 직업을 통해 나타난다.

(6) 전이

전이(transference)란 어떤 사람에 대한 심상(image)이 무의식적으로 다른 사람에 대한 심상과 동일시될 때를 말한다. 즉, 어릴 때 중요했던 인물에 대한 감정을 현재 대상에 동일하게 묶는 경우가 있는데 그 때문에 까닭 없이 누군가를 좋아하든지 싫어하는 감정의 전이가 생긴다. 과거가 현재 사람에게로 옮겨 와 반복되고 있는 현상이다. 따라서 개인은 과거의 대인 경험으로부터 해방되어 대상 이미지를 형성할 수 없다. 현재 거래하는 개인에 대한 대상 이미지는 과거 대상과의 경험으로부터 별개로 존재하지 않는다. 즉, 개인이 현재 어떤 인물에 대해 가지는 것이며, 개인의 현재는 과거 산물의 총합으로 이해할 수 있다. 무서운 아버지 밑에서 성장한 사람이 남편에게 쉽게 말을 걸지 못하는 것을 예로 들 수 있다.

(7) 투사

투사(projection)는 자아가 받아들일 수 없는 이드의 충동을 자기 것으로 인정하지 않고 다른 사람 때문이라고 남에게 전가시키는 것이다. 투사는 용납할 수 없는 자기 내부의 문제나 결점이 자기 외부에 있는 것으로 생각하는 기제이다. 즉, 자신이 무의식 속에서 품고 있는 공격적 계획과 충동을 남의 것이라고 하는 경우로 자신이 누구를 미워할 때 그가 자기를 몹시 미워하기 때문에 자신도 그를 미워한다고 생각하는 경우이다. 남을 탓하는 경우가 그 흔한 예이다.

(8) 저항

저항(resistance)이란 불안을 피하는 것이다. 저항은 억압된 자료들이 의식으로 나오는 것으로서 원치 않는 억압된 내용들이 의식화되는 것을 막고 싶은 욕구에 의해 생기는데 그것들이 의식화되면 너무 고통스럽기 때문이다. 이런 상황에서 그 사람은 대개 기억이 없다는 말을 한다.

(9) 합일화

합일화(incorporation)는 원하는 대상, 인물을 상징적으로 삼키는 것으로 자기 몸과 일체가 되는 것이다. 합일화는 보다 원시적 형태로 '자기'와 '자기가 아닌 것'을 전혀 분별하지 못하는 영아기에 일어나는 동일시를 뜻한다. 즉, 외계에 있는 대상을 상징적으로 삼켜 동화(assimilate)하여 자아의 형태를 변형 없이 그대로 자기 자아의 구조 속으로 들어오게 하는 원시적 방법의 동일시이다.

(10) 반동형성

반동형성(reaction formation)은 무의식의 밑바닥에 흐르는 생각, 소원, 충동이 너무 받아들일 수 없는 것일 때 정반대 방향을 강조하는 것이다. 자기를 학대하는 대상인데도 그 대상을 좋아하는 것처럼 보이는 행동이나, '미운 아이 떡 하나 더 준다'는 속담이 반동형성의 예가 된다. 어떤 사람에 대해 공격적 증오심이라든지 죽게 되기를 원하는 무의식적 욕구가 있을 때 그 반대로 매우 예의 바르게 행동하고 걱정해 주고 관심을 주는 태도로 나타날 수 있다.

(11) 상징화

상징화(symbolization)는 중립적인 대상으로 금지된 것을 대신하는 과정이다. 상징화는 어떤 사람이나 사물에 부착된 감정적 가치를 어떤 상징적 표현으로 전치시키는 것이다. 개인의 고통스러운 갈등적 욕구는 의식상의 인격에 고통을 주기 때문에 억제된다. 억제된 욕구는 거의 위장된 채 상징적 형태로 의식에 나타난다. 따라서 개인은 상징의 의미에 대해서는 알지 못하고 이를 현실로 인식하고 상징에 부여된 정서적 가치에 따라 행동한다.

(12) 상환

상환(restitution)이란 잃어버린(사별, 이별) 대상을 다른 대상으로 대치시키는 것이다. 상환이란 무의식에 있는 죄책감을 씻기 위해서 사서 고생하는 것 같은 행동을 하는 것이다. 즉, 상환행위는 죄책감으로부터 벗어나려는 기제이다.

### (13) 자신으로 향함

자신으로 향함(turning against the self)이란 존경하는 사람에게 공격적 행동은 있을 수 없는 일이므로 자기 스스로 해치는 것이다. 자신으로 향함은 어떤 대상에게 용납될 수 없는 공격적 충동이 생길 때 이를 자신에게 돌려 자신을 해치는 것을 말한다. 공격 대상을 내화하고 이를 처벌하는 것이다.

### (14) 분단

분단(splitting)이란 자신과 타인에 관한 심상과 태도에서 '전적으로 좋은 것'과 '전적으로 나쁜 것'이라는 두 개의 상반된 정서를 자아가 가지는 것을 말한다. 이는 경계선 장애에 많다. 유아가 생후 24개월 정도에서 분리 기간을 거쳐 재부착하고 싶은 욕망에서 다시 양육자에게로 돌아갔을 때 양육자가 유아를 철회할 경우 전에는 좋게만 보이던 양육자가 완전히 좋지 않게 보이게 되는 것에 기인한다. 좋게 느껴지던 사람이 갑자기 원수로 느껴지는 경우가 그 예이다.

### (15) 부정

부정(denial, 부인)은 의식적으로 참을 수 없는 생각이나 욕구 또는 현실의 존재가 무의식적으로 부정되는 과정이다. 의식화된다면 도저히 감당하지 못할 어떤 생각, 욕구, 현실적 존재를 무의식적으로 부정하는 것으로서, 즉 엄연히 존재하는 위험이나 불쾌한 현실을 부정함으로써 그로 인한 불안을 회피해서 편안한 상태를 유지하려는 방어기제이다. 부정은 현실에서의 왜곡을 초래하기 때문에 부적응을 낳는 원인이 된다.

### (16) 해리

감정적인 고통을 주는 인격의 한 부분이 해리(dissociation)에 의해 제거되면 마음을 편치 않게 하는 근원인 성격의 일부가 그 사람의 의식적 지배를 벗어나 마치 하나의 다른 독립된 성격인 것처럼 행동하는 경우를 말한다. 이때 평소 가졌던 인격을 일차적 인격이라고 하고 해리에 의해 새로이 형성된 인격을 이차적 인격이라고 한다. 이차적 인격은 일상의 일차적 인격에 대해 기억하지 못한 채 독립적으로 행동하는 자기 고유의 의식을 가지고 있다. 해리의 예로는 이중인격 또는 다중인격(dual or multiple personality), 문학작품 속의 '지킬 박사와 하이드', 믿고 의지하던 부모님이 사망하자 갑자기 부모님의 목소리를 내면서 마치 부모님처럼 행동하고 입원 후 자신이 한 이상행동을 기억하지 못하는 경우이다.

다음은 방어기제를 자기애적(정신병적) 방어, 미성숙 방어, 신경증적 방어 및 성숙한 방어로 유형을 분류한 것이다.

**표 2-1** 자기애적(정신병적) 방어

| 방어기제 | 내용 | 예 |
|---|---|---|
| 부정 | 의식적으로 참을 수 없는 생각이나 욕구 또는 현실의 존재가 무의식적으로 부정하여 불안 회피 | 말기 암환자의 병식 상실<br>죽은 아이의 시신을 업고 다님 |
| 분리 | 이분법적 사고 | A 집단은 모두 훌륭하고 B 집단은 모두 나쁘다 |
| 투사 | 용납할 수 없는 자신 내부의 문제나 결점이 자기 외부에 있다고 생각 | 상대방을 미워하면서 상대방이 자신을 미워하기 때문이라고 생각(의처증, 의부증) |

**표 2-2** 미성숙 방어

| 방어기제 | 내용 | 예 |
|---|---|---|
| 수동 공격 | 타인에 대한 공격을 자학으로 행함 | 수행 실패, 미적거림 |
| 행동화 | 욕구를 즉각 행동으로 표현 | 반사회성 성격장애 환자의 폭력 |
| 퇴행 | 발달 이전의 단계로 되돌아감 | 동생이 태어나면 유뇨증이 생김 |
| 동일시 | 남의 속성을 자신의 것으로 받아들임 | 짝사랑하는 선생님과 같은 전공을 공부하여 그 과목 선생님이 됨 |
| 신체화 | 심리적 불편을 신체현상으로 대신 표현 | 학교 가기 싫은 학생이 두통을 호소 |
| 전환 | 의식에서 거부된 정신 내용이 상징적 의미를 가진 신체현상으로 변화 | 상관한테 혼난 사원이 상관 앞에서 말문이 막힘 |

**표 2-3** 신경증적 방어

| 방어기제 | 내용 | 예 |
|---|---|---|
| 억압 | 있었던 일을 없었던 것으로 여기는 심리태도 | 선택적 기억상실증 |
| 반동형성 | 용납할 수 없는 충동과 정반대로 행동함 | 부모에 대한 적개심이 부모에 대한 지나친 관심으로 나타남 |
| 고립 | 가슴 아픈 사건이나 생각은 기억하나 수반된 정서만 망각 | 화나는 일도 차분하게 말함 |
| 합리화 | 행동 속에 숨어 있는 실제 원인 대신에 자아가 의식에서 용납할 수 있는 그럴듯한 이유를 대는 기제 | 이솝 우화의 〈신포도〉 이야기: "저 포도는 시어서 먹을 수 없어." - 사실은 높아서 못 따 먹는 것임 |

| | | |
|---|---|---|
| 주지화 | 지적 활동에 몰두함으로써 감정적 불편을 회피 | 상담시간에 괴로움을 이야기하는 대신 인간의 본질 등의 철학적 주제에 대해 토론 |
| 취소 | 대상에 대한 욕구로 인해 상대가 입을 피해를 상징적으로 만회 | 죄의식을 느낄 때 손 씻기 행위 |
| 대치 | 욕구, 감정, 충동을 보다 덜 위협적인 대상에게 표현하고 충족 | 종로에서 뺨 맞고 한강에서 화풀이 |
| 해리 | 자아가 받아들일 수 없는 성격이 자아의 통제를 벗어나 독립적으로 행동함 | 소설 〈지킬 박사와 하이드〉: 낮에는 박사 지킬로 행세하고 밤에는 도둑놈 하이드로 생활 |

**표 2-4 성숙한 방어**

| 방어기제 | 내용 | 예 |
|---|---|---|
| 억제<br>부정 | 자아가 받아들이고 싶지 않은 욕구나 기억을 떠올리는 것을 의식적으로 미루는 것 | 욕을 듣고 화가 나지만 맞서서 욕하지 않고 차분하게 대처하는 것 |
| 승화 | 공격적인 충동을 건설적인 행동으로 표현 | 공격적 에너지를 운동선수가 되어 발산함 |
| 유머 | 느낌이나 생각을 자신과 타인에게 불쾌하지 않은 방법으로 표현 | 트집 잡는 민원인에게 농담으로 분위기를 누그러뜨리는 공무원 |

CHAPTER 03

# 이상행동, 증상론/정신병리학 및 치료심리

1. 이상행동
2. 증상론/정신병리학
3. 치료심리

# 1. 이상행동

## 1) 정상과 이상의 문제

많은 정신건강 전문가는 어떤 사람의 정신상태를 논할 때, 그 사람이 정신장애를 가지고 있는지 여부를 결정하려고 한다. 정신장애(mental disorder)란 일반적으로 만족스러운 삶을 살아가고 사회에서 적절히 기능할 수 있는 개인의 능력을 심각하게 방해하는 장기적이거나 반복적인 문제이다. 그러나 비정상적이라고 하는 것에 관여되는 요인들은 너무 많기 때문에 어떤 사람이 정신장애를 가지고 있는지의 여부를 결정하는 것은 어렵다. 그럼에도 오랜 시간에 걸쳐서 정상(normal)과 이상(abnormal)을 정의하는 접근들이 생성되고 변화되어 왔다. 이를 요약해보면 대체적으로 다음의 세 기준이 적용된다.

### (1) 평균에서 벗어남

정상과 이상을 구분하는 가장 명확한 기준 중 하나는 평균에서 벗어났는지의 여부이다. 우리는 평균을 가장 보편적이며 대표적인 가치로 생각한다. 그렇기 때문에 우리의 특정한 행동에도 평균이 존재하고, 이를 벗어나면 보편성에서 벗어난 것, 즉 이상으로 정의한다는 것이다. 하지만 이 기준에 따라 보편적이지 않고 매우 드문 행동을 보인다고 해서 다 이상행동으로 분류할 수 없는 경우도 많다. 예를 들면, 기네스북에 등재되어 있는 사람들은 매우 특이한 행동을 보이는 사람들이 대부분이지만, 이들을 이상행동의 소유자로 정의하지는 않는다. 또한 지능지수(IQ)가 매우 높은 사람들도 극히 드문데도 불구하고 이들을 이상이라고 명명하지는 않는다. 따라서 평균에서 벗어난다는 기준에만 의존하여 이상행동을 구분하는 것은 충분하지 못하다.

### (2) 사회적 규준에서 벗어남

이상행동을 구분하는 또 다른 기준은 행동이 사회적 기준, 가치 혹은 규준으로부터 벗어나는지의 여부이다. 이러한 접근은 우리 사회 구성원의 판단에 비추어 볼 때, 사회적 기준에서 크게 벗어나는 행동이라면 그 행동을 이상행동으로 규정할 수 있다. 그러나 사회적 규준이라는 것이 한 시대의 문화를 반영하는 것이기 때문에 시간의 흐름에 따라 변한다는 단점을 가지고 있다. 예를 들어, 20년 전에는 남자가 귀걸이를 하는 것이 사회적인 관점에서 많이 벗어난

행동으로 분류되었지만, 최근에는 이러한 행동이 패션 감각의 일부로 자리 잡고 있다. 따라서 사회적 규준에 기초하여 이상을 구분하는 것은 위험할 수 있다.

#### (3) 부적응 행동

평균과 사회적 규준에서 벗어나는 것으로 이상행동을 구분하는 것은 어떤 특별한 행동이 심리적으로 손상되었는지 혹은 부적응적인 것인지의 여부를 명확하게 제시해 주지 못한다는 문제를 가지고 있다. 따라서 대부분의 정신건강 전문가는 이상을 적응 여부에 근거하여 명명하고 있다. 이처럼 행동으로 말미암은 심리적 결과에 초점을 맞추게 되면, 한 사람에게 고통, 불안, 죄책감을 일으키거나, 어떤 식으로든 다른 사람에게 해를 끼치는 행동은 모두 이상행동으로 여겨질 수 있다. 예를 들면, 비행기를 타는 것에 심각한 공포를 느끼거나, 살인을 하고 사체를 먹는 등의 행동은 모두 부적응적인 것으로 고려되어 이상행동으로 정의될 수 있다.

### 2) 이상행동의 접근 모형

이상행동의 역사적 배경을 살펴보면, 18세기 말 이전에는 이상행동을 미신적인 힘 또는 악마의 영혼 등과 관련된 것으로 생각하였다. 따라서 이상행동을 보이는 사람들은 악령이 깃들었다고 비난을 받았으며, 이를 치료한다는 명분하에 화형을 시키거나, 내장을 제거하는 등의 다양한 고문이 가해지기도 했다. 18세기 후반에 들어서면서 이상행동에 대한 이러한 생각이 변화하면서 이상행동을 보이는 사람들은 질병을 가진 아픈 사람들이라는 의학적 접근을 필두로, 이상행동에 대한 현대적인 접근들이 생겨나기 시작했다.

#### (1) 의학적 접근 모형

어떤 사람이 암에 걸렸다면, 우리는 일반적으로 그 사람의 신체 조직에서 암 세포를 발견하고자 한다. 이와 마찬가지로 이상행동의 의학적 접근 모형은 어떤 사람이 이상행동 증상을 보일 때, 그 사람의 생물학적인 측면(예: 호르몬의 불균형)을 검사함으로써 그 근원을 찾고자 하는 것이다. 이러한 의학적 접근 모형은 사실 미신에 기초하여 이상행동을 설명한 것과 비교해 볼 때 큰 진전을 이룬 결과이다. 그러나 생물학적인 원인이 확인되지 않는 많은 이상행동이 존재하기 때문에, 의학적 접근 모형의 기본 가정이 심각한 타격을 받은 것은 분명한 사실이다.

### (2) 정신분석적 접근 모형

의학적 접근 모형이 이상행동의 원인을 생물학적인 것에서 찾았다면, 정신분석적 접근 모형은 이상행동이 아동기 때 성 또는 공격성과 관련된 상반된 욕망에 대한 갈등으로부터 나타난다고 가정하였다. 프로이트는 아동기의 이러한 갈등이 성공적으로 해결되지 않는다면, 무의식 속에 남게 되어 결국 성인기에 이상행동으로 나타난다고 보았다. 따라서 정신분석적 접근 모형은 이상행동의 근원을 이해하기 위해서 그 사람의 초기 인생의 역사를 면밀히 살피는 작업에서 시작된다. 정신분석적 접근 모형은 인생의 초기 경험과 이후의 이상행동 간에 직접적인 관계성을 증명하기가 어렵다는 비판을 받았지만, 그럼에도 이 접근 모형은 이전의 경험이 현재의 심리적 기능에 큰 영향을 미칠 수 있다는 점을 시사하였다.

### (3) 행동 접근 모형

의학적 접근 모형과 정신분석적 접근 모형이 이상행동을 어떤 근본적인 문제의 증상으로 보는 것과는 대조적으로 행동 접근 모형은 행동 자체를 문제로 삼는다. 따라서 이 접근 모형은 이상행동을 넘어서 과거를 포함한 다른 어떤 것을 살필 필요가 없으며, 행동 자체를 이해하고 변화시킬 수 있으면 된다는 점을 강조한다. 즉, 이 접근 모형은 이상행동이 어떻게 학습되었는지를 분석하고 그러한 이상행동이 왜 일어나는지를 설명하기 위해 그런 행동이 나타나는 환경을 관찰한다. 예를 들면, 행동 접근 모형은 낯선 사람들과 대면하는 것을 피하는 개인의 행동을 효과적인 사회 기술의 부족에 기인한 것으로 설명하고, 따라서 이러한 행동은 대화를 주도하고, 적절한 얼굴 표정을 사용하며, 효과적인 청취자가 되는 기법을 훈련함으로써 치유될 수 있다고 보는 것이다.

### (4) 인지적 접근 모형

행동 접근 모형은 사람들의 행동을 자신의 통제 밖에 있는 요인들에 의해서 일어나는 것으로 보았지만, 사람들이 자신의 행동에 영향을 미치는 복잡하고 관찰되지 않는 내적 사고를 가지고 있다는 사실은 무시할 수 없는 부분 중 하나이다. 따라서 이러한 부분에 초점을 둔 인지적 접근 모형이 대두되었다. 이 모형은 인지(사고와 신념)가 이상행동의 핵심이 되는 요인이라고 가정하고, 치료과정으로 새로운 인지를 학습시키고자 하였다. 인지적 접근 모형은 학습을 중요한 요소로 포함하고 있기 때문에 종종 인지행동 접근 모형이라 불리기도 한다. 예를 들면, 한 학생이 '시험은 나의 장래에 매우 중요하다'는 식의 인지를 가지고 있다면, 시험을 볼 때마다 수행에 부정적인 영향을 미치는 불안을 지속적으로 경험하게 될 것이다. 따라서 이 학생에게 보다 현실적이며 대안적인 사고, 즉 '나의 미래가 이 시험으로 결정되지는 않는다'는 식의 인지를 가지도록 지도하는 것이다. 비록 학습 이론의 기본 원리가 사용될지라도 행동변화의 목표물은 인지의 수정이다.

### (5) 인본주의적 접근 모형

인간을 완전히 자신의 행동을 통제할 수 있는 존재로 가정하는 인본주의적 접근 모형은 행동을 통제할 수 있는 인간의 능력과 책임감을 강조한다. 다시 말하면, 개인과 세계의 관계성, 즉 사람들이 다른 사람과 관련하여 자신을 바라보고, 철학적인 의미에서 세계 속의 자신의 위치를 살피는 방식에 초점을 맞추고 있다. 따라서 이 모형에서 이상행동은 인간으로서의 욕구와 능력을 충족시킬 수 없는 상태에 있음을 알려 주는 신호에 해당된다. 또한 사람들은 다른 사람에게 해를 입히거나 고통을 느끼지 않는 범위에서 스스로 행동을 선택할 수 있는 자유를 가지고 있기 때문에 자신의 행동을 교정할 필요가 있다고 느낀다면 스스로 그러한 행동을 수정할 책임감을 가지게 된다고 보았다. 이처럼 인본주의적 접근 모형은 이전에 논의된 다른 모형들에 비해 더 긍정적인 조망에서 이상행동을 고려한다. 즉, 사람들의 어떤 것이 잘못되었다고 가정하는 대신에 이상행동을 사람들의 일상생활에서 언제든지 일어날 수 있는 환경에 대한 반응으로 본다. 그러나 인본주의적 접근 모형은 비과학적이고 검증할 수 없는 정보와 애매성(예: 인간으로서의 추구, 인간의 욕구 충족 등 주로 철학적인 개념)을 가정하고 있다는 비판을 받는다.

### (6) 사회문화적 접근 모형

이상행동의 사회문화적 접근 모형은 사람들의 행동이 가족, 사회, 그리고 그들이 살고 있는 문화에 의해 조성된다고 가정한다. 우리는 모두 가족, 친구, 지인, 낯선 사람들로 이루어진 사회 네트워크의 일부분이며, 다른 사람과 발전시킨 관계성의 종류는 이상행동을 회복시키는 데 도움이 되거나, 반대로 이상행동을 일으킬 수도 있다. 사회문화적 접근 모형에 따르면 스트레스와 갈등(무의식적 과정이 아닌 환경과의 일상적인 상호작용의 부분으로서)의 종류는 이상행동을 촉진 · 유지시킬 수 있다.

## 2. 증상론/정신병리학

세계보건기구(WHO)는 '육체적 · 정신적 및 사회적인 안녕 상태가 유지될 때'를 건강한 상태라고 정의하였다. 증상(symptom)은 환자가 병이나 상처를 지닐 때 나타나는 상태나 모양을 가리키며, 곧 질병 따위의 존재를 인식하는 상태이다. 증상에 대한 학문을 증상학(symptomatology)이라 한다. 정신장애의 증상에는 사고장애, 정동장애, 지각장애 및 행동장애가 있다. 정신병리학(psychopathology)은 정신질환 환자에서 나타나는 병적인 정신현상을 연구하는 정신의학의 분과 학문이다. 생물학적 병인론뿐 아니라 정신사회적 병인론, 신경과학적 병인론을 종합적으로 검토해 정신질환의 병리를 연구한다. 증상학에서는 이들 각각의 증상을 통괄하고, 상호관계를 이해하며, 각 증상의 하나하나가 환자의 전체적인 정신현상의 어떤 문제를 반영하는지를 살펴보고자 한다.

### 1) 지능장애

지능(intellingence)이란 유전적으로 부여된 인간의 중추신경계의 특징과 경험 · 학습 · 환경요인에 의해 만들어진 발달된 복합물이라고 할 수 있다. 즉, 새로운 대상이나 상황에 부딪혀 그 의미를 이해하고 합리적인 적응 방법을 알아내는 지적 활동의 능력으로 정의할 수 있다. 즉, 한 개인이 경험을 통하여 배우고 판단을 내리고 어떤 개념을 사용하여 과거와 현재를 통찰하고 미래를 예측하여 환경에 맞게 자신의 행동을 조절하고 미래를 계획하며 적절하게 새로운 상황에 적응해 낼 수 있는 능력을 말한다.

따라서 지능은, 첫째, 추상적인 것을 다루는 능력으로 지능은 구체적인 것(기계적 도구, 감각활동)보다 추상적인 것(아이디어, 상징, 관계, 개념, 원리)을 취급하는 능력이다. 둘째, 지능은 인간을 둘러싸고 있는 전체 환경에 대한 적응능력으로, 익숙한 사태에 연습한 반응을 보이는 것이 아니라, 새로운 사태를 취급하는 문제해결능력이다. 셋째, 지능은 학습능력을 나타낸다. 지능이 높은 사람을 지적인 학습을 보다 잘할 수 있는 능력이 있다고 본다.

#### (1) 지적 장애

지적 장애(intellectual disability)란 선천적 및 후천적 요인에 의하여 지능의 발달이 비지적 장애인보다 뒤처져 있는 발달장애의 한 부분이다. 즉, 어떤 이유에서건 개체의 발달과정에서 지능의 발육이 제대로 이루어지지 않아서 평균적인 일반인의 지능보다 낮아져 있는 상태를 말한다.

#### (2) 치매

치매(dementia)란 인지 기능의 장애로 인해 일상생활을 스스로 유지하지 못하는 상태이다. 일단 정상평균의 지능까지 발육되었다가 어떤 이유, 예컨대 뇌의 외상, 영양장애, 감염, 산소부족, 독성물질의 중독, 퇴화 현상 등으로 인하여 영구적으로 지능상태가 평균치 이하로 절하되어 있는 상태를 말한다.

### 2) 지각장애

지각(perception)이란 환경의 물리적 속성이 감각기관을 통하여 정신현상으로 나타나는 과정이다. 즉, 지각은 감각에 의존하여 사물을 인지하는 과정으로 인지의 가장 기본적인 과정이다.

지각의 장애(disorders of perception)는 들어온 자극을 과소평가하거나 과대평가하는 단순한 장애에서부터 자극을 잘못 판단하는 착각(illusion), 또는 없는 자극을 있는 것처럼 지각하는 환각에 이르기까지 다양하다.

#### (1) 실인증

기질적인 뇌의 장애로 인하여 사물을 정확하게 인지하지 못하는 경우이다. 즉, 대뇌 피질의 장애 때문에 시력, 청력, 촉각의 감각기관 손상은 없으나 대뇌 일부의 손상으로 대상에 대한 인식이 안 되는 상태이다.

실인증(agnosia)의 종류에는, 첫째, 시각 실인증으로 이는 시력장애 자체는 없음에도 대상 사물을 인식할 수 없는 것으로서, 두정엽과 후두엽의 손상으로 나타난다. 시각 실인은 대상에 따라 물체실인증, 얼굴실인증, 색채실인증, 시각 · 공간실인증, 반측공간실인증, 동시실인증 등으로 구분된다. 둘째, 청각 실인증으로 이는 음향에 대한 장애로, 소리는 들리는데 음의 크기, 음의 성질, 어떤 음인지 등 구별이 어렵고 음악의 템포나 멜로디를 이해하지 못하는 것이다. 셋째, 촉각 실인증으로 촉각에 의한 물체의 재질과 형태에 대한 인지가 불가능하게 된다. 입체감각실인증으로도 불린다. 넷째, 신체 실인증으로 이는 자기 자신의 신체에 대한 감각 또는 인식에 관해 장애가 있는 것이다. 신체상의 장애라고 할 수 있다.

(2) 착각

착각(illusion)은 단순한 지각상의 실수라기보다는 부정확한 지각을 유발한다. 즉, 외부 자극이 있고 이 자극을 잘못 해석하여 지각하는 현상이다. 감각에 주어진 자극이 어떤 환경조건에 따라 변했을 때 생기는 착각은 자극-왜곡 착각이라고 한다. 물속에 막대기의 일부분을 담가 놓으면 휜 것처럼 보이는 현상이 그 예이다. 청각의 착각으로는 사이렌 자동차가 이동함에 따라 사이렌의 높낮이가 변화하는 것처럼 지각되는 경우가 있다. 이를 도플러 효과(Doppler effect)라고 부른다. 도플러 효과는 구급차나 소방차가 지나갈 때 사이렌 소리의 높이가 높아지다가 갑자기 낮아지는 현상을 경험한 적이 있을 것이다. 이는 소리를 내는 음원이나 소리를 듣는 관찰자가 움직일 때 들리는 소리의 진동수가 정지해 있을 때 들리는 소리의 진동수와 다르기 때문이다. 많은 착각은 감각자료를 해석하는 뇌의 정상적인 과정을 속임으로써 일어난다. 어떤 착각은 시각단서의 모호함 때문에 발생한다. 동시에 두 가지 감각을 포함하는 착각도 있다. 공감각(synesthesia)이라고 불리는 현상에서는 한 감각의 대상을 통해 다른 감각까지 잘못 경험된다. 사물이 크게 보이는 거시증(macropsia), 사물이 작게 보이는 미시증(micropsia), 환경이 비현실적이고 이상하며 변화된 느낌의 비현실감(derealization)과 자신의 존재 감각이 비현실적이거나 이상하거나 낯선 것으로 지각하는 경우가 해당된다.

(3) 환각

진정한 외부 자극과는 관계없이 감각을 잘못 지각하는 것으로 외부 사물이나 자극이 실제로는 없는데도 마치 그 사물이나 자극이 있는 것처럼 느끼는 감각을 지각하게 되는 경우를 말한다. 따라서 환각(hallucination)은 심인성으로도 나타날 수 있고, 때로는 기질적인 원인으로 나타나는 경우도 있다.

현대의 일반적인 환각이론은 두 가지 가정을 기초로 하고 있다. 하나는 일생의 경험이 기억 · 사고 · 상상력에 작용을 하고 신경흔적 · 원형 · 기억흔적 등으로 다양하게 불리는 지속적인 물리적 변화를 남긴다는 것이다. 다른 하나는 내부와 외부 환경의 힘 사이에 끊임없이 변하는 균형이 존재하기 때문에 생리적인 요소와 문화적 경험 요소가 환각의 내용과 의미를 결정한다는 것이다.

의식의 저변에는 대개(특히 어린 시절의) 기억으로 구성되며 감정에 의해 크게 영향을 받는, 무의식적인 사고의 지속적 흐름이 있다고 많은 사람은 믿는다. 동시에 감각은 뇌에 정보의 지속적인 흐름을 제공해 준다. 제대로 기능하기 위해서 뇌는 어떤 정보에 반응할 것인가를 선택해야만 하고 나머지는 일시적으로 옆으로 제쳐 놓거나 완전히 무시한다. 이러한 감각자료로부터 선택을 하는 과정은 주의 메커니즘(mechanism of attention)에 의해 수행된다. 주의 메커니즘으로 들어오는 자료에 대처할 수 있는 한, 뇌는 적절한 정보를 자연스럽게 제공받게 되고 무의식적인 사고의 흐름은 의식의 밖에 있게 된다.

환각은 여러 면에서 꿈과 비슷하다. 사람이 잠이 들면 들어오는 감각정보의 양과 그로 인한 주의의 수준은 가라앉기 시작한다. 무의식적인 사고가 사람의 의식세계로 침범한다. 이러한 잠의 효과는 정신적 자극의 양이 매우 감소한 상태인 깨어 있을 때도 되풀이될 수 있다. 주의가 서서히 감소하지 않고 대신에 극단적인 불안이나 오랜 기간 깨어 있어 생기는 강렬한 각성으로 인해 갑자기 무너지게 되면 환각이 일어날 수 있다.

① 입면시 환각(hypnagogic hallucination)

수면 상태로 들어가는 동안 일어나는 잘못된 감각의 지각이며, 일반적으로 병적인 현상이 아니다. 예를 들어, 히스테리(hystery), 정상인(청소년, 아동기), 기면증(narcolepsy) 등이 있다.

② 각성시 환각(hypnopompic hallucination)

수면 상태로부터 깨어날 때 일어나는 잘못된 감각의 지각이며, 일반적으로 병적으로 볼 수 없다.

③ 환청(auditory hallucination)

환청이란 외부에서 아무런 소리가 없는데도 자신은 귀에서 어떤 소리를 듣는 경우를 말하고 조현병 증상 중에서 가장 많이 나타나는 증상이다. 환청은 단순하게는 잘 구별되지 않는 소음들에서 뚜렷한 내용이 있는 특정한 사람의 말소리가 들리는 것까지 그 내용이 다양하다. 일반인에서도 수면 부족이나 감각 박탈 등의 경우에 발생할 수 있다.

④ 환시(visual hallucination)

정신증의 증상 중 하나인 환각의 일종으로 환시는 실재하지 않는 것이 시각으로 보이는 잘못된 지각이다. 환시는 시각적인 환각의 경우 신경계의 기질적 손상에 의한 경우가 많기 때문에 유발하는 병이나 상태에 따라 환자에게 보이는 대상은 다양하다. 왜소환각(lilliputian hallucination)은 대상의 크기가 작아 보이는 잘못된 지각이다.

⑤ 환촉(tactile hallucination)

환촉은 실제로는 접촉이 없는 대상과 접촉이 있다고 느끼거나 느꼈다고 착각하는 촉각적 환각이다. 이는 단순히 위험하다고 보기는 애매하다. 환촉의 경우에는 충돌 회피 가능성을 높이기 때문에 사고 확률 또한 내려간다.

⑥ 환미(gustatory hallucination)

환미는 실제가 아닌 맛을 느끼거나 느꼈다고 착각하는 미각적 환각이다. 주로 환후와 같이 온다. 그 예로 누군가가 물에 독을 탔다든가, 음식에 수면제가 들었다든가 하는 경우가 이에 해당한다.

⑦ 환후(취)(olfactory hallucination)

환후는 실제로는 나지 않는 냄새를 맡거나 맡았다고 느끼는 후각적 환각으로, 환청, 환시에 비해 위험하진 않지만 두통, 불안감 등을 동반해 문제가 된다. 즉, 대개 기분 나쁜 냄새를 맡는 것으로 나타난다. 자기 몸에서 이상한 냄새가 나서 남들이 자기를 피한다는 망상이 같이 나타나는 경우가 많다.

### 3) 사고장애

사고(thinking)란 정보에 주의를 기울이고 정신적으로 표현하고 정보를 추론하며 판단과 결정을 하는 것을 의미한다. 또한 사고(thought)란 어떤 자극이 있을 때 그의 온갖 정신기능, 즉 정서, 지각, 상상, 기억능력을 총동원하여 그 자극을 해석하고 판단하고 종합할 수 있게 되고 이를 기초로 하여 다른 새로운 개념을 유추해 내는 기능이다.

사고장애(thought disorder)는 내용과 형태의 측면으로 구분할 수 있다. 내용 측면에서는 조현병의 특징인 망상을 보인다. 또한 망상은 정상적인 사람이라면 그러한 생각들을 떨쳐 버리기에 충분한 증거들이 존재하는데도 불구하고 지속적으로 간직하고 있는 헛된 신념들이다. 아무리 설득해도 환자에게서 그러한 망상은 사라지지 않는다. 망상의 내용은 매우 기이해서 사고장애가 있다는 것을 자동적으로 알 수 있게 해 준다. 형태 측면에서는 환자의 이야기가 조리가 없고 일관성이 결여되어 있다. 따라서 자신의 생각을 이야기하지만 전혀 연결이 되지 않으며, 무엇을 말하려고 하는지 전혀 이해할 수가 없다.

(1) 사고형태의 장애

① 정신증

신경증(neurosis)은 현실 검증력이 유지되고, 행동은 사회적인 규범을 파괴하지 않으며, 사고형태의 장애는 없는 경우를 말한다. 이와 달리 정신증(psychosis)은 현실과 환상을 구별할 수 없는 상태로 현실 검증의 장애, 새로운 현실을 창조하며, 이성적 판단능력이 무너지고 환청이나 환각을 현실과 구분하지 못하며, 언어적 · 신체적인 문제도 나타날 수 있다.

② 자폐적 혹은 내폐적 사고

정신질환, 특히 조현병에서 흔히 보이는 형태로 외계의 현실에는 전혀 무관심하거나 무시하고 자신만의 세계를 구축하며, 사고의 형태는 무의식적인 요소에 의해서 결정이 되는데, 이를 자폐적(autistic) 또는 내폐적(dereistic) 사고라고 한다. 이는 현실적 그리고 이성적인 사고와는 반대로 무의식적인 콤플렉스 또는 욕구, 정서적 그리고 능동적인 동기가 아무런 제약 없이 검정받지 않은 상태로 현실에서 그대로 행해져 버리는, 현실과는 동떨어진 형태의 생각들이다. 따라서 이 자폐적인 사고라는 것은 모든 정신에너지가 외부로부터 철수하여 자신의 내부로 향해 있는 상태이며, 그러므로 외계의 현실에는 전혀 무관심하거나, 외계의 현실을 무시하고 자신만의 환상적인 세계를 구축함으로써 비현실적인 사고가 이성이나 논리를 대신하는 것을 말한다.

③ 마술적 사고

마술적 사고(magical thinking)란 정신과학에서 은연중에 매우 어리석은 도식이나 초자연적인 방법이 작동하는 사고이다. 즉, 외계에서 일어날 수 있는 일이 실제로 일어난다고 믿는 것이나 자연 재앙을 이기기 위하여 마을 처녀를 제물로 바쳐야 한다고 믿는 것 따위가 있다.

(2) 사고과정의 장애

① 사고의 비약

사고의 비약(flight of idea)이란 사고의 연상이 비정상적으로 빨리 진행되어 생각의 흐름이 주제에서 벗어나 자연적으로 탈선함으로써 마지막에는 하려는 생각이나 목적지에 도달하지 못하는 상태이다. 즉, 어떠한 관념에서 통상적인 연상 과정을 거치지 않고 생각이 원래의 주제에서 벗어나 그 과정 중의 지엽적인 내용을 따라 다른 방향으로 발전하는 것을 말한다. 음연상(clang association)은 사고의 흐름이 극단적으로 빨라져서 소리가 비슷한 단어만을 연결하는 현상이다(예: 사람, 사슴, 사랑, 사자…….).

② 사고의 지연

사고의 지연(retardation of thought)이란 사고과정에서 연상의 속도가 느리고 전체적인 사고 진행이 느려지거나 때로는 연상이 거의 이루어지지 않아서 어떤 결론에 도저히 이루지 못하는 경우를 말한다.

③ 사고의 차단

사고의 차단(blocking of thought)이란 사고의 흐름이 갑자기 멈추게 되는 현상을 말한다.

④ 사고의 우회와 사고의 이탈

사고의 우회(circumstantiality of thought)는 사고가 어떤 관념에서 출발해서 결론에 도달하기는 하지만 여러 가지 연상이 가지를 치면서 빙빙 돌다가 엉뚱한 방향으로 진행되어 결론에 이르게 된다. 즉, 많은 불필요한 묘사를 거친 후에야 말하고자 하는 목적에 도달한다. 사고의 이탈(tangentiality of thought)은 결국 목적한 생각에 도달하지 못하는 경우이다.

⑤ 사고의 일관성

사고의 보속증(perseveration of thought)은 사고를 진행시키는 노력과 외부에서 부단히 새로운 자극이 들어오는데도 불구하고 사고의 진행이 제자리에서 맴돌고 한 개 또는 몇 개의 단어나 문장에서 벗어나지 못하고 계속 같은 말을 반복하게 되는 경우를 말한다[예: 내가 학교에 가다가 가다가 가다가…….(더 이상 진행이 안 됨)]. 지리멸렬(incoherence)은 말이 문장의 구성법에 따르지 않고 무질서하게 두서없는 경우이다. 음송증(verbigeration)은 말이 토막토막 끊어져 완전히 단절된 낱말들을 되풀이하는 경우이다. 말비빔(word salad)은 비슷한 모양의 명사만 줄이어 내뱉을 때를 말한다.

⑥ 신어 조작증

신어 조작증(neologism)이란 자기만이 아는 의미를 가진 새로운 말을 새롭게 만들어 내는 현상을 말하는데, 두 가지 이상의 말을 합쳐서 새로운 말을 만들기도 한다. 즉, 환자 자신만이 아는 의미를 가진 새로운 말을 만들어 내는 현상이다.

⑦ 사고의 지리멸렬함

사고의 지리멸렬함(incoherence of thought)이란 사고가 조리 있거나 일관성이 없이 말이 서로 연결이 되지 않고 토막토막 끊어지는 경우 또는 도무지 줄거리를 알 수 없는 얘기를 계속하는 경우이다.

(3) 사고내용의 장애

① 편집성 또는 피해적 망상

편집성 또는 피해적 망상(paranoid or persecutory delusion)이란 단순히 이성과 논리적 설명으로 바꾸지 못하는 불합리한 잘못된 생각으로 타인이 자신을 해치거나 해롭게 하기 위하여 어떤 모의를 하고 있다고 믿는 망상이다. '누군가 나를 미행한다.', '나를 죽이려고 음식에 독을 탔다.' 등의 피해적 망상은 자신의 결함, 적개심, 불만 등이 투사되어서 오히려 남이 자신을 해할 것이라 뒤집어씌우는 과정에서 나타난다.

② 과대망상

과대망상(delusion of grandeur, grandiose delusion)이란 자신을 실제보다 더욱 위대한 사람으로 믿는 망상이다. '나는 천리안이다.', '나는 초능력을 갖고 있다.', '나는 예수 또는 부처다.' 등 사실과는 다른 과장된 믿음을 갖고 있는 상태이다.

③ 우울성 망상

우울성 망상(depressive delusion)이란 우울상태에서 많이 나타나는 망상이다. '나는 너무나 큰 죄를 지어 죽어야만 한다.', '나는 몹쓸병에 걸려 곧 죽을 것이다.' 등 존재 가치가 없다든지 이 세상은 이미 자신에게는 아무 의미도 없다든지 하는 허무망상 등이 이에 속한다.

④ 색정적 망상

색정적 망상(erotic delusion)에는 자신은 모든 이성으로부터 사랑을 받고 있다든가 자신은 모든 이성을 사랑해야 할 권리 또는 의무가 있다는 과대적인 내용과 함께 배우자를 의심하는 부정망상 또는 질투망상과 같은 피해적인 내용이 있다.

⑤ 기타 망상

자책망상(delusion of self-accusation)은 자기징벌과 죄의식에 대한 망상이며, 허무망상(nihilistic delusion)은 자신은 이미 존재하지 않는다든지, 존재 가치가 없다든지, 이 세상은 이미 자신에게 아무 의미가 없다고 하는 망상이다. 신체망상(somatic delusion)은 자기 장기의 한 부분이 남과 특이하게 다르게 되었다고 믿는 경우이며, 조종망상(idea of delusion)은 자신이 타인에 의해 또는 미지의 존재에 의해 조종당한다는 망상이다. 사고의 전파(broadcast of thought)는 자신의 생각이 방송되어 모든 사람이 알게 된다고 생각하는 망상이다.

## 4) 기억장애

기억(memory)이란 시간 경과에 따른 세 가지 기본단계, 즉 부호화, 저장 그리고 인출을 통해 획득된 정보의 보유 능력을 말한다. 즉, 기억이란 개최의 정서활동에 필요한 정보를 받아들여서 뇌 속에 기록하고 필요한 기간 동안 파지(retention)를 저장했다가 필요한 때에 의식 체계로 꺼내어 적당하게 사용할 수 있는 능력을 말한다.

기억장애(disorders of memory)란 기억력에 장애가 생겨 새로운 정보를 기억하지 못하거나, 금방 잊어버리거나, 일부 또는 어떤 일정한 시기 이전의 일을 기억하지 못하는 증상을 말한다. 주관적 기억장애란 이런 기억장애를 호소하지만 인지기능 검사는 정상이며, 일상생활의 장애가 없는 경우를 말한다.

### (1) 기억과다증

기억과다증(hypermnesia)은 과거에 기억한 것들이 지나치게 나타나거나 이상하게 선명한 증상이다. 즉, 기억과다는 가벼운 조증상태나 편집증 및 정신증에서 때때로 볼 수 있다. 지나치게 기억을 많이 할 수 있는 부분은 아주 강한 정서와 결부되어 있는 특정 사건과 경험, 혹은 특정 기간에 대한 것이다.

### (2) 완전성 기억상실

완전성 기억상실은 기억 자체가 불가능한 것을 일컫는다. 신체적이기보다 정신적인 문제로 생기기 쉽다. 완전성 기억상실이 될 만큼 뇌가 손상되었다면 생존이 어려울 정도로 심각한 것이다.

### (3) 부분성 기억상실

부분성 기억상실은 장기 기억상실과 단기 기억상실이 있다. 장기 기억상실은 옛날 기억을 잃어버리는 것으로 부분적으로 기억을 잃는다. 단기 기억상실은 바로 전에 일어났던 일을 기억하지 못하는 것으로 가장 흔한 기억상실증이다.

(4) 기억상실

① 순행성 기억상실

순행성 기억상실(retrograde amnesia)은 역행성 기억상실과 반대로 원인 제공 뒤의 일을 기억하지 못하는 것이다. 즉, 뇌 손상을 입었을 경우 그 시기 이전의 일을 거슬러 올라가면서 상실하고 반대로 회복 시에는 이전 일부터 회복되는 경우이다. 대부분 기억을 못하는 기간이 있으며, 몇 시간부터 몇 달 등 그 기간은 다양하다.

② 역행성 기억상실

역행성 기억상실(anterograde amnesia)은 원인 전에(대부분 외상으로 인해 발생한다) 일어난 일을 기억하지 못하는 것이다. 즉, 뇌의 병변이 발생한 이후의 일을 기억하지 못하고 그 이전의 일은 정확하게 기억하는 경우이다. 이는 생존에 위협을 느낄 정도로 치명적이진 않으나 일상생활에 차질이 생기며, 급작스럽게 회복될 수 있다. 예로, 역행성 기억상실에 걸린 사람이 야구 경기를 보다가 야구공에 맞는 사고가 발생했고, 그 사고 뒤에는 기억이 돌아왔다고 한다.

③ 심인성 기억상실증

심인성 기억상실(psychogenic amnesia)은 심리적 충격 때문에 발생하는 것으로 뇌 손상과는 무관하다. 정신장애의 진단기준인 DSM-5에서 심인성 기억상실은 해리성 기억상실증(dissociative amnesia)이라고 하며 해리성 장애(dissociative disorder)의 범주에 속한다. 해리성 장애는 보통 어린 시절에 당한 성폭행이나 신체적 · 성적 학대를 비롯한 정신적 외상(trauma)이나 과도한 스트레스 때문에 발생한다. 심인성 기억상실은 보통 역행성 기억상실이지만, 과거의 모든 기억이 아니라 심리적으로 충격을 받았던 사건만 잊는 경우가 일반적이다. 이런 경우는 최면으로 기억을 떠올리게 할 수 있다.

만약 교통사고로 인한 뇌 손상 때문에 기억상실이 일어났다면 기질성 기억상실이고, 뇌 손상이 없다면 심인성 기억상실이라고 할 수 있다. 하지만 평소에는 아무런 문제 없이 잘 지내던 사람이 교통사고에서 받은 물리적 충격으로 뇌 손상 없이도 과거의 모든 기억을 잃는다는 설정은 영화 속에서나 가능하다. 우리의 기억은 뇌의 특정 부분에 저장되는 것이 아니다. 비록 해마가 기억과 직접 연관이 있는 뇌의 일부분이지만 이것은 기억을 저장하기보다는 단기 기억을 장기 기억으로 변환시키는 기능을 한다고 알려져 있다.

## 5) 행동장애

행동(behavior)이란 미세한 감정의 움직임에서부터 적극적인 운동까지 인간이 표현할 수 있는 모든 행위를 포함한다.

행동장애(disorders of activity)란 타인의 기본적인 권리나 연령에 적절한 사회적인 규준 또는 법을 침해하는, 반복적이고 지속적인 행동을 보이는 정신질환이다.

### (1) 과잉행동

정신운동이 증가되어 있는 상태로 필요 이상으로 지나치게 많은 활동을 하는 경우이다. 행동 증가는 대체로 격정적이고 목적 없는, 외부 자극에 상관없는 행동이 증가하는 흥분(excitement)과 내적 자극에 의해 필요 없는 운동과잉과 과잉심리상태가 나타나는 정신운동격정(psychomotor agitation)이 특징이다. 과잉행동(overactivity or increased activities)은 겉으로 보기에는 굉장히 바쁜 것 같으면서도 실제 이루어 놓은 일이 거의 없는 경우가 많다.

### (2) 저하된 행동

욕구가 저하된 상태에서는 사람의 행동도 저하된다. 이렇게 저하된 행동(decreased activities)을 정신운동성 저하(decreased psychomotor activity) 또는 지체(psychomotor retardation)라고 하는데 가볍게는 동작이 느리고 일을 시작하기가 힘든 정도에서 거의 운동이 없는 상태까지 그 정도가 다양하다. 행동감소는 감정 상태에 따라 일시적인 무력 상태가 되는 탈력발작(cataplexy)과 기면증(narcolepsy)에서 나타난다.

### (3) 반복적 행동

다른 사람이 보기에는 이유가 없는 것 같은데도 같은 행동을 계속적으로 반복하는 경우 이를 상동증이라고 한다. 반복적 행동(repetitious activities)은 객관적으로 아무 의미도 없어 보이는 똑같은 행동을 변함없이 반복하는 상동증(stereotype)과 의미 없는 단어나 짧은 문장을 반복해서 발성하는 음송증(verbigeration)의 유형이 있다. 상동증이 행동의 반복인 데 비하여 의미 있는 단어나 짧은 문장을 이유 없이 반복하는 경우 이를 음송증이라고 한다. 또한 가장 심한 반복행동으로 한 가지 부동의 자세를 계속 유지하는 강직증(catalepsy), 타동적으로 취해진 자세를 그대로 유지하는 납굴증(waxy flexibility), 환자의 이상한 버릇이 몸동작으로 자주 되풀이되는 기행증(mannerism)이 있다.

#### (4) 자동행동

거부증과 반대의 형태로 나타나는 행동장애의 하나가 자동증(automatism)이다. 타인의 말에 강박적으로 따르는 것을 명령자동증(command automatism), 자신의 의지는 하나도 없다는 듯이 남의 요구대로 자동적으로 움직이는 행동을 자동복종(automatic obedience), 보고 있는 행동을 따라 하는 반향동작(echopraxia)과 남의 말을 따라서 하는 행동을 반향언어(echolalia)라고 한다.

#### (5) 거부증

거부증(negativism)은 자동증과는 반대로 상대방이 요구하는 것을 묵살하거나 반대방향으로 행동하는 경우를 말한다. 질문에 대하여 대꾸하지 않는 함구증, 밥 먹으라는 소리에 배가 고프면서도 굶는 거식증 등이 이에 속한다.

#### (6) 강박증적 행동

강박증적 행동(compulsive acts)은 스스로 자신의 행동이 무의미하다든가 불필요하다는 것을 알면서도 그런 행동을 반복하지 않고는 견디지 못하는 병적인 상태의 행동이다.

#### (7) 충동적 행동

충동적 행동(impulsive acts)은 순간적인 감정의 지배에 따라 예기치 않은 행동을 폭발적으로 일으키는 현상이다.

### 6) 감정장애

감정(emotion)은 정신, 신체, 행동의 요소를 포괄하는 복합적인 느낌(feeling)이고, 기분(mood)은 지속적인 내적 상태이며, 정동(affect)은 감정의 외적 표현이다. 정동행동으로 그 사람의 감정 상태를 알 수 있다. 정동의 부적합성(inappropriate affect)은 개인의 사고 내용과 감정이 맞지 않는 상태이다.

(1) 정동장애

정동장애(affect disorder)에는 상황이나 생각의 내용 또는 말과는 전혀 엉뚱한 조화롭지 못한 감정 상태의 정동의 부적합성(inappropriate affect)과 밖으로 표현된 정동의 정도가 감퇴된 정동의 둔마와 무감동(blunted affect and apathy)이 있다.

(2) 기분장애

기분장애(mood disorder)에는 슬픈 느낌의 정동인 우울한 기분(depression), 낙관적 태도와 자신감, 유쾌한 기분의 다행감(euphoria), 즐거운 기분이 넘쳐 행동과 욕구가 과장되어 나타나는 발양(elation), 황홀경(ecstasy)의 고양된 기분(elevated mood) 등이 있다. 또한 고양된 기분과 우울한 기분이 번갈아 나타나는 기분변동(mood swing), 자신의 감정을 말로 표현하거나 인식하는 것이 어렵거나 불가능한 경우의 감정표현불능증(alexithymia)과 흥미를 상실하고, 일상적인 일에서 재미와 즐거움을 못 느끼고, 유쾌한 활동에서 위축되고, 우울한 기분에 빠져 있는 경우의 무쾌감증(anhedonia)이 기분장애 유형이다.

(3) 양가감정

논리적으로 서로 어긋나는 표상의 결합에서 오는 혼란스러운 감정을 양가감정(ambivalence)이라고 한다. 어떤 대상, 사람, 생각 따위에 대하여 동시에 대조적인 감정을 지니거나, 감정이 이랬다저랬다 하는 것 따위를 말한다. 즉, 동일한 대상이나 상황에 대하여 정반대의 감정이나 태도, 생각 그리고 욕구를 동시에 갖고 있는 것이다. 물론 정상인에게서도 나타날 수 있다.

## 7) 언어장애

언어장애(disturbance of language)란 말을 바르게 발음하지 못하거나 정확하게 이해하지 못하는 상태를 말한다. 인간은 말(언어표상, 심벌)로 의사를 교환하고 있는데, 이와 같은 커뮤니케이션이 잘되지 않는 경우를 넓은 뜻으로 언어장애라고 한다. 말에는 형식 면인 음성과 내용 면인 의미의 두 측면이 있는데, 커뮤니케이션은 말하는 사람이 말을 하고 듣는 사람이 그것을 받아들이는 것으로 성립된다.

따라서 증상 면에서 본 언어의 장애는 형식 면의 장애와 내용 면의 장애로 대별되며, 전자에는 구음장애(構音障碍)가 있고, 후자에는 실어증(失語症)이 해당된다. 말은 인간의 정신활동 중의 고차적인 능력인 동시에 학습에 의하여 획득해 가는 것이므로 실제의 증상은 가령 최대의 요인은 생각할 수 있어도 많은 요인이 복잡하게 엉킨 결과라고 생각된다.

언어장애에는 말이 많고 빠르며 중단시키기 어려운 경우의 언어 압출(pressure of speech), 말을 병적으로 많이 하는 증상인 다변증(logorrhea), 말이 적고 대답이 단음절인 경우가 많은 언어 빈약(poverty of speech)과 말에 정상적 억양이 없는 억양 장애(dysprosody)의 유형이 있다.

## 3. 치료심리

### 1) 정신역동치료

#### (1) 심리적 건강과 증상에 대한 관점

프로이트에 의해 창시된 정신분석 치료는 오늘날까지 지속적으로 발달되어 온 치료방법이다. 이 치료방법은 다른 치료방법과 비교하여 인간의 무의식적인 측면을 다루고 있다는 점이 가장 두드러진 특징이다.

정신분석 치료는 심리장애가 주로 아동기의 억압된 추동과 갈등으로부터 기인한다는 가정에 기초하고 있다. 따라서 정신치료자는 내담자의 억압된 내용들을 의식화하는 데 치료의 초점을 둔다. 무의식적이던 충동이나 갈등이 의식화되면 내담자는 그것들로부터 자유로워질 수 있다는 입장이다. 성격구조의 측면에서는 원욕의 억압된 부분을 새롭게 의식화하기 위하여 자아를 강하게 하고 초자아에 덜 의존적이게 하며, 자아의 지각 장을 확대하여 자아의 조직을 복구·증축하는 것이 치료의 목표이다. 아울러 정신분석 치료에서 우선적으로 성취해야 할 것은 증상의 제거가 아니고, 무의식적인 소망이나 갈등을 의식화하고 포기할 것은 포기하여 현실적이고 자유로운 선택을 할 수 있는 능력에 도달하도록 돕는 것이다.

#### (2) 치료목표

정신분석 치료의 목표는 비정상적 행동이나 증상의 원인을 파악하고, 이를 제거하는 치료적 절차를 통하여 내담자의 과거에 대한 감정을 재구조화하여 현재의 어려움에 대한 통찰을 얻게 하는 데 있다. 정신분석적 치료의 목적은 개인의 내적인 심리적 조직을 재구조화하여 보다 융통성 있고 성숙하게 만드는 데 있다. 이러한 목적을 성취하기 위하여 정신분석적 치료에서는 무의식적인 정신과정에 대한 의식적 통제력을 증진시키기 위하여 자아를 강화하는 데 주력한다.

### (3) 치료적 기법

정신분석 치료의 기법은 내담자의 증상에 대한 자각을 증진시키고 비정상적 행동에 대한 통찰을 얻게 함으로써 증상의 의미를 이해하게 하고, 성격구조를 재구조화하는 목적을 지니고 있다. 그러므로 치료과정은 내담자와의 대화를 통해 정화, 통찰, 무의식적인 지적 · 정서적 문제의 이해, 재교육의 순서로 이어지는 내담자와 치료자의 노력 과정이다. 다음의 기법들을 통해 정신분석이론을 현장에 적용한다.

#### ① 자유연상

자유연상(free association)은 정신분석적 치료의 주된 기법 중 하나이다. 이것은 내담자가 일상생활의 상념과 선입견을 제거하고 어떤 감정이나 생각도 억압하지 않은 채 마음에 떠오르는 것이면 무엇이든지 즉시 말하도록 하는 기법으로 내담자의 무의식적 소망, 환상, 동기 등을 발견하고 해방하는 데 사용되는 도구이다. 자유연상 과정에서 치료자는 내담자의 무의식 속에 숨겨진 억압된 생각이나 감정들을 확인할 수 있다. 자유연상이 차단, 중단되는 것은 내담자의 무의식적 갈등을 해결할 수 있는 중요한 실마리를 제공하기 때문에 매우 중요하다.

#### ② 해석

해석(interpretation)은 치료관계에서 나타나 내담자 행동의 의미를 설명하고 때로는 가르치기도 하는 것으로, 행동에 대한 단순한 설명이 아닌 자아가 더 깊은 무의식의 자료를 탐색할 수 있도록 도와주는 기능을 한다. 해석의 유형으로는 내용해석, 저항해석(방어해석), 일상생활의 주요 타인에 대한 전이해석, 꿈의 해석 등이 있다. 해석 과정은 먼저 내담자를 어떤 특정 사실이나 경험에 직면(confront)하게 하고, 직면한 사실이나 사건, 의미 등의 초점을 잡아 명료화(clarification)한 다음, 지금까지 유추한 사실을 내담자에게 말로 전달하여 내담자가 억압된 것을 받아들이고 분석과정에서 해석된 것을 통합하게 함으로써 무의식적 저항을 극복하는 훈습(working-through)의 과정을 거치게 된다. 적절한 해석을 위해서 치료자는 내담자의 준비상태를 민감하게 지각해야 한다. 왜냐하면 해석의 영향력이나 그 변화의 힘은 내담자의 준비 정도에 따라 달라질 수 있기 때문이다.

#### ③ 꿈의 분석

프로이트는 꿈을 일컬어 '무의식에 이르는 왕도'라고 하였다. 꿈을 통하여 무의식적 욕구를 찾아내고 내담자의 해결되지 않은 문제에 대한 통찰을 얻기 때문이다. 꿈은 인간에게 무의식이 존재한다는 결정적인 단서가 되기도 한다. 꿈의 내용은 응축과 상징을 통한 자체적인 검열을 거쳐서 용납 가능한 내용으로 대체되어 나타나는 현시몽과 너무나 고통스럽고 위협적이기 때문에 위장되고 숨겨진 무의식적 동기들로 구성된 잠재몽으로 구성된다. 치료자는 현시몽의 배후에 있는 잠재몽을 해석해 줌으로써 내담자가 미처 알지 못하고 있던 무의식의 내용을 의식화시켜 줌으로써 증상의 원인을 알게 하는 순간 치료는 성취된다. 이처럼 꿈은 내담자의 무의식을 인식하는 수단인 동시에 내담자의 현재의 기능을 이해하는 수단이 되기도 하기 때문에 정신분석 치료에서는 매우 중요한 역할을 한다.

## 2) 행동치료

### (1) 적응 행동과 증상에 대한 관점

행동주의이론에서는 관찰 가능한 객관적 행동에 강조를 두고 있기 때문에 적응 또는 부적응적 행동에 더 많은 관심을 두었다. 인간이 부적응적 행동이나 신경증적 행동을 하는 이유는 특수한 상황에서 부적절한 반응을 하도록 학습되거나 아니면 바람직한 반응을 하는 것을 전혀 학습하지 못했기 때문이라고 보고 있다. 행동수정(behavior modification)이라고도 불리는 이 치료방법은 1950년대 말에 심리장애를 평가하고 치료하는 하나의 체계적인 접근으로 대두되어, 오늘날 그 변화와 성장이 두드러지게 나타났다. 행동치료에서는 심리장애를 원칙적으로 학습된 것으로 보며, 행동주의 학습이론의 실험연구에 그 바탕을 두고 있다. 근본적으로 치료의 대상을 행동에 두고 있다는 점에서 다른 치료방법과는 상당히 다르다.

행동치료에서 '모든 행동은 그 행동에 앞서서 또는 뒤이어서 일어나는 사상들의 영향을 받아 유발된다.'는 기본원리에 기초하여, 행동을 직접 변화시키기보다는 그 행동에 선행하는 조건 또는 후속하는 조건을 변화시킴으로써 행동의 맥락을 변화시키고자 하는 것이다. 따라서 행동치료의 목표는 학습의 원리를 이용하여 심리장애에 수반되는 여러 가지 부적응적인 행동을 소멸시키거나 바람직한 행동으로 바꾸어 주는 것이다.

### (2) 치료목표

치료목적은 새로운 학습환경을 구성하여 잘못 학습된 부적응적 행동을 제거하고, 보다 바람직한 행동이나 기술을 새롭게 학습하도록 내담자를 원조하는 것이다.

최근에는 사회학습이론이나 인지적 행동치료에서 자아규제나 자아효능감 증진에 목표를 둔 치료들이 많이 시행되고 있다. 행동치료에서는 동일한 증상행동을 지닌 내담자라도 강화와 역사가 각기 다르기 때문에 과학적인 행동사정을 근거하여 내담자에 따라 다른 치료목표를 설정하여야 한다고 보고 있다.

### (3) 치료적 기법

행동치료의 치료원리는 매우 명쾌하고 간결하다. 잘못된 학습에 의해 형성된 문제행동을 제거하고 적응적 행동을 학습시켜 대체함으로써 내담자의 적응을 개선하는 것이다. 문제행동의 제거와 적응 행동의 습득은 고전적 조건형성, 조작적 조건형성, 모델링을 비롯한 다양한 학습의 원리와 기법을 통해서 이루어진다. 행동치료의 다양한 기법 중 부적응 행동을 감소시키는 기법에 대하여 살펴보기로 한다.

① 부적응 행동을 감소시키는 기법

• 소거

소거는 부적응 행동이 반복되어 나타나도록 강화하는 요인을 제거하는 것이다. 부적응 행동은 여러 가지 보상에 의해 강화될 수 있다. 따라서 이러한 강화요인을 찾아 제거함으로써 부적응 행동의 강화를 차단하면 그 행동이 감소하게 된다. 처벌을 사용하여 바람직하지 못한 행동을 소거하려는 조작적 조건화의 원리를 적용한 기법이다. 격리기법은 부적응 행동을 했을 때 긍정적 강화를 받을 기회를 박탈함으로써 부적응 행동을 소거하려는 기법이다.

• 혐오적 조건형성

행동치료에서는 처벌보다 보상의 사용을 선호한다. 그 이유는 보상으로 인해 내담자의 자존감이 향상되고 치료자와의 관계에 긍정적인 영향을 미치기 때문이다. 그러나 때로는 제거하려는 문제행동과 불쾌경험을 짝짓는 혐오적 조건형성도 매우 효과적인 행동변화의 기법이다. 예컨대, 아동이 문제행동을 할 때마다 좋아하는 행동을 못하게 하는 '타임아웃(time out)' 방법을 사용할 수 있다. 혐오기법은 이처럼 부적응적 행동이 나타날 때마다 고통스러운 혐오자극을 가하여 문제행동을 소거시키는 방법이다. 부정적인 자극에 과도하게 노출시키는 홍수기법을 통해 담배에 대한 싫증을 느끼게 하는 기법처럼 혐오치료는 다양한 행동의 치료에 효과적인 것으로 보고되고 있다.

• 노출법

행동치료에 있어서 노출법(exposure)은 매우 중요한 치료기법 중 하나이다. 노출법은 내담자가 두려워하는 자극이나 상황에 반복적으로 노출시켜 직면하게 함으로써 그러한 자극상황에 대한 불안을 감소시키는 방법이다. 반복적인 노출은 자극에 대한 불안을 감소시키는 둔감화 현상을 유발한다.

노출 및 반응방지법(exposure and response prevention)은 문제행동을 하게 되는 자극상황에 노출시키되 문제행동을 하지 못하게 함으로써 자극상황과 문제행동의 연합을 차단하는 방법으로서 특히 강박장애치료에 효과적인 것으로 밝혀졌다.

• 체계적 둔감법

Wolpe에 의하여 개발된 체계적 둔감법(systematic desensitization)은 부적응적 증상을 제거하는 대표적인 기법으로서, 특히 공포증 같은 불안장애의 치료에 효과적인 것으로 알려져 있다. 불안은 교감신경계의 흥분을 동반하기 때문에 교감신경계가 이완되면 불안도 감소한다. 이미 조건형성된 부적응적 반응을 해체시키는 새로운 조건형성이 이루어진다는 점에서 탈조건형성(deconditioning)이라 할 수 있다.

체계적 둔감법의 첫 번째 단계는 내담자에게 불안을 대치할 이완반응(relaxation)을 가르치는 것이다. 이는 근육을 강하게 긴장시켰다가 이완하는 방법을 통해서 팔, 얼굴, 목, 어깨, 가슴, 다리의 이완상태를 경험하게 한다. 내담자가 불안상황을 상상하더라도 이완상태로 유지할 수 있도록 충분한 이완훈련을 시키는 것이 중요하다. 이완훈련은 내담자들은 실제적으로 행동할 필요가 있지만 불안수준(스트레스)이 높아 상황에 맞는 행동을 하지 못하는 경우, 내담자들이 중요한 근육부위를 점진적으로 이완할 수 있도록 원조하는 것이다. 근육이완과 관련된 강의를 받은 후, 조용한 환경에서 규칙적인 호흡으로 근육을 이완시키면서 즐거운 상상을 하는 절차를 반복하는 것이다.

## 3) 인지치료

### (1) 인지치료의 정의

인지치료는 인간의 행동이 인지(認知), 즉 생각이나 신념에 의해 매개된다는 가정을 받아들여, 문제행동과 관련되는 내담자의 인지체계를 변화시키기 위한 치료적 접근이다. 이 치료 기법은 내담자들에게 그들의 고통에 기여하는 인지적 왜곡을 바로 보게 하고, 보다 정확한 평가와 해석으로 변화시킬 수 있도록 돕는 치료 방법이다. 주로 사용되는 치료 방법은 Ellis의 합리적 정서치료(rational-emotive therapy: RET)와 Beck의 인지행동치료(cognitive behavior therapy)

로 대표된다.

### (2) 인지치료의 새로운 특징

인지치료는 '면접의 형식적 구조'와 '초점을 두는 문제의 종류'에서 전통적인 심리치료와 다르다. 정신분석이나 내담자 중심치료 등의 전통적인 심리치료와는 달리 치료자는 줄곧 적극적이며 끊임없이 환자와 상호작용하며 특정 설계에 따라 치료를 구조화하는데, 그 과정에서 환자의 참여나 협력을 중요시하므로 협력적 경험주의(collaborative emprlcism)라 할 수 있다. 또한 과거 유년시절의 미해결된 문제를 추적하는 정신분석적 치료와 대조적으로 '지금 여기(here & now)'에서의 문제에 초점을 둔다. 현재의 관찰내용을 명료하게 하기 위한 목적이 아니라면 아동기 기억에는 주의를 기울이지 않고, 무의식적 요인을 해석하지 않는다. 행동치료와 대비되는 점은 사고, 감정, 소망, 백일몽, 태도 등과 같은 내면적(정신적) 경험에 강조점을 더 둔다는 점이다.

### (3) 인지치료 기법

① 인지치료 기법의 이론적 근거

특수한 인지기법을 치료에 적용할 때, 치료자는 우울증에 대한 인지모형의 틀 안에서 작업하는 것이 중요하다. 인지치료의 핵심적인 부분은 치료자가 적절한 정보를 얻어서 환자의 세계로 들어가 그 환자가 현실을 조직화하는 방식을 경험할 수 있는 것으로 구성된다.

② 환자에게 이론적 근거 설명하기

환자에게 '인지'를 규정하는 것은 치료자가 인지를 '당신이 그것에 주의를 기울이지 않으면 잘 인식되지 않을 수 있는 사고나 심상'으로서 규정하는 것이다. 감정과 행동에 대한 인지의 영향은 사고와 감정 간의 관계 논증(예: '유도된 심상기법')이다.

### (4) 재귀인 기법

재귀인 기법은 환자가 혐오적인 사건을 비현실적으로 자신의 능력이나 노력부족과 같은 개인적인 부족함에 귀인할 때 사용된다. 요컨대, 환자의 모든 책임감을 면제하는 것이 아니라 혐오적인 경험에 기여하는 다양한 가외 요인을 밝히는 것이다. 객관성을 얻음으로써 환자는 자기비난의 짐을 덜 뿐만 아니라 열악한 상황을 헤쳐 나가는 방법을 찾을 수 있고 재발을 방지할 수도 있다. 재귀인은 자기비난이 지나친 사람이나 어떠한 부정적인 사건도 자기책임으로 돌리는 사람들에게 특히 유용하게 쓰일 수 있다. 치료자는 자기비판을 초래한 사건들의 '실상'을 개관하거나, 환자가 다른 사람의 행동에 비해 그 자신의 행동에 책임을 무겁게 부여하는 상이한 기준을 가지고 있는 것을 보이거나(이중 기준), 어떠한 부정적인 결과에 대해서도 100% 책임이 있다는 그 환자의 신념에 도전하도록 함으로써 자기를 비난하는 환자의 인지들을 공박하는 법을 택할 수 있다.

## 4) 인지행동치료

### (1) 치료목표

REBT(Rational Emotive Behavior Therapy: 합리정서행동치료)는 내담자를 혼란시키는 가장 기본적인 가치관 중의 일부를 검토하고 변화시키기 위해 고안되었다. REBT에서 사용되는 많은 방법은 내담자가 더 현실적이고 실현 가능한 인생 철학을 습득함으로써 정서장애와 자기패배적 행동들을 최소화하는 것을 목표로 한다. 또한 인생에서 잘못된 것에 대해 자신 또는 타인을 비난하는 경향을 감소시키고 차후의 어려움을 다루는 방법들을 배운다.

합리적 정서치료는 내담자의 문제행동을 만들어 내는 비합리적이고 자기패배적인 신념을 극소화하고, 삶에 대하여 보다 현실적이고 합리적인 가치관을 갖게 하는 것이다. 이 치료는 내담자에게 과학적인 사고방식, 즉 합리적이고 이성적인 사고기법의 기본원칙을 가르치고 이러한 방법을 내면화하도록 돕는 것이다. 이는 내담자가 삶을 통해서 부딪히게 될 정서적 행동 문제를 스스로 해결하기 위함이다.

**표 3-1 사람들이 흔히 보이는 비합리적인 신념**

1. 인간은 주변의 모든 주요 인물로부터 사랑과 인정을 받아야 가치 있는 존재이다.
2. 인간은 모든 생활영역에서 빈틈없이 유능하고, 적절하며, 성공적이어야 한다.
3. 사악한 인간은 자신의 죄과에 대해 엄중한 벌을 받아야 한다.
4. 세상 일이 원하는 대로 되지 않는다고 하는 것은, 끔찍하고 대단히 슬픈 일이다.
5. 인간의 불행은 환경이나 외부적 조건에 달려 있으며, 인간은 자신의 비극이나 장애를 극복할 능력이 있다.
6. 위험하고 두려운 일이 있거나 생길 가능성이 있다면, 그것에 대해 항상 관심을 두고 있어야 한다.
7. 삶의 어려움이나 자기 책임은 직면하기보다 회피하는 편이 더 쉽다.
8. 인간은 타인에게 의지해야 하며, 의지할 수 있는 강력한 사람이 필요하다.
9. 인간의 과거사는 현재의 행동을 결정하며, 삶에 큰 영향을 준 사건은 계속해서 영향을 미치게 마련이다.
10. 인간은 타인의 문제나 어려움에 대해 크게 신경을 써야 한다.
11. 인간 문제에는 언제나 바르고 정확하고 완전한 해결책이 있게 마련이고 그것을 찾지 못한다면 끔찍스러운 일이다.

### (2) 상담기법

합리정서행동 심리상담/치료자들은 다양식적이고 통합적인 입장을 취한다. 이들은 내담자에게 맞는 다양한 인지적 · 정서적 · 행동적 기법을 적용하지만, 정서적 기법보다는 인지적 기법과 행동적 기법을 강조한다.

#### ① 인지적 기법

합리적 정서치료의 기법으로는 비합리적인 신념으로 인해 부적응적인 정서와 행동을 보이는 개인이 합리적 정서치료에 의해 변화되는 과정을 설명하는 모형으로 A-B-C-D-E 이론을 제안하였다. 해고당했거나 어떤 시험에 불합격했을 때 개인의 정서를 유발하는 어떤 사건이나 행위를 선행사건(Activating event: A)이라 한다. 어떤 사건이나 행위 등과 같은 환경적 자극에 대해서 개인이 갖게 되는 태도나 사고방식을 가리키는 것이 신념체계(Belief system: B)이며, 여기에는 합리적인 신념(rational Belief: rB)과 비합리적인 신념(irrational Belief: irB)이 있다. 어떤 선행사건에 접했을 때 비합리적인 신념체계를 가지고 그 사건을 해석함으로써 느끼게 되는 것이 정서적 결과(Consequence: C)인데 여기에는 불안, 원망 또는 죄책감 등이 있다. 이는 치료자가 개입하여 내담자가 가지고 있는 비합리적인 신념이나 사고에 대해서 도전해 보고 검토하도록 도와주는데, 치료자는 내담자가 자신의 비합리적인 신념을 논박(Dispute: D)할 수 있게 해 준다. 내담자가 비합리적인 신념으로 대처한 다음에 느끼는 자기수용적 태도와 긍정적인 감정을 효과(Effect: E)로 본다.

합리적 정서치료의 과정은 4단계를 거치는데, 첫 번째 단계는 비합리적인 신념들이 문제를 일으킨다는 것을 내담자에게 예시해 준다. 이를 통해 내담자가 비합리적인 신념과 합리적인 신념을 구분하는 방법을 배우게 된다. 두 번째 단계는 내담자가 자신의 비합리적인 신념들을 자각한다. 세 번째 단계는 내담자가 자신의 비합리적인 사고와 신념을 자각하는 것을 넘어 자신의 생각을 수정하고 합리적인 사고를 하도록 도와주어야 한다. 네 번째 단계는 내담자로 하여금 미래에 닥칠 비합리적인 신념의 희생자가 되지 않도록 하기 위해 삶에 대한 합리적 사고를 기르도록 돕고, 앞으로 비합리적 사고와 신념에 대처할 수 있도록 가르친다.

#### ② 논박하기

REBT에서 가장 널리 알려진 기법 중 하나로, 논박(dispute)은 내담자의 신념체계가 얼마나 유용한 것인지 스스로 평가하도록 돕는 기법이다. 논박은 교육적 방식과 소크라테스식 방법으로 진행될 수 있다. 교육적 방식은 정보를 전달하는 과정으로, 합리적 신념과 비합리적 신념이 어떻게 다른지 이해시킨다. 교육은 내담자에게 합리적 정서행동치료가 무엇인가를 알려 주는 것으로, 치료 초반에 유용하다. 그러나 초기가 지나면 내담자의 비합리적 신념을 찾아내고 논박하기 위해 소크라테스적인 질문을 많이 던지는 것이 필요하다.

③ 모델링

모델링(modeling)은 내담자가 자기 틀에서 벗어나도록 하는 데 효과적일 수 있다. 내담자는 평소 존경하는 사람으로 책에서 접한 인물이나 개인적으로 아는 사람을 선정한다. 치료자는 그 사람의 어떤 특성이 닮고 싶은지 내담자에게 묻고, 치료 기간 동안 그 사람을 참고할 대상으로 삼는다.

④ 참조하기

참조하기(referencing)는 일종의 가벼운 '비용 대비 효과 분석'을 하는 것으로 시작된다. 참조하기 과정에서 내담자는 자신의 비합리적인 생각과 행동을 변화시킬 때 수반하는 실제적 이득과 손실을 따져 리스트를 만들어 본다. 이런 기법의 목적은 내담자가 변화하고자 하는 이유를 마음속에 되새기게 함으로써 변화의 동기를 강화시키고자 하는 데 있다. 여기에서 내담자가 이 리스트를 늘 간직하고 다니면서 정기적으로 검토하게 만드는 것이 매우 중요하다. 예를 들어, 흡연자의 경우 담배 중독의 단점을 10~15개 정도 적어 놓고, 하루에 5~10회 정도 의식적으로 보도록 한다.

⑤ 인지적 과제

상담자는 내담자들에게 자신의 문제 목록을 만들게 하여 절대적 신념을 찾고, 그 신념을 논박할 기회를 주어야 한다. 이때 내면화된 신념을 찾아내기 위해 내담자들에게 과제를 부여하는데, 이러한 인지적 과제(cognitive homework)는 내담자가 일상생활에서 부딪히는 많은 문제를 ABC 이론에 적용하도록 하는 것이다. 이처럼 내담자는 회기 이외의 시간에도 촉발사건을 찾고, 비합리적 신념을 탐색하여 이것에 대해 적극적으로 논박하면서 이를 더욱 효과적인 대처말로 대체해 보라고 권유한다. 이러한 방법을 통해 내담자는 점차적으로 불안을 다루는 방법과 비합리적인 사고에 대항하는 방법을 배운다.

## 5) 인간중심치료

### (1) 인간관

로저스는 "인간은 경험하는 유기체로서 자신을 실현화하기 위한 기본적 동기가 있다."고 하였다. 인간중심 접근 상담자는 유기체의 지혜를 믿으며 인간이 기본적으로 믿을 만한 유기체라고 본다. 인본주의치료에서는 정신분석 치료와 비교할 때, 과거보다 현재를 강조하며 무의식적 경험보다는 의식적 경험을 중시한다. 행동치료가 객관적인 환경요인에 관심을 두는 데 비해, 인본주의치료에서는 주관적인 심리요인에 관심의 초점이 주어진다. 또한 인지치료와는 달리 정서를 통제하기보다는 정서표현을 격려한다. 인본주의치료(person-centered therapy)법에 대하여 살펴보기로 하자.

우선, 인본주의치료법은 1940년대 초에 미국의 심리학자 C. Rogers(1942)에 의해서 창안되었다. 인간중심치료는 모든 사람은 자신을 유지하고 보다 완전한 것으로 발전시켜 나가고자 하는 선천적 경향성, 즉 실현경향성을 갖고 있다는 인간관을 그 기본철학으로 삼고 있다. 또한 이 치료는 현상학적 입장에서 개인이 경험하고 있는, 또 지각하고 있는 장, 즉 주관적 경험의 장을 그 개인의 실재하는 세계로 본다. 그리하여 이 치료에서는 개인의 적응문제를 자기개념(self-concept)과 유기체의 경험 간 일치성의 문제로 본다. 다시 말해, 개인의 자기와 유기체적 경험이 일치하는 영역이 클수록 그 개인의 방어적인 경향은 감소되고, 그는 모든 경험의 측면을 자유롭게 각성하고 충분한 정보를 수집하고 활용할 수 있어서 충분히 기능하는 인간이 될 수 있다.

인본주의치료의 궁극적인 목표는 충분히 기능하는 인간이 되도록 돕는 것이다. 이러한 궁극적인 목표달성을 위한 구체적인 목표는 치료과정에서 개인으로 하여금 방법적인 행동을 하게 하는 가치조건의 해제를 도와서 유기체적 경험에의 개방성을 증대시킬 수 있도록 돕고, 그 결과로 자기개념과 경험 간 일치의 정도를 높일 수 있도록 돕는 것이라 할 수 있다.

### (2) 주요 개념

① 유기체: 로저스가 "경험은 나에게 최고의 권위다."라고 말한 것처럼 유기체의 경험을 중시한다.

② 자아: 개인이 자신이나 자기로서 보는 현상적 장의 이러한 부분이 자아이다. 자아는 조직화되고 일관된 게슈탈트로, 상황이 변함에 따라 끊임없이 형성되는 과정에 있다.

③ 실현화 경향성: 유기체는 하나의 기본적 경향성과 추구를 가지고 있는데, 그것은 경험하

는 유기체를 실현하고 유지하고 향상시키는 것이다.

④ 가치의 조건화: 연약한 존재로서의 아동은 자신에게 가장 영향력 있는 부모의 양육태도에 따라 가치의 조건화를 형성한다. 이렇게 형성된 가치의 조건화는 유기체가 경험을 통해 실현화 경향성을 성취하는 것을 방해하는 주요 원인이 된다.

#### (3) 상담기법

① 일치성: 상담관계에서 진실성과 일치성을 유지하며, 솔선수범하여 일관되게 실제적이 되려고 하는 상담자의 자세는 내담자를 신뢰하게 만든다.

② 무조건적인 긍정적 존중: 비소유적인 온화함, 돌봄, 칭찬, 수용, 존경 등을 통하여 내담자에게 무조건적인 긍정적 존중의 경험을 하게 한다.

③ 공감적 이해: 상대방이 주관적으로 경험하는 사적 세계를 정확하고 민감하게 이해하고 반응함으로써 자존감을 높여 준다.

### 6) 게슈탈트 치료

#### (1) 인간관

게슈탈트 치료자는 인간을 '현상학적이며 실존적 존재로서 자신에게 가장 긴급하게 필요한 게슈탈트를 끊임없이 완성해 가며 살아가는 유기체'라고 본다. 펄스는 게슈탈트 치료의 철학적 입장을 '상태주의 자각'이라고 본다. 또한 내담자가 지각하는 현실에 초점을 두며, 각 개인이 자신의 운명에 책임이 있다는 것을 강조한다.

게슈탈트 치료 방법은 Perls(1948)에 의해서 개발 · 보급된 방법이다. 이 치료법은 자기 자신 및 세상에 대한 내담자의 지각에 초점을 맞춘다. 게슈탈트 치료는 현상학적이고 대화적이며, 즉각적인 현재 경험을 더 명료하게 하며 자각을 증진시키는 데 초점을 두고 있다. 이 치료는 인간이 전체적이고, 현재 중심적이며, 선택의 자유에 의하여 잠재력을 자각할 수 있는 존재라는 인간관에 기초하고 있다. 인간이 전체적인 존재라는 것은 인간의 행동이 신체적 · 심리적 · 환경적인 요인 등과 같은 각 요소의 합이 아니라, 환경 속에서 각 요소가 역동적으로 상호 관련되어 나타나는 하나의 전체라는 뜻이다. 또한 인간이 현재 중심적이며 선택의 자유에 의하여 잠재력을 자각할 수 있는 존재라는 것은 인간이 항상 지나간 과거의 경험에 얽매이지 않고, 현재의 환경 속에서 자신의 행동을 자유롭게 선택할 수 있으며, 그렇게 선택한 행동을 통하여 자신의 잠재력을 자각할 수 있고 또한 선택에 대한 책임도 자신이 질 수 있는 존재라는 뜻을 포함하고 있다.

게슈탈트 치료의 목표는, 첫째, 내담자의 개인적 자각을 증진시키는 것이다. 자각을 통해서 내담자는 외부의 조정에 좌우되지 않고 스스로 자기를 조절함으로써 진실된 자기가 되며, 그리하여 건강한 게슈탈트 형성의 원리에 따라 행동할 수 있게 된다. 둘째, 내담자가 '지금-여기'의 삶을 살아가도록 돕는 것이다. 내담자가 과거나 미래에 집착해서 살게 되면 자신의 삶에 대한 책임을 운명이나 다른 사람들에게 전가시키게 된다는 점이다. 그러므로 '지금-여기'가 내담자에게 유일한 현실이므로 순간순간마다 자신의 느낌에 완전히 몰두하고 그 경험에서 무엇인가 얻어 낼 수 있어야 한다.

펄스의 인간에 대한 가정 다섯 가지는 다음과 같다.

① 인간은 완성을 추구하는 경향이 있다.
② 인간은 자신의 현재 욕구에 따라 게슈탈트를 완성할 것이다.
③ 인간의 행동은 그것을 구성하는 구체적인 구성요소, 즉 부분의 합보다 큰 전체이다.
④ 인간의 행동은 행동이 일어난 상황과 관련해서 의미 있게 이해될 수 있다.
⑤ 인간은 전경과 배경의 원리에 따라 세상을 경험한다.

(2) 상담기법

① 언어표현 바꾸기: '그것'이나 '당신' 대신 '나'로 바꾸기, '나는 ~할 수 없다' 대신 '나는 ~하지 않겠다'로 바꾸기, '나는 ~해야 한다' 대신 '나는 ~하기를 선택한다'로 바꾸기, '나는 ~가 필요하다' 대신 '나는 ~을 바란다'로 바꾸기
② 신체행동을 통한 자각: 내담자의 신체행동에 주목
③ 신체행동을 통한 자각 확장
- 과장하기: 움직임이나 제스처를 반복 과장함으로써 내담자는 행동과 관련된 감정을 보다 강렬하게 경험하고 그것의 내적 의미를 보다 잘 자각한다(시연이나 빈 의자 기법에 사용).
- 순회하기: 한 사람이 구성원 각각에게 돌아가면서 그/그녀가 보통 때는 언어적으로 표현하지 않았던 것을 말하는 것
- 시연: 구성원이 고요히 생각하고 있는 것을 큰 소리로 말하도록 초대하는 것

④ 책임지기: 우리 각자의 사고, 감정, 행동에 스스로 책임진다.
⑤ 대화하기: 인정하지 않았던 자신의 성격 측면을 수용하고 기능을 통합하는 데 있다(빈 의

자 기법).

⑥ 환상기법: 두려운 것이나 원하는 바를 상상으로 체험함으로써 실생활에서 새로운 행동 시도 느낌을 갖는다.

⑦ 역전기법: 내부의 반대세력을 자신의 것으로 받아들일 기회를 제공한다.

⑧ 꿈 작업: 꿈을 해석하거나 분석하지 않고 일상 속으로 가지고 와서 그것이 마치 지금 일어난 것인 양 재창조하고 재생시키는 데 목적이 있다. 꿈은 실존적 메시지에 보다 가까이 접근하도록 도와준다. '꿈은 통합에 이르는 왕도'이다.

## 7) 실존치료

### (1) 실존주의의 철학적 개념과 의미

실존(existence)이란 인간 존재의 특유한 존재방식을 뜻한다. 실존치료(existential therapy) 방법은 1940년대와 1950년대 유럽에서 생겨났으며, 실존주의를 기반으로 하여 다른 치료법과는 달리 철학적인 측면을 강조한다. 실존치료는 내담자의 실존 또는 있는 그대로의 경험을 이해하고 연구하기 위하여 현상학적인 방법을 사용한다. 현상학적인 방법이란 주관적 관찰자의 입장에서 보여지는 사물을 있는 그대로 이해하려는 접근을 말한다. 실존주의 치료자들은 개인의 인생을 설계하고 변경하는 과제가 전생애적(life-span)이라고 믿는다.

이 방법의 주된 목적은 인간에 관하여 관념적으로 진실한 자료를 얻으려는 데보다는 실존적으로 진실한 것을 파악하려는 데 있다. 실존주의적 심리치료자는 내담자가 존재의 의미를 탐색하도록, 또한 삶의 중요한 문제(죽음, 자유, 의지, 소외, 외로움 등)를 용감하게 맞닥뜨리도록 돕는다. 우리의 삶이 과거나 상황에 의해 어쩔 수 없이 결정되는 것이 아니라 우리의 운명을 선택하고 바꿀 힘이 우리에게 있다고 믿도록 돕는다. 이 치료자는 인간의 존재 및 '지금-여기(here and now)'에서 세상과 상호작용하는 현실의 경험에 관심이 있다.

실존치료의 대표적인 실존분석(existential analysis)과 의미치료(logotherapy)에 대해서 살펴보자.

우선, 실존분석법은 Binswanger와 Boss에 의해 체계화되었다. 실제적 인간실존의 현상학적 분석으로 정의되고, 그 목적은 내적 경험세계의 개조에 있다. 실존분석의 인간관은 결정론을 반대하는 관점에 토대를 두고 있는데 인간을 무의식적 동기나 외적 여건의 희생물로 보기보다는 자유롭게 선택하고 책임질 수 있는 존재로 보고 있다.

다음으로 의미치료는 Frankl(1963)에 의해서 창시되었다. 인간이 다른 동물과는 달리 영성(靈性)을 주요한 특성으로 지니고 있으며, 자유를 지닌 존재인 동시에 자신에 대해 책임을 느끼는 존재라고 보았다. 의미치료에서는 인간실존의 의미와 더불어 그러한 의미를 추구하는 인간의 의지에 초점을 맞추고 있다. 의미치료의 목표는 존재의 의미를 상실한 채 정신적으로 장애를 느끼는 내담자로 하여금 새로운 인생관과 세계관을 갖게 하여 삶의 의미와 책임을 지니게 하는 데 있다.

(2) 실존주의적 치료의 목적

여기서의 목적은 인간관에 준거하여 결정된 목표이다.

첫 번째 심리상담/치료의 목적은 자기 내부 세계의 문을 열어 대안, 동기, 자기에게 영향을 주는 요인, 개인적 목표 등을 포함한 자신을 인식하도록 하는 것이다.

두 번째 심리상담/치료의 목적은 내담자 스스로 환경을 통제하기를 단념하고, 어떻게 수동적으로 환경을 수용했는가를 깨닫게 함으로써 내담자가 선택하고 거기에 책임질 수 있는 자유와 책임을 가진 실존적인 존재임을 스스로 알게 하는 것이다. 또한 더 나아가 인간의 자유는 환경으로부터의 자유가 아니라 모든 조건의 제약에 대한 자신의 태도를 주체적으로 취하는 것을 중요시하게 한다. 치료의 종결 즈음에는 자신의 신경증이나 정신병까지 스스로 책임지는 단계에 이르도록 돕는다.

세 번째 심리상담/치료의 목적은 내담자가 삶에 대한 그릇된 태도를 긍정적 태도로 전환하도록 돕는 것이다. 내담자의 문제는 문제 그 자체에 있지 않다. 오히려 그 문제를 대하는 내담자의 관점이 문제이다. 의미치료에서는 피할 수 없는 운명적인 문제를 가진 내담자가 자기 인생과 운명에 대해 사고와 통찰에 이르게 하여 이를 직면하고 수용하도록 돕는다. 이는 현실 적응이 아니라 현실 초월이라는 명제를 전제한다.

네 번째 심리상담/치료의 목적은 내담자에게 삶에서 가치와 의미를 찾는 과정이 되어야 한다는 것이다.

(3) 실존치료의 기법

실존주의 상담은 내담자의 인간 실존을 이해하기 위한 상담자의 자세와 태도, 철학을 강조하기 때문에 상담기법에 대해서는 크게 관심이 없다. 실존주의적 카운슬러는 특정 상담기법의 적용보다는 오히려 인간관계에 초점을 두고 있다고 보아야 할 것이다.

① 소크라테스식 대화법

소크라테스식 대화법이란 소크라테스가 학생들에게 많은 양의 지식을 전달하기보다는 자신의 내면 깊숙이 알고 있다는 것을 의식하도록 가르쳤던 것처럼 대화하는 방법이다. 내담자가 영적인 무의식에 도달하도록 하고 자신 및 자신의 감재성에 대한 진정한 평가, 선호하는 방향, 가장 깊은 의미에 대한 지향을 자각하게 한다. 방법을 구체적으로 설명하자면, 내담자에게 과거 경험이나 미래의 대공상을 탐색하거나 지나간 절정경험을 재생시키고, 무의미하게 보냈던 상황에 대해 재평가를 하거나 관심을 주지 못했던 자신의 성취에 주의를 돌리도록 한다. 이를 위해 치료자는 내담자에게 무의식적 결정, 억압된 희망, 받아들여지지 않은 자기인식 등을 깨닫도록 질문한다. 이러한 소크라테스식 대화법의 성과는 다음과 같다. 내담자가 증상으로부터 거리를 유지하여 새로운 태도를 갖게 하며, 증상 정복에 대한 성취감에 관심을 두도록 하여 내담자와 치료자가 공동으로 의미를 추구하게 한다.

② 역설적 의도

역설적 의도(paradoxical intention)는 강박증이나 공포증에 대한 조기 치료기술이다. 강박증이나 공포증 환자는 주로 예상불안(anticipatory anxiety)을 갖게 되는데, 이는 내담자가 하나의 사건에 반응할 때 다시 그 사건이 일어날 것에 대한 불안을 갖고 반응하는 것을 의미한다. 그러나 공포는 그 사람이 두려워하는 경우에 정확히 일어나도록 하는 경향이 있으며, 예상불안 역시 마찬가지이다. 징후(불안)는 공포증을 불러일으키고, 공포증은 다시 징후를 유발한다. 그러므로 징후의 재발은 공포증을 더욱 강화한다.

### 8) 집단치료

집단치료란 2명 이상의 사람을 대상으로 하는 치료방법이다. 보통 3명에서 20명 정도의 내담자를 구성하여 진행한다. 집단치료에서는 정서경험을 자각하고 수용하는 것을 목표로 한다. 이 치료방법의 장점으로는, 첫째, 경제성을 들 수 있다. 여러 명을 한꺼번에 치료할 수 있어서 치료비용을 줄일 수 있다. 둘째, 내담자들끼리 서로가 서로를 지지해 줄 수 있고 사회적 지지체계로 작용한다는 점이다. 집단원 사이에서 자신의 존재 가치를 확인하고 자존감도 높일 수 있다. 아울러 상호작용하는 방법도 배울 수 있다. 치료기법으로는 감수성 훈련집단(sensitivity training group), 참만남 집단(encounter group) 및 사이코드라마(psychodrama)를 들 수 있다.

감수성 훈련 집단은 T-그룹(training group)이라고도 하며 비언어적인 의사소통과 감각에 초점을 맞춤으로써 자각을 증진시키려는 시도를 한다.

참만남 집단은 T그룹에서 한 단계 진보된 것으로서, 사람들이 일상적으로 대중 앞에서 쓰고 있는 가면을 벗어 던지고 속에 있는 진짜 감정을 나누자는 취지를 가지고 있다(Minuchin, 1974). 참만남 집단에서는 개인의 구체적인 문제를 해결한다기보다는 자기실현의 경험, 대인관계 개선 및 '참자기 느끼기'에 초점을 맞춘다.

사이코 드라마는 스위스의 정신과 의사인 Moreno에 의해서 1920년대 창시된 기법으로, 감정의 분출과 타인의 반응에 초점을 맞춘다. 그는 심리극을 강력한 감정을 표현하고 자신의 행동에 대한 통찰을 얻고, 현실적으로 다른 사람들의 행동을 평가하는 수단으로 생각하였다. 심리극은 치료자가 치료상황의 역동성을 통제하는 지시적인 치료이다. 그러나 내용이 참가자들의 활동에서 자발적으로 나온다는 점에서 비지시적이다.

집단치료법은 집단의 특성이나 치료자의 접근법에 따라 달라진다. 그러나 집단원이 서로의 경험을 나누고 그에 대하여 반응을 보이는 시간을 활용한다는 점은 공통점이다. 집단에 따라 혹은 치료자에 따라 심리적 문제를 치료자가 적극적으로 나서서 해결할 수도 있고 집단원 자체 내에서 독립적으로 해결할 수도 있다.

### 9) 가족치료

가족치료는 집단치료의 한 형태로 간주되기도 하는데, 이는 가족의 구성원이 집단을 구성하여 치료에 참여하기 때문이다. 가장 널리 사용되고 있는 가족치료는 Minuchin(1974)이 발전시킨 구조적 가족치료(structural family therapy)가 있다. 가족치료에서 가족이란 서로의 행복을 바라는 집단을 뜻한다. 가족치료의 대상으로 부모와 자식들뿐만 아니라 법적 부부관계에 있는 사람들, 애인 사이인 사람 등이 포함된다. 이 치료법에서는 가족의 구조와 조직에 초점을 맞추기 때문에 가족 중 어떤 개인이 심각한 심리 장애를 보인다 해도 그 개인을 치료의 대상으로 보지 않는다.

가족은 각 가정마다 고유한 특성을 지니고 있으며 나름대로의 규칙, 역할, 세력, 의사소통의 유형을 발전시켜 온 하나의 사회적 체제이다(Goldenberg, 1980). Baker(1986)는 가족치료에서 체계 이론의 중요성을 다음과 같이 강조하였다.

첫째, 가족은 각 부분의 특성을 합한 것 이상의 특성을 지닌 체계이다.

둘째, 이러한 가족체계의 움직임은 어떤 일반적 규칙에 의해 지배되고 있다.

셋째, 모든 가족체계는 경계를 가지고 있다. 이와 같은 경계의 특성은 가족체계가 어떻게 기능하는가를 이해하는 데 중요하다.

넷째, 가족체계 한 부분의 변화는 가족체계 전체의 변화를 초래할 수 있다.

다섯째, 가족체계는 완전하지 않으므로 항상 비교적 안정된 상태를 유지하려는 경향이 있다. 따라서 성장이나 진화가 가능하여 여러 가지 방법으로 변화를 일으키거나 촉진시킬 수 있다.

여섯째, 가족체계기능 중에는 체계 간의 의사소통이나 피드백 기능이 중요하다.

일곱째, 가족 속에서 개인의 행동은 직선적 인과관계보다는 순환적 인과관계로 보는 것이 보다 이해하기 쉽다.

여덟째, 다른 열린 체계와 마찬가지로 가족체계는 목적을 가지고 있는 것처럼 보인다.

아홉째, 가족체계는 하위체계에 의해서 성립되며, 또한 가족체계는 보다 큰 상위체계의 일부분이다.

이처럼 가족치료란 하나의 체계로 보며, 그 체계 속의 상호 교류양상에 개입함으로써 개인의 증상이나 행동에 변화를 가져오도록 추구하는 치료적 접근법이다.

가족치료의 몇 가지 이론을 살펴보기로 한다. 우선, 정신역동적 가족치료(psychodynamic family therapy)란 가족을 대상으로 정신역동적 치료를 하는 것이며, 체계적 가족치료에 정신역동적 통찰과 개입을 선택적으로 도입하는 것이라고 정의할 수 있다. 이 치료법의 주요 목표는 개인을 가족이라는 거미줄로부터 해방시키는 것이다. 즉, 가족 구성원을 무의식적 제약에서 벗어나게 함으로써 과거의 무의식적 이미지보다 현실에 기초하여 가족이 건강한 개인으로서 상호작용할 수 있도록 돕는 것이다. 이 치료방법은 치료자의 태도에 초점을 두며, 경청, 감정이입, 해석, 분석적 중립성의 유지라는 감정정화의 기법을 사용한다.

둘째로, 의사소통 가족치료(communication family therapy)로, 가족문제는 잘못된 의사소통에서 비롯된다고 생각하는 것이다. 따라서 이 기법의 목표는 가족이 보다 바람직한 의사소통 기술을 습득할 수 있도록 돕는 것이다. 주요 개념으로 검은 상자(black box) 개념이 있다. 즉, 인간의 마음을 검은 상자로 보았는데, 검은 상자는 그 상자를 열고 안으로 들어간다 하더라도 무엇이 있는지 알 수 없다. 마찬가지로 치료자가 한 개인의 마음 세계로 들어간다고 해도 인간을 이해할 수 없다. 그러므로 인간의 마음속에 들어 있는 실체를 이해하기보다는 인간 마음의 기능이 무엇인가를 이해하는 것이 중요하다. 이 치료방법은 가족 간의 의사소통과정을 중시한다. 아울러 문제의 새로운 인식에 대한 재명명화(relabeling)와 증상 처방이라는 역설적인 기법도 사용한다.

셋째로, 경험적 가족치료(experiential family therapy)는 가족에게 통찰이나 설명을 해 주기보다는 가족 특유의 갈등과 행동양식에 맞는 경험을 제공하려고 노력하는 것이다.

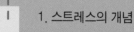

CHAPTER 04

# 스트레스와 정신건강

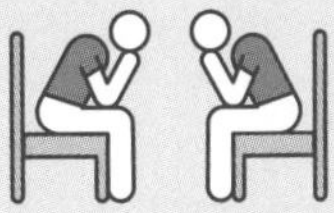

## 1. 스트레스의 개념

스트레스(stress)는 정신적 · 신체적 자극을 일으키는 심리적 · 신체적 반응으로서의 적응을 뜻한다. '스트레스'란 용어는 라틴어의 어려움, 곤란, 역경, 고생을 의미하다가 이후 힘, 압력, 압박, 강한 효과(effect) 등의 의미로 대체되었고, 원래 물리학에서 '물체에 가해지는 물리적 힘'을 의미하는 말로 사용되다가 의학에 응용된 것이다. 스트레스란 신체적 · 심리적 평형상태에 동요를 일으키는 모든 자극을 가리키는 말이다. 적당한 스트레스는 우리에게 적절한 긴장감을 주어 문제해결이나 업무수행능력을 증진시키지만, 스트레스가 너무 강하거나 만성화되면 오히려 수행능력을 저하시키고 정신건강뿐만 아니라 신체적으로도 유해한 결과를 초래하게 된다. 이처럼 스트레스는 '외부 또는 내부에서 생리적으로 발생하는 자극 또는 마음속에서 일어나는 갈등으로, 일상생활을 해 나가는 데 불편이나 지장을 초래하는 모든 형태의 방해 현상'이라고 할 수 있다.

스트레스의 정의와 개념을 살펴보자. 첫째, 자극에 초점을 둔 정의로 스트레스는 높은 정도의 불쾌한 감정을 초래하고, 정상적 정보 흐름에 영향을 미치는 환경적인 변화로 정의한다(Janis & Mann, 1977). 이는 사람들이 스트레스 요인이라고 명명되는 환경적인 사건에 반응을 표시하는 육체적 · 심리적 반응을 포함하는 것이다. 둘째, 반응(response) 혹은 결과에 초점을 둔 정의로 유기체(organism)에 있어 심리적인 긴장적 반작용(strain reactions)이며, 환경적 자극으로 명명되는 다양한 스트레스요인이 발생할 때 표출하는 것이다(Levi, 1967). 이는 개인적 특성과 심리적 과정에 의해 게재되는 적응적 반응이며, 외부적인 활동, 상황, 사건과 공간적 · 물리적 환경 및 심리적인 요구에 영향을 받는다. 셋째, 자극-반응(stimulus-response) 및 환경적인 상황에 초점을 둔 정의로 개인의 능력과 자원을 초월하여 위협적인 요구로 지각되는 환경적인 사건에서 발생하는 것이다(McGrath, 1978). 이는 개인과 조직상황의 요구에 의해 기인되며, 이들 요구를 관리하기 위한 자원(지식, 기술, 능력, 사회적 지지, 개인적 특성 등)과 불일치하여 발생하는 긴장이다.

심리학 또는 생물학에서 스트레스는 스트레스 요인에 대해 경계하고 대항하려는 심신의 변화 과정을 의미한다. 이런 반응은 일반적으로 외부에서 위협당하거나 도전받을 때 신체를 보호하고자 일어난다. 외부에서 압력받으면 긴장, 흥분, 각성, 불안 같은 생리 반응이 일어나는데 이런 외부 압력을 스트레스 원(stressor)이라고 칭하고 여기서 벗어나 원상복귀하려는 반작용을 스트레스라고 칭한다. 엄밀한 의미에서 외부 압력인 스트레스 요인은 그 반작용인 스트레스와 뚜렷이 구별하여야 한다.

## 2. 스트레스의 원인

스트레스의 원인이 되는 인자를 스트레서(stressor)라고 부르는데, 여기에는 외적인 것과 내적인 것 모두 포함된다. 외적 요인으로는 소음, 강력한 빛, 열, 한정된 공간과 같은 물리적 환경, 무례함, 명령, 타인과의 격돌과 같은 사회적 관계, 규칙, 규정, 형식과 같은 조직사회, 친·인척의 죽음, 직업상실, 승진과 같은 생활의 큰 사건 등이 있다. 내적 요인으로는 카페인, 불충분한 잠, 과중한 스케줄과 같은 생활양식의 선택, 비관적인 생각, 자신혹평, 과도한 분석과 같은 부정적인 생각, 비현실적인 기대, 독선적인 소유, 과장되고 경직된 사고, 완벽주의자, 일벌레 등이 있다.

스트레스의 유발요인으로 좌절을 들 수 있다. 좌절이란 어떤 일이 자신의 뜻이나 기대대로 전개되지 않을 때 느끼는 감정이다. 또한 좌절감이란 원하는 목표가 지연되거나 차단될 때 경험하는 부정적인 정서상태이다.

스트레스 유발요인의 또 다른 근원으로 갈등(conflict)을 들 수 있다. 갈등이란 서로 상반된 동기로 인해 다른 방향으로 끌려가는 느낌으로 두 개 이상의 대립하는 경향이 거의 같은 세기로 동시에 존재하여 행동 결정이 곤란한 상태를 의미한다. 갈등의 네 가지 유형을 살펴보면 다음과 같다. 첫째, 접근-접근 갈등(approach-approach conflict)으로 두 가지의 정적 유인가를 갖는 대상 중 하나를 선택해야 할 때 경험하는 갈등을 말한다. 이 갈등은 가장 스트레스가 적은 유형의 갈등이다. 둘째, 접근-회피 갈등(approach-avoidance conflict)으로 한 가지 대상에게 두 가지 유인가가 동시에 존재할 때 경험하는 갈등이다. 셋째, 회피-회피 갈등(avoidance-avoidance conflict)으로 두 가지 부정적인 것 중 하나를 선택할 때 경험하는 갈등이다. 넷째, 다중접근-회피 갈등(multiple approach-avoidance conflict)으로 행동의 몇 가지 대안 과정 중에 바람직하고 불쾌한 결과를 동시에 가진 두 가지 목표 사이에서 고민하게 될 때 일어난다. 가장 복잡한 갈등의 형태이다.

스트레스 유발요인으로 성격의 A유형 행동 패턴(A-type)을 들 수 있다. A유형 행동은 시간에 대한 긴박감 및 경쟁과 적대감이 특징적인 행동으로 서두르고 압박감을 느끼며 시간에 집착한다. 이 유형은 약속을 잘 지킬 뿐만 아니라 종종 일찍 가기도 하며, 또한 빨리 먹고, 빨리 걷고, 말도 빠르다. A유형의 반대로 B유형은 좀 더 편히 쉬면서 삶의 질에 더 집중한다. B유형은 덜 야심적이고 덜 성급하며 스스로 속도를 조절한다.

스트레스의 원인을 심리사회적, 생물학적, 성격적인 원인으로 살펴보면 다음과 같다(임창재, 2005).

## 1) 심리사회적 원인

### (1) 적응

변화의 요인이 부정적이거나 괴로운 사건들은 장시간에 걸쳐 더욱더 심신을 붕괴시키고, 마음속에 남아 있는 부정적인 생각을 자극하며, 공포심, 자기 회의와 끔찍한 심상을 자극함으로써 이차적인 영향을 미친다. 그러나 긍정적인 사건도 적응을 필요로 하는 변화가 시작될 때는 부정적 사건과 마찬가지로 스트레스를 준다.

스트레스 요인이 될 수 있는 생활사건으로는 가족의 사망, 개인적 질병, 임신, 대인관계 문제, 경제적 고충, 친구의 사망, 가족과 의견의 불일치, 생활환경의 변화, 교사와의 관계, 교과목의 성적, 직장 상사와의 갈등, 사소한 법률 위반 등의 경험 여부를 들 수 있다. 이러한 생활상의 사건들은 좋든 싫든 변화라는 적응을 요구한다. 이 변화라는 것은 성장을 위해 긍정적인 힘이 될 수도 있으나 정신 및 신체를 약화시키는 부정적인 힘이 될 수도 있다. 변화가 긍정적이냐 부정적이냐가 문제가 아니라 오히려 그 변화가 얼마나 강렬하고 얼마나 만성적이냐가 문제이다. 너무 지나친 변화는 정신 및 신체적 질환의 발병이나 결과에 상당한 영향을 미치게 된다.

### (2) 좌절

좌절이란 자연스러운 행동과 목표 혹은 희망했던 행동과 목표를 위협하거나 억제하는 것이다. 즉, 좌절은 원하거나 하고자 하는 것을 못하게 될 때 나타난다. 좌절에 따라 정서적으로 분노나 공격감정으로 반응하며 스트레스 반응의 원인이 된다.

### (3) 과잉부담

과잉부담이란 주위의 요구수준이 그 요구를 실현시킬 자기의 능력을 벗어난 상태를 말한다. 학교생활에서의 지나친 요구가 학생의 능력을 벗어날 때 괴로움을 느끼게 한다. 우리의 대뇌는 입력 메시지의 제한된 양만을 처리할 수 있기 때문에 과도한 자극을 받았을 때처럼 대뇌의 처리능력을 억지로 초과시키면 대뇌체계의 파손을 유도하게 된다. 학교생활에서의 과잉부담은 시간적인 압력, 과도한 책임감, 가족 지원의 결핍, 부모의 지나친 기대, 취업, 시험, 다른 학생과의 경쟁 등이 그 예이다.

(4) 탈핍성

정신적 · 정서적 과정에서 받은 과도한 자극이 스트레스와 병적인 건강상태를 일으키는 것과 마찬가지로 과도한 자극이 동일한 스트레스 반응을 유발하게 되는데 이런 상태를 '탈핍성 스트레스'라고 한다. 즉, 너무 반복적이거나 도전해 볼 만한 가치가 없는 일들은 지겨움을 느끼게 하고, 이런 무료함이나 우울증이 심리적인 장애를 일으켜서 자존감을 상실하게 해 결국 약물 중독, 알코올 중독, 자살과 같은 파괴적인 행동으로 신체가 반응할 수 있다.

## 2) 생물학적 원인

(1) 생물학적인 리듬

생물학적인 리듬은 신경계와 호르몬 체계가 지배하는 생물학적인 활동들의 자연스러운 주기이다. 생물학적인 리듬은 분, 시간, 일, 년 등의 시간적 주기로 나타난다. 자신의 신체리듬에 대한 지식은 자신의 기분, 감정 및 민감성을 잘 이해하고 기대하도록 하며 심지어 앞으로의 변동까지도 예측할 수 있게 한다. 이들 활동 중 어떤 것은 전적으로 내적이며 변화에 매우 거센 저항을 보이고, 어떤 것들은 빛에 노출하는 것과 같이 외적인 자극에 의해 영향을 받는다.

(2) 영양섭취

영양의 섭취란 건강생활에 크게 기여하지만 어떤 섭식습관은 실질적으로 괴로움을 줄 수 있다. 즉, 특정 음식물을 섭취하는 것은 스트레스를 직접적으로 자극하거나 피로, 신경적 흥분을 증가시킨다.

커피를 많이 마시게 되면 불안, 안절부절못함, 설사, 불규칙적인 심장박동, 주의력 상실 등의 스트레스 반응 증상이 나타난다. 저혈당은 불안, 두통, 현기증, 전율 및 심장 활동의 항진 등을 일으키며, 흡연도 니코틴이 부신을 자극하여 심장박동, 혈압, 호흡수를 증가시키고 포도당의 분비를 자극하여 스트레스 반응을 이끌어 내는 호르몬을 분비한다.

(3) 소음

소음이 85dB이 넘으면 생리학적인 불쾌감으로 전신에 스트레스 반응을 일으킨다.

### 3) 성격적인 원인

#### (1) 자기지각

자아개념은 행동결정의 가장 중요한 요인이다. 자기지각 혹은 자아개념이란 자신에 대해 가지고 있는 심상을 말하며, 삶을 영위해 가는 데 상당히 중요한 역할을 하고 있다. 평소 생활하면서 무력감이나 자기비하를 지각하는 것은 스트레스를 일으킬 수 있으며 열등한 자아개념, 부정적 자아개념은 스트레스를 증가시킬 수 있다.

#### (2) 행동유형

정해진 시간까지 일이나 과제를 마치려고 하는 시간에 대한 강한 강박증이나 공격적인 행동, 너무 강한 성취적 행동, 한꺼번에 여러 일을 욕심 내고 동시에 하는 행동 등은 스트레스의 요인이 된다.

#### (3) 불안반응성 성격

불안반응성의 사람은 스트레스 요인이 사라진 뒤에도 계속적으로 가중된 스트레스를 경험한다. 불안반응 과정은 사람, 장소, 사물 등과 같은 어떤 자극을 도전적인 것이나 위협적인 것으로 지각하는 순간에 시작된다. 즉, 실제보다 더 나쁘게 상황을 자극하여 파국적으로 보며 절박하면서도 가혹한 삶이나 죽음으로 생각하기도 한다. 지나치게 계속적으로 반응하는 이러한 경향은 심한 정신적 · 신체적 무능력과 외상을 초래한다.

## 3. 스트레스의 반응 및 증상

### 1) 스트레스의 반응

스트레스의 반응으로, 첫째, 신체 · 생리적 반응을 들 수 있다. 스트레스를 받으면 신체는 위급한 상황에 대처하면서 우리 몸을 보호하기 위해 신경계와 내분비계를 자극하여 전투태세를 갖추게 된다. 일상생활에서 스트레스를 지속적으로 받게 되면 두통이나 배탈 등의 증상과 혈압 상승 및 심혈관계 질환 등이 생길 수 있다. 둘째, 심리적 반응으로 정서적으로 흥분하게 되면 포괄적으로 검토할 수 있는 능력이 현저하게 줄어들거나 새로운 해결 방법을 찾지 못하고 과거에 사용했던 해결 방법만을 고집하는 등 인지적 손상이 일어난다. 아울러 심한 스트레스는 주어진 과제를 효과적으로 수행하는 능력을 방해하는 과제 수행의 손상이 나타난다. 셋째, 정서적 반응으로 불안을 들 수 있다. 불안은 평소 의식하지 못하고 있는 성적, 공격적인 충동이 어떤 계기에 의해 의식적으로 표출되려고 할 때 느끼는 정서상태이다. 또한 분노와 공격의 반응으로 분노는 공격행위로 발전하며, 공격적 행동을 가져온다.

스트레스의 또 다른 반응으로 사람의 몸은 스트레스에 직면하면 일련의 단계를 거쳐 반응하게 되는데, Sylye(1956)는 '일반적 증후군(general adaptation syndrome)'이라는 3단계를 거쳐 반응하게 된다고 주장하였다.

첫 번째 단계는 경고 단계로 스트레스에 대한 초기 적응 반응인데, 어떤 상황을 위협으로 지각하여 투쟁 및 도피 반응이 유발되고 그에 따른 생리적 각성이 나타난다. 여기서는 다시 두 단계로 진행되는데, '충격기'에는 심장박동의 가속화나 체온의 하강 등 증세가 나타난다. 특히 시상하부의 흥분을 통해서 뇌하수체 전엽으로 하여금 부신피질 호르몬의 분비가 촉진된다. 다음은 '항충격기'로 불안이나 공포 등의 증상이 출현하며, 정서 충격이나 정서 혼미의 반응이 나타난다.

두 번째 단계는 저항 단계로 스트레스가 지속되면 경고 단계에서 저항 단계로 돌입하며 이 단계에서는 개인이 가진 자원과 에너지가 총동원되고 스트레스에 대한 적응 반응이 최고점에 도달하게 된다.

세 번째 단계는 소진 단계로 개인이 가지고 있는 자원이 고갈되고 스트레스에 대한 적응 반응은 아주 약해진다.

## 2) 스트레스의 증상

스트레스의 증상은 다음과 같다. 신체적 증상으로 피로, 두통, 불면증, 근육통이나 경직(특히 목, 어깨, 허리), 가슴 두근거림, 답답함, 위장장애, 울렁거림, 어지럼증, 땀, 입마름, 사지냉증 등이 있으며, 정신적 증상으로는 집중력 혹은 기억력의 감소, 우유부단, 혼란스러움 등이 있고, 감정적 증상으로는 불안, 불쾌, 짜증, 분노, 신경과민, 우울감, 좌절감, 근심, 걱정, 조급함, 인내심 부족 등이 있으며, 행동적 증상은 안절부절못함, 다리 떨기, 우는 행동, 과격한 행동, 충동적인 행동 등이 있다.

스트레스를 경험하면 인체는 생리상 원상복귀하고자 스트레스에 정면으로 투쟁하거나 스트레스에서 도망친다. 재언하면, 스트레스는 스트레스 요인에 대처해 평온한 상태(homeostasis)를 유지하려는 생리상 반응, 즉 '싸움-도주 반응(fight or flight)'을 하는 과정이다.

과도한 스트레스 조건에서는 주어진 문제를 해결하려는 동기 수준이 지나치게 높아서 주어진 문제에 대한 관심 범위가 극도로 축소되어 몇 가지 제한된 문제해결 단서에만 집착한다. 예컨대, 운동선수는 정신상 과도한 스트레스 상황에 처해 중요한 경기에서 자신의 기록에 못 미치는 결과를 나타낸다.

스트레스가 과도하면 불안을 일으키고 이런 불안은 신체가 떨리는 소위 생리상 불수의 자동반응을 일으켜 문제해결을 간접으로 방해하는 역할을 한다. 즉, 문제를 해결하기보다는 불안을 없애고자 하는 동기에만 집착하고 중대사나 매우 위험한 상태에 처해 있을 때 말을 더듬고 손발이 떨리는 듯이 감정상 · 방어상 대처 행동에 더 많은 관심을 둔다.

스트레스 수준이 지나치게 높거나 낮아도 바람직하지 않으므로, 스트레스는 적당한 수준을 유지해야 한다.

## 4. 스트레스의 예방 및 관리법

스트레스를 잘 다스리려면 스트레스 인자를 부적절한 위협으로 받아들이지 않도록 하는 적절한 인지 능력과 같이 스트레스 상황이라도 그에 대처할 수 있는 내적, 주변 대처 자원(coping resource)을 잘 갖추어 스트레스 내성을 키워야 한다. 아울러 스트레스 자극을 위협적인 상황으로 받아들이지 않도록 인지와 행동양식을 바꾸는 것도 스트레스 관리법이라고 할 수 있다.

### 1) 스트레스 예방법

#### (1) 생각 바꾸기를 통한 스트레스 예방법

스트레스 자극은 성격과 같은 내부적 요인 이외에 외부 인자들도 있어, 스트레스 자극을 줄이거나 완전히 없애는 것은 현실적으로 어려운 면이 있다. 따라서 개인에게 닥치는 스트레스 상황에 대한 생각을 바꾸고, 좀 더 상대편 입장을 수용하면서 스트레스 자극을 느끼는 역치를 올리는 방법이 현실적으로 가능한 스트레스 예방의 첫 단계이다. 우리가 사는 세상에서의 모든 생각은 완전히 객관적인 경우는 없다고 해도 과언이 아니다. 개인에게 일어나는 일에 대한 생각은 개개인의 선입견, 책임감과 가치관, 지금까지 살아온 경험에 따라 각색되어 개인마다 서로 다르게 인식하게 된다. 따라서 사람들 간 관계의 스트레스를 예방하자면 우선 상대편이

나와는 다른 남이라는 사실을 확실히 인식하고, 상대를 존중하고 인정하면서 시작해야 한다. 나와는 다른 남이므로 모든 생각이나 행동에서 나와는 차이가 있을 수 있다는 사실을 수용하면 스트레스 자극은 생기지 않게 된다.

(2) 의사소통 방식의 변환

스트레스를 예방하기 위해서는 의사소통하는 행동방식에도 변화가 필요하다. 상대편과 생각이 다르다는 사실을 알게 될 때, 개인의 생각과 느낌에 감정을 섞지 않고 표현하는 것이 큰 스트레스 자극을 막는 두 번째 방법이다. 마음에 들지 않는 사실을 표현하지 않아 계속 마음에 두고 참다가 말을 하게 될 때는 누구나 감정이 악화된 상태에서 말을 해 관계에 문제를 일으키고 스트레스 자극을 만들기 쉬워지기 때문이다.

(3) 내적 자원 비축하기

사람에게 스트레스를 일으키는 가장 큰 이유 중 하나는 한 개체가 존중받지 못했다고 느끼기 때문이다. 이런 감정의 기저에는 자신감의 결여가 존재하는 경우가 있다. 즉, 스스로를 무가치하다고 생각하게 되면 자신감을 잃게 되고, 불안, 우울 및 그에 따른 다양한 신체 증상을 느끼게 되는 것이다. 따라서 평상시 봉사와 선행을 통해 마음에 자신감과 여유, 배려를 축적해 내적 대처 자원을 확보하고 비축하면, 동일한 현상에 대한 대처 능력을 향상시킬 수 있다. 사람은 스스로의 삶에 의미가 있다고 느낄 때 삶에 대한 만족감과 자신감을 갖게 되므로, 일상에서의 선행과 봉사를 통해 마음에 행복감을 비축하는 것이 또 다른 스트레스 대처법이다. 이는 실제 연구에서도 증명되어 있는데, Okun 등에 의하면, 타인을 위한 사회 활동에 참여하거나 봉사 활동에 참여하는 사람들은 그렇지 않은 사람에 비해 사망률이 24%(95% confidence interval, 16~31%) 감소하였다. 이는 다른 사람들과 함께 느끼는 즐거움이나 소속감, 남에게 봉사하는 과정에서 생기는 배려의 마음이 우리 몸의 내분비계와 면역체계에 긍정적 영향을 미쳤기 때문으로 설명되므로, 선행과 봉사를 통한 마음의 내적 자원을 비축하는 것이 스트레스 자극에 대처할 수 있는 또 다른 방법이 된다.

(4) 체력과 일의 균형 맞추기

관계 문제 이외에 일과 성취에 있어서의 스트레스는 성격적인 면이 크게 작용하기 쉽다. 예를 들어, 남에게 인정받는 데 집착해 몸의 요구를 무시하고 계속 일하게 되면, 체력이 떨어지면서 조그만 자극에도 민감하게 반응하기 쉬워진다. 따라서 지나친 완벽주의를 지양하고, 일과 휴식의 균형을 맞추어 주는 것이 그 예방법이다. 지나친 성취욕으로 체력 소진을 만드는 경우 스트레스에 민감도가 증가하므로, 적절한 영양 및 운동, 휴식을 통해 체력의 균형을 맞추는 것이 스트레스 자극에 대한 대처자원을 확보하는 데 있어 기본이 된다.

(5) 긍정적인 태도 유지하기

그 밖에 처음 시도하는 일, 불확실한 일을 감당해야 할 때는 누구나 스트레스를 받기 쉽다. 이때는 가급적 긍정적으로 생각하고 행동하는 것이 불안을 없애고, 일의 수행능력을 향상시켜 스트레스를 줄여 준다. 2001년 캐나다에서 파킨슨병 환자들에게 치료제가 아닌 가짜 약을 복용하게 했을 때 실제 치료약을 복용하였을 때와 비슷한 기능 상태의 호전과 뇌 영상의 생화학적인 변화를 나타냈다는 연구가 있다. 이를 통해 긍정적으로 생각하면 몸이 변화한다는 것이 증명되었다. 긍정적인 믿음을 가지고 최선을 다하면 스스로의 잠재력을 발휘해 기대한 대로 최선의 결과를 얻을 수 있다는 것을 보여 준 연구결과로, 이때 긍정의 힘이 결과를 만들어 내자면 반드시 노력이 뒷받침되어야 한다. 이렇게 생각을 바꾸도록 노력했음에도 스트레스를 예방할 수 없을 때는 다음의 스트레스 반응을 줄이는 방법을 시도해 보도록 한다.

## 2) 스트레스 관리법

(1) 운동 및 취미활동

스트레스를 경감시키기 위해 쉽게 시행해 볼 수 있는 것이 걷기, 달리기, 자전거 타기 등과 같은 유산소운동이다. 그런데 스트레스 상황에서는 운동에 참여하기 어려워, 운동과 스트레스 조절에 관련된 연구가 적지만, 상대적으로 잘 고안된 두 개의 연구 중 하나에서 학생을 대상으로 생활상의 중대 스트레스 상황에 노출되었을 때, 10~11주간의 걷기와 달리기를 시행한 후, 이완법과 비교하여 맥박을 떨어뜨리는 등의 스트레스 반응이 더 감소하였음을 보였다. 달리기뿐 아니라 자전거, 스키, 수영 등의 활동도 우울증상을 호전시켰으며, 특히 혼자 하는 운동보다는 함께하는 운동이 좀 더 효과적이었다. 평상시 좋아하고 몰두할 수 있는 취미활동을 해 둠으로써, 스트레스 상황에서 뇌와 몸의 갈등에 따른 몸의 반응을 줄이는 것이 가능하며, 흔히 미술치료, 작업 및 원예치료 등이 널리 적용되고 있다.

(2) 점진적 근육 이완법

1920년대 시카고 내과 의사였던 Edmund Jacobson이 고안한 방법으로 몸을 몇 개의 근육군으로 나누어 긴장과 이완을 반복함으로써, 일상에서 근육의 긴장과 이완을 더 잘 느끼도록 해 스트레스에 따른 근육 긴장을 줄이고 부교감신경 활성을 증가시켜 스트레스 반응을 줄여 주는 역할을 기대할 수 있다. 점진적 근육 이완법(progressive muscle relaxation)의 효과에 관한 연구는 소규모 연구가 대부분으로 주로 임산부, 폐질환자, 고혈압 환자, 노인인구에서의 연구결과가 있다. 노인에서는 10주 주 2~3회 하루 15~20분 정도의 프로그램으로 불안, 근육긴장, 수면장애, 두통 등이 호전되었음을 보고하였고, 폐질환자에서 우울과 불안 증상을 호전시키는 효과를 보여 주었다.

### (3) 명상법

마음챙김명상(mindfulness meditation)이라는 것은 판단 없이 순간에 집중해, 문제를 수용할 수 있는 마음가짐을 가지도록 수련하는 것을 말하며, 다양한 정신 신체 질환에 대한 대체요법으로 자리해 왔다. 우울, 불안, 통증과 감정적인 스트레스를 치료하는 한 방법으로 마음챙김명상법을 통한 스트레스 조절법, 마음챙김을 통한 인지치료, Zen(禪: 선) 명상법 등이 연구되어 왔다. 연구들에 의하면 마음챙김을 통한 스트레스 관리나 인지치료는 항우울, 항불안, 스트레스를 감소시키는 효과가 있으며, 특히 인지치료는 우울증치료에 보조적으로 사용될 수 있다. Zen 명상법과 마음챙김을 통한 스트레스 관리법은 통증치료에도 역할을 할 것으로 기대되고 있다. 마음챙김을 통한 스트레스 완화 프로그램(mindfulness based stress reduction)은 일주일에 한 번, 2시간 30분씩의 8주 세션과 하루종일 프로그램으로 이루어져 있다.

### (4) 자율이완법

자율이완법(autogenic training)은 독일의 Johannes Schultz에 의해 개발된 방법으로 호흡과 혈압, 맥박 및 체온이 안정되도록 온몸의 이완을 학습하는 자율이완법이다. 이는 여섯 가지 표준 운동법으로 이루어져 있으며, 사지의 온감, 중압감, 신체에 대한 상상법, 언어적 단서를 통해서 온몸을 따듯하게 이완하도록 하는 방법으로 보통 4~6개월의 기간이 소요된다. 메타분석에 의하면, 긴장성 두통, 편두통, 심혈관질환 천식 및 통증과 불안, 우울에 유용한 것으로 보고되고 있다.

### (5) 신체운동

동일한 스트레스 상황이라도 자신의 신체적 상태에 따라 스트레스의 정도는 다르게 느껴질 수 있다. 육체적으로 피곤하고 지친 상태일 때 우리는 스트레스에 훨씬 더 취약하다. 다른 사람의 말이나 사소한 행동에 예민하게 반응하여 지나치게 불쾌해하거나 상처를 받기도 한다. 또 상대방의 부당한 대우나 불쾌한 상황에 적절하게 대응하지 못하고 쉽게 포기하거나 좌절하며 우울해하기도 한다. 또한 기온 차가 크거나 오염된 실내 공기와 같은 다소 불량한 외부 환경에 노출되었을 때 더 쉽게 감염되거나 병에 걸리기도 한다.

이처럼 우리의 몸이 좋지 않을 때는 다양한 종류의 스트레스에 대하여 더 많은 정도의 스트레스를 경험한다. 따라서 신체적 건강을 잘 유지하는 것은 매우 중요한 적응활동이라 할 수 있다. 신체의 건강은 규칙적 운동과 적당한 수면, 휴식, 균형 잡힌 식생활 등을 통하여 유지할 수 있다. 이 모든 것이 중요한 요소라 할 수 있으나 여기서는 주로 규칙적 운동에 초점을 맞추어 생각해 보자.

### (6) 적절한 자기주장

자기주장은 자신의 입장과 자신이 느끼는 감정 그리고 자신이 상대방에게 원하는 것을 솔직하게 털어놓는 자기표현적 행동이 될 수 있다. 이것은 자신의 의견을 관철시키기 위하여 상대방의 감정이나 의견을 무시하고 권리를 침해하며 억지로 강요하는 공격적 행동과 다르다. 타인을 존중하면서 동시에 자기 자신의 감정도 존중하는 것이며, 솔직하고 직접적인 표현을 통하여 결과에 대한 책임을 남에게 전가하지 않고 책임감 있게 행동할 수 있도록 한다.

### (7) 효과적으로 거절하기

일상생활에서 우리가 경험하는 갈등과 스트레스는 주로 개인이 가지고 있는 잘못된 생각이나 비합리적 신념에 기인하는 경우가 많다. 문제의 원인이 자신에게 있는지를 생각해 볼 필요가 있으며, 특히 자신이 지니고 있는 그릇된 생각 혹은 비합리적 신념에 의해 비롯된 것은 아닌지 분석해 보아야 한다. 생각을 바꾸면 행동이 변하고 자신을 괴롭히는 문제상황에 대한 대처행동 역시 달라진다.

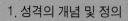

CHAPTER 05

# 성격과 정신건강

1. 성격의 개념 및 정의
2. 성격의 결정요인
3. 성격의 이론
4. 건강한 성격
5. 성격의 측정

## 1. 성격의 개념 및 정의

성격(personality)이란 원래 그리스어 라틴어인 페르소나(persona)에서 유래되었다. 페르소나는 페르(per; through ~을 통하여)와 조나(sona; speak 말하다)의 합성어로 무대에서 배우가 쓰는 가면이나 탈을 의미한다. 이는 한 개인의 참모습이라기보다 배우가 가면을 쓰고 무대에서 연극하듯 사회장면 속에서 피상적으로 나타나는 일종의 사회적 이미지를 뜻한다. 이후 페르소나는 가면이라는 뜻에서 점차 변화하여 로마 시대에는 배우 그 자신, 즉 고귀한 성질을 가진 사람을 의미하는 말로 사용되었다. 그러나 오늘날에는 타인과 구별할 수 있는 인상 전체를 뜻하는 말로 사용하게 되었다. 성격은 한 사람을 다른 사람과 구별하는 합리적으로 안정된 감정, 동기 및 행동 패턴으로 말할 수 있으나 한마디로 정의하기는 어렵다. 성격에는 개인이 가지고 있는 고유하고 독특한 성질이 포함되어 있으며, 이러한 개인의 독특성은 시간이 지나더라도 비교적 안정적으로 변함없이 나타나는 일관성을 가진다. 아울러 인지적인 부분뿐만 아니라 행동양식까지도 포함하고 있다. 성격을 정의할 때 이러한 독특성, 일관성 및 행동양식 모두를 고려할 필요가 있다.

여러 성격 연구자가 성격을 정의하는 데 있어 공통적으로 강조하는 성격의 특성은 두 가지가 있다. 첫째, 행동의 독특성으로 성격은 한 개인이 다른 사람과는 구별되는 점을 일컫는 말이다. 둘째, 안정성과 일관성으로 성격은 시간과 공간의 변화에 따라 매 순간 바뀌는 것이 아니고, 어느 정도 안정적으로 일관되게 나타나야 한다. 성격이란 시간과 공간의 변화에도 불구하고 어느 정도 안정적이고 일관되게 나타나야 하는 특성 때문에 우리가 타인의 성격을 파악하기 위해서는 어느 정도의 시간이 요구된다. 그러나 성격이 안정성과 일관성이 있어야 한다는 말의 의미가 결코 성격이 변화되지 않는다는 것을 의미하는 것은 아니다. 우리는 의식적으로 때로는 무의식적으로 성격의 변화를 시도하기도 한다. 이러한 변화가 결코 쉽게 이루어지지는 않지만 한번 변화된 성격은 또 일정 기간 안정적으로 그리고 일관되게 우리의 행동에 영향을 미치게 된다.

또한 성격과 관련된 이슈로 유전과 환경을 들 수 있다. 개인 간에 존재하는 성격의 차이는 유전에 의한 것인가? 아니면 환경의 차이, 즉 개인에게 주어지는 환경 자극의 차이에 기인하는 것인가? 현대 성격연구자들은 유전과 환경의 상호작용에 의해 성격이 형성된다고 생각한다.

## 2. 성격의 결정요인

성격을 결정하는 요인은 개인과 환경으로 나누어 볼 수 있다. 개인적 측면에서는 타고난 체형이나 유전적 영향 소인 등 생물학적 요인이 중요하게 고려되고, 환경적 측면은 개인이 속해 있는 가정과 사회 성별 등에 따라 경험하고 타인과 가지는 관계에 영향을 받는다. 성격이 어느 요인에 영향을 받는지는 끝없이 논의되고 있다. 여기서는 성격의 결정요인에 대하여 생물학적, 환경적 및 생물학과 환경의 상호작용에 대하여 살펴보기로 하자.

첫째, 생물학적 요인은 성격발달에 영향을 미치는 요인으로 유전과 부모 체형, 어머니의 상태 등을 고려할 수 있다. 유전적 요인이 성격형성에 영향을 준다는 쌍생아 연구에서 이란성 쌍생아보다 일란성 쌍생아가 정서적 반응이나 활동량, 적응성, 사회성 등에서 더 유사한 반응을 보인다(Weiten & LIoyd, 2003). 둘째, 환경적 요인은 사람의 성격이 유전적 요인에 의해 기초가 형성되지만 그러한 유전적 소인이 환경적 경험이나 자극의 양에 수정될 가능성이 많다. 셋째, 생물학과 환경의 상호작용 요인은 동일한 유전자를 타고난 쌍생아도 성장하면서 서로 성격이 다를 수 있고, 태어나서 동일한 환경에서 자란 형제도 성격이 다를 수 있다. 이는 성격이 생물학적 요인이나 환경적 요인 어느 하나에 절대적인 영향을 받지 않는다는 증거이다.

## 3. 성격의 이론

성격 이론은 현재 그 사람의 성격특성을 결정하게 된 원인이 무엇인지에 대해 답하는 틀이

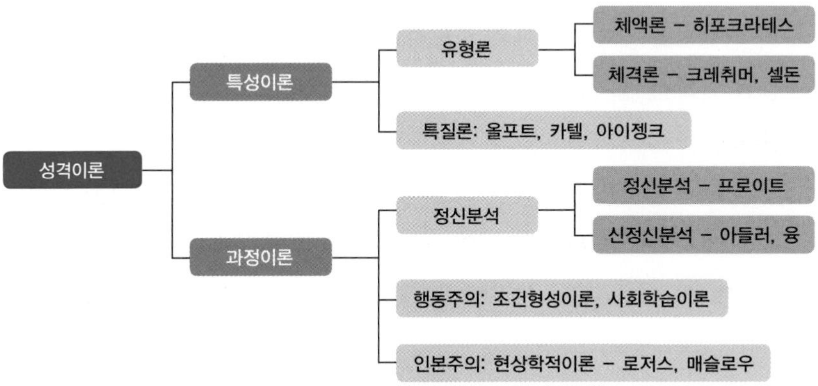


[그림 5-1] **성격이론의 종류**

며, 어떤 사람이 보인 행동의 이유를 설명할 수 있어야 한다. 여기서는 단순히 성격을 유형에 따라 구분하기보다는 성격형성 과정을 중심으로 한 여러 이론을 살펴보고자 한다.

### 1) 정신역동이론

프로이트의 성격 구조는 직접 보거나 측정할 수 없지만 행동, 표현된 사고, 감정으로 확인할 수 있다. 프로이트는 세 가지 성격 구조로 원초아(id), 자아(ego), 초자아(superego)로 구성되어 있다는 이론을 주장하였다. 원초아는 출생과 함께 존재하고 생물학적 욕구를 나타내며 무의식적이다. 인간의 가장 기본적인 욕구인 배고픔, 배설, 성적, 공격적 욕구들이 여기에 속한다. 만약 성격이 본능적인 갈망과 욕망만으로 구성되어 있다면 그것은 단지 하나의 요소, 즉 원초아만을 가지는 것이다. 원초아는 일차적 추동에 의해 일어난 긴장을 줄이는 것으로 이는 성격의 유전된 부분이다. 이런 추동은 정신 에너지(psychic energy) 혹은 리비도(libido)에 의해 충전된다. 이러한 원초아의 기능 양식을 일차과정(primary process)이라 한다. 원초아는 쾌락의 원리(pleasure principle)에 따라 작용하며, 그 목표는 즉각적인 긴장 감소와 만족의 극대화이다.

자아는 원초아의 쾌락추구와는 달리 현실을 추구한다. 자아는 원초아와 객관적 외부 세계의 현실 사이에서 완충 역할을 한다. 원초아의 쾌락 추구 성질과는 대조적으로, 자아는 현실의 원리(reality principle)에 따라 작용한다. 자아는 어떤 욕구를 어떤 방법으로 충족시키고, 때로는 어떻게 억제하고 지연할 것인지에 있어서 자아는 이차과정(secondary process)을 사용한다. 이는 성격의 집행부라 할 수 있으며, 의사결정을 내리고, 행동을 통제하며, 원초아보다 더 고차적인 수준에서 사고하고 문제를 해결하게 해 준다.

초자아는 부모와 사회 구성원의 도덕적 기준과 사회적 가치를 통합함으로써 발전한다. 그리고 다른 중요한 사람들에 의해 전수받은 사회의 선과 악을 나타낸다. 이는 인간이 옳고 그른 것을 학습하고, 그들이 살고 있는 사회의 광범위한 도덕적 원리를 자신의 기준 속에 통합시키기 시작함에 따라 지속적으로 발달한다. 초자아는 실제로 두 가지 부분, 즉 양심(conscience)과 자아이상(ego-ideal)을 가진다. 양심은 우리로 하여금 도덕적으로 위배되는 것들을 하지 않도록 해 주는 반면, 자아이상은 도덕적으로 적절한 것을 행하도록 동기화시킨다.

그러나 이 이론은 이를 지지해 주는 과학적 자료가 부족하다는 제한점을 가지고 있다. 비록 특별한 사람에 대한 풍부한 경험적 평가가 이론을 지지해 주는 것으로 보일지라도, 프로이트가 주장한 성격의 구조와 그것의 작용에 관한 증거 자료는 부족하다. 또한 프로이트의 이론은 성인의 어떤 발달적 문제를 전혀 예측해 줄 수 없다.

## 2) 신프로이트 학파의 정신분석 이론

신프로이트 학파(neo-Freudians)는 Freud보다 갈등과 방어에 대한 메커니즘이 포함되어 있으며 자아의 기능을 더 많이 강조하였다. 이는 자아가 원초아보다 일상의 활동을 더 많이 통제한다는 것을 시사하는 것이다. 이들은 성격발달에 미치는 사회적·문화적 영향에 큰 관심을 가졌다. 이에 대표적인 인물로 Carl Jung이 있다. 그는 분석 심리학을 개발하였다. 처음에는 무의식적 성 충동의 중요성을 강조한 프로이트의 생각에 동조하였다가 후에 무의식적 충동을 보다 긍정적인 측면에서 파악한 인물이다. Jung은 우리에게 억압된 기억과 충동을 포함한 개인적인 무의식뿐만 아니라 과거 조상 때부터 축적되어 있는 종족의 역사를 반영하는 원형이라는 개념을 정립하여 집단 무의식(collective unconscious)이 있다고 믿었다. 이러한 집단 무의식은 모든 사람이 공유하고 있는 것으로 다양한 문화에서 공통적으로 나타나는 행동(예: 어머니의 사랑, 뱀에 대한 공포 등)에 의해 표출된다. 또한 이러한 무의식에는 특별한 대상 혹은 경험의 보편적 상징 표상인 원형(archetypes)이 포함되어 있다고 융은 주장하였다. 예를 들면, 어머니라는 인물을 통해 조상과의 관계성을 반영하는 어머니 원형은 예술, 종교, 문학, 신화의 주제로 많이 사용되고 있다.

신프로이트 학파의 또 다른 인물 중 한 사람은 Alfred Adler이다. 그는 기본적으로 열등감(inferiority complex)에 의해 동기가 부여된다고 믿었다. 그는 융과 마찬가지로 지나친 성적 욕구를 강조한 프로이트의 이론을 거부한 대신, 인간의 일차적 동기는 우월성(superiority)의 추구라고 주장하였다. 우월성의 추구는 다른 사람을 지배하려는 것이 아니라, 자기 향상과 완벽을 이루려는 것이다. Adler는 장애물을 극복하고 그 사람의 잠재력을 계발하기 위해 노력하는 인격의 자기 인식 측면인 창조적 자아(creative self)를 말했다. 사람들 각각의 잠재력은 독특하기 때문에 아들러의 심리학을 개인 심리학이라 불러 왔다. 한편, Karen Horney는 성격의 이면에 있는 사회적, 문화적 요인에 더욱 초점을 둔 인물 중 하나이다. Horney는 프로이트와 같이 어린 시절의 경험이 심리발달에 중요하다는 데 동의했다. 예컨대, Horney는 성격발달이 사회적 관계성, 특히 부모와 아동 간의 관계성과 아동의 욕구가 충족되는 정도에 달려 있다고 주장하였다. 그녀는 여성이 남근 선망을 가진다는 Freud의 주장을 거부하고 여성이 남성에 대해 선망하는 것은 여성에게 흔히 거부되는 독립성, 성공, 자유라고 주장하였다.

### 3) 특질 이론

특질(trait)은 행동에서 유추되는 상당히 안정적인 성격의 요소이다. 특질이란 비교적 영속적이며, 개인의 독특성을 반영하는 성격특성이다. 특질 이론가들에 따르면 이러한 특질이 특정 사람만이 가지고 있는 것이 아니라, 모든 사람이 가지고 있되 그 정도에 차이가 있어 이를 수량화시킬 수 있다고 가정하였다. 특질 이론은 사람의 행동 일관성을 분명하고도 직접적으로 설명해 준다는 점, 더 나아가 특질은 한 사람을 다른 사람과 쉽게 비교할 수 있게 해 준다는 장점을 가지고 있다. 그러나 이론마다 기본 특질이 상이하다는 점과 일차 특질들이 성격을 명명해 줄지언정 행동을 설명해 주지는 못한다는 단점을 가지고 있다.

Gordon Allport는 성격을 특징적인 사고와 행동을 결정짓는 개인의 정신생리적 체계 내에 있는 조직화라고 정의하였다. 그는 성격을 기술하기 위해 사전에 제시된 단어들을 검토한 결과, 약 18,000개의 단어를 찾아냈다. 이 중 기본이 되는 것을 추출하기 위해 세 가지의 기본적인 특질 범주(기본 특질, 중심 특질, 이차 특질)를 제시하였다. 기본 특질(cardinal trait)은 개인의 모든 사고와 행동을 특징지을 정도로 넓은 범위에 영향을 미치는 특성이다. 대부분의 사람이 이런 기본 특질만을 발달시키지 않고, 성격의 핵심을 구성하는 중심 특질(central trait)도 발달시킨다. 중심 특질은 기본 특질에 비해 덜 광범위하지만 사고와 행동에 상당한 영향을 미치는 특징이다. 정직, 사교성 등이 이러한 중심 특질이며, 사람들은 일반적으로 5개에서 많게는 10개 정도의 중심 특질을 가진다. 마지막으로, 이차 특질(secondary trait)은 특별한 상황에서 행동에 영향을 미치는 특성으로 개인의 행동과 사고의 제한된 부분에만 영향을 미친다. 이차 특질은 기본 특질이나 중심 특질보다는 영향력이 작다.

Raymond Cattell은 실생활에서 관찰, 질문지, 심리검사 등의 과학적인 방법을 통해 성격특성에 대해 포괄적으로 연구한 사람이다. 그는 성격의 구조가 아닌 성격을 형성하는 요인으로 보고, 그 요인을 분석하여 특성을 표면특성(surface traits)과 원천특성(source traits)으로 분류하였다. 표면특성은 말 그대로 겉으로 드러내는 행동과 함께 나타난다. 원천특성은 개인의 생각이나 감정에 영향을 주는 성격의 핵심을 이루는 특성으로 표면특성에 비해 일관적이고 안정적이다. 그러나 이러한 표면특성은 사람들의 성격에 대한 지각과 표상에 기초되어 있기 때문에, 모든 행동의 근원이 되는 기저의 성격 차원을 가장 잘 기술해 주는 것은 아니다. 따라서 2차 요인분석을 실시하여 Cattell은 16개의 기본 특질을 발견하였다. 이 기본 특질을 사용하여 그는 16개 성격요인 검사(sixteen personality factor questionnaire: 16PF)를 개발하였다.

Hans Eysenck도 요인분석을 사용하여 특질 패턴을 확인하였으나, 성격의 본질에 대해 Cattell

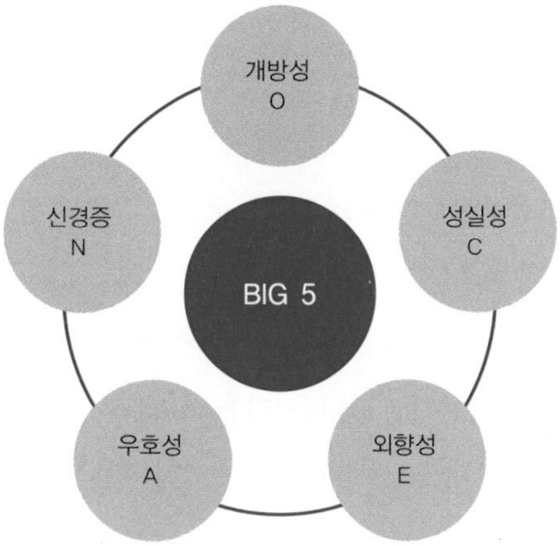


[그림 5-2] **성격 5요인 모델**

과는 다른 결론에 도달하였다. 그는 성격이 단지 두 개의 주요 차원, 즉 내향성-외향성(introversion-extroversion)과 신경증-안정성(neuroticism-stability)에 의해 가장 잘 설명될 수 있다고 주장하였다. 내향성 차원에는 조용하고, 신중하며, 사려 깊고, 참을성이 있는 사람들이 위치하며, 외향성 차원에는 활발하고, 사교적이며, 적극적인 사람들이 해당된다. 이와는 독립적으로 신경증 차원에는 우울하고, 예민하며, 까다로운 사람들이 위치하고, 안정성 차원에는 침착하고, 신뢰성이 있으며, 차분한 사람들이 해당된다. Eysenck는 이러한 두 차원에 따라 사람들을 평가함으로써, 다양한 상황에서 개인의 행동을 정확하게 예측할 수 있었다.

'BIG FIVE' 모델: 성격 5요인 모델에 따르면 다섯 가지의 기본적인 요인이 있다고 주장하였다. 여기에는 Eysenck가 발견한 두 가지(외향성과 신경증)와 성실성, 우호성, 경험의 개방성이라는 요인이 추가된다.

**표 5-1 성격 5요인과 특성**

| 요인 | 특성 |
|---|---|
| Ⅰ. 외향성(extraversion) | 수다스러움, 독단적, 조용한 활동, 수동성 및 예비성과 대조 |
| Ⅱ. 우호성(agreeableness) | 진실, 신뢰, 적의를 가진 따뜻함, 이기심, 불신과 대조 |
| Ⅲ. 성실성(conscientiousness) | 부주의, 태만 및 무관심, 철저함, 신뢰할 수 없음과 대조 |
| Ⅳ. 신경증(neuroticism) | 대처 능력을 가진 신경 자극, 기분 전환 및 부정적인 자극에 대한 민감도와 대조 |
| Ⅴ. 경험의 개방성(openness to experience) | 상상력, 호기심, 창의성을 알고 지각력이 없는 것과 대조 |

## 4) 사회인지 이론

사회인지 이론은 관찰에 의한 학습과 개인의 차이점을 뒷받침하는 인지 과정에 초점을 맞춘다. 환경은 성격에 영향을 미칠 뿐만 아니라 개인의 행동과 성격은 피드백을 통해 환경을 수정하는 것으로 가정한다. 사실 Albert Bandura는 상호적 결정주의(reciprocal determinism)가 행동을 이해하는 열쇠라고 주장하였다. Bandura는 개인이 직접 경험하고 강화를 받은 행동뿐 아니라 다른 사람의 행동을 관찰하는 것을 통해서도 행동의 변화가 가능하다는 관찰학습(observational learning) 또는 모델링(modeling)을 주장하였다. 또한 행동을 이해하려면 사람 내에서의 변수들(personal variables)도 고려해야 한다고 하였다. 이는 개인과 환경 간 상호작용의 중요성을 의미한다. 행동은 주로 외부 압력에 의해 조성된다는 결정주의는 사람들이 자신의 인생 여정을 통제, 관리할 수 있는 능력이 있다는 것을 인정하지 않는다는 점에서 비판을 받는다. 그럼에도 사회학습 이론은 사람들의 관찰 가능한 특성과 그들이 살고 있는 환경에 초점을 맞춤으로써 성격을 보다 객관적, 과학적으로 연구할 수 있도록 했다는 장점을 가지고 있다.

## 5) 인본주의 이론

인본주의 심리학자인 Rogers는 사람들이 자유로운 선택과 행동을 통해 스스로를 형성한다고 했다. Rogers는 자아를 경험의 중심으로 정의하면서 자기이론(self theory)을 주장하였다. 그는 인간의 행동을 개인이 지각한 현상학적인 장(field)에서 유기체가 지각한 욕구를 만족시키기 위한 목표지향적인 시도로 보았다. 그리고 이러한 시도는 자신을 성장시키고 향상시키는 긍정적인 방향으로 이루어진다고 보고 이러한 경향성을 실현가능성(actualizing tendency)이라 불렀다. Rogers는 인간을 무의식적 압력(정신분석학), 안정된 특질의 집합(특질 이론), 혹은 강화와 처벌(학습 이론)에 의해 통제되는 존재로 보는 대신에, 인본주의 이론은 인간이 기본적으로 선하며 보다 높은 수준의 기능을 위해 성장하려는 경향성을 가진 존재라는 것을 강조한다. 또한 로저스는 사람들이 사랑과 존경을 받고 싶어 하는 보편적 요구를 반영하는 정적인 관심에 대한 요구를 가지고 있다고 주장하였다. 이에 해당하는 것이 바로 무조건적인 긍정적 존중(unconditioned positive regard)이다. 개인이 무엇을 말하거나 행하든 그것을 수용하고 존중하는 관찰자의 태도를 의미한다. 일상적으로 개인은 자신의 경험과 자아 개념(self-concept) 혹은 자아 이상 간에 어느 정도 불일치를 경험하게 된다. 이러한 불일치가 크면 불안경험과 같은 심리적 고통이 따르게 되므로 Rogers는 이를 극복하는 방법으로 무조건적인 긍정적 존중을 제시하였다.

비록 인본주의 이론이 사람들에 대해 무조건적인 긍정적 존중의 가치를 중요시하였을지라도, 많은 성격 이론가는 이러한 무조건적인 긍정적 존중을 인정하지 않는다. 이러한 비판은 이론의 기본 가정을 확증하기 어렵다는 점과 무조건적인 긍정적 존중이 실제로 성격 적응을 이끄는지의 여부에 대해 의문이 집중되었다.

## 4. 건강한 성격

과학문명은 인간이 지구상의 모든 동물을 지배하고, 우주공간으로까지 활동 범위를 확대하며, 평균 수명을 연장하였다. 이에 따라 인간은 자연을 극복할 수 있는 막강한 적응력과 기법을 터득하였다. 그러나 이와 같은 과학문명의 발달에 정비례하여 인간관계(human relationship)나, 한 인간의 적응(adjustment) 문제는 이전보다 더욱 어려워졌다. 자연의 극복을 위해 발전시켜 온 과학은 인간 자체의 생존을 위협하기에 이르렀고, 추구된 생활의 편리는 인간 소외현상을 가중시켰으며, 고도로 발달된 산업화는 비인간화 · 인간의 규격화 현상을 초래하였다.

급속도로 변하는 현대사회에서 정신적으로 건강하게 삶을 영위하는 것이 어떤 것이며, 건전한 성격이 과연 어떤 것인가 하는 물음에 대한 추구가 심리학 · 교육학 · 정신의학 분야에서 커다란 문제로 대두되기 시작한 것이다.

이와 같이 건전한 성격에 대한 연구란 종전에 이루어진 정신적인 질환의 원인 및 치료 방법에 관한 연구에서 한걸음 더 나아가 인간이 단지 정상에만 머물러 있는 것이 아니라 인간이 성장할 수 있는 더 높은 경지에 대한 그 무엇을 규명해 내자는 것이다. 정신적인 질환이 없다는 것은 다만 성장과 충족을 향한 첫걸음일 뿐이며, 그런 정상성(normality)을 넘어서서 보다 더 성장하고 계발할 수 있는 초월성(supernormality)을 믿고 건전한 성격에 대한 바람직한 기준을 제시하자는 것이다. 따라서 건전한 성격에 관한 이론이란 바로 인간을 바라보는 따듯한 시선에서 시작된 것이라 할 수 있다.

### 1) 정신분석학적 관점

Freud는 건전한 성격을 가진 사람이란 사랑할 수 있는 능력과 생산적인 일을 할 수 있는 능력을 가진 사람이라고 정의를 내리고 있다. 그는 이런 두 가지의 능력은 성격구조의 세 영역,

즉 본능(id) · 자아(ego) · 초자아(superego) 간의 조화로서 이루어지는 것이라고 본다.

그에 의하면 건전한 성격을 가진 사람은 여러 욕구와 도덕 간의 갈등과 충동을 무리 없이 해결할 수 있을 만큼 자아가 충분히 기능한다. 그러므로 그들은 부당한 죄악감이나 사회적 질책에 얽매이지 않고 자기의 욕구를 적절하게 만족시키는 가운데 생산적인 일에 자기의 에너지를 활용한다. 건전한 성격을 가진 사람은 본능 · 자아 · 초자아가 알맞게 강하기 때문에 자기 자신에 있어서나 대인관계에 있어서 자유롭게 자신을 표현하며, 합리적인 태도를 나타내 보이는 사람이라고 정의를 내린다.

한편, Adler는 대인관계의 측면을 도입하여 건전한 성격의 징표로서 사회공동체감(Gemeinschaftsgefuhl)을 들고 있다. 그에 의하면 사회공동체감이란 동료에 대한 일체감 또는 형제애 같은 것을 말하는데, 건전한 성격을 가진 사람은 타인과 비합리적으로 경쟁하지 않으며, 인간을 그 자체로서 가치 있는 존재로 본다는 것이다. 이와 같이 아들러는 건전한 성격에 관한 이론에 대인관계의 측면을 도입하여 강조하고 있다.

또한 Rank는 의지와 창조성에 건전한 성격에 대한 강조점을 두어 창조적인 예술가를 건전한 성격의 모델로 제시하고 있다. 여기서 의지와 창조성이란 대중과의 차이를 주장할 수 있는 용기와 자기가 원하는 현실을 형성할 수 있는 용기를 의미한다. 따라서 그에 의하면 건전한 성격의 사람이란 타인에의 의존에서 자기를 분리시키며, 보다 더 자율적이고 창조적인 형태로서 행동하는 사람을 말한다.

한 개인을 개인으로만 보지 않고 타인과의 관계에서 보아야 한다고 주장하는 Sulivan은 건전한 성격을 가진 사람은 타인에 대한 개념이 현실적이며, 과거의 그 어떤 경험에 의해서도 혼란을 받지 않는다고 한다. 그는 개인이 타인과의 관계에서 지속적인 만족과 안정을 이룰 수 있기 위해서는 타인과 자기, 그리고 그들 사이에서 이루어지는 모든 것에 대하여 확실한 이해와 사고를 가지고 있어야 가능하다고 하였다. 여기서의 만족이란 신체적 욕구의 성취를 말하며, 안정이란 타인에게서 사랑이나 지위, 또는 인정이나 존경을 얻었을 때 나타나는 정서상태를 의미한다.

### 2) Allport의 성숙한 사람

Allport는 건전한 성격을 가진 사람을 '성숙한 사람(the mature person)'이라고 정의 내리면서 다음의 일곱 가지 측면에서 성숙의 특성을 설명하고 있다.

(1) 자아감의 확대(setension of the sense of self)

한 개체는 성장 발달함에 따라 참여하는 영역이 넓어지고 경험이 많아진다. 또한 자기영역의 경계가 점점 넓어지며 자아감 역시 확대된다. 이에 따라 오직 자신에게만 초점을 맞추었던 자아가 점차 확대됨으로써 추상적 가치와 개념을 포함하고, 타인과 외계로 초점의 범주가 넓어진다.

(2) 자기와 타인과의 따뜻한 관계(warm relating of self to others)

건전한 성격의 사람은 자기와 타인과의 따뜻한 상호적 관계를 맺고 있는데 Allport에 의하면 이는 친밀감(capactiy for intimacy)과 동정심(capactity for compassion)이 있다고 한다.

(3) 정서적 안정성(emotional security)

건전한 성격의 사람은 정서적으로 안정되어 있다. 가장 중요한 속성이 바로 자기수용(self-acceptance)이다. 건전한 성격의 사람은 수동적으로 포기하지 않고 약점과 실패를 포함한 존재의 모든 양상을 받아들인다. 성숙한 성격은 또한 타인의 정서를 받아들이면서 감정의 포로가 되지 아니하며, 그들을 피하지도 않는다. 정서적 안정의 또 다른 속성을 올포트는 '좌절에 대한 관용(frustration tolerance)'이라고 불렀다.

이렇듯 건전한 성격의 사람은 정서적으로 안정되어 있고, 균형이 잡혀 있기 때문에 사소한 이해관계에 고민하지 않으며, 순간적인 충동에 지나친 반응을 나타내지 않으며, 자신의 성욕을 받아들이고, 자신의 갈등이든 사회적인 갈등이든 이를 최소한으로 줄이고, 이를 처리하는 데 최선을 다한다. 정서적 안정성을 갖는 사람은 욕구불만을 잘 참아 내며, 이 욕구불만을 충분히 이해하고, 또 이에 적응할 수 있는 준비가 되어 있다. 이들은 조용히 자기의 인생을 긍정하는 가운데, 안정되어 있는 생활을 해 나간다.

(4) 현실적 자각(realistic perception)

건전한 성격의 지각과 인지는 효율적이며 정확한 것이 특징이다. 그들의 사고는 자기의 요구와 환상에 맞추어 현실을 왜곡하지 않는다. 따라서 신경증적인 사람이 때때로 그들 자신의 바람과 욕구와 두려움을 양립시키기 위해 현실을 왜곡하는 데 비해 건전한 성격의 사람은 그들의 세계를 객관적으로 본다. 성숙한 사람은 다른 사람이나 상황을 개인의 현실지각에 따라 모두가 다 악하거나 선하다고 믿을 필요가 없이 현실을 있는 그대로 받아들인다.

(5) 기술과 과제(skills and assignments)

건전한 성격의 사람은 과업을 가지고 그것을 성공적으로 수행해 나갈 수 있는 적절한 기술과 헌신력을 가지고 있다. 건전한 성격의 사람은 일의 중요성과 그 일에 몰두해야 할 필요성을 절감하여 일의 성공을 위한 기술과 능력의 발달을 위해 노력해 나간다.

(6) 자기 객관화(self-objectification)

건전한 성격의 사람은 자기를 객관화함으로써 자기 자신에 대한 고도의 통찰력을 가지고 있다. 따라서 타인에 대한 판단이 적절하며, 안정성을 가지고 잘 어울린다. 자기 통찰과 가장 관련 있는 것이 바로 유머 감각이다. 유머 감각은 자기가 사랑하는 것을 웃음으로 사랑하는 태세를 뜻한다. 따라서 유머 감각은 자기 객관화로 웃는 것이지만, 그 웃음은 공격적이 아니라는 것에 특징이 있다.

(7) 통정된 인생관(a unifying philosophy of life)

건전한 성격은 미래지향적이고 긴 안목의 목표와 계획에 의해 동기가 유발된다. 이러한 사람은 목적의식과 그들 삶의 초석으로서 완성해야 할 일에 대한 의무감을 가지고 있고, 이것으로 성격의 일관성을 나타낸다.

올포트는 이 일관성 있는 동기를 방향모색(directedness)이라고 불렀는데 이것은 신경증 환자에게 보다 건전한 성격의 경우에 더욱 명백하게 나타낸다. 방향 모색은 인생의 모든 양상을 목표지향적으로 인도하고 그 사람에게 삶의 이유를 제공한다.

양심(conscience)은 생의 철학을 통정화하는 데 꼭 필요하다. 올포트는 성숙한 양심과 미성숙하거나 신경증적인 양심의 차이점을 명기하였다. 미성숙한 양심은 어린아이의 것과 같이 복종적이고 어린 시절부터 성인기에까지 이어지는 구속으로 가득 차 있는데, 이것은 '의무감(ought)'보다 오히려 '필연성(must)'으로 특정지어진다. 즉, 미성숙한 사람은 "나는 반드시 이렇게 행동해야만 한다(I must behave this way)."고 말하지만 성숙한 사람은 "나는 이렇게 행동해야 된다(I ought behave this way)."라고 말한다. 성숙한 양심은 자기 자신이나 다른 사람에 대한 책임감 또는 의무감으로 구성되어 있으며, 종교적 · 윤리적 가치에 바탕을 두고 있기도 하다.

결국 건전한 성격의 사람이란 타당한 인생목표와 목표에 따른 올바른 가치, 그리고 성숙한 양심, 즉 올바른 가치지향성을 가짐으로써 통일되고 잘 정돈된 철학을 가지고 있는 사람이라 할 수 있다.

### 3) Fromm의 견해

신프로이트 학파로 분류되는 Fromm은 인간의 심리적 특성을 결정짓는 요인으로 사회체제를 중시하여 사회심리학적 이론(social psychological theory)을 전개하고 있다. 그러므로 사회의 본질이 인간의 성격을 이해하고 변화시키는 데 열쇠가 된다. 즉, 문화는 바로 그 개인이 되는 것이다. 성격이 건전한가, 건전하지 못한가는 그 문화에 달려 있으므로, 문화는 긍정적으로 인간의 성장과 발달을 촉진할 수도 있는 반면 오히려 저해할 수도 있다는 것이다.

이와 같이 성격을 대부분 문화의 산물로 보기 때문에 개인이 사회에 얼마나 잘 적응하는가 하는 측면에서가 아니라 사회가 모든 개인의 기본적 욕구에 얼마나 잘 적응하는가 하는 측면에서 정신건강이 정의되어야 한다고 주장한다. 즉, 심리적 건강은 개인적인 차원에서 이루어지는 것이라기보다는 사회적인 것이기 때문에 사회가 얼마나 충분하게 인간의 욕구를 만족시키는가가 중요한 기준 내지 요소가 되는 것이다.

Fromm은 건전한 성격은 완전히 사랑하고 창조적이며, 이성의 힘이 매우 발달해 있고, 세계와 자기를 객관적으로 지각하며, 확고한 정체감을 소유하고 있고, 세계와 관계를 맺어 그 안에 정착하며, 운명과 자아의 주체자이며 대행자이고, 근친상간적 결합으로부터 자유롭다고 하면서 건전한 성격의 가장 으뜸가는 유형을 바로 생산적 지향(productive orientation)이라 불렀다. 그것은 인간 잠재력을 완전히 활용하고 실현함을 의미한다. 즉, 생산적 지향이란 자기의 역량을 제대로 발휘할 수 있고, 자기의 타고난 가능성을 실현할 수 있는 사람됨이며, 현실주의와 불건전성과는 대립되는 이상적인 인격형을 말한다.

Fromm의 생산적 성격이란 개념 속에는 인간이 자기의 역량을 충분히 발휘할 수 있는 능력을 갖고 있다는 것과 사랑과 이성으로 세계를 받아들이고 이해한다는 것, 그리고 자기에게 부여될 가능성을 실현하는 것이란 특성을 지니고 있으며, 건강한 인간이란 개념 속에는 사랑하고 창조하는 능력과 부족 및 지역사회에 의존하는 경향을 탈피하여 현실을 있는 그대로 파악하는 것, 그리고 자아정체감을 갖는 것이란 특성을 지니고 있다. 또한 평안한 상태란 개념 속에는 있는 그대로의 진실을 파악하는 것, 자기중심성을 극복하는 것, 인간이나 자연을 애정적으로 받아들이고 이들과 좋은 관계를 갖는 것, 자기의 소외와 무의미성을 극복하는 것, 그리고 충분히 다시 태어나는 것 등의 특성을 포함하고 있다.

### 4) Maslow의 자아실현의 사람

Maslow는 자아실현을 성취한 사람, 즉 건전한 성격을 가진 사람들의 중요한 특성에 대하여 다음과 같이 설명하고 있다.

#### (1) 효율적인 현실 지각(an effcient perception of reality)

성격적으로 건전한 사람은 보다 효율적으로 현실을 지각하고, 이 현실과 안정된 관계를 유지한다. 이러한 역량으로 타인을 정확하게 효율적으로 판단할 수 있으며, 또 혼돈된 현실을 명확하게 파악할 수 있고, 미지의 것을 헛되게 두려워하지도 않는다.

#### (2) 자신 · 타인, 그리고 인간본성에 대한 일반적인 수용(a general acceptance of nature, others and oneself)

건전한 성격의 사람은 자신, 타인, 자연을 있는 그대로 받아들인다. 자기성취인은 모든 수준에서 자기 자신을 수용한다. 사랑, 안전, 소속, 명예, 자존심을 중시하고 자연과 인간성에 익숙하게 어울린다. 자아를 실현할 사람은 자기의 약점과 장점을 포함한 자기 자신의 본성을 그 어떤 불평이나 걱정 없이 있는 그대로 받아들인다는 것이다.

#### (3) 자발성 · 솔직성 · 자연성(spontaneity · simplicity · naturalness)

건전한 성격의 사람은 자발성, 솔직성, 자연성이 강하다. 중요한 일을 하는 데 방해가 되는 인습을 맹목적으로 따르지 않는다. 관례적이라기보다 자주적이고 개성적인 윤리강령을 갖고 있다.

#### (4) 자기 외적 문제에 대한 중심적인 태도(a focus on problems outside themselves)

건전한 성격의 사람은 자의식에 구애받지 않고, 해야 할 문제에 집중할 수 있다. 자아실현의 사람은 자기 일에 대하여 책임감을 가지고 예외 없이 스스로 열중하며, 온 정력을 쏟는 사명의식이 있다. 매슬로우는 이 특성을 매우 강렬하게 느꼈기 때문에 헌신감 없이는 자아실현이 불가능하다는 결론을 내렸다.

자아실현의 사람은 자기의 일을 사랑하고 그 일이 자기에게 자연스럽게 맞는다는 것을 느낀다. 이런 일에 대한 정열적인 헌신을 통하여 자아실현자는 욕구 이상의 것(metaneeds)을 성취하거나 수행할 수 있다. 일에의 몰두와 그에 따른 만족의 결과 때문에 건강한 성격자들은 평범한 정신건강을 가진 사람보다 더 열심히 일한다. 그러나 그것은 물론 그들에게 싫은 일이 아니라 오히려 즐거운 일이다. 그들은 자기 일을 다른 어떤 것보다도 즐기며 더 이상의 수입이 필요 없을 때까지도 계속한다.

(5) 사적인 생활과 독립에의 욕구(a need for privacy and independence)

건전한 성격의 사람은 고독과 사생활을 즐긴다. 우정과 가족에 대한 애착이 있기는 하지만 그렇다고 의존적인 것도 아니고, 소유욕이 심한 것도 아니며, 세속에서 의연히 초월하는 것이라고 본다.

자아실현한 사람들은 고립과 고독에 대한 강한 욕구를 가지고 있기 때문에 인간과의 접촉에서 위축되지 않는다. 그들은 자기의 만족을 위하여 타인에게 의존하지 않으므로 고고하고 말이 없으며, 행동과 감정이 매우 자아중심적(self-centered)이고 자아주도적(self-directed)이다. 이것은 그들이 스스로 결정할 수 있는 능력에 따라 스스로 결정을 내리며 자신의 동기와 원칙을 실행한다는 뜻이다.

(6) 자율적 기능(autonomous functioning)

사생활과 독립에의 욕구와 밀접하게 관련하여 자아실현자들은 자신들의 특혜와 능력으로 사회 물리적 환경에 자율적으로 기능한다. 그들은 더 이상 결핍동기에 의해 동기 지을 수 없으므로 그 만족을 위해 현실세계에 의존하지 않는다. 성장동기의 만족은 자기 내부로부터 오는 것이기 때문이다. 성장동기의 발달 여부는 자신의 잠재력과 내적자원에 따라 좌우된다.

건전한 성격은 자아 내포적(self-contained)이고 고도의 자율성은 위기나 결핍에도 그들을 무감각하게 한다. 비건전한 성격의 사람에게는 파멸적인 것이 될 불운이, 자아실현자에게는 거의 느껴지지도 않고, 비건전한 성격의 사람이 재앙이라고 생각할 만한 상태에서도 기본적인 평온함을 유지한다.

건전한 성격의 사람은 시장의 우상에서 독립되어 있으며, 야유나 비판에 아랑곳없이 자기가 나아가야 할 방향을 지켜 나간다.

(7) 계속적인 신선한 감상력(a continued freshness of appreciation)

건전한 성격의 사람은 지속적인 신선한 인지력으로 외계를 나날이 새롭게 받아들이며, 순수한 입장에서의 놀라움, 황홀로 인생의 기본적인 미덕을 알아차리는 역량을 갖고 있다. 자아실현자들은 기존의 경험들이 아무리 반복되어도 즐거움, 경외, 놀라움과 같은 신선한 감각으로 새롭게 경험한다.

(8) 신비로운, 혹은 '절정'의 경험들(mystical, or 'peak' experience)

자아실현의 사람들은 때때로 종교적 경험과 비슷한 강렬하고 저항할 수 없는 황홀경과 경외를 경험하는 경우가 있다. Maslow는 건전한 성격의 사람은 이 절정을 경험하는 동안 자아를 초월하게 되고 지배감과 자신감 · 결정감 등 무엇이나 성취하거나 될 수 있을 것 같은 심오한 의식을 갖게 된다고 한다. 게다가 몰두하고 있는 그 일은 쾌감의 절정으로 확대된다는 것이다.

(9) 사회적 흥미(social interest)

자아실현자들은 모든 인간에 대하여 강하게 이입된 감정과 애정을 느끼며 동시에 인본주의를 지지하고자 애쓴다. 그들은 한 가족 또는 인류의 구성원으로서 가족 성원 모두에게 형제애를 느낀다. 따라서 건전한 성격의 사람은 형제애 · 인류애 등 사회공동감을 가지고 있다.

(10) 대인관계(interpersonal relations)

건전한 성격의 사람은 더욱 깊고 풍부한 대인관계를 맺으며, 더욱 화합하고, 사랑하며, 또 완전한 동일시까지 한다. 그러나 이러한 대인관계는 몇몇 사람에게만 계속되는 것이 특징이다.

결핍사랑은 결핍욕구에 의해, 특히 소속감과 사랑의 욕구가 충분히 만족되지 못함으로써 동기화된다. 또한 필요로 하는 사랑을 잃을까 봐 매우 두려워하며 사랑하는 이에게 의존한다. 보통 수준의 정신건강을 가진 사람이라면 사랑을 박탈당했을 때, 굶주린 사람이 음식을 갈망하고 구걸하며, 필요로 하듯이 사랑을 갈구한다.

자아실현자들이 타인에 대하여 느끼는 사랑은 결핍사랑(Deficiency love, D-사랑)에 반대되는 존재의 사랑(Being love, B-사랑)이다. B-사랑일 때 건강한 사람은 결핍 때문에 괴로워하지 않고, 사랑을 갈구하지 않으며, 오랫동안의 질투를 경험하지 않는다. 그들의 사랑은 적어도 받는 만큼 주는 것이 중요하고 자기의 성장만큼이나 다른 이들의 성장과 발달을 생각하는 이기적이 아닌 사랑이다. B-사랑에는 결핍동기와는 달리 재미 · 기쁨 · 웃음 · 행복 등이 충만하다.

(11) 민주적인 성격구조(a democratic character structure)

건전한 성격의 사람은 계층 · 교육 · 정치신념 · 종족에 관계없이 적당한 성격을 가진 사람이면 누구하고나 함께 있을 수 있고, 우호적으로 어울릴 수 있다.

(12) 수단과 목표 · 선과 악의 구별(discrimination between means and ends, between good and evil)

건전한 성격의 사람은 일정한 도덕률을 지니고, 늘 정당한 편에 서서 악을 행하지 않는다. 수단보다는 목표에 고착되어 있고, 수단은 이 목표에 종속되어 있다.

(13) 적개심이 없는 유머 감각(an unhostile sense of humor)

건전한 성격의 사람은 적대적인 유머, 우월감을 느끼려는 유머를 멀리한다. 이들의 유머는 분명히 철학에 연관된 면이 있고, 또 누구도 해치지 않는 비공격적인 것이 특징이다.

건전하지 못한 사람은 타인에게 상처를 입히는 적의에 찬 유머(hostile humor), 타인이나 타 집단의 열등감에 편승하는 우월감 섞인 유머(superiority humor), 그리고 오이디푸스적 상황이나 음탕함에 관련된 권위배반적인 유머(authority-rebellion humor)라는 세 종류의 유머를 즐긴다.

그러나 자아실현자가 보여 주는 유머는 인간성 전체에 대하여 조소하기는 하지만 특정한 개인을 지칭하지 않는 철학적인 것이다. 이들의 유머에는 웃기려고 하는 뜻이 있지만 대개는 교훈이 담겨 있다. 이들의 유머는 폭소를 자아내는 것이라기보다는 이해함으로써 미소를 짓고 수긍을 하게 만드는, 깊은 생각이 담긴 그런 종류의 유머이다.

(14) 창의력(creativeness)

건전한 성격의 사람은 특유한 창의력을 발휘한다. 이들의 창의성은 어리광이 아닌 어린이의 순진하고 보편적인 창의성과 같으며, 또 신선하고 순수하며 인생을 있는 그대로 바라보는 진실성을 갖고 있다.

(15) 문화적 동화에의 저항(resistance to enculturation)

건전한 성격을 가진 사람은 문화의 모순이나 사회의 부당성에 대하여 비판적인 태도를 가지고 있다. 자아실현자는 자아충족적이고 자율적이므로 어떤 하나의 방식으로 생각할 것을 기대하는 사회적 강압에 잘 저항한다. 타의에 의해서라기보다는 스스로가 방향을 정하고 문화로부터 내적으로 이탈하여 초연함을 유지한다. 그렇다고 공공연히 문화에 반항하는 것은 아니다. 독립심을 보여 주느라고 고의로 사회의 규칙을 위반하지는 않는다. 개인적으로 대단히 중요한 문제에 대해서만(대개 도덕적, 윤리적 문제) 사회규칙이나 규범에 도전한다.

## 5) Rogers의 완전한 기능의 인간

Rogers는 성격을 변화시키기 위해 도움이 필요한, 심리적으로 부적응 상태에 있는 환자를 상대로 연구했다. 그는 그의 임상사례를 토대로 인간중심 요법(person-centered therapy)을 주장하였다. 그의 이론은 인간으로서의 가치나 존엄성에 대한 환자의 믿음, 즉 모든 인간은 스스로 성장할 잠재적인 능력을 갖추고 있다고 보는 기본적인 관점에서 진행된다. 따라서 인간중심 치료에서 상담자의 역할은 내담자가 자신의 문제해결 능력을 스스로 되찾고 인간적인 성숙을 기할 수 있도록 도와주는 것이다. 이 이론을 몇 년 전까지는 '내담자 중심치료(client-centered therapy)'라고 불렀다.

그에 의하면 건전한 성격이 형성되기 위한 첫째 조건은 유아기의 무조건적인 긍정적 존중(unconditional positive regard)이다. 무조건적인 긍정적 존중을 받으며 성장한 어린이는 가치조건이 발달하지 않을 것이며, 가치감에 조건이 없는 한 건전한 성격형성에 방해가 되는 방어적 행동을 할 필요가 없기 때문이다. 따라서 무조건적인 긍정적 존중 속에 성장한 사람은 모든 경험에 대하여 개방적이며, 자아 표현이 자유로워진다. 또한 이 사람은 자아실현의 과정이 전적으로 자유롭게 진행되며, 그가 제시하고 있는 건전한 성격의 모형인 '완전한 기능의 인간(the fully functioning person)'이란 궁극적인 목표를 향해 계속 전진하게 된다.

Rogers는 건전한 성격의 사람, 즉 완전한 기능의 인간이 나타내 보이는 특징을 다음의 다섯 가지로 표현하고 있다.

### (1) 경험에의 개방성(an openness to experience)

완전한 기능의 인간은 가치조건에 아무런 제재를 가하지 않기 때문에 긍정적이든 부정적이든 감정과 태도를 경험하는 데 자유롭다. 왜냐하면 완전한 기능의 인간은 주위로부터 심리적으로 위협받는 것이 없으므로 방어해야 할 것이 없기 때문이다. 이러한 사람은 자기 본성에 대해 모두 알고 있고 성격의 어떤 부분도 차단하지 않는다. 성격은 삶이 제공하는 경험을 수용하는 데뿐만 아니라 지각과 경험의 새로운 길을 열기 위해 활용하는 데도 융통성이 있다. 이와 대조적으로 방어적인 사람의 성격은 조건부적인 가치감 아래서 작용하기 때문에 정체되어 있고 역할 뒤로 숨어 어떤 경험을 소화하거나 인정조차도 할 수 없다.

### (2) 실존적 삶(existential living)

충분히 기능을 발휘하는 사람은 실존의 어느 순간에나 완전히 존재한다. 각 경험은 이전에는 똑같은 방식으로는 존재하지 못한 것이므로 신선하고 새로운 것으로 지각된다. 그 결과 모든 경험이 펼쳐질 때마다 완전한 기능의 사람은 흥분감(excitement)을 느낀다.

건강한 사람은 개방적이므로 자아나 성격이 모든 경험에 끊임없이 영향을 받거나 새롭게 되는 반면, 방어적인 사람은 자아와 일치시키기 위해 새로운 경험을 왜곡하며, 모든 경험이 들어맞을 자아구조(self-structure)에 선입관을 갖는다. 충분히 기능을 발휘하는 사람은 자아에 선입관이나 완고함이 없어 경험을 통제하고 조절할 필요가 없으며 자유롭게 자신에 참여한다. 충분히 기능을 발휘하는 사람은 자아구조가 새로운 경험에 항상 개방되어 있으므로 적응력이 있다. 순간에 일어나는 모든 일에 개방되어 있기 때문에 후에 올 경험에 반응할 수 있도록 쉽게 변화하는 구조를 가지고 있다. 로저스는 '실존적 삶'을 건전한 성격의 요체로 보았다.

(3) 자신의 유기체에 대한 신념(a trust in one's own organism)

건전한 성격을 가진 사람은 유기체로 하여금 하나하나의 상황을 고려하여 균형을 이루게 하고, 상황의 전체에 가장 적합한 결정을 내린다. 즉, 자기가 옳다고 느끼는 방식으로 행동하는 것이 행동의 과정을 결정하는 데 가장 신뢰할 만한 지침이 된다.

Rogers는 건강한 성격을 관련된 모든 자료가 짜여 있는, 즉 어떤 문제에 대한 행동과정을 결정하는 전자계산기에 비유했다. 이성적이거나 지적인 근거에 의해서만 움직이는 사람은 결정에 이르는 과정에서 정서적인 요소를 무시하기 때문에 어떤 의미에서 불합리한 입장에 있다. 유기체의 모든 면, 즉 지적 능력뿐 아니라 의식 · 무의식 · 정서까지도 분석해야 한다. 결정에 이르는 데 사용한 자료가 왜곡되지 않고 정확하고, 성격 전체가 결정과정에 참여하고 있기 때문에 건강한 사람은 자신을 신뢰하듯, 자기들의 결정도 전적으로 신뢰한다.

한편, 방어적인 사람은 자기행동을 지시하는 금지사항들에 의하여 결정을 내린다. 예를 들어, 그들은 예절을 지키지 않는다고 생각하거나 어리석게 보일까 봐 두려워하는 과정을 통해 행동을 통제한다. 방어적인 사람은 완전한 경험을 하지 못하므로 상황의 모든 국면에 대하여 완전하고 정확한 자료를 갖지 못한다. Rogers는 이러한 사람을 관련된 자료의 일부밖에 사용하지 못하는 전자계산기에 비유한다.

(4) 자유감(a sense of freedom)

건전한 성격의 사람은 억제나 금지 없이 생각과 행동과정의 대안을 자유롭게 선택한다. 뿐만 아니라 충분히 기능을 발휘하는 사람은 삶에 대한 개인적인 지배감 때문에 많은 선택권을 가지며 원하는 것은 모두 해낼 수 있음을 느낀다.

즉, 완전한 기능의 인간은 삶에 대한 개인적인 지배감을 즐기며, 일시적 생각이나 주변 환경, 과거의 사건에 의해 미래가 정해지는 것이 아니라 바로 자기 자신에 의해 좌우됨을 확신하기 때문에 선택이나 행동에 자유로움을 경험한다.

(5) 창의성(creativity)

충분히 기능을 발휘하는 사람은 고도로 창조적이다. 모든 경험에 대해 개방하고, 자신의 유기체성을 신뢰하며, 결정이나 행동에 융통성이 있는 사람은 자기 실존의 모든 영역에서 독창적 사고력과 창조적 삶으로 스스로를 표현한다. 그들은 자기 행동에 자발적이며 자기를 둘러싼 풍요로운 삶의 작용에 대응하여 변화하고 성장하고 발달한다.

방어적인 사람은 자유로운 감정이 결핍되어 있어 많은 경험을 차단하고 이미 결정한 지침에 따라 살아가므로 창의적이지도 자발적이지도 못하다. 또한 새로운 도전이나 자극과 흥분을 구하기보다는 삶을 안전하고 예측할 수 있는 쪽으로 이끌어 가려 하며 긴장감을 최소로 줄이고자 한다. 결국 건전한 성격과 건전하지 못한 성격의 차이는 자기 실존의 모든 영역에서 독창적인 사고력과 창조적인 삶으로 스스로를 표현하느냐 못하느냐에 달려 있다고 하겠다.

이상에서 '자기'가 되고(to be 'me') '현재(to be 'now')'를 하라고 주장하는 Rogers의 건전한 성격에 대한 견해를 살펴보았다. 로저스의 이론에서 결론지을 수 있는 것은 건전한 성격의 사람이란 바로 '완전한 기능의 인간'인데 그 과정은 어렵고 때로는 고통스럽기도 하다는 것과, 진정한 자기 자신이 되어 나가는 하나의 상태가 아닌 과정이라는 것이다. 또한 로저스의 이론에서 건전한 성격특성이 바로 경험에의 개방성, 실존적 삶, 자신의 유기체에 대한 신념, 자유감, 창의성에 있음을 알 수가 있다.

## 6) Frankl의 자아를 초월한 사람

실존분석적 치료는 실존주의(existentialism) 철학의 영향을 받은 정신치료 이론이다. 이 이론은 종래의 증상(symptom)을 위주로 하는 여러 요법과는 달리 고민하는 인간 존재의 참뜻을 파고들어 가는 실존적인 입장을 기저로 하고 있다. 실존적인 입장이란 한 개체의 내면적인 주체성에서 진리를 찾으려는 것으로 거짓 없는 자기의 내면생활인 자기 주체에 충실함으로써 어떤 고난이나 불안도 회피하지 않고 자기의 책임 아래 감당하여 나가는 것을 말한다.

신경학자이며 정신과 의사인 Frankl은 의미치료법(logotherapy)을 창시하였다. 의미치료란 삶의 의미를 찾기 위한 독특한 치료기법으로서 실존의 의미와 의미를 찾고자 하는 인간의 욕구를 다루고 있다. 따라서 의미치료란 의미가 결여된 채 세상을 살아가는 사람을 다루는 심리치료 방법이다.

그는 정신분석학의 접근방법이 인간의 정신적 현실성을 소홀히 취급하고 있음을 지적하면서 심리적인 단계로부터 정신적인 단계로 탈바꿈해야 한다고 주장하고 있다. 그는 정신분석학에서는 인간 고유의 의무성 · 가치성 · 책임성을 찾아볼 수 없다고 주장하면서 개인의 근원적인 동기를 제한함으로써 적응할 수 있다는, 즉 무의식적인 것의 의식화 요법을 배격하고 정신적인 것의 의식화 요법을 내세우고 있다. 그는 모든 인간이 자기 존재의 의미를 경험하고, 자기 존재에 대한 결정을 내리며, 자기의 능력에 따라 행동해 나가는 과정을 통해 건전한 성격의 사람, 즉 자아초월의 사람(the self-transcendence)이 된다고 본 것이다.

Frankl의 이론에서 제시되고 있는 건전한 성격의 특징은 대개 다음의 10가지로 요약된다.

① 자기의 행동과정을 자유롭게 선택한다.
② 자기 삶에 있어서의 모든 행위와 운명을 보는 태도에 개인적인 책임의식이 있다.
③ 외부의 힘에 제한받지 않는다.
④ 자기에게 적합한 삶의 의미를 갖고 있다.
⑤ 자기 생활에 의식적인 통제력이 있다.
⑥ 창조적 · 경험적 · 태도적 가치를 표현할 수 있다.
⑦ 자신의 내부로 향하는 관심을 초월한다.
⑧ 미래의 목표와 임무를 추구하는 등 미래지향적이다.
⑨ 창조적 가치를 통해서 일에 열중한다.
⑩ 인간의 궁극적 목표인 사랑을 주고받을 수 있다.

이상 살펴본 여러 이론을 통해 유추할 수 있는 건전한 성격의 특성은 다음과 같다. 첫째, 건전한 성격은 모든 인간은 정상을 초월할 수 있는 성장가능성, 인간의 초월성에 대한 확고한 신념이 있으며, 건전한 성격을 하나의 상태가 아닌 하나의 과정(process)으로 본다. 둘째, 건전한 성격은 자기의 인생을 의식적으로 통제할 수 있는 능력을 가진다. 셋째, 건전한 성격은 자기 자신에 대하여 올바른 지각을 한다. 넷째, 건전한 성격은 과거에 지배되지 않고 현재에 정착한다. 다섯째, 건전한 성격은 미래에 대한 확고한 목표와 사명에 대한 지향성을 가지고 있다. 여섯째, 건전한 성격은 다양한 자극과 감각과의 접촉을 통해 자기의 긴장을 증가시킨다. 일곱째, 건전한 성격은 대인관계를 보다 부드럽고 따뜻하게 맺어 나간다.

# 5. 성격의 측정

## 1) 객관적 검사

객관적 검사(objective tests)는 응답자에게 설문지 형식의 표준화된 검사항목을 제시한다. 검사 문항이 이미 정해져 있고 피검자의 반응에 대한 채점이나 검사실시 절차, 그리고 규준(norm)이 명확하게 정해져 있는 구조화된 검사이다. 객관적 검사의 장점은 검사를 실시, 채점하고 해석하는 것이 간편하며 객관적이고, 신뢰도 및 타당도가 우수하다는 것이며, 검사 수행 시 검사자나 상황 변인에 영향을 적게 받는다는 것이다. 단점은 방어적인 태도에 의해 검사 결과가 영향을 많이 받을 수 있으며, 내적인 갈등이나 무의식적 갈등을 평가하는 데 주된 제한점이 있을 수 있다.

### (1) 16PF와 16PF Ⅱ

16PF검사는 1949년 Cattell과 그의 동료들이 개발하였다. 16PF는 16가지 성격특성을 양극성 요인구조(bipolar factor structures)로 표현하여 한 사람의 점수 프로파일을 제공해 준다. 이 검사는 총 187문항으로 구성되어 있다. 이 검사는 16개 요인: 냉정성-온정성/낮은 지능-높은 지능/약한 자아강도-강한 자아강도/복종성-지배성/신중성-정열성/약한 도덕성-강한 도덕성/소심성-대담성/강인성-민감성/신뢰감-불신감/실제성-사변성/순진성-실리성/편안감-죄책감/보수성-진보성/집단의존성-자기충족성/약한 통제력-강한 통제력/이완감-불안감 요인으로 구성되어 있다.

16PF Ⅱ는 Cattell의 16PF의 이론을 토대로 표준화한 검사이며 요인분석법을 통하여 1차 요인 16가지 성격특성과 2차 요인으로 여섯 가지 성격유형을 추출한 성격검사로서 일반적인 성격뿐 아니라 모든 범주의 성격특성은 물론 임상장면에서의 부적응 행동까지 변별해 주는 성격검사이다. 이 검사 결과는 학생들의 성격지도와 생활지도는 물론 진로지도에도 필요한 자료를 제공해 주도록 제작된 것이다.

이 검사의 하위척도는 다음과 같다.

- 성격요인척도(1차 요인)-다 , 안정성, 지배성, 정열성, 대담성, 예민성, 공상성, 사고력, 도덕성, 신뢰성, 실리성, 진보성, 자기결정성, 자기통제력, 우울감, 불안감

- 성격유형척도(2차요인)-정서안정성, 자립성, 성실성, 외향성, 민감성, 창의성
- 타당도척도(점수가 65점 이상일 때 검사내용을 신뢰할 수 없음)-무작위척도, 동기왜곡 척도로 구성되어 있다.

(2) NEO-PI-R(NEO Personality Inventory-Revised)

NEO-PI-R은 1992년 Costa와 McCrae에 의해 개발된 것이다. CPI, MMPI, MBTI 등의 성격검사들을 결합요인분석(joint factor analysis)하여 공통적으로 추출되는 요인을 발견하고자 한 결과의 산물이다. '5대 성격요인'이라는 용어는 Goldberg(1981)가 "개인차를 구조화하기 위한 모델은 Big Five 차원을 어느 수준에서건 포함해야 할 것"이라고 제안하면서 사용되기 시작하였다. Costa와 McCrae는 처음에는 신경증(Neuroticism: N), 외향성(Extraversion: E), 개방성(Openness: O)-NEO-에 초점을 맞추어서 NEO-PI-Big Five 모델에서 수용성(Agreeableness: A), 성실성(Conscientiousness: C)을 추가하였다. 5대 요인은 각각 6개의 하위 척도로 구분되며, 각 척도당 8문항씩 모두 240문항으로 구성되어 있다. Big Five 요인의 6개 하위 척도는 다음과 같다.

- 신경증(Neuroticism): 근심, 적개심, 우울, 자의식, 충동, 취약성
- 외향성(Extraversion): 동정심, 사교성, 독단성, 활동성, 흥분성, 긍정적 감정
- 개방성(Openness): 공상, 심미, 느낌, 행동, 사고, 가치
- 수용성(Agreeableness): 신뢰, 정직성, 이타주의, 순종, 겸손, 연약한 마음
- 성실성(Conscientiousness): 능력, 질서, 착실성, 성취, 투쟁, 자기훈련, 신중함

(3) MBTI(Myers-Briggs Type Indicator)

MBTI(Myers-Briggs Type Indicator)는 융의 성격이론을 근거로 Myers와 Briggs에 의해서 만들어진 성격유형검사이다. 이 결과는 외향성(E)-내향성(I), 감각적(S)-직관적(N), 사고적(T)-감정적(F), 판단적(J)-인식적(P)의 지표에 의해서 16개의 성격유형으로 구분된다.

MBTI의 선호 축은 다음과 같다.

- 외향(Extraversion: E)---내향(Introversion: I): 주의집중의 방향과 에너지의 원천에 따라 구분됨. 외향성의 사람들은 주의집중의 방향이 주로 외적 세계를 지향하고 있고, 사람과 대상 등 외부세계로부터 에너지를 얻음. 내향성의 사람들은 주의집중의 방향이 주로 내적 세계를 지향하고 있고, 개념과 사상 등 자신의 내부세계에 초점을 두고 내부로부터 에너

지를 얻음

- 감각(Sensing: S)---직관(iNtuition: N): 정보수집(인식) 기능에 따라 구분됨. 감각형을 선호하는 사람들은 감각(五感: 시각, 청각, 후각, 미각, 촉각)을 통하여 관찰되는 사실과 정보에 의존하며 직관형의 사람들은 오감에 의해 얻어진 사실적 정보의 차원을 넘는 가능성이나 의미, 관계 찾기를 좋아함(육감 활용)
- 사고(Thinking: T)---감정(Feeling): 의사결정(판단) 기능에 따라 구분됨. 사고형을 선호하는 사람들은 어떤 특별한 선택이나 행동에 대한 논리적인 결과들을 예측하여 의사를 결정함. 감정형의 사람들은 자신과 다른 사람에게 무엇이 중요한지에 초점을 두는데, 즉 인간중심의 가치에 기초를 둔 결정임
- 판단(Judging: J)---인식(Perceiving): 행동(생활)양식에 따라 구분됨. 판단형을 선호하는 사람들은 생활을 조절하고 통제하기를 원하면서, 계획을 세우고 질서 있게 살아가는 경향이 있음. 인식형을 선호하는 사람들은 상황에 맞추어 적응하며, 자율적으로 살아가기를 원함

#### (4) MMPI-2

MMPI(The Minnesota Multiphasic Personality Inventory: 미네소타 다면적 인성검사)는 세계적으로 가장 널리 쓰이는 객관적 성격검사로 1940년에 Hathaway와 McKinley가 제작 · 개발하여 여러 차례 수정을 거쳤으며, 현재 MMPI-2가 사용되고 있다. 총 567문항으로 구성되어 있으며, 기분을 묻는 문항(예: 나는 때때로 쓸모없다고 느낀다)에서부터 신체 및 심리적 건강을 묻는 문항(예: 나는 1주일에 수차례 위장병으로 고생한다, 나는 이상한 생각에 사로잡힌다)에 이르기까지 다양한 문제를 포괄하고 있다.

MMPI-2의 장점은, 첫째, 검사문항의 향상이다. 원판 MMPI에서 내용상 부적절하거나 성차별적인 문항 및 구식 표현을 삭제하고, 새로운 문항을 추가하여 주제나 문제의 영역을 확대하였다. 둘째, 동형(Uniform) T점수의 사용이다. 원판 MMPI에서는, 예를 들어 Hs척도의 T점수 70과 D척도의 T점수 70점이 동일한 백분위의 의미를 갖지 않았다. MMPI-2에서는 이러한 문제점을 해결하고자 동형 T점수를 사용하였다. 셋째, 타당도 척도의 추가이다. MMPI-2에는 기존의 L, F, K척도에 더하여 VRIN, TRIN, F(B), F(P), S의 5개 타당도 척도가 추가되었으며, 이를 통해서 보다 체계적이고 정확하게 피검자의 수검 태도를 평가할 수 있다. 넷째, 재구성 임상척도(Restructured Clinical Scales: RC)의 개발이다.

MMPI 임상 척도의 가장 큰 제한점은 척도 간의 높은 상관이다. 임상 척도를 개발할 때 경

험적 문항 선정의 방법을 사용한 불가피한 결과이기는 하지만, 임상 척도 간의 높은 상관은 각 임상 척도의 해석과 예측이 차별적이기 힘들게 만든다. MMPI-2에서는 이러한 문제의 해결책으로 재구성 임상 척도가 개발되었다. RC척도는 각각의 임상 척도가 다른 척도와는 구분되는 핵심적인 임상적 특성을 측정한다는 가정하에 만들어졌다.

MMPI-2에서는 표준 척도 채점에 사용되지 않는 기존의 문항을 삭제하였으며, 이를 대체하여 자살, 약물 및 알코올 남용, Type A행동, 대인관계 등에 관한 새로운 문항을 추가하였다. 늘어난 문항 군집에 기초하여 개발된 MMPI-2의 내용 척도(15개)는 원판 MMPI의 Wiggins내용 척도(13개)와 척도명에서 유사성을 보이지만, 전혀 다른 문항 구성을 가진 새로운 내용 척도이다. MMPI-2에는 성격병리 5요인(PSY-5)척도를 비롯하여, 중독 인정 척도(AAS), 중독 가능성 척도(APS), 남성적 성역할(GM) 척도, 여성적 성역할(GF) 척도, 결혼생활 부적응 척도(MDS) 등의 새로운 보충 척도들이 추가되었다.

MMPI-2의 임상 척도(Clinical Scales)는 건강염려증, 우울증 히스테리, 반사회성, 남성성-여성성 편집증, 강박증, 조현병, 경조증, 내향성이 있으며, 10개의 RC척도(재구성임상척도), 5개의 Psy-5(성격병리 5요인 척도), 15개의 내용 척도(Content Scales)와 14개의 보충 척도(Supplementary Scale)가 있다.

## 2) 투사적 검사

투사적 검사(projective tests)는 명확한 특정 해답을 가지고 있지 않다. 자극이 불분명하고 모호하며, 가능한 한 지시를 적게 주고 자유롭게 반응할 수 있도록 허용하여 피검자의 성격이나 무의식적 욕구, 갈등을 이해하는 데 유용한 검사이다. 투사적 검사의 장점은 검사가 무엇을 평가하는지를 피검자가 알지 못하므로, 객관적 검사에 비해 방어하기가 어려우며, 무의식적 갈등의 평가 및 사고장애나 정서적 문제 등 정신병리를 진단하는 데 매우 유용하다. 단점으로는 객관적 검사에 비해 검사 반응을 수량화하고, 신뢰도, 타당도를 검증하기 어렵고, 해석에 어려움이 있다.

### (1) 로르샤흐 검사

Rorschach 검사는 스위스 정신과의사인 Hermann Rorschach(1951)가 Freud의 무의식 개념과 성격에 대한 역동적 견해에 영향을 받아 제작한 대표적인 투사 검사로, 총 10장의 카드로 구성되어 있다. 이 검사는 검사에 대한 반응을 통해 무의식적 갈등을 이해하고 사고 및 정서 장애,

현실 검증력, 성격 및 대인관계문제, 자아강도 등을 평가하고 진단할 수 있다.

해석하는 방법은 학자들마다 다르고 다양한 해석체계가 있지만 반응영역(수검자의 반응이 카드의 어느 영역에서 이루어졌는가), 반응결정인(잉크반점의 어떤 특징이 그러한 반응을 하도록 결정했는가), 반응내용(반응의 주 내용은 무엇인가), 평범성-독창성(일반적인 반응인가, 흔하지 않은 독특한 반응인가), 조직활동(특정반응이 반점의 여러 가지 지각적 특징을 얼마나 논리적으로 의미 있게 조직하였는가)을 근거로 해석하게 된다.

우선, 반응영역으로는 카드의 반점 중 일부를 보고 반응했는가(D 혹은 Dd), 전체를 보고 반응했는가(W), 아니면 공백반응을 보았는가(S)를 평가하고, 반응결정인은 그러한 반응을 하게 된 것이 형태(F) 때문인지, 움직이는 모습(M 또는 FM, m) 때문인지, 색채(C 또는 C' 등) 때문인지, 음영이나 재질(T) 때문인지, 쌍반응과 반사반응(2) 때문인지를 분석하게 된다. 반응내용 분석은 잉크반점이 무엇으로 보였는지 그 개념의 속성을 유형에 따라 분류하는데, 주로 수검자의 흥미의 폭과 관심이나 집착내용 등을 평가하는 자료로 활용된다. 이 밖에도 반응이 얼마나 독창적인지, 관습적인 반응인지, 또는 논리적으로 적절한지, 부적절한지, 일탈된 언어표현을 하고 있는지 등을 통해 사고의 독창성과 융통성, 보수적인 경향, 사고의 현실성, 인지적 일탈 등을 유추할 수 있다.

### (2) 주제통각검사(Thematic Apperception Test: TAT)

TAT 검사는 욕구이론을 펼친 Murray와 Morgan에 의해 1935년 개발되었다. 이 검사는 31장의 그림판이 있는데 모두 20매의 그림(11매는 공통, 성인 남자용 9매, 성인 여자용 9매, 소년용 9매, 소녀용 9매)을 성인 남녀, 소년 · 소녀의 조건에 따라 각각 달리 조합하여 19장의 그림과 1개의 공백카드가 제시된다. 대개의 그림에는 사람이 그려져 있으며 그 인물의 행동이나 기분이 표현되는 정도가 다른데, 피검자는 그림을 보고 현재 어떤 일이 일어나고 있는지, 과거에는 어떠했고, 등장인물은 어떻게 생각하고 느끼는지, 앞으로 어떻게 될 것인지를 이야기하는 과정에서 자신의 생각이나 느낌을 투사하게 되고 주인공을 동일시할 것이라는 것을 가정한다. 즉, 이 검사는 개인은 모호한 상황을 자신의 과거 경험과 현재의 소망에 따라 해석하는 경향이 있고, 경험의 축적과 의식적, 무의식적 감정 및 욕구와 일치하는 방향으로 이야기를 만드는 경향이 있다는 가정하에, 개인에게 그림을 보여 주고 이야기를 만들도록 한다. 따라서 개인의 반응은 개인의 성격 가운데 주요 동기, 정서, 기분, 콤플렉스, 갈등 등의 다양한 요소를 반영하게 된다.

### (3) BGT(Bender Gestalt Test)

Bender가 1938년 개발한 것으로서 본래 Bender Visual-Motor Gestalt Test이던 것을 1940년에 BGT로 개칭하였다. 형태주의 심리학의 창시자인 Wertheimer가 형태지각 실험에 사용한 여러 기하학적 도형 중 9개를 선택하였다.

이 검사는 9장의 자극그림이 그려진 카드를 보여 주고, 시각적 자극을 지각하고 자신의 운동 능력으로 그것을 묘사하는 과정에서 발생하는 행동적 미성숙을 탐지한다. 일차적으로 이런 기능을 수행하는 뇌 영역에 문제가 생길 경우에 제대로 된 모사가 불가능하고, 그다음으로 개인이 '미성숙'한 자아를 갖고 있을 경우에 또한 모사가 어렵다는 전제를 따른다. 이 때문에 BGT는 개인의 심리적 문제를 판단하는 것 이외에도 뇌 손상 및 병변 환자들에 대한 신경심리평가 장면에서도 꽤 자주 볼 수 있다. 많은 임상가는 이 검사가 공격성, 적대감, 불안, 우울, 초조 등을 잘 탐지할 수 있다고 믿지만, 어떤 연구자들이나 임상가들은 이러한 종류의 투사적인 기법에 대해 의심하기 때문에 이것이 과연 얼마나 타당성 있는 정보를 줄 수 있을까에 대해서도 회의적이다.

### (4) 집, 나무, 사람 검사(House, Tree, Person Drawing Test: HTP)

1948년 Buck에 의해 처음 제창되었으며, 1958년 Hammer에 의해 크게 발전되었다. 내담자가 빈 여백 종이에 그림을 그리면, 상담자는 그림을 내담자의 내면을 이어 주는 매개체로 보고 그림에 대해 몇 가지 질문을 해서 내담자의 내면상태를 본다. 집, 나무, 사람은 누구에게나 친밀한 주제인데, 이를 통해 환경에 대한 적응적인 태도, 무의식적 감정과 갈등을 파악하려고 한다.

HTP 그림검사는 사용상의 여러 가지 이점이 있는데, 첫째, 실시가 쉽고(연필, 종이, 지우개만 있으면 됨), 둘째, 시간이 많이 걸리지 않으며(보통 20~30분), 셋째, 언어 표현이 어려운 사람(아동, 외국인, 문맹자들)도 실시 가능하며, 넷째, 그림 솜씨나 훈련이 성격 평가에 큰 영향을 주지 않는다.

HTP 그림의 해석은, 정신분석에서 밝혀진 상징에 대한 의미, 정신증 환자들이 보이는 방어기제와 강박적 사고, 강박적 행동, 공포와 불안 등의 여러 병리적 현상에서 나타나는 상징성을 연구하며 얻은 단서들을 해석에 적용해 왔다.

CHAPTER 06

# 인간관계와 정신건강

## 1. 인간관계의 이해

인간관계(人間關係, interpersonal relationship) 또는 대인관계(對人關係)는 둘 이상의 사람이 빚어내는 개인적이고 정서적인 관계를 가리킨다. 인간관계는 사람과 사람 사이의 모든 관계를 포괄한다. 사회생활이 군대, 직장생활 등 조직 생활을 말하는 것이므로 그것보다 더 넓은 단어이다. 이러한 관계는 추론, 사랑, 연대, 일상적인 사업 관계 등의 사회적 약속에 기반을 둔다. 인간은 사회적 존재로 태어날 때부터 타인의 도움과 보호를 필요로 하는 의존적 존재이기도 하다. 따라서 인간은 가족, 연인, 동료 등 사회를 구성하여 상호작용하면서 살아간다. 인간은 사회적 존재이기 때문에 다양한 인간과 상호작용을 맺어 가면서 살아갈 수밖에 없다. 현대사회에 이르면서 그 중요성이 높아지고 인간관계의 도구와 기술, 관리 방법에 대한 관심이 높아지면서 인간관계론이 등장하기도 했다. 인간관계는 명확한 정답이란 게 있을 수가 없고, 기본적으로 쌍방의 노력을 요구하는 것이라 자기 혼자서만 노력하는 것에 어느 정도 한계가 있다.

또한 인간관계는 나이가 들면서 점점 사람을 사귀기가 힘들어지는 특징이 있는데, 일차적으로는 인간이 보편적으로 나이가 들면서 자신의 방식과 세상에 익숙해지게 되어 변화를 잘 받아들이려고 하지 않기 때문이다. 익숙해진 환경에서만 지내다 보니 새로운 사람을 만나기가 점점 힘들어지고, 어쩌다 만나게 되더라도 그러한 사람을 받아들이기가 어려워지는 것이다. '사람이 나이가 들면 보수적이 된다'라는 말이 이런 곳에서도 통용되는 것이다. 또한 자기 일이 생기게 되면서 인간관계 자체에 소홀해지는 경향이 있는 것도 큰 영향을 미친다. 흔한 말로 '먹고 살기 바빠서 못 만나더라' 같은 게 이런 걸 가리킨다.

인간관계는 대체로 수직적 인간관계와 수평적 인간관계 두 가지 형태로 나타난다. 한국어의 존비어(尊卑語) 문화 때문에, 한국에서는 어떤 형태의 인간관계인지 파악하기가 매우 쉽다. 몇 마디만 들어도 쉽게 갑을관계 파악이 가능하다. 반면에 다른 언어는 대화의 상당히 많은 분량을 들어 봐야 관계 파악이 가능하다. 수직적 인간관계의 경우, 대개 그 관계를 맺어야 하는 상황이 해소되면, 거의 소멸되고 연속성이 별로 없기 때문에 진정한 인간관계라고 보기 힘들다. 그냥 비즈니스 관계라고 보아야 한다.

수평적 인간관계는 흔히 말하는 친구나 파트너, 동료, 동기 등이다. 이 경우는 그 관계를 맺어야 하는 상황이 해소된다고 해도, 연속성을 가지고 계속 관계가 이어지는 경우가 꽤 많다. 동창회 등이 대표적인 수평적 인간관계의 예시이다.

표면상 평등한 사회라도, 실제로 사회에서 맺어지는 각종 관계 속에서 나타나는 상하관계는 얼마든지 존재할 수 있으며, 이것이 수직적 인간관계이다. 일부 우물 안 개구리 같은 사람들은 이를 한국만의 특징으로 여기지만, 이는 미국과 같은 자유주의 첨단을 달리는 사회에서도 흔히 찾아볼 수 있는 관계이며, 경우에 따라서는 한국보다 더 심한 경우도 심심찮게 찾아볼 수 있다. 대부분의 성인은 어떠한 관계로든 갑과 을 관계를 맺게 되며, 이러한 사회에서 살아남으려면 적당한 눈치와 처세술로 상급자가 주는 불이익이 자신에게 오지 않게 하는 것이 중요하다. 이것이 흔히 말하는 사회생활이다.

수평적 인간관계는 말 그대로 서로 같은 위치에 있는 동등한 인간관계를 일컫는 말로, 주로 학교, 직장 동료, 동기, 동아리, 동호회 회원 등 어떤 임의의 모임에서 많이 생겨나게 된다. 다만, 가끔 관계가 나쁜 쪽으로 틀어지게 되면 수직적 인간관계로 쉽게 변질되며, 이는 한 사람의 일방적인 정신적 피해로 이어질 수 있다.

대인관계에 있어서 대인관계능력(對人關係能力)은 심리학에서 다른 사람의 생각이나 감정을 잘 이해하며 조화롭게 관계를 유지하고, 갈등이 생겼을 때 이를 원만하게 해결할 수 있는 능력을 말한다. 한편, 대인관계매력(對人關係魅力)은 다른 사람의 어떤 성향이나 행위에 대해서 지니고 있는 긍정적 태도의 정도이다.

이러한 인간관계를 자산으로 인식하는 인적 네트워크뿐만 아니라 사회관계라는 사회생활을 영위하는 데 필요한 인간관계를 포함하는 사람과 사람 사이에 사회적 행동과 교섭이 거듭됨으로써 생기는 관계로까지 확대하여 볼 수도 있는데 이는 주로 사회생활의 정적(靜的) · 구조적 측면을 가리킨다. 예를 들면, 사회의 법이 개정을 통해서 변화하는 사회에 동질감을 유지한다든지 국어 언어의 표준이 계속해서 변화에 발맞춘다든지 하는 제도적 · 문화적 현상도 넓은 의미에서의 인간관계에 포함해 볼 수 있다. 따라서 대인관계는 사람과 사람 사이의 사회적 · 심리적 관계라고 말할 수 있다.

## 2. 인간관계의 형성

인간관계는 부모-자녀 관계나 형제관계처럼 자신의 선택이 아니라 운명적으로 주어지는 경우도 있고, 친구관계나 연인관계처럼 서로가 원해서 이루어지는 경우도 있다. 이처럼 우리는 인생을 살면서 다양한 관계를 맺게 되는데 관계양상은 때로는 긍정적이고 때로는 부정적일 수 있다. 따라서 어떤 사람과 어떤 관계를 형성하느냐는 개인의 삶의 질과도 직결되는 중요한 문제이기도 하다. 여기서는 인간관계의 형성을 위한 인상형성, 긍정적 인간관계 형성 측면의 호감, 부정적인 측면의 편견에 관해 살펴보기로 하겠다.

### 1) 인상형성

사회 속에서 살아가면서 사람과 사람 간의 관계를 형성하는 데 중요한 역할을 하는 것 중 하나가 첫인상이다. 어떤 사람이나 어떤 대상에 대한 첫인상은 그 사람이나 대상에 대한 전반적인 신념이나 지식 또는 기대를 형성하는 데 결정적인 영향을 미친다. 사람들은 단 몇 분간의 만남 속에서도 상대방의 다양한 특징(예: 지능, 연령, 성격, 취미, 습관 등)을 평가하려고 한다. 그런데 대부분의 사람은 타인이 가지고 있는 특징을 모두 고려해서 공정하게 인상을 형성하기보다는 매우 한정된 정보에 기초하여 타인에 대한 광범위한 인상을 형성하게 된다. 사람들이 타인에 대한 인상을 형성할 때 생기는 편향(bias)은 매우 다양하다. 대체로 첫 만남에서는 외모나 외적인 분위기가 첫인상 형성에 영향을 미치게 되는데 이를 초두효과(primacy effect)라고 한다. 첫 만남에서 형성된 인상이나 개인이 어떤 대상에 대해 지닌 고정관념은 상대방에 대한 전반적인 인상을 형성하는 데 영향을 미치게 된다. 이를 후광효과(halo effect)라고 한다. 그러나 장기간 사귀다 보면 처음에 형성된 인상은 차츰 사라지고 개인이 가지고 있는 다양한 특성이 전반적인 인상형성에 영향을 미치게 되는데 이를 최신효과(recency effect)라고 한다(김애순, 윤진, 1997).

### 2) 호감

우리는 나에게 물리적인 어떤 불이익이나 이익을 가져다준 경험이 없이도 어떤 사람은 좋아하고 어떤 사람에 대해서는 부정적 평가를 가진다. 이성 간에는 두 남녀가 만나 사랑하는 관계로 발전하거나 또는 취직을 하고 직장사회에서 상사나 동료들과 유대관계를 확장해 간다. 이처럼 어떤 사람은 실제적인 인간관계에 있어 점점 더 마음이 다가가는 데 비해 또 어떤 사람과는 점점 더 멀어지는 경우도 있다. 사회심리학자들은 이와 같이 호감과 대인매력을 느끼게 되는 요인에 대해 연구해 왔다. 다음은 서로에게 호감을 느끼게 되는 요인에 대해 일곱 가지로 요약하여 설명한 것이다.

#### (1) 신체적 매력

우리는 처음 다른 사람을 만났을 경우 그의 외모나 분위기에 따라 호감을 느끼게 된다. 그리고 신체적으로 매력이 없는 사람보다는 신체적 매력이 있는 사람에게 더 호감이 가게 된다. 신체적 매력에 관한 서구사회 선행연구들을 살펴보면 신체적 매력 고정관념이 사회적 능력에 대한 사람의 판단에 가장 큰 영향을 끼치는 것으로 나타났다. 즉, 사람들은 매력이 있는 사람이 덜 매력적인 사람보다 사회적이고 능력이 뛰어날 가능성이 있다고 믿는 것으로 나타났다(Eagly et al., 1991). 신체적 매력은 다른 문화에서도 호감을 예측하는 것으로 보인다. 예를 들어, 10학년에서 12학년 사이의 중국 학생들은 신체적으로 매력 있는 학우들을 더 따랐다(Dong et al., 1996). 그러나 문화 또는 개인적 취향에 따라 매력의 기준은 다르다. 예를 들면, 아프리카계 미국인은 백인보다 비만인 사람에 대하여 부정적인 성격특성과 연관하는 비율이 낮았다(Hebl & Heaktherton, 1998; Jackson & McGill, 1996). 다행스럽게도 우리는 오랜 기간 동안 인간관계를 맺다 보면 신체적 특성보다는 성격이나 능력 등이 호감도에 더 큰 영향을 미치게 된다.

그 밖에 개인적인 특성들로서 성격, 능력 등도 호감에 영향을 미친다. 다른 조건이 같다면 누구나 능력 있는 유능한 사람을 더 좋아한다. 그러나 보통 사람들은 너무 완벽한 사람보다는 유능하면서도 어딘가 허점이 있는 사람을 더 좋아하는 경향이 있다(Aronson et al., 1996).

#### (2) 근접성

사람들은 가까이에 있는 사람에게 끌리는 경향이 있다. '눈에서 멀어지면 마음에서 멀어진다(out of sight, out of mind)'라는 말은 인간관계에서 근접성이 친숙함을 이끌어 낸다는 속성을 잘 표현하고 있다. 따라서 우리는 한 동네에 살거나 같은 대학에 다니는 등 물리적으로 가까이 있는 사람을 좋아하게 될 가능성이 크다. 근접성이 매력을 증가시키는 이유는 우선 자주 만날 수 있어서 친숙성이 증가되기 때문이다. 낯선 자극을 반복해서 접하게 되면 호감이 증가하는 경향이 있으며 이를 단순접촉효과(mere exposure effect)라고 한다. 무엇이나 누구나 더 자주 접촉하면 더 좋아하게 된다(Zajonc, 1968). 일상에서 우리가 흔히 사용하는 '이웃사촌'이라는 표현이나 '열 번 찍어 안 넘어가는 나무 없다'는 속담은 이와 같이 자주 접촉하는 것의 영향력을 설명하는 것이다. 그런데 매일 가깝게 접촉하는데도 좋은 감정이 형성되지 않는 경우는 무엇 때문일까? 그것은 근접성이 호감을 촉진시키기 위해서는 최소한 첫인상이 중간 수준 이상으로 형성되어야 한다는 전제조건 때문이다. 최초의 만남에서 첫인상이 부정적으로 형성된 경우에는 아무리 가까이 접근해도 호감이 일어나지 않을 수도 있다는 것이다. 따라서 적어도 최초의 만남에서 부정적인 인상을 주지 않는 것이 호감형성을 위해서는 무엇보다 중요하다.

### (3) 유사성

유유상종이라는 말처럼 사람들은 태도, 가치관, 기호, 성격 또는 배경 등이 자신과 비슷하다고 지각되는 사람을 좋아한다. 유사성-매력 효과는 앞에서 말한 신체적 매력 효과보다 더 우세하다. 즉, 사람들은 일반적으로 잘생긴 사람이나 유능한 사람을 좋아하지만 궁극적으로 자신과 유사한 수준의 외모나 능력을 지닌 사람에게 끌린다. 왜 그럴까? 우리와 유사한 사람은 개인적 타당성을 느끼게 해 준다. 유사한 사람은 우리가 가지고 있는 태도가 실제로 옳은 것이라고 느끼게 해 주고, 한편 유사하지 않은 것은 반감을 불러일으키기 때문이다(Byme & Clore, 1970; Rosenbaum, 1986). 특히 부부나 연인 사이처럼 장기간 지속되는 인간관계에서는 유사성이 두 사람의 관계에 중요한 영향을 미친다. 이와 같이 외모나 기타 특성이 유사해서 자신과 걸맞은 상대를 선택하는 경향을 걸맞추기 현상(matching phenomenon)이라고 한다.

### (4) 상호성

사람들은 자신을 좋아한다고 생각하는 사람을 좋아하는 경향을 보인다. 사람은 자신의 욕구를 충족시켜 주거나 보상을 주는 사람을 좋아한다. 아마도 인간에게 가장 좋은 보상은 누군가가 자신을 좋아한다는 사실일 것이다. 사람들은 자신을 좋아한다고 믿는 사람들에게 호감을 되돌려 준다(Backman & Secord, 1959; Kenny & La Voice, 1982). 자신에게 호의를 보이는 상대를 좋아하는 이유는 상대에게 동일한 정서로 보답하는 일종의 의무감을 느끼기 때문이라는 해석도 있다.

그런데 늘 칭찬하거나 관심을 보이는 사람보다는 애초에는 무관심하다가 점차 호의를 보이는 사람을 더 좋아하게 된다. 반대로 일관되게 비난하는 사람보다는 좋아하다가 태도가 돌변하여 비난하는 사람을 더 싫어하게 된다. 이와 같이 상대의 예상하지 못한 칭찬이나 비난이 호감에 더 큰 영향을 미치는 현상을 득실효과(gain-loss effect)라고 한다. 더욱이 자신이 부정적으로 몰린 상황에서 자신을 긍정적으로 인정해 주는 사람이 있다면 그를 더욱 좋아하게 된다. 그러나 아부나 이익을 위한 칭찬은 호감을 절감시킬 수 있다.

### (5) 편견

편견(prejudice)은 주요 대상을 향한 학습된 태도로서, 부정적 감정(혐오, 공포), 부정적 태도를 정당화하려는 부정적 신념(고정관념), 거부를 위한 행동적 의도, 통제, 대상집단의 사람들을 몰아내거나 지배하는 것 등을 포함한다. 따라서 편견은 어떤 집단이나 집단 구성원에 대한 비합리적인 부정적 평가로서 객관적 사실보다는 집단소속에 근거하여 발생한다. 예를 들면,

열심히 일하고 있는 아프리카계 미국인 동료에 대해, 그들은 모두 게으르다고 주장한다면 이는 편견이 나타난 것이다. 편견적인 태도는 개인을 특정 집단의 구성원으로 범주화하거나 취급하는 데 영향을 미치는 편향된 여과기 구실을 하게 된다.

우리가 어떤 대상에 대해 편견을 가지면 그 대상에 대한 판단, 귀인 및 행동 전반에 영향을 미치게 된다. 미국인을 대상으로 한 한 연구에 의하면(Duncan, 1976), 히스패닉계 미국인이 아프리카계 미국인을 뒤에서 밀치는 장면을 보여 주었을 때 히스패닉계 미국인 대부분은 장난치고 있다고 보고한 반면, 아프리카계 미국인이 히스패닉계 미국인을 밀치는 장면에 대해서는 폭력을 가하고 있다고 지각하였다.

### (6) 사회적 범주화

사람들은 자신이 속하지 않은 집단 구성원을 향해 부정적인 태도를 쉽게 가진다. 사회적 범주화(social categorization)는 자신과 다른 사람이 속한 집단범주를 통해 사회적 환경을 조직화해 가는 과정이다. 범주화의 가장 단순하고 일상적인 형태는 타인을 좋아하는지 여부에 관한 개인적인 결정으로 구성된다. 이는 '우리와 그들'이라는 범주화를 만들게 된다. 이러한 인지적 구별은 자신이 속한 집단이 다른 집단보다 낫다고 평가하는 등의 내집단 편향(in-group bias)을 야기한다(Jones, 1997). 이와 같은 편견을 가질 때 극히 사소한 차이를 보이는 단서도 외집단을 향한 차별과 편향을 일으키기에 충분한 계기가 된다.

우리는 때로는 이러한 사회적 범주화에 부응하여, '우리' 집단에 편향하기 위하여 노력하는 경우도 있다. 이를 사회적인 적응이라 할 수 있을까? 다시 생각해 보면, 때로는 '우리' 집단에 소속되었을 때 나는 후광효과로 덕을 볼 수도 있을 것이다. 한편, 내 자신이 그들의 외집단으로 분류되었다면 나는 나의 본질과는 달리 잘못된 판단으로 피해를 보게 될 것이다. 우리도 일상생활을 해 나가면서 주변에서 우리 지역 사람, 우리 학교 출신 사람이라는 내집단 편향 현상을 종종 접하게 된다. 사회심리학에서 말하는 이와 같은 '사회적 범주화'는 일종의 인지적 게으름에서 시작된 것이라 볼 수 있다. 결국 현재의 이익이 이후 나의 불이익 조건이 될 수도 있는 것이다. 만일 인위적으로 구성된 모든 집단에 이러한 영향력이 적용된다면 실제로 이러한 압력이 얼마나 심각하게 작용하는지 이해할 수 있을 것이다.

### (7) 고정관념

일반적으로 편견은 고정관념에서 비롯되는데, 고정관념이 어떤 집단이나 구성원의 특징에 관한 인지적 신념이라면, 편견은 평가적 감정을 의미한다. 예를 들면, 미국사회에서 아프리카계 미국인은 게으르다는 생각은 고정관념이며, 그래서 아프리카계 미국인이 싫다는 감정은 편견이다. '인종차별(racism), 성차별(sexism)'이라는 말을 들으면 어떠한가? 단순하게 판단한다면 이는 '나쁜 것이다'라고 대답할 수 있다. 그러나 우리가 사회에서 인위적으로 구성된 모든 집단에 이러한 영향력이 적용된다면 이는 어렵지 않게 발생하는 현상이다.

'나는 차별행위를 하지 않는다'고 누구도 장담할 수 없다. 왜냐하면 범법행위로 간주되는 차별행위는 고정관념에서 시작되고, 고정관념(stereotypes)은 같은 집단의 모든 구성원에게 적용되는 특성을 특정 집단 구성원에게 일반화하는 것이다. 우리는 우리에게 익숙한 일반적인 관념에 대해서는 의심의 여지 없이 받아들인다. 남성과 여성에 대한 신념은 어떠한가? 아프리카계 미국인과 백인에 대해서는 어떤 생각을 가지는가? 그렇다면 이러한 신념이 각각의 집단에 속한 구성원과의 일상생활의 상호작용에 어떻게 영향을 미치는가?

우리는 어떤 대상 또는 집단에 대해 고정관념을 가지면, 이와 같은 관념에 일관성을 유지하기 위해서 자신의 고정관념과 일치하지 않는 정보를 무시하게 된다. 그리고 자신의 고정관념과 일치하지 않는 정보의 가치를 평가절하하는 경향이 있다. 그리고 이와 같은 과정에서 판단된 근거에 대해서 깊이 생각해 보면 '그냥'이라는 대답밖에는 할 수가 없다. 우리는 매우 객관적이고 과학적인 방법으로 사고할 것 같지만, 우리 일상에서는 암암리에 많은 고정관념이 있으며, 이는 자연스럽게 평가의 잣대를 만들게 되고 행동적 결과는 차별을 정당화하게 되는 것이다. 따라서 어떤 대상이나 집단에게 우리가 가지는 지각에 대해 우리는 '왜'라는 질문을 해 볼 필요가 있다. 지금 우리가 혹시 '우리' 집단과 사회가 적용하는 긍정적인 고정관념의 이득을 보고 있더라도 이는 객관적 사실이 아니기 때문에 이후에 '우리' 대 '그들'이라는 임의적 구분이 나에 대한 불합리한 부정적 고정관념으로 작용하여 큰 적대감으로 변할 수 있기 때문이다.

우리는 자신에 대해 '나는 차별적인 사람이 아니야, 편견을 가지지 않아.'라고 믿고 있을지 모르지만, 동시대 사회에 존재하는 고정관념에 대해 알고 있다면, 고정관념에 대한 지식은 자신이 깨닫지 못하는 사이에 어떤 방법으로든 그것을 이용하도록 우리 자신을 자극할 것이다(Devine & Monteith, 1999). 따라서 사회에서 다양한 사람과 건강한 인간관계를 형성하기 위해서는 먼저 다른 사람을 대면할 때 우리가 가지는 지각이나 판단이 고정관념에 의한 것은 아닌지 끊임없는 인지적 자극을 가질 필요가 있다.

## 3. 바람직한 인간관계

인간관계는 인간사회 속에서 살아가는 적응의 중요한 한 측면이다. 인간은 환경과의 상호작용을 통해 적응해 가는 존재이다. 적응(adaptation)은 변화하는 주변환경 속에서 살아남기 위한 개인의 노력을 의미한다. 적응은 일반적으로 두 가지 종류의 과정, 즉 주어진 환경에 자신을 맞추는 순응과정과 자신의 욕구를 충족시키기 위해 환경을 변화시키는 동화과정으로 구성된다. 이러한 순응과정과 동화과정을 통해 개인은 생존하고 발전하며 성숙해 간다.

### 1) 자기이해와 타인이해

인간은 자기중심적이고 이기적인 속성을 지니고 있다. 이런 속성을 지닌 인간 사이의 관계에서 갈등은 필연적일 수밖에 없다. 소모적이고 파괴적일 수 있는 불행한 인간관계를 극복하기 위해서는 우리의 내면에 도사리고 있는 이기적 욕망과 자기중심적 속성을 깊이 자각해야 한다. 이러한 이기적 욕망과 자기중심적 속성을 잘 다스려 조절된 형태로 표출하는 것이 중요하다. 성숙한 인간관계를 위해서는 자기이해와 자기조절이 중요하다. 성숙한 인간관계를 위해서는 그 대상이 되는 주요한 타인, 나아가서 인간 일반에 대한 깊은 이해가 필요하다. 타인은 어떤 욕구를 지니고 있으며, 어떤 생각을 하고, 어떤 반응을 하며, 나의 말과 행동이 그에게 어떤 영향과 변화를 주는지 등에 대한 이해가 깊을수록 인간관계는 더 효율적이고 원활하게 된다. 인간관계에서는 인간 개개인의 특성 그 이상의 독특한 현상이 일어난다. 각자 개성을 지닌 사람들이 만나 상호작용하며 이루어지는 인간관계는 특정한 법칙이 작용하는 복잡한 과정으로 구성되어 있다. 이러한 인간관계의 속성과 과정에 대한 이해 역시 매우 중요하다.

뿐만 아니라 상대방을 자기의 입장에서 이해하는 것이 아니라, 상대방의 입장에 서서 상대방이 느끼고 생각하고 행동하는 것을 이해하고자 하는 공감적 이해가 필요하다. 영어의 '이해'라는 말은 'under-standing'이라는 의미를 갖는 것이다. 그러므로 타인을 이해하는 것은 무엇보다도 자신을 높이지 않고 상대방을 존중하는 데서 비롯된다. 즉, 상대방의 수준으로 내가 낮아져서 상대를 지각하는 것이다. 공감적 이해는 자기중심적 경향에서 벗어남으로써 가능해진다. 친밀한 인간관계를 형성하기 위해서는 상대방의 입장이 되어 슬프거나 기쁜 감정을 나눌 수 있는 공감적 이해가 필수적인 요건이다.

### 2) 진실성

상대방과의 관계에서 경험하는 자신의 감정이나 태도를 있는 그대로 솔직하게 인정하고, 경우에 따라서는 솔직하게 표현하는 태도를 말한다. 진실한 태도는 상대방과 더불어 탐색함이 없이 순수한 만남을 가능하게 하고, 상대방과의 관계를 촉진시키게 됨으로써 보다 친밀한 인간관계를 유지할 수 있다.

### 3) 현실적인 욕구와 동기

성숙한 사람은 현실상황에 맞추어 조절된 대인동기와 욕구를 지닌다. 즉, 자신의 대인동기를 과도하게 억압하거나 충동적으로 발산하는 것이 아니라 적절하게 조절할 수 있는 능력을 지니는 대인동기와 현실적 환경을 잘 조화시키는 사람이다. 성숙한 사람은 자신을 괴롭히고 타인을 해치는 파괴적인 대인동기를 절제할 줄 안다. 현실적 대인동기를 지니며 대인동기를 조절하는 능력은 자신의 내면적 욕구에 대한 깊은 자각과 이해로부터 생겨난다.

### 4) 유연한 신념

성숙한 사람은 인간관계에 대해 현실적이고 유연한 신념을 지닌다. 인간관계에 대한 깊은 관심을 지니는 동시에 인간의 본성에 대한 깊은 이해를 지니고 있다. 인간은 무한히 착하고 헌신적인 측면을 지니는 동시에 무한히 사악하고 이기적인 측면을 지닌 존재라는 사실을 깊이 인식한다. 뿐만 아니라 인간관계의 다양성과 가변성에 대해 현실적인 이해를 지니고 있다. 이로 인해 성숙한 사람은 인간에 대해 비현실적이고 경직된 기대를 갖지 않으며 따라서 수용적이고 개방적인 태도를 갖는다. 따라서 성숙한 사람은 다양한 사람과 폭넓고 깊이 있는 인간관계를 맺을 수 있게 된다.

### 5) 효과적인 대인기술

성숙한 사람은 효과적이고 원활한 대인기술을 지니고 있다. 다른 사람의 마음을 잘 이해하고 자신의 마음을 잘 전할 수 있는 사람이다. 상대방의 말을 진지하게 경청할 줄 알고 또 자신의 감정과 의사를 적절하게 표현할 수 있는 효과적인 대인기술을 가진다. 뿐만 아니라 이들은 상대방의 인격과 입장을 충분히 존중하면서 동시에 자신의 목적과 소망을 실현하는 효율적인 타협과 절충의 기술을 지니고 있다. 서로의 가치와 의견이 충돌할 수 있는 인간관계의 현실 속에서 불필요한 대립과 반목을 피하고 서로의 이득을 최대화할 수 있는 공존의 인간관계를 맺는 지혜로운 대인기술을 지닌다. 이런 점에서 성숙한 사람은 진정한 의미의 효과적인 대인기술을 지닌 사람이라고 할 수 있다.

### 6) 정확한 판단능력

성숙한 사람은 인간관계에서 객관적이고 정확한 지각능력과 판단능력을 지닌다. 대인지각과 대인사고 과정에서 왜곡이나 편견을 대입시키지 않는다. 성숙한 사람은 타인을 신중하게 관찰하고 타인의 의도나 감정을 정확하고 객관적으로 파악하는 능력을 지닌다. 이들은 타인의 의도나 감정을 섣불리 판단하지 않으며 왜곡하여 오해하지 않는다. 타인에 대한 오해와 왜곡은 흔히 자신의 편향된 기대와 욕구에 기인한다. 경직된 신념과 욕구를 지닌 사람은 그것을 타인에게 투사하기 때문에 현실을 객관적으로 볼 수 없게 된다.

### 7) 안정적인 감정 상태

성숙한 사람은 인간관계 속에서 안정된 감정 상태를 유지한다. 성숙한 사람은 타인과의 관계를 조화롭게 유지하기 때문에 불필요한 부정적 대인감정을 경험하지 않는다. 인간관계에 대해서 현실적이고 유연한 대인신념을 지니고 있는 사람은 타인의 부당한 행동에 대해서 불필요한 감정적 반응을 나타내지 않는다. 그리고 효과적인 대인기술을 지니고 있어서 지혜로운 대인행동으로 잘 대처하면 타인과의 불필요한 갈등을 만들지 않는다. 설혹 갈등이 생기더라도 빠른 시일 내에 지혜롭게 해결한다. 이러한 대인행동은 상대방의 긍정적인 대인행동을 유도함으로써 서로 조화롭고 긍정적인 관계가 발전하게 되는 것이다.

CHAPTER 07

# 성, 사랑과 정신건강

1. 성의 개념
2. 사랑 심리

## 1. 성의 개념

### 1) 성의 정의

19세기 전까지는 성에 대한 학명이 없었다. 그러다 19세기에 들어와 성과학(sexology)이라는 성 학명이 생겼고, 성 심리학(psychology of sex)이란 용어가 생기게 되었다(Ellis, 1998). 우리나라에서는 이를 성학, 성과학이라고 부른다(김종흡, 2002). 영어에서 성을 의미하는 단어로 섹스(sex), 젠더(gender), 섹슈얼리티(sexuality) 등이 있다. 섹스(sex)라는 단어는 '나누다', '분리하다'의 뜻인 섹코(Seco), 섹크(Sec)와 관련된 라틴어 섹서스(Sexus)에서 유래한다(Joseph, 1967; 김외선, 2001). 성은 성관계를 의미하기보다 생물학적인 면에서 남녀의 구분을 뜻한다. 인간은 태어나면서부터 남성(male), 여성(female)으로 구분된다. 남성과 여성을 구분할 때 외적인 생식기로 구분할 뿐 아이의 심리 및 발달 검사로 결정하지는 않는다.

성에 대한 용어를 살펴보면 다음과 같다. 첫째, 일반적인 성: Sex(성), Gender(성별), Sexuality(총체적인 성), 둘째, 해부학적인 성: Male(남성), Female(여성), 셋째, 문화적인 성: Masculinity(남성성), Maleness(남성다움), Feminity(여성성), Femaleness(여성다움), 넷째, 동양의 성: 성(性)= 心(정신적) + 生(육체적)으로 표기할 수 있다.

따라서 성은 인간, 인성 또는 전인적 인간을 총칭하는 것으로 단순한 성행동이나 육체적인 성의 결합만을 의미하는 것이 아닌 인간의 태도, 가치관, 감성, 문화, 성 형태 등을 포함하는 인격적 성을 의미한다. 따라서 총체적인 성(sexuality)은 이성 간 신체적 접촉, 성행위 등과 같은 성적 행위나 양태뿐만 아니라 그 밖의 성의 가치, 문화, 태도 경험, 학습, 인습, 인식 등 사회적인 것과 육체적 · 정신적 · 인격적인 것 등을 포함하는 성과 관련된 전신적인 것을 의미한다.

### 2) 성의 기능

성(sex)의 기능은, 첫째, 종족 보존 본능(procreation)으로서 후세를 출산하는 기능, 종족의 번식, 보존을 위한 생식적인 성(reproductive sex)으로서의 기능이 있다. 둘째, 애정표현 수단으로서의 성으로, 인간 관계적인 성(relationnal sex)과 욕구불만이나 긴장의 해소, 사랑의 확인, 재화의 획득 등 생활의 원동력인 에너지를 재충전하는 기능이 있다. 셋째, 쾌락 추구(recreation)를 위한 성으로서의 기능이 있다. 넷째, 섹스의 힐링효과(healing effect)로서의 기능이 있다.

## 3) 남녀 간의 성 차이와 성역할

### (1) 남성성과 여성성

인간은 성적인 존재로 삶의 전 생애에 걸쳐 성과 관련성을 가지게 된다. 따라서 인간의 삶에 성은 매우 중요한 요소 중 하나이다. 여성과 남성에 관한 정형은 어느 문화권에서나 오랜 전통과 생활을 통해서 형성되었다. Bem(1993)은 성별에 대한 고정관념적인 시각에서, 첫째, 남성, 여성은 서로 다른 성적인 존재라는 양성, 둘째, 남성과 여성은 상반되는 축에 있다는 양극단, 셋째, 남성과 여성은 생물학적 조건이 다르다는 관점으로 분류했다.

남성성(masculinity, manhood, or manliness)이란 남성이나 소년에게 관련 있다고 여겨지는 태도, 행동, 역할들을 의미한다. 즉, 남성성은 사회적 성(gender)에 의한 구분이라고 할 수 있다. 남성이라는 생물학적 성(sex)과는 구별되는 의미이며, 남성성의 기준은 문화적으로나 역사적으로 다르게 구성되어 왔다. 남성성은 본질주의나 생물학적 관점, 사회적 역할의 관점, 실증주의적 관점으로는 정확한 탐구가 어렵다. 기존의 여러 학문이 남성성에 제대로 접근하는 데 실패한 이유는, 지식사회학의 발견에 따르면 학문 내적인 지식축적과 의사소통의 구조에 있어서 이미 남성성과 같은 사회적 구조가 반영되었기 때문이다. 대신에, 남성성은 사회적으로 실천되는 젠더 관계의 맥락을 통해 파악되어야 하며, 이는 여러 학문 중에서도 사회학만이 비판의식을 갖고 가장 적절하게 접근하고 있다는 판단의 근거가 된다.

남자들의 몸은 온전히 생물학적 물질이 아니요, 온전히 사회적으로 구성된 상징인 것도 아니며, 양자의 절충조차도 아니다. 남성의 몸에는 분명히 신체적 특성으로서의 피할 수 없는 면이 존재하나, 그럼에도 지속적으로 개인의 사회적 삶에서 나타나면서 활동성을 보일 수 있다. 사회적 맥락에서 몸이 활동하면서도 그 활동의 대상이 자신의 몸이 되는 재귀적 몸 실천의 경우, 이렇게 실천되는 남성성은 새로운 세계를 형성할 수 있다.

남성성의 사회적 조직화로 남성성은 권력, 생산, 카텍시스의 3층구조로 묘사되는 젠더를 사회적으로 실천하기 위한 배열 중 하나이다. 남성성은 단일한 것이 아닌 여러 종류의 실천들로서, 지배적 위상을 갖는 패권, 그것에 의해 추방당한 종속, 그것을 묵인하고 이익을 받는 공모, 그것에 권위를 부여하면서도 어떤 이익도 받지 못하는 주변화의 네 가지가 있다. 이상의 남성성은 젠더 이해관계의 변화로 인한 역동, 그리고 여성에 대한 폭력과 동료 남성에 대한 폭력의 공존, 더불어 젠더 질서의 위기 등을 함께 고려할 때, 그것이 유동적인 관점에서 이해되어야 함을 알 수 있다.

여성성(femininity, girlishness, womanliness, or womanhood)이란 여성의 고유한 특성으로 간

주되어 온 소위 '여성다움'을 말한다. 사회적 성을 다루는 사회학의 일부에서 여성성은 젠더 정체성이다. 전통적으로 서양 사회에서의 여성성은 상냥하고 온화함, 감정이입적, 감각적이다.

생물학적 여성성은 생물학적으로 발생하는 요인에 의해서 만들어진다. 이는 생물학적 여성의 정의와 전혀 다르다. 여성이든 남성이든 '여성스러운' 특징을 가질 수 있다. 현대적 개념에서 '여성성'이란 사회적으로 구성될 뿐만 아니라 여성 개인의 선택으로도 구성된다. 규정되는 여성성은 지역, 맥락, 문화, 사회적으로 조금씩 달라지는 경향을 보이나 전통적으로 여성스러운(feminine) 특징이란 상냥함, 공감 능력, 예민함 등으로 간주된다.

### (2) 성역할

남녀의 발달과정은 태어나면서부터 생물학적으로나 신체적으로 다르다. 이러한 과정에서 성역할이 어떻게 형성되었는가를 살펴보고자 한다.

첫째, 남성과 여성 성역할의 사회생물학적인 측면에서 인간이 진화하면서 살아남기 위해서는 인간의 생존과 미래의 보존에 가장 중요한 유전자들이 조상을 통해서 대대로 유전되어 왔다고 사회생물학자들은 주장한다. 둘째, 비교문화적인 입장에서 비교문화에서 발견되는 성역할에 대한 현상을 적절하게 설명하지는 못한다. 셋째, 심리학적 입장에서 아이들은 성장하면서 2~3세까지는 자신이 남자인지 여자인지 자신의 성역할에 대한 개념을 형성한다고 한다. 프로이트는 아동의 3~5세는 남근기에 속하는데, 이 시기의 아동은 이성의 부모에게 근친적인 성적 느낌을 가진다고 주장했다. 넷째, 사회학습 입장에서는 아동이 사회환경에서 부모나 다른 사람들의 행동을 관찰하면서 성역할을 배운다고 본다(Perry & Bussey, 1979). 넷째, 인지발달이론에서 콜버그는 인간은 사회적으로 영향을 받는 수동적인 존재가 아니고, 자신이 사회를 보는 관점인 스키마(도식)를 형성해서 자신의 성역할을 발달시키는 데 적극적인 역할을 하는 존재라고 주장하였다. 다섯째, 정보처리이론 입장에서는 아동이 자신의 성에 대한 인지적 지도, 즉 스키마를 형성해서 그 인지적인 지도에 맞는 성역할을 배우고 강화해 나간다고 본다.

### (3) 성적으로 건강한 사람의 특징

성적으로 건강한 사람의 특징을 다음과 같이 주장하였다(홍성묵, 2000).

- 자신의 신체와 생김새에 대해서 긍정적으로 생각한다.
- 성에 대한 정보를 필요할 때마다 주저하지 않고 추구한다.
- 대인관계를 할 때 남녀를 구분하지 않고 똑같이 존중한다.

- 자신의 성성향에 대해서 자신감을 가지며, 다른 사람의 성성향도 존중한다.
- 사랑과 친밀한 감정을 적절하게 표현한다.
- 외롭지 않게 친밀한 관계를 손쉽게 만들고 잘 유지해 간다.
- 확고한 결혼관을 가지고 있다.
- 가족, 친구, 사랑하는 사람과의 효율적인 의사소통을 한다.
- 일생 동안 자신의 성을 바람직한 방향으로 즐기고 표현한다.
- 자신의 가치관과 일치하는 성에 대한 태도와 가치관을 가지고 있다.
- 삶에 도움을 주는 성행위와 자신이나 타인에게 해로움을 주는 성행위를 구분할 줄 안다.
- 다른 사람들의 권리를 인정해 주면서 자신의 성을 자유롭게 표현한다.
- 원치 않는 임신을 피하기 위해 피임을 효율적으로 한다.
- 에이즈를 포함, 성병에 걸리지 않도록 책임 있게 행동한다.
- 정기적으로 의학적인 진단과 신체검사를 한다.
- 가족, 문화, 종교, 대중매체, 사회적인 규범이 자신의 사상, 느낌, 가치관 그리고 성과 관련된 모든 행동에 어떤 영향을 주는지 객관적으로 판단한다.
- 모든 사람이 성에 대한 올바른 지식과 정보를 알 권리가 있다는 데 동조한다.
- 다른 사람들이 갖고 있는 성에 대한 가치관이나 생활방식에 대해서 편견을 갖지 않는다.

### 4) 양성평등

성평등(gender equality)이란 모든 사람이 지위 · 배경 등에 관계없이 정치 · 경제 · 사회 · 문화적으로 평등한 대우를 받아야 하듯이, 젠더(사회적 성)에 근거하여 차별 대우를 받으면 안 된다는 규범적 가치이다. 젠더 관점에서 성별 위계 및 권력관계에 따라 구조화된 사회적 불평등(성별 고정관념, 성역할, 성차별적 제도 및 관행, 이분법적 젠더 이해, 성적소수자 차별 등)을 해소하고 차이가 차별이 되지 않도록 하는 상호존중과 공존의 가치 및 실천을 의미한다.

양성평등은 '양성평등'과 '성평등'을 혼재하여 쓰는 경우가 종종 있는데, 엄밀하게는 다른 표현이다. 전자는 인간의 성별은 남성과 여성으로 두 개이므로 '양성평등'이라는 용어를 쓰는 것이 일반적이라 여기고, 후자는 인간 사회에는 단순히 남녀 성별로만 분류할 수 없는 이들이 존재하며 그들 역시 흔한 남녀들과 마찬가지로 존중받아야 한다고 주장하는 것이다. 성평등의 목적은 사람들이 많은 분야에 걸쳐 평등한 대우를 받는 것뿐만 아니라, 그들의 제반 기회와 삶의 가능성이 평등해지는 것이다. 따라서 양성평등이란 일반적으로 남녀의 성에 의한 법률적 · 사회적 차별을 하지 않는다는 원칙이다.

아울러 성인지 능력이란 생물학적인 성(sex)과 사회적 성(gender)이 가진 차이와 차별의 의미를 분명히 인식하고, 자신의 성별과 관계없이 수행하는 과제와 하는 일(행위) 영역에서 양성평등 지향적으로 일(행위)하는 능력을 말한다. 이러한 성인지 능력의 세 가지 요소는, 첫째, 의지(will)로 양성평등을 지향하고, 성 주류화 실행에 기여하려는 동기이고, 둘째, 지식(know)으로 성과 성별의 차이와, 성차별구조를 분석할 수 있는 개념 및 대안구조를 만들어 낼 수 있는 도구에 대한 지식까지, 구체적이면서도 포괄적 수준의 지식을 갖추어야 함을 의미하며, 셋째, 실천력(can)으로 성 주류화 전략을 자신의 업무(행위) 맥락에서 활용할 수 있는 능력을 말한다.

따라서 양성평등 교육의 목적은, 첫째, 여성과 남성 등 특정 성에 부정적인 감정, 고정관념, 차별적 태도를 가지지 않아야 하며, 둘째, 남성과 여성의 생물학적 차이를 사회 · 문화적 차별로 직결시키지 않고, 셋째, 남녀 모두에게 잠재되어 있는 특성을 충분히 발현하여 자신의 자유의지로 삶을 계획하고 세상을 볼 수 있도록 하여야 한다.

## 2. 사랑 심리

### 1) 사랑의 정의

사랑은 깊은 상호 인격적인 애정(deepest interpersonal affection)에서 단순한 즐거움까지를 아울러서 강하며 긍정적으로 경험된 감정적 · 정신적 상태이다. 즉, 좋아하고 소중히 여기는 마음을 말한다. 사람이나 존재를 아끼기 위하여 정성과 힘을 다하는 마음으로, 대표적인 예로 모성애, 가족 또는 연인에 대한 사랑을 들 수 있다. 넓은 의미에서는 사람 또는 동식물 이외의 대상, 즉 조국이나 사물에 대한 사랑도 포함된다. 한국어 명사 '사랑'의 옛말은 '다솜'이며, 동사 '사랑하다'의 옛말은 '괴다'인데, '괴다', '고이다'의 원뜻은 '생각하다'이다. 이는 사랑한다는 것이란, 곧 누군가를 끊임없이 생각하고 웃음이 난다는 뜻을 담고 있다. 인간의 감정 중 하나이기도 하다.

## 2) 사랑의 유형

존 앨런 리(John Alan Lee)는 사랑하는 관계에 대해서 그리스어로 사랑을 의미하는 단어 여섯 가지를 이용해 유형을 나누었다. 리는 낭만적, 우애적, 유희적 사랑을 일차적 사랑으로 분류하고 이 유형들을 사랑의 3원색으로 지칭하였다. 이 중 두 가지가 혼합된 것이 이차적 사랑으로서 실용적, 헌신적, 소유적 사랑으로 분류한다.

첫째, 낭만적 사랑으로 '에로스(Eros)'는 감각적인 욕구와 갈망을 가진 열정적인 사랑을 뜻한다. 현대 그리스어 'erotas'는 낭만적인 사랑을 뜻한다. 'erotic'은 'eros'에서 파생된 용어이다. 고전적 세계에 있어서, 사랑이라는 현상은 일반적으로 광기 또는 테이아 마니아(고대 그리스어: theia mania, 신들로부터의 광기)로 이해되었다. 이 사랑의 열정은 은유적이고 신화적인 '사랑의 화살', '사랑의 과녁'으로 묘사된다. 본래 에로스는 그리스 신화 속에 나오는 사랑의 신 이름이다. 플라톤에 있어서는 이데아로 가고 싶은 상태를 에로스라고 한다.

둘째, 우애적 사랑으로 '스토지(Storge)'는 친밀한 친구에게서 느끼는 우정에 주 요소가 되는 사랑으로 서서히 발전하며 오래 지속되는 사랑이다. 오랜 기간 친구로 사귀다가 연인으로 발전하여 편안하고 정다우며 신뢰가 바탕을 이룬다. 갈등을 원만히 해결하고 서로 강한 상처를 주며 끝나는 형태는 드물다.

셋째, 유희적 사랑으로 '루두스(Ludus)'는 놀이를 하듯 재미와 쾌락을 중시하며 즐기는 형태의 사랑으로 상대에 대한 집착이나 관계의 지속을 위한 계획에 관심이 없다. 흔히 여러 명을 동시에 사귀며 고정된 연인상도 가지고 있지 않다. 돈후안이나 플레이보이가 이 유형의 예시이다.

넷째, 실용적 사랑으로 '프라그마(Pragma)'는 이성에 근거한 현실적이고 합리적인 사랑으로 논리적 사랑이라고 하기도 한다. 상대방을 선택할 때 성격, 가정배경, 교육수준, 종교, 취미 등 관계가 안정적이고 지속적일 수 있는 조건을 고려한다. 이렇게 고른 연인과는 후에 강렬한 애정 감정과 열정이 뒤따르기도 한다. 우애적 사랑과 유희적 사랑이 결합된 것으로 분류된다.

다섯째, 이타적 사랑으로 '아가페(Agape)'는 무조건적이고 헌신적으로 타인을 위하고 보살피는 사랑으로 사랑을 받을 자격을 가지고 있는지 여부나 그로부터 돌아오는 보상에 상관없이 주어지는 헌신적인 사랑이다. 진정한 사랑이란 받는 것이 아닌 주는 것이며, 자기 자신보다 상대방의 행복과 성취를 위해 희생하는 것이라 여긴다. 낭만적 사랑과 우애적 사랑이 혼합된 형태이다.

여섯째, 소유적 사랑으로 '마니아(Mania)'는 상대방에 대한 소유욕과 집착을 중요 요소로 하는 사랑이다. 상대방을 완전히 소유하고, 나 자신이 소유당하는 것이 사랑이라는 생각에 집착하기 때문에 강한 흥분과 깊은 절망의 극단을 오간다. 낭만적 사랑과 유희적 사랑이 혼합된 것으로 분류된다.

### 3) 사랑의 발전 단계

이성 관계는 시간의 흐름에 따라 발전한다. 처음에 낯설어하던 두 남녀는 만남의 횟수가 증가하면서 점차 친밀감과 애정을 느끼게 되고 깊은 사랑으로 발전되기도 한다. 사회심리학자들은 서로를 깊이 사랑하는 연인관계처럼 인간관계가 심화되는 과정을 사회적 침투라고 부른다. Altman과 Taylor는 이성관계의 발전과정을 정밀하게 분석하여 사회적 침투과정을 5단계로 나누어 설명하고 있다. 첫째, 첫인상의 단계로 상대방을 만나 주로 외모나 행동의 관찰을 통해 인상을 형성한다. 이 단계에서 상대방에게 호감을 갖게 되면 그에 대한 관심이 높아져 더 알고 싶은 마음이 생겨난다. 둘째, 지향 단계로 서로 자신에 대한 피상적인 정보를 교환하고 상대방을 탐색한다. 또 상대방에게 좋은 인상을 주려고 노력하며 상대방이 자신에게 호감을 갖고 있는지 타진한다. 셋째, 탐색적 애정 교환단계로 조금 친근한 태도를 취하고 대화의 내용이 좀 더 풍부하고 깊어지며 자발성도 증가하게 된다. 상대방에 대한 호감 이상의 초보적인 애정과 사랑의 감정을 느끼게 되며 자신의 좋아하는 감정을 상대방에게 알리려고 노력하고 상대가 자신을 사랑하는지 확인하려 한다. 넷째, 애정 교환단계로 마음 놓고 상대를 칭찬하고 비판도 한다. 서로 좋아한다는 것 또는 서로 연인 사이라는 것을 암묵적으로 인정하고 좀 더 확실한 방법으로 사랑을 표현하고 전달한다. 다섯째, 안정적 교환단계로 속마음을 터놓고 이야기하고 서로의 소유물에도 마음 놓고 접근한다. 또한 자신의 약점이나 단점을 두려움 없이 내보이게 된다. 이 단계에서는 사랑에 대한 확신을 갖게 되고 신뢰와 친밀감에 바탕을 두고 안정적인 애정 교환이 이루어지게 된다. 흔히 이 시기에 결혼 약속을 하게 되고 육체적 애정교환이 이루어지기도 한다.

### 4) 사랑의 수레바퀴 이론

Reiss(1971)에 따르면 사랑의 발달은 바퀴처럼 하나의 순환과정으로서 다음과 같은 네 가지 단계를 거친다.

(1) 라포형성단계

두 사람이 서로 좋아하고 원하게 되는 단계이다. 이 단계를 통해 사람들은 서로 간에 마음을 열게 되고 우호적 감정을 느끼는 라포(rapport)를 형성하게 된다. 이러한 라포는 서로가 신뢰하고 존경하는 마음이 있을 때 형성되는데, 라포를 형성하는 능력은 사람에 따라서 다양하다. 다른 사람들에게 쉽게 접촉할 줄 아는 사람도 있지만, 다른 사람들과 친해지는 것을 어려워하는 사람들도 있다. 일반적으로 라포를 형성시켜 주는 것은 배경의 유사성이다.

(2) 자기노출단계

두 사람이 자신에 대한 개인적인 정보를 주고받는 단계이다. 만약 한 사람이 자신의 정보나 느낌을 표출한다면, 다른 사람 역시 자기노출을 하게 된다. 상호 간의 자기노출이 계속되면 될수록 친밀한 관계가 상호의존의 관계로 발전하게 된다. 이 단계는 커뮤니케이션에서 가장 중요하다. 또 사람마다 개인차가 있다.

(3) 상호의존단계

두 사람은 좀 더 많은 시간을 함께 보내기를 원하면서 상호의존(interdependence) 관계로 발전한다. 서로에게 관심과 호의를 보이고, 상호작용하면서 상대방에게 의존하기 시작하며, 서로가 서로의 존재를 필요로 하게 된다. 상호의존 관계는 행동적 상호의존 관계에서 시작해서 감정적 상호의존 관계로 발전하며, 다음 네 번째 단계를 유도한다.

(4) 개인욕구충족단계

모든 사람은 사랑하고 사랑받고자 하며, 이해, 지지 그리고 격려받고자 하는 감정적 욕구를 지니고 있다. 서로의 관계가 발전함에 따라 두 사람은 각각 상대방의 감정적 욕구에 만족한다는 것을 알 수 있다. 이 관계는 좀 더 깊은 자기노출, 상호의존관계 심화 그리고 욕구만족 증대 등으로 진행된다. Reiss는 이 단계가 직업상의 역할, 가족역할과 같은 성인의 주요 사회적 역할과 관련되어 있음을 강조한다. 그리고 이러한 개인 욕구가 만족됨에 따라 앞 단계에서 시작되었던 라포 형성이 더 잘되면서 사랑의 단계는 수레바퀴가 돌아가듯이 계속적으로 진행되는 것이다.

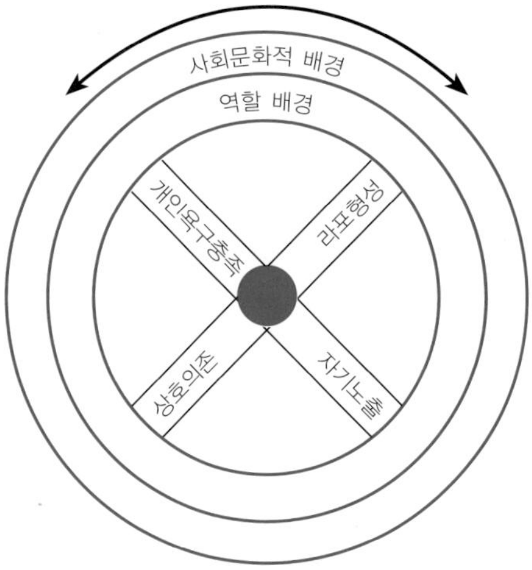


[그림 7-1] **사랑의 수레바퀴 이론**

### 5) Sternberg의 사랑의 삼각형이론

Sternberg(1986)는 사랑에 세 가지 주요한 요소가 있음을 가설적인 삼각모형으로 제시하였다. 그가 말하는 사랑의 삼각형 이론은 사랑이 하나의 삼각형을 구성하는 세 구성요소(이 요소들은 삼각형의 꼭짓점으로 볼 수 있다)의 측면에서 이해될 수 있다. 사랑의 세 가지 요소로 나타나는 삼각형의 변이 같을 때 완전한 사랑이 된다. 사랑의 크기는 이 세 요소의 크기로 결정될 뿐만 아니라, 사랑의 형태도 이 세 요소의 상대적 비율에 따라 여러 다른 형태로 나타나게 된다는 것이다.

그가 주장하는 사랑의 세 요소는 다음과 같다.

첫째, 친밀감(intimacy)은 사랑하는 관계에서 나타나는, 가깝고 연결되어 있으며 결합되어 있다는 느낌을 말한다. 흔히 사랑하는 사이에서 느끼는 따뜻한 감정 체험이다. 소위 사랑의 '정서적 요인'이라 할 수 있다.

Sternberg와 Grajek(1984)은 가까운 관계에서 친밀감은 다음과 같이 나타난다고 하였다.

- 사랑하는 사람의 행복을 증진시키고자 하는 열망
- 사랑하는 사람과 함께 있을 때 행복을 느끼는 것
- 사랑하는 사람을 존중하는 마음
- 어려울 때 사랑하는 사람에게 기댈 수 있는 것

- 사랑하는 사람과 서로 이해하는 것
- 자신 및 자신의 소유물을 사랑하는 사람과 함께 나누어 갖고 싶은 것
- 사랑하는 사람으로부터 정서적 지지를 받는 것
- 사랑하는 사람과 친밀한 의사소통을 하는 것
- 자신의 생활에서 사랑하는 사람의 가치를 높이 평가하는 것

둘째, 열정(passion)은 사랑하는 관계에서 낭만적 감정이 일어나게 하거나, 신체적 매력을 느끼게 하거나, 성적 몰입 등 사랑하는 관계에서 있을 수 있는 일들을 생기게 하는 말하자면 뜨거운(hot) 느낌, 욕망이다. 이것은 행동을 유발하도록 강력한 힘을 발휘하기 때문에 소위 '동기적 요인'이라고 한다. 대부분의 관계에서 성적 욕구가 열정의 주요 부분을 차지하기도 하지만 다른 요구들, 즉 자기존중욕구, 다른 사람과의 친애욕구, 다른 사람들에 대한 지배욕구, 다른 사람에 대한 복종욕구, 자아실현욕구 등도 열정을 불러일으키는 데 기여한다.

셋째, 결심(혹은 책임, 헌신, 관여, commitment)은 차가운 느낌으로 묘사할 수 있는 사랑의 '인지적 요인'이다. 이 요소는 단기적인 것과 장기적인 것의 두 가지 측면으로 구성되어 있다. 단기적인 것은 어떤 사람을 사랑하기로 하는 결심을 말하며, 장기적인 것은 그 사랑을 지속시키겠다는 헌신을 말한다. 그러나 이 두 가지 측면이 꼭 함께하지는 않는다. 즉, 사랑하지만 관계를 지속하려 하지 않는 경우도 있고, 또는 관계를 지속하고 책임을 지는 것이 꼭 사랑한다는 결심을 의미하는 것은 아니다. 많은 사람이 상대를 사랑한다거나 혹은 그와 사랑에 빠졌다는 인정을 하지 않은 상태에서 그 사람과의 사랑에 헌신을 한다. 그러나 헌신 이전에 사랑에 대한 결심이 있는 경우가 더 빈번하다.

이처럼 사랑의 3요소는 서로 밀접한 상호작용이 있다. 즉, 친밀한 사이가 열정적 관계로 발전할 수도 있고, 열정적 관계에서 친밀감이, 그리고 결심/책임으로 인해 친밀감이나 열정이 생겨날 수도 있다. 그러나 어느 것이 먼저 선행하는지에 대한 일관된 증거는 없다. 대체로 친밀감과 열정이 형성된 후에 결심/책임이 뒤따르나, 결심/책임 후에 친밀감과 열정이 뒤따르는 수도 있다.

Sternberg는 사랑의 3요소의 배합에 따라서 사랑을 다음과 같이 여덟 가지로 분류하였다.

첫째, 좋아함(liking)은 친밀감 요소만 있는 경우로 사랑에서 열정과 결심/헌신 요소가 결여된 채 친밀감 요소만이 경험될 때 나타난다. 좋아함이란 진정한 친구들과의 관계에서 경험하는 종류의 감정을 말한다. 이 경우 강한 열정이나 장기적 헌신은 없지만 상대를 향해서 친밀감, 결합되어 있다는 느낌, 따뜻함 같은 것을 느낄 수 있다.

둘째, 도취성 사랑(infatuated love)은 열정 요소만 있는 경우로, '첫눈에 빠진 사랑' 혹은 상대를 있는 그대로가 아니라 지나치게 이상화시켜 현실을 제대로 보지 못하는 사랑을 말한다. 도취성 사랑은 친밀감, 결심/헌신의 요소가 결여된 열정적 흥분만으로 이루어진 사랑이다. 그것은 거의 즉흥적으로 생겨났다가 상황이 바뀌면 갑자기 사라져 버릴 수 있다. 또 정신적, 육체적인 흥분이 상당한 정도로 나타나는 특징이 있다.

셋째, 공허한 사랑(empty love)은 결심/헌신 요소만 있는 경우로, 친밀감이나 열정이 전혀 없이 상대를 사랑하겠다고 결심함으로써 생긴다. 몇 년 동안씩 서로 간에 감정적 몰입이나 육체적 매력을 전혀 느끼지 못하는 정체된 관계에서 발견되는 그런 종류의 사랑이다. 공허한 사랑은 대체로 오래된 관계가 끝날 때쯤 나타나지만, 어떤 커플에게서는 장기적인 관계의 시작단계에서 나타날 수도 있다.

넷째, 낭만적 사랑(romantic love)은 친밀감과 열정 요소의 결합으로 육체적 매력이나 그 밖의 매력들이 첨가된 좋아하는 감정이다. 낭만적 사랑은 서로에게 육체적, 감정적으로 밀착되어 있는 것이다. 그런 커플들은 관계가 지속될 것에 대한 기대나 계획에 대해서는 특별한 주의나 노력을 기울이지 않는다.

다섯째, 우애적 사랑(companionate love)은 친밀감과 헌신 요소의 결합으로 열정의 주된 원천인 육체적 매력이 약해진 오래된 우정 같은 결혼에서 자주 발견되는 사랑이다. 사실상 대부분의 낭만적 사랑은 차츰차츰 우애적 사랑으로 변하면서 남게 된다. 우애적인 사랑에 만족을 느끼는 정도는 개인마다 차이가 있지만, 어떤 사람은 더 이상의 사랑을 원하지 않고 그렇게 노력하지도 않을 것이다. 또 어떤 사람은 자기 인생에서 그런 낭만적 로맨스가 계속 유지되지 않으면 행복하지 않을 수도 있다.

여섯째, 얼빠진 사랑(fatuous love)은 열정과 헌신 요소의 결합으로 친밀감이 결여되어 있는 할리우드 영화나 급행구혼에서 접하게 되는 종류의 사랑이다. 즉, 한 남녀가 어느 날 만났다가 곧 서로 약혼하고 또 곧 결혼하는 방식과 같은 사랑이다. 서로 간의 관계가 발전해 가는 데 필요한 친밀감의 형성을 위한 시간 없이 열정에 근거해서 헌신이 이루어진다는 점에서 그것은 실체가 없어 보이기도 한다.

일곱째, 성숙한 사랑(cosummate love)은 친밀감과 열정과 헌신요소의 결합으로 우리 모두가, 특히 낭만적 관계에 있는 사람들이 도달하려고 노력하는 그런 종류의 사랑이다. 하지만 성숙한 사랑을 얻기는 어렵고 또 그것을 지키기는 더욱 어렵다.

여덟째, 모든 요소의 부재는 사랑이 아닌 것(nonlove)으로, 이것은 우리가 경험하는 다수의 대인관계에서 나타난다. 이런 관계는 사랑도, 심지어는 우정조차도 단편적인 것이다.

CHAPTER 08

# 중독과 정신건강

1. 중독의 개념
2. 중독의 종류
3. 중독의 예방과 대처

## 1. 중독의 개념

### 1) 중독의 정의

중독은 영어 단어의 'addiction'으로 '~에 사로잡히다', '~의 노예가 되다'라는 의미의 라틴어 'addicere'에서 유래되었으며, 중독(addiction, poisoning, intoxication, 中毒)이란 사전적 의미로 술이나 마약 따위를 계속적으로 지나치게 복용하여 그것이 없이는 생활이나 활동을 하지 못하는 상태(매일 조금씩 홀짝거리며 마시던 술에 이제는 완전히 중독되어 버렸다, 커피를 항상 입에 달고 사는 걸 보면 그는 아무래도 카페인 중독인 것 같다), 음식물이나 약물 따위의 독성으로 인해 신체에 이상이 생기거나 목숨이 위태롭게 되는 일(그의 죽음의 원인은 납 중독이었다, 농약을 살포하다 쓰러져 병원에 실려 온 농부에게서 중독 증세가 나타났다), 어떤 사상이나 사물에 젖어 버려 정상적으로 사물을 판단할 수 없는 상태(매일 집에서 TV만 보니 너는 TV 중독인 것 같다, 인터넷 사용 설문 결과 응답자 중 절반 이상의 청소년이 인터넷 중독이라고 판단되었다)라고 정의하고 있다. 따라서 중독이란 유해 물질에 의한 신체 증상인 중독(intoxication, 약물 중독)과 알코올, 마약과 같은 약물 남용에 의한 정신적인 중독이 주로 문제되는 중독(addiction, 의존증)을 동시에 일컫는다. 중독은 특정한 행동이 자신이나 주위에 폐해를 초래해서 이를 조절하려 하지만 통제력을 잃고 반복하는 행동을 의미하며, 중독으로 인한 중독질환은 금단현상, 의존성, 내성 등과 같은 임상적 증상과 징후를 나타낸다.

이상의 중독 의미를 종합해 보면, 중독이란 특정 습관, 기호 또는 행동에 스스로 빠지거나 자신을 내맡기는 것(Bernard & Krupat, 1994)과 부적응 상태이자 이에 대한 자기조절 의지와 능력 면에서 통제력 상실로 인해 그 상태에서 쉽게 벗어나지 못하는 상태(김교헌, 2007)로 정의할 수 있다. 따라서 우리나라에서 흔히 사용되고 있는 중독개념은 음식물 혹은 약물의 독성으로 인하여 생체가 기능장애를 일으키는 의미의 중독과 자제력의 상실 및 특정(intoxication) 한 일에 몰입하여 헤어나지 못하는 의미의 중독(addiction) 등 다양하게 사용되고 있다.

중독과 관련된 용어에서 사용되는 용어와 의미를 〈표 8-1〉과 같이 정리하였다.

**표 8-1 중독 관련 용어와 의미**

| 용어 | 의미 |
|---|---|
| 사용(use) | 물질을 특정한 목적을 위해서 활용하는 것 |
| 갈망(craving) | 강화에 의해 나타나는 현상으로, 약물 혹은 행동 자체, 연관된 기억, 환경적인 자극에 의해 유발되는 조건화되고 지속되는 반응 |
| 약물/물질(substance) | 뇌에 영향을 주어 의식이나 마음 상태를 변화시키는 물질/약물 |
| 오용(misuse) | 의학적인 목적으로 사용하지만 의사의 처방에 따르지 않고 임의로 사용하거나 처방된 약을 제대로 또는 지시대로 사용하지 않는 것 |
| 남용(abuse) | 의학적 사용과는 상관없이 약물을 지속적으로 또는 대량 사용하는 것 |
| 중독(addiction) | 현재 의학적 용어로는 사용되지 않으나, 일반적으로 쓰이는 용어로서, 심리적 의존과 신체적 의존이 있고, 건강을 해치는 상태 |
| 금단증상 (withdrawal symptom) | 물질의 반복적인 사용을 줄이거나 중단했을 때 나타나는 견디기 어려운 고통스러운 증상 |
| 심리적 의존 (psychological dependence) | 약물을 계속 사용하여 긴장과 불편한 감정을 해소하려는 것으로 습관성과 유사한 개념 |
| 신체적 의존 (physical dependence) | 약물 사용이 지속되면서 약물과 유기체 간의 상호작용이 일어나 생리적으로 변화된 상태로서, 약물을 중단하면 그 약물의 특징적인 금단증상이 나타나는 상태 |
| 내성(tolerance) | 같은 용량의 약을 계속해서 사용할 때에 약의 효과가 줄어드는 것으로서, 처음의 약의 효과를 얻기 위하여 점차 용량을 증가시켜야 하는 것 |

## 2) 중독의 특성

중독은 개인의 지각기능, 충동통제기능, 강박적 행동, 그리고 판단기능을 손상시킨다. 또한 중독은 자신과 주변을 파괴시키며 피해를 주고 있다는 것을 인식하고 있음에도 불구하고 특정 행동을 멈추거나 조절하지 못하는 중독 증상은 중독 대상과 관계없이 대체로 유사한 특성을 갖고 있다. 중독의 과정을 Nakken(2008)은 3단계로 나누어 설명한다. 첫 단계는 내면적 변화 단계로 중독 행동의 결과 중독성격으로의 변화가 생긴다. 두 번째 단계는 생활방식의 변화 단계로 중독 행위로 인해 생활 전반에 변화가 생긴다. 세 번째 단계는 삶이 무너지는 단계로 중독자가 자기 자신을 통제할 수 없는 상태이며, 삶에서 중독 행동 외에는 아무것도 중요하지 않게 되는 단계이다.

아울러 중독의 과정, 중독의 보상, 중독의 영향 측면에서 중독의 특징은 다음과 같다(Nakken, 2008). 첫째, 중독은 점진적인 과정을 거치며 진행되고, 특정한 행동이 문제가 될 때까지 오랜 시간이 걸리며, 단 한 번의 경험 혹은 하루아침에 갑자기 생기는 것이 아니다. 중독이 되는 과정은 다음과 같다. A: 중독의 과정에서 중독자는 불쾌한 감정이나 특정 상황이 발생하여 괴로움을 겪는다. B: 중독자는 이 괴로움을 피하거나 위안을 받고자 중독 행동을 실행하고 싶은 욕구를 느끼게 된다. C: 중독 행동의 실행은 기분이나 상황의 변화를 일으켜 기분이 좋아진다. D: 중독 실행은 기분이나 상황의 변화를 가져오는 것뿐만 아니라 죄책감, 후회 등의 감정을 일으키게 된다. 결과적으로 중독으로 인한 고통감은 다시 실행에 대한 욕구를 발생시키고, 이 고리는 무한 반복하여 순환된다.

둘째, 중독은 강력한 보상체계가 작동된다. 그 폐해를 알면서도 중독자가 중독 행동을 하도록 만드는 강력한 유인력의 보상체계는 보통 기분전환, 황홀감으로 경험된다.

셋째, 탐닉활동의 종류와 정도는 체질이나 성격과 같은 개인적 특성뿐 아니라 가용성, 사회경제적 혹은 문화적인 요인들에 의해 영향을 받는다(Oxford, 2001).

넷째, 중독은 중독자의 내부적 부적응을 초래한다. 생활사건이나 관계에서 경험되는 부적정서를 회피하거나 둔화시키고자 하는 중독의 실행은 중독자에게 수치심과 같은 감정과 중독행동을 통제할 수 없다는 무력감을 경험하게 된다.

따라서 중독자는 자신의 행동에 결과가 수반된다는 사실에는 관심이 없다. 결과적으로 통제기능이 손상되며 강박적 · 충동적으로 약의 물질을 추구하는 행동을 계속한다. 중독은 약물을 중단하거나 행동을 중단한 후에도 그 발달 위험성이 매우 높다.

### 3) 중독의 모델

중독의 원인을 아는 것은 중독의 개입과 예방을 위해 중요하다. 중독의 개념은 시대의 흐름에 따라 재정립되며 전문가들은 중독의 공통점을 찾기 위해 노력하고 있다. 중독을 설명하는 이론을 통해 개인과 사회 수준에서 어떻게 중독이 일어나는지, 그리고 어떤 사회적 변화와 메커니즘이 예방과 회복의 기초가 되는지를 이해할 수 있다(West, 2001). 따라서 중독에 대한 보다 통합적이고 종합적인 이해를 위한 중독 현상의 발달, 지속과 중단, 회복 등 일련의 과정을 설명하는 몇 가지 중독의 모델에 대하여 살펴보기로 하자.

첫째, 생물학적 모델(biological model)이다. 이는 중독의 생물학적 원인을 유전학과 생물학에서 찾으려고 한다. 이 모델에서는 뇌의 기능과 구조의 이상, 유전적 이상이 곧 중독의 유발요인이 된다고 주장한다. 중독은 뇌의 신경균형, 동질정체(homeostasis) 상태를 쇠퇴시킨다. 이 모델은 중독을 뇌 질병의 하나로 뇌의 화학적 · 유전적 지식을 바탕으로 중독을 설명하고 치료하고 있다. 따라서 유전적 취약성의 특성에 대한 지식은 중독치료에 중요한 정보가 된다.

둘째, 심리학적 모델(psychological model)이다. 이는 중독이 다른 사람의 행동을 통해서 학습한 결과, 성격 결함이나 정신장애, 발달 결함의 산물이라고 본다. 심리학적 모델에서는 학습기능으로 불건전한 행동도 정상인의 행동원리에 따라 습득한다고 생각한다. 아울러 사고, 신념, 그리고 기대의 이론도 포함하고 있다.

셋째, 사회학적 모델(sociological model)이다. 이는 중독이 사회적 질병에 속하며 개인이 선택한 것이고, 약물오용자는 도덕적으로 타락한 사람이 스스로 선택한 결과(미국중독오용센터, 2016)라고 정의하면서 사회학적 관점에서 중독을 사회적 위력에 의해 발병한 질병이라고 주장한다. 따라서 이 모델은 중독의 원인을 개인을 둘러싼 외적 요인들에 초점을 맞추어 설명하는 접근이다.

넷째, 질병 모델(disease model)이다. 이는 질병으로서의 중독은 비도덕적인 행동을 선택하는 개인에게 도덕적인 관점으로 문제 삼지 않는다. 또한 심리적인 문제로 인한 이차적인 것도 아니라고 본다. 이 모델에서는 중독은 질병 그 자체로서 일차적이라고 설명한다. 이러한 모델은 뇌의 화학작용과 뇌의 변화, 유전적 상속성, 재발률 등 만성질환과 유사한 증거들에 의해 지배된다(Mclellan et al., 2000).

다섯째, 사회-행동-인지-도덕 모델(social-behavior-cognitive-moral model: SBCM 모형)이다. 이는 중독을 한 개인이 쾌감 및 만족감을 얻기 위해 과도한 비용을 지출하거나 또는 어떤 행동을 통하여 얻는 이득이 없음에도 불구하고 그 행동을 중단할 수 없는 상태라고 본다. 따라서 이 모델은 개인의 심리 상태를 중심으로 사회적 측면과 도덕적 측면이 상호작용하여 중독이 만성화되거나 또는 중독에서 벗어날 수 있다고 본다.

여섯째, 계획된 행동 모델(planned behavior model)이다. 이는 중독 행동에 인과적 관계가 있는 변인들 간의 관계와 경로를 탐색하여 중독을 설명한다. 계획된 행동 모델은 자신의 행동에 대한 태도, 주관적 규범, 지각된 통제력은 상호작용하여 행동 의도를 만들어 내고, 만들어진 행동 의도는 중독을 야기하게 된다(Ajzen, 1985)고 주장한다. 이 모델에서 태도는 특정 행동에 대한 개인적 평가, 주관적 규범은 어떤 행동의 수행 여부에 대한 인식된 사회적 압력, 지각된 행동 통제력은 자신이 행동을 통제할 수 있다고 지각하는 것, 행동 의도는 행동을 수행하려는 의도로 이는 행동을 결정하는 주요 요인이라고 설명한다. 따라서 이 모델은 중독의 치료, 개입, 예방 등에 활용될 수 있다.

일곱째, 도덕적 중독 모델(moral addiction model)이다. 이 모델은 중독 행동을 개인적 선택의 결과로 이해한다. 중독 행동을 선택하는 사람은 의지가 약하거나 비도덕적이기 때문에 중독

행동을 선택한다고 바라보는 관점이다. 이러한 접근은 대중이 쉽고 단순하게 중독자를 대하는 태도이면서 법적 · 종교적 접근이기도 하다. 중독에 대한 법적인 처벌과 비난, 낙인을 용인하게 하는 접근이다(Fisher & Harrison, 2009). 그러나 이 모델은 비난이나 처벌 등에 대한 타당성을 부여할 수는 있겠으나 개입과 예방적인 면에서는 별로 도움이 되지 못한다.

## 2. 중독의 종류

중독의 분류기준은 미국정신의학회에서 발간하는 정신질환의 진단 및 통계 편람(Diagnostic and Statistical Manual of Mental Disorders: DSM)의 2013년 다섯 번째 개정판인 DSM-5의 물질-관련 및 중독 장애의 분류기준에 따라 물질중독과 행위중독으로 구분하여 설명하고자 한다.

### 1) 물질중독

물질-관련 및 중독 장애(Substance-Related and Addictive Disorders)는 중독성 물질의 섭취와 관련 장애, 투약의 부작용과 관련되는 장애, 독소 노출과 관련되는 장애 모두를 포함한다. 여기에는 물질-관련장애(Substance-Related Disorder), 물질 사용장애(Substance Use Disorder), 물질 유도성 장애(Substance-Induced Disorder), 물질중독(Substance Intoxication), 물질 금단(Substance Withdrawal), 도박장애(Gambling Disorder)가 있다.

물질(substance, 物質)은 물질을 이루는 본바탕으로 고전적 정의는 물체를 이루는 존재이다. 이에 따라 물질은 질량과 부피를 갖는 존재로 정의되기도 한다. 물질은 사람의 감각 기관(시각, 미각, 후각, 촉각)이나 간단한 도구를 이용하여 구별할 수 있는 물질의 겉보기 성질과 다른 물질과 구별되는 그 물질만이 가지는 고유한 특성을 가지고 있다.

중독(addiction, poisoning, intoxication, 中毒)은 술이나 마약 따위를 계속적으로 지나치게 복용하여 그것이 없이는 생활이나 활동을 하지 못하는 상태, 음식물이나 약물 따위의 독성으로 인해 신체에 이상이 생기거나 목숨이 위태롭게 되는 일, 어떤 사상이나 사물에 젖어 버려 정상적으로 사물을 판단할 수 없는 상태를 말한다. 약물 중독이란 중독성 물질(술, 담배, 마약 등)을 사용하거나 중독성 행위(성행위, 도박 등)에 몰두함으로 인해 생겨나는 다양한 부적응적인 상태를 뜻한다. 중독 물질로는 헤로인, 코카인, 니코틴(담배), 알코올(술), 벤조디아제핀 및 대마초 등이 있으며, 그 외에도 다양한 향정신성 물질이 있다.

**표 8-2 물질 관련 중독(Substance-Related and Addictive) DSM-5의 진단기준)**

| 다음 11개 항목 중에 2~3개가 해당하면 경증, 4~5개가 해당하면 중등도, 6개 이상이면 중증에 속한다. |
|---|
| 1) 의도보다 훨씬 더 많은 양을 쓰거나, 더 오랫동안 사용하게 됨 |
| 2) 물질 사용을 조절하거나 중단하려 노력하지만 잘 안 됨 |
| 3) 물질을 구하거나, 사용하거나, 그 효과에서 벗어나려고 많은 시간을 보냄 |
| 4) 물질 사용에 대한 강한 욕구와 충동으로 갈망함 |
| 5) 반복적인 사용으로 직장, 학교, 가정에서 역할을 수행하는 데 지장을 초래함 |
| 6) 물질의 효과로 인해 사회적 대인관계 문제가 반복적이고 지속적으로 야기됨 |
| 7) 물질 사용을 위해 사회적 · 직업적 활동이나 여가활동을 포기하거나 줄이게 됨 |
| 8) 신체적 해가 됨에도 반복적으로 물질을 사용함 |
| 9) 물질 사용이 신체적 · 정신적으로 문제가 된다는 것을 알면서도 계속 사용함 |
| 10) 물질에 대한 내성으로 점점 더 많은 양을 사용하게 됨 |
| 11) 물질을 줄이거나 끊을 경우 금단현상(불면, 초조, 손떨림 등)을 경험함 |

물질중독의 주요 요인은 다음과 같다. 첫째, 사회문화적 요인으로 술에 대해서 관대한 문화와 술을 잘 마셔야 사회생활을 잘하는 것으로 인식되기도 하고, 억지로 강요하기도 하는 등의 요인이다. 둘째, 학습적 요인으로 물질을 한번 사용하면 그 쾌감이 학습된다. 따라서 계속 그 쾌감을 느끼기 위해 반복적으로 술을 찾게 되고, 같은 쾌감을 얻기 위해 점점 더 많은 양이 필요해지면서 학습이 강화된다. 셋째, 가족적 요인으로 어려서부터 부모가 술 마시는 장면을 많이 보게 될수록 어른이 되어 술을 마시는 진입장벽이 낮아지는 경우이다. 넷째, 성격적 요인으로 대체로 충동적이고 호기심이 많으며, 내성적이고 공격적인 성향을 가진 사람들이 중독에 빠질 가능성이 더 높다고 볼 수 있다. 다섯째, 신경유전적 요인으로 신경전달물질의 불균형으로 인한다는 관점이 있다.

## 2) 약물 중독

약물 사용 및 약물사용장애는 미국정신의학회(American Psychiatric Association, 2013)의 정신질환의 진단 및 통계 편람(DSM-5)의 약물사용장애 정의에 따른다. DSM-5는 행동, 인지 및 생물학적 증상 또는 요인으로 약물사용장애를 정의한다.

### (1) 약의 개념

약(drug), 약물(substance) 또는 약제(medicine)는 질병이나 부상, 기타 신체의 이상을 치료 또는 완화하기 위해 먹거나, 바르거나, 직접 주사하는 등의 방법으로 생물에게 투여하는 물질을 통틀어 말한다. 약의 의미는 다양하게 정의할 수 있지만 사전적 정의는 유기체 내에서 화학적 · 생리적 특성에 의해 유기체의 구조와 기능을 변화시키는 어떤 물질이다. 즉, 이렇게 큰 범위의 정의에는 많은 정신활성제와 의약품, 많은 사람이 약으로 사용하지 않는 물질도 포함하게 된다. 정신활성제는 사용하는 사람의 감정, 행동, 지각, 기분을 변화시키는 약으로 자극제와 억제제, 환각제, 아편제, 흡입제가 포함한다. 그리고 의약품은 상처나 조직을 치료하는 것이 1차적인 기능으로 통증과 질병을 예방할 때와 진단할 때 흔히 사용된다. 또한 담배와 카페인, 알코올 등은 일상생활에서 많이 사용하는 것이기 때문에 거의 약으로 인식되지는 않지만, 이들 역시 인간의 신체구조와 기능에 큰 영향을 준다.

약물(substance)이란 생체에 작용하여 생물학적 반응(생리기능의 변화, 생화학적 변화, 형태의 변화 등)을 일으키는 능력을 갖는 화합물의 총칭이며, 생리활성물질과 동의어이다. 약물 중에 특히 그 생리활성이 질병의 진단, 치료, 예방에 유용하다고 인정된 것을 의약품이라고 한다. 다만, 약물이라고 하는 말은 협의의 의약품의 의미로 사용하기도 한다.

### (2) 약의 작용(약리작용)

약물이 생체에 미치는 작용을 약리작용(pharmacological action)이라 하며, 이는 약물의 생체 조직에 대한 화학적, 물리적 친화력에 의해 일어나는 상호작용을 말한다. 약물과 생체와의 상호작용에 의해 생체가 본래 가지고 있는 기능에 변화가 일어난다는 것이 약리작용의 본체이며, 생체에 원래 존재하지 않는 기능이 약물 투여에 의해 일어난다는 것은 아니다.

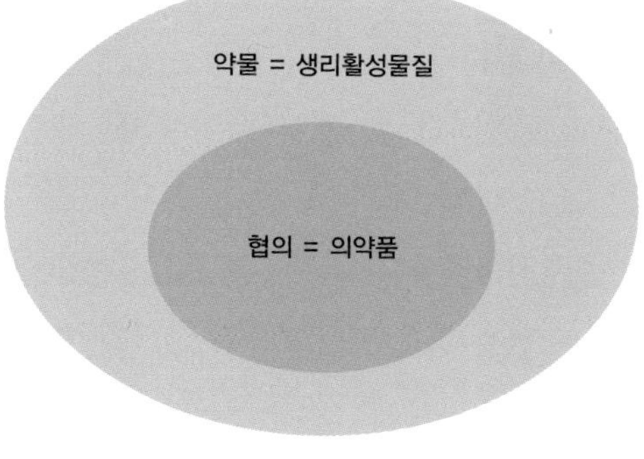


[그림 8-1] **약의 개념**

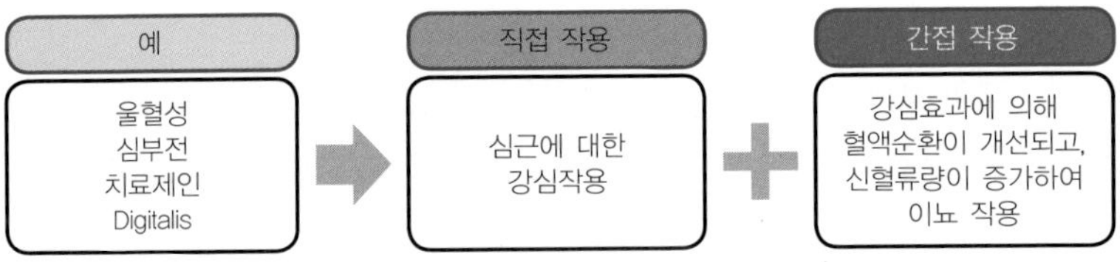


[그림 8-2] **약의 직접 작용과 간접 작용**

① 흥분작용(stimulant action), 억제작용(depressanat action)

생체가 본래 가지고 있는 기능이 촉진(acceleration), 증강(potentiation)되는 경우가 흥분작용이며, 카페인이나 암페타민의 중추신경 자극작용이 이에 해당된다. 또한 기능이 감약, 저지되는 경우가 억제작용인 것이다. 몰핀에 의한 진통작용 및 교감신경 차단제에 의한 심장억제작용 등이 그 예이다.

② 직접 작용(direct action), 간접 작용(indirect action)

약물의 작용 중 그 물질이 생체에 직접 작용하여 초래되는 효과를 직접 작용 또는 1차 작용(primary action)이라고 한다. 이에 대한 직접 작용의 효과에 의해 다른 효과도 나타나는 경우를 간접 작용 또는 2차 작용(secondary action)이라고 한다.

약물 사용 및 약물사용장애는 미국정신의학회(American Psychiatric Association, 2013: APA)의 정신장애 진단 및 통계편람-5(Diagnostic and Statistical Manual of Mental Disorder-5: DSM-5)의 약물사용장애 정의에 따른다. DSM-5는 행동, 인지 및 생물학적 증상 또는 요인으로 약물사용장애를 정의한다.

### (3) 약물 남용을 유발하는 약물의 분류

약물 남용을 유발하는 약물의 일반적인 용어는 다음과 같다.

① 각성제(stimulant): 몸의 중추신경계를 자극하며 교감신경계를 흥분시키는 약물이다.
② 마취제(anesthetic): 몸의 지각(감각)을 마비시키고 의식을 상실시켜 힘줄의 긴장과 반사를 제거하는 약물이다.
③ 비타민제(vitamin compound): 비타민을 주성분으로 하고 몸의 중요한 기능을 하게 해 주는 영양제이다.
④ 소화제(digestant): 음식물의 소화를 촉진시키는 약물이다.

⑤ 진통제(anodynia): 몸이 쑤시고 아픈 증상을 제거하거나 경감시키는 목적으로 사용하는 의약품이다.

⑥ 항생제(antibiotic): 다른 미생물의 발육을 억제하거나 사멸시키는 물질이다.

⑦ 항염제(antiphlogistics, anti-inflammatory, 소염제): 국소에 작용하여 염증을 제거하는 약제이다.

⑧ 해열제(antipyretic): 체온이 비정상적으로 높아졌을 때 낮출 수 있는 의약품이다.

⑨ 호르몬제(hormone drug): 호르몬의 생리학적 특성을 이용해 특수한 질환의 치료에 사용하는 약제이다.

### (4) 약물의 분류 및 의식 변환

약물의 분류 및 의식의 변화에 대해 살펴보면 다음과 같다.

첫째, 중추신경흥분제(central nervous system stimulants)는 신경을 흥분, 활성화시키는 약물로 니코틴(담배), 카페인(커피), 필로폰, 코카인이 있다.

둘째, 중추신경억제제(central nervous system depressants)는 신경을 억제, 둔화시키는 약물로 술(알코올)과 흡입제(본드, 가스, 가솔린, 니스, 벤졸, 신나, 아세톤 등), 마약류(아편, 헤로인, 메페리딘), 수면제(바르비탈류, 비바르비탈류, 신경안정제류), 진해제, 항히스타민제가 있다.

셋째, 환각제(hallucinogens)는 중추신경에 작용하여 상황에 따라 흥분과 억제작용을 하는 약물로 대마초가 있다.

넷째, 기타 일반의약품으로 진통제가 있다.

약물에 의한 의식 변환에 대하여 살펴보면 다음과 같다.

① 중추신경흥분제

• 카페인(caffeine)

주로 커피, 홍차, 콜라, 감기약 등에 들어 있으며, 정신 기능을 항진시켜 감각을 예민하게 하고 정신을 맑게 하며 정신적 피로를 제거해 준다. 커피를 마신 지 15~30분이 지나면 심장박동수, 혈압, 체온, 위산 분비, 소변량 등이 증가하는 현상이 나타나며, 당을 산화시키는 능력을 저하시키는 등 세포에도 부정적인 영향을 미쳐 혈당량을 증가시킨다. 카페인에 중독되면 소화불량, 두통, 불안, 신경질, 감각의 이상, 변비, 불면 등을 일으키고, 한 번에 많은 양을 사용하면 부정맥, 사지 냉한, 동공 산대, 허탈 등을 유발한다. 또한 갑자기 중단하면 습관성으로 인해 불안감, 두통, 초조, 우울 등의 금단증상이 나타난다.

• 암페타민(amphetamine)

중추신경흥분제인 암페타민은 말초신경으로부터 부교감신경(norepinephrine)의 방출을 증가시켜, 과다 행동이 있는 아동에게는 진정 효과를, 비활동적인 사람에게는 보다 빨리 활동하게 하거나 세포의 활동을 증가시킨다. 소량 사용할 때는 식욕 감퇴, 호흡 및 심박동수 증가, 혈압 상승 등과 같은 증상이 나타나며, 다량 사용하면 발열, 두통, 발한, 현기증, 운동실조, 심혈관계 이상이 나타난다. 중단하고자 하는 사람은 불쾌하고 고통스러운 경험과 무기력감, 피로감, 걱정, 악몽 증세를 겪으며, 금단증상으로는 두통, 호흡곤란, 심한 발한, 견딜 수 없는 근육 경련 및 위경련 등이 있다.

• 메스암페타민(methamphetamine)

암페타민 유사물질로서 그 약리효과가 매우 강력하다. 급성효과로서 걱정, 불안, 말이 많아지고 통제력을 상실하며 식욕이 저하되고 수면이 부족해지며 파괴적 행위가 나타난다. 장기적으로는 정신병적 증세가 나타나고, 집중력, 기억력 및 성에 대한 관심이 없어진다. 금단증상으로 무관심과 과도한 수면, 우울증, 나아가서 자살할 수도 있다.

• 코카인(cocaine)

강력한 중추신경흥분제로서 코카인은 암페타민과 유사하며 혈관과 신경계에 심각한 영향을 준다. 즉, 혈관을 수축시키고 혈압을 급상승시키며 심장박동을 빠르게 한다. 이 외에 간세포를 파괴하여 물질을 분해하는 중요한 기능을 저해하고 호흡기능을 저하시키며, 후각기능을 마비시키고 생식기관에도 손상을 입힌다. 소량 사용 시 말이 많아지고 피로감도 덜 느껴 운동능력이 향상되는 것 같은 착각을 일으키지만, 과량 사용 시 교감신경계에 대한 효과 때문에 뇌에 영향을 미칠 뿐 아니라 맥박, 혈압, 호흡이 빨라지며 식욕이 없어지고, 동공 확장, 혈관 수축, 고열 등을 일으킨다. 코카인은 독성이 강하여 발작을 일으키거나 호흡마비와 같은 혼수상태를 유발하기도 하고 심장마비를 일으켜 사망하는 경우도 있다.

• 니코틴(nicotine)

니코틴은 담배에 들어 있는 특유하고 복합적인 효과를 갖고 있는 화학물질로서, 뇌의 모든 신경전도 물질과 내분비계에 영향을 미친다. 담배를 한 대만 피워도 혈압이 오르고 맥박이 빨라지며 말초혈관이 수축되고, 혈소판의 혈액응고 작용을 증가시켜 혈전증을 일으키기 쉽다. 금단증상으로는 불안, 초조, 안절부절못함, 집중력 장애 등이 있으며, 담배 피운 양과 기간에 따라 다양하게 나타난다.

### ② 중추신경 억제제

- 마약(narcotics)

① 아편(opium): 통증을 완화시키고 수면을 유도하며 정신적으로 이완되고 즐거움과 도취감을 일으키나, 때로는 우울감, 불행감을 느낄 수 있으며, 식욕감퇴, 변비, 오심, 구토 등이 나타나고, 투약 중단 시 금단증상이 나타난다.

② 모르핀(morphine): 강력한 진통효과가 있고, 중추신경계와 위장계에 주로 효과를 나타낸다. 사용 초기에는 평온감, 꿈꾸는 듯한 수면상태 등 기분의 변화가 일어나고, 비현실적인 자신감이 증가하지만 점점 일에 대한 성취욕과 관심이 상실되고, 신체적인 욕구나 외모의 변화가 뚜렷해진다. 금단증상은 콧물, 발한, 심한 흥분과 초조 등이며, 고열, 두통, 신경성 흥분이 나타나고, 온몸의 근육이 경련을 일으키며 공격적인 행동을 보인다.

③ 헤로인(heroin): 몰핀을 화학적으로 변형하여 보다 강력하게 만든 것으로서, 남용자들은 주로 정맥주사하거나 코로 흡입, 흡연하는 방법으로 사용한다. 약리 효과는 아편이나 몰핀과 동일하여 수면이나 정신적 공허감을 유발하고, 약성이 강렬하여 소량으로도 충분한 반응을 얻을 수 있으나, 약효 지속시간이 짧아 중독자는 재투약을 갈망하게 된다.

④ 코데인(codeine): 정신적, 신체적 의존성과 금단증상을 수반하나 몰핀이나 헤로인에 비해서는 미약하며 이들의 중독치료에 사용된다. 마취, 진통작용은 몰핀에 뒤지나 호흡장애 해소에 대한 작용은 더 우수하며, 쾌감을 수반하지 않고 비교적 의존성이 적어 의약용으로 널리 상용되고 있으나 헤로인의 대체마약으로 남용되기도 한다.

- 수면제나 신경안정제

① 바르비투르류(barbiturates): 신경활동, 골격근, 평활근, 심장근육 등과 그 밖의 인체의 기능을 억제시키는 제제이다. 소량 사용 시 평온감과 이완감을 느끼고, 다량 사용 시 어눌한 말, 갈지자 걸음, 판단력 저하 등이 나타난다. 아주 많은 양을 사용할 경우에는 쉽게 회복되지 않으며, 해독제도 없고, 혼수상태 혹은 사망에 이르게 된다.

② 벤조디아제핀류(benzodiazepines): 뛰어난 항불안 및 정온 작용이 있으나, 과량 사용 시 졸림, 무기력, 혼수상태 등이 나타나며, 간접적으로는 호흡계와 심혈관계를 억제하여 관상동맥이 확장되고 심근경색의 증상이 나타난다. 금단증상으로는 불안, 불면증, 동요, 진전, 두통 등이 오며, 드물게 오심, 구토, 고열, 심계항진 등이 나타날 수 있다.

• 흡입제(inhalants)

흡입제는 인체에 유해한 화학성분으로 구성되어 있어, 본래 사용목적 이외의 용도로 사용할 경우에는 인체에 치명적인 해를 입히게 된다. 흡입제의 종류로는 탄화수소류로서 본드, 신나, 매니큐어 제거제, 드라이클리닝 용매, 톨루엔, 담배 라이터액, 가솔린, 아세톤, 나프탈렌, 옥탄, 벤젠, 에테르 및 크로로포름 등이 있으며, 비탄화수소류로 에어로졸 스프레이, 질산아밀, 및 아산화질소 등이 있다. 짧은 시간에 흡입하거나 심호흡하면 방향감각 상실, 자아통제력 상실, 무의식, 발작, 근육조절력 감소, 억압된 반응, 코피, 핏줄 선 눈, 및 불쾌한 호흡이 나타나고, 며칠 동안 두통과 숙취가 있다.

본드나 가스는 다른 약물에서 볼 수 없는 독특한 파괴 현상이 있기 때문에 회복되는 기간이 길거나 정신이 되돌아오지 않는 경우가 많아 매우 위험하다. 본드나 가스가 인체에 미치는 영향은, 첫째, 뇌에 직접적인 손상을 준다. 환각을 즐긴다는 것은 바로 뇌 조직이 녹아서 흘러내리는 현상으로 보는 것이 정확하며, 학생의 경우 기억력 감퇴로 인한 학습능력 저하, 정서적 불안, 판단장애 등이 올 수 있다. 둘째, 골수조직에 영향을 준다. 피를 제대로 생산하지 못해 적혈구, 백혈구의 새로운 세포 생성에 결핍현상이 생기고 재생 불량성 빈혈이나 백혈병 등이 생길 수 있다.

셋째, 콩팥 기능을 손상시킨다. 콩팥의 찌꺼기 정제 기능에 이상이 생겨 필수 영양분을 잃어버리게 하며 콩팥에 만성 염증을 일으켜 각종 면역계통 질병의 원인이 되게 하기도 한다.

③ 환각제(hallucinogens)

• 대마초(marijuana, happy smoke)

대마에는 약 400여 개의 화학물질이 함유되어 있으며, 중추신경 및 심혈관계에 강력한 효과를 나타낸다. 정신기능에 현저한 변화가 있고 생리기능에 대한 변화는 일반적으로 약하다. 구강으로 복용하는 것보다 흡연할 경우 효력은 더 빠르고 강하지만 지속시간은 더 짧다. 처음 사용 시 식욕이 당기고 입이 마르며 감각이 예민해지고 사물에 대한 시각 및 청각상의 자극이 아주 새롭게 인식되며, 별로 강하지 않던 자극이 강하게 느껴진다. 농도가 강해지면, 환각, 망상, 편집증, 공황상태 등이 나타날 수 있으며, 만성 사용자는 무관심, 판단장애, 기억력 장애 등이 나타나는데 이를 무동기 증후군이라 한다. 대마초는 내성이 강하며 금단증상이 약하기는 하지만 초조, 신경질, 식욕과 체중의 감소, 불면, 오한 및 체온상승 등이 나타난다.

• LSD(lysergic acid diethylamid)

LSD는 주로 강하고 기묘한 정신적 반응을 일으키고, 시각, 촉각, 청각 등 감각을 왜곡시키는 가장 강력한 물질로서, 정제, 캡슐, 액체 등 다양한 방법으로 유통되며 주사로도 사용한다. LSD는 뇌세포와 뇌조직의 일상적 활동을 방해하며, 사용 직후 동공이 확대되고 심계항진이 나타나고 혈압이 상승하며 평활근이 수축된다. 환각은 사용 후 30분부터 나타나며 10시간까지 지속된다. 수많은 자극이 전혀 걸러지지 않은 상태에서 동시에 밀려오는 느낌을 받으며, 시각 기능이 가장 현저하게 변화되어 착각과 환각이 나타날 수 있다. 기분 좋은 환각으로서 즐거운 상상과 정서를 경험하며, 몸이 산산조각나는 공포감, 미치는 듯한 두려움, 무시무시한 불안 등의 불쾌한 환각을 경험할 수 있다.

LSD는 내성이나 심리적 의존 현상은 있지만, 신체적 금단증상은 일으키지 않는다고 알려져 있으나, 일부 남용자들의 경우 LSD를 사용하지 않는데도 환각을 반복 경험할 수 있는데, 이를 '플래시 백'이라 한다.

• PCP(phencyclidine)

섬망, 의식장애, 환각, 우울증과 같은 부작용 때문에 동물용 마취제로만 사용되고 있으며, 대마초, 박하 잎 등에 섞어서 흡연하는 방법으로 사용한다. 용량이 적을 때에는 다른 향정신성 약물과 비슷한 해방감을 주며, 공중에 떠 있는 듯한 느낌과 마취효과에 따른 기이한 마비증세가 나타나기도 한다. 용량이 많으면 흥분과 혼돈, 도취를 나타내는데 근육경색, 언어장애, 판단장애, 죽음에 대한 공포 및 신체감각의 변화를 동반한다. 독이 되면 평상시 온순하던 사람도 폭력적이고 괴상한 행동을 나타낸다. 이러한 난폭한 행동은 남용자뿐만 아니라 다른 사람에게 표출되며 심각한 상처와 죽음을 초래한다.

### (5) 약물 중독의 원인

약물 남용의 문제는 한두 가지의 원인으로 설명하기 어렵다. 원인은 개인마다 다르며, 예외적인 상황도 있기 때문이다. 약물 사용은 개인적인 과거력 및 남용과 관련된 직접적인 선행사건에 의해 영향을 받는다. 약물 사용은 즉각적인 결과를 유발하는데 여기에는 보상적인 결과와 부정적인 경험이 있다. 약물 남용의 생물학적, 심리적 및 사회적인 원인에 대해 살펴보기로 하자.

① 생물학적 원인

약물 사용은 신체적 변화를 유발하며 지속적으로 약물을 사용한다면 뇌의 영구적 변화를 초래하여 계속 약물에 의지하려는 경향이 생길 수 있다. 마약과 같은 중독성 약물을 사용하면 뇌에서 도파민이라는 신경전달물질이 분비되는데 이로 인해 일시적으로 기분이 좋아지지만, 시간이 지나면서 다시 우울, 불안 등 좋지 않은 기분이 생겨 약물을 찾게 된다. 오랜 기간 약물 남용 상태가 지속되면 약물 사용에 의한 뇌 신경계에 변화가 초래될 수 있다. 약물 사용 시 변화된 신경계는 상담 기간 변화된 상태를 지속하기 때문에 오랫동안 약물을 중단하였다 해도, 다시 약물을 투여할 경우 쉽게 약물 의존 상태로 되돌아간다는 점이다.

② 심리적 원인

약물은 쾌락을 추구하는 도구 중 하나이며, 개인의 고통스러운 감정을 해소하고 즐거움을 추구하기 위해 약물을 사용한다. 하지만 최근에는 개인적 결함을 해소하기 위하여 약물을 사용하며, 약물을 사용하는 사람은 개인적으로 고통스러운 감정을 해소할 능력이나 신체적, 사회적, 직업적으로 자신의 결함을 극복할 능력이 부족하기 때문에, 이러한 부족한 부분을 보충하기 위해 약물을 사용한다.

③ 사회적 원인

약물 사용에 대한 사회적 태도, 해악에 대한 인식도, 동료들의 반응, 법률, 도덕 수준, 약물의 가격, 입수 가능성 등의 사회적 요인이 약물 남용에 영향을 미친다는 것이다. 특히 술의 경우 사회적, 가족적, 종교적 환경이나 어린 시절 접하게 되는 문화적 전통 등이 성인기 알코올 사용과 관련된 장애에 영향을 주며, 우리나라의 경우 음주에 대하여 관대하게 대하는 경향이 있다.

### (6) 약물 중독의 치료

각 약물은 고유의 특성을 갖기 때문에 급성기의 치료는 약물의 특성에 맞추어야 하고, 약물에 따라 약물 작용을 차단하는 효과가 있는 약물의 경우 이러한 약물의 투여가 남용을 억제하는 데 도움이 된다. 약물 남용의 치료 방법에 대하여 살펴보기로 하자.

첫째, 동기 부여이다. 이는 치료를 원하는 약물 남용자는 치료를 받고 싶어 하지만 약물을 중단해야 한다는 아쉬움과 자발적인 치료를 시행하기보다는 외적인 압력에 의해 치료를 받는 경우가 많아 치료 자체에 거부감을 나타낸다. 따라서 본인이 치료를 받아야 하는 동기를 부여하여 자발적으로 치료에 참여하도록 하는 것이 도움이 된다.

둘째, 대응 기술의 교육이다. 이는 물질 남용자는 자신의 결함을 은폐하고자 약물을 사용하는 경우가 많기 때문에 자신의 결함에서 빚어지는 사회적 환경에 적절하게 대응하는 기술을 습득하여 정신적 스트레스를 낮추어 주는 것이 약물 의존 경향을 줄이는 데 도움이 된다.

셋째, 대안 제시이다. 이는 약물 남용자는 사회나 가정에서 스스로를 격리시키고 혼자만의 세계에 갇혀 있는 경우가 많다. 따라서 사회적인 관계 형성을 통해 세상과의 소통하는 법과 약물 이외의 즐거움을 찾을 수 있는 대안을 제시해야 한다.

넷째, 고통스러운 감정의 해소이다. 약물 중단을 결심한 이후에 실패하는 주된 이유 중 하나는 약물 중단에서 발생하는 불쾌한 감정이다. 따라서 환자가 불쾌한 감정에 적응할 수 있도록 도와주며, 그러한 감정의 원인을 이해하고 이겨 낼 수 있도록 주위의 도움이 필요하다.

## 3) 알코올 중독

### (1) 알코올 중독의 개념 및 진단

술의 주성분인 알코올(alcohol)은 마취제와는 구조적으로 전혀 다르지만 작용 기전이 비슷한 중추신경억제제로 뇌의 기능을 둔화시키며 수면이나 마취효과를 나타내는 중독성이 강한 습관성 약물이다. 섭취된 알코올은 위나 작은창자 윗부분에서 흡수되어 혈류를 통해 몇 분 후에는 온몸에 순환하게 되고 혈중 알코올 농도에 따라 신체적, 정신적 증상을 보인다.

세계보건기구에서는 알코올 중독을 그 사회의 전통적 음주습관의 범위를 벗어나는 알코올 섭취로 인해 가정과 사회에서의 활동에 이상을 초래하는 경우라고 정의하고 있다(WHO, 1994). 2013년 미국정신의학회에서 발간하는 정신질환의 진단 및 통계 편람(Diagnostic and Statistical Manual of Mental Disorders: DSM)의 개정판인 DSM-5의 물질-관련 및 중독 장애(Substance-Related and Addictive Disorders)의 분류기준에 따르면 술, 담배, 마약과 같은 중독성 물질을 사용하거나 중독성 행위에 몰두함으로써 생겨나는 다양한 부적응적 증상을 포함한다(American Psychiatric Association, 2013)고 하였다. 정신장애 범주의 알코올 관련 장애에 알코올 사용장애와 알코올 중독을 설명하고 있으며, 알코올 사용장애 및 알코올 중독의 기준은 〈표 8-3〉, 〈표 8-4〉와 같다.

**표 8-3 알코올 사용장애(Alcohol Use Disorders) DSM-5의 진단기준**

A. 임상적으로 현저한 손상이나 고통을 일으키는 문제적 알코올 사용 양상이 지난 12개월 사이에 다음의 항목 중 최소한 2개 이상으로 나타난다.
1. 알코올을 종종 의도했던 것보다 많은 양, 혹은 오랜 기간 동안 사용함
2. 알코올 사용을 줄이거나 조절하려는 지속적인 욕구가 있음. 혹은 사용을 줄이거나 조절하려고 노력했지만 실패한 경험들이 있음
3. 알코올을 구하거나 사용하거나 그 효과에서 벗어나기 위한 활동에 많은 시간을 보냄
4. 알코올에 대한 갈망감, 혹은 강한 바람, 혹은 욕구
5. 반복적인 알코올 사용으로 인해 직장, 학교 혹은 가정에서의 주요한 역할 책임 수행에 실패함
6. 알코올의 영향으로 지속적으로, 혹은 반복적으로 사회적 혹은 대인관계 문제가 발생하거나 악화됨에도 불구하고 알코올 사용을 지속함
7. 알코올 사용으로 인해 중요한 사회적, 직업적 혹은 여가 활동을 포기하거나 줄임
8. 신체적으로 해가 되는 상황에서도 반복적으로 알코올을 사용함
9. 알코올 사용으로 인해 지속적으로, 혹은 반복적으로 신체적, 심리적 문제가 유발되거나 악화될 가능성이 높다는 것을 알면서도 계속 알코올을 사용함
10. 내성, 다음 중 하나로 정의됨
a. 중독이나 원하는 효과를 얻기 위해 알코올 사용량의 뚜렷한 증가가 필요
b. 동일한 용량의 알코올을 계속 사용할 경우 효과가 현저히 감소
11. 금단, 다음 중 하나로 나타남
a. 알코올의 특징적인 금단 증후군
b. 금단증상을 완화하거나 피하기 위해 알코올(혹은 벤조디아제핀 같은 비슷한 관련 물질)을 사용

**표 8-4 알코올 중독(Alcohol intoxication) DSM-5의 진단기준**

A. 최근의 알코올 섭취가 있다.
B. 알코올을 섭취하는 동안, 또는 그 직후에 임상적으로 심각한 문제적 행동변화 및 심리적 변화가 발생한다. 예: 부적절한 성적 또는 공격적 행동, 기분 가변성, 판단력 손상
C. 알코올을 사용하는 동안 또는 그 직후에 다음 징후 혹은 증상 중 한 가지(혹은 그 이상)가 나타난다.
1. 불분명한 언어
2. 운동 실조
3. 불안정한 보행
4. 안구진탕
5. 집중력 또는 기억력 손상
6. 혼미 또는 혼수
D. 징후 및 증상은 다른 의학적 상태로 인한 것이 아니며, 다른 물질중독을 포함한 다른 정신질환으로 더 잘 설명되지 않는다.

### (2) 알코올 중독의 원인

알코올 중독의 원인을 크게 생물학적 요인, 심리적 요인, 사회문화적 요인으로 구별할 수 있다.

첫째, 유전적인 원인이다. 부모가 알코올 중독자인 이들의 자녀는 부모가 알코올 중독자가 아닌 자녀보다 알코올 중독이 될 가능성이 4배나 높았다(Goodwin, 1985). 알코올 중독에 걸린 사람들을 보면, 집안에 술 문제를 가지고 있던 어른들이나 형제들이 있는 것이 많이 확인되었다.

쌍생아를 대상으로 실험한 알코올 중독 연구도 있었다. 실제로 부모가 알코올 중독자인 경우, 쌍생아가 건강한 집안에 입양되더라도 알코올 중독에 걸릴 확률이 높아진다. 따라서 유전적으로 똑같다고 가정하는 일란성 쌍생아의 경우 이란성 쌍생아의 경우보다 2배 정도 알코올 중독의 가능성이 높고 입양아 연구에서 보면 알코올 중독의 부모를 가진 아이가 정상 부모 밑에서 양육되었을 경우에도 알코올 중독이 될 위험성이 3배 이상 높다고 보고 있다. 그만큼 유전적인 요인이 작용하고 있다는 것이다.

둘째, 생물학적 원인이다. 생물학적인 관점에서 알코올 중독은 하나의 질환으로 비정상적인 신체적 현상으로 인한 신진대사상의 문제라고 본다. 체내에 흡수된 에틸알코올의 약 10%는 신장과 폐를 통해 그대로 배설된다. 나머지 90%는 간에서 산화되는데 흡수된 알코올은 간에 있는 효소(ADH)에 의해 아세트알데히드(Acetaldehyde)로 산화된다. 독성물질 아세트알데히드로 인해 THIQ(Tetra Hydro Iso Quinolines)라는 신경전달물질이 생성되면서 알코올 중독의 원인이 된다는 것이다. 다른 연구에 의하면 신경전달물질 이외에도 도파민수용체나 세로토닌의 함량이 적은 사람들이 알코올을 잘 마신다는 주장이 있기 때문에 알코올 중독이 된다는 보고도 있다.

셋째, 심리적인 원인이다. 우울증, 열등감, 불안 증상, 과민한 성격 등이 알코올 중독의 원인이 될 수 있다. 알코올 중독은 불안한 상황을 극복하고자 할 때 많이 발생한다. 그리고 개인적인 결핍, 즉 어릴 적 부모의 사랑이 부족했다거나 배우자로부터 충분한 만족을 얻지 못한 것도 원인이 된다. 성장 후에 알코올 관련 질환에 걸리기 쉬운 알코올 중독의 위험성이 높은 소아들에 대한 연구결과를 보면 신경인지적 검사의 결손과 뇌파에서 이상소견 등이 나타난다고 한다. 이들은 어린 시절에 주의력결핍장애나 행동수반장애, 반사회성 인격장애 또는 정신활성물질의 사용장애 병력이 많다. 부모에 대한 적개심 및 부모의 죽음에 대한 두려움이 갈등을 초래하여 결국 우울감정 및 자기파괴로 발전된다. 이러한 열등감, 불안정한 감정이 생기면 이를 보상하고 잊어버리기 위해 술을 마시게 된다.

넷째, 사회문화적 요인이다. 알코올 중독자는 종교나 음주의 문화적 태도, 사회계층이나 학력 수준 등에 영향을 받는다. 어떤 사회 내 스트레스가 많다든지 불안의 요소가 많으며 아울러 이를 해결하는 데 음주가 조장되는 분위기라면 과음과 만취가 쉽게 발생될 수 있다. 승진, 개업, 결혼 등의 일상적인 모든 생활 속에서 술이 빠질 수 없으며 한 잔 하는 것이 일상화되어 있는 술과 너무 가까이 있는 사회이다. 또 여성들의 경우 사회참여 증가나 지위 향상 등으로, 청소년의 경우 청소년 음주에 대한 사회적 무관심이나 판매 등으로 음주 기회가 많아졌다는 사실도 사회문화적 요인으로 볼 수 있다.

### (3) 알코올 중독의 단계

알코올 중독이 진행되는 단계를 살펴보면 다음과 같다.

첫 단계는 알코올 중독의 전 단계로, 이 단계의 특성은 불안과 긴장을 술 마시는 것으로 대처하고 편안감을 갖기 위해 알코올을 이용한다. 또한 기대되는 효과에 도달하기 위해 더 많은 양이 필요케 되는 내성이 생기기 시작하며 음주 행위에 대한 자기조절이 아직 가능한 때이다.

둘째 단계는 초기 알코올 중독 단계로, 일시적인 의식이나 기억상실이 일어나기 시작하고 몰래 마시며 술병을 감추고 방어적이 되면서 술로 인한 문제들을 부정한다. 음주의 필요성에 대한 타당성을 강조하고 알코올에 몰두하게 되며 행동에 일관성이 없는 때이다.

세 번째 단계는 중독 단계로서, 이 시기의 특성은 음주에 대한 조절 능력이 상실되고 공격적 행위가 증가된다. 타인과의 관계가 변화되어 주변 사람들이 그를 회피하게 되고, 음주자는 이들을 비난한다. 이때는 모든 것이 알코올로 귀착되어 기뻐서 한 잔, 슬퍼서 한 잔 하게 되는데 만일 술을 끊게 되면 금단증상이 나타난다.

네 번째 단계는 만성 단계로, 무계획적으로 술을 마시고 흥청거리게 된다. 혼자서 또는 여러 사람과 술을 마시며 알코올로 인한 신체적 합병증이 나타나기 시작하는 특성이 있다.

알코올 의존 시 몇 가지 행동 특성을 보이게 되는데, 친구와 가족 및 직업의 상실을 가져오며, 다른 사람들로부터 신임을 잃게 된다. 과도한 음주로 인해 일시적이나마 영구적인 전반적 기억상실이 와서 사회적 · 직업적 기능 저하는 물론 신체적 · 심리적 기능의 결여도 동반된다.

신체적 의존성으로 인해, 알코올 중단 시 금단증상으로 수일 이상 음주를 지속하던 사람이 알코올을 끊는다든가 알코올 양을 감소시키는 경우에 손과 혀, 눈꺼풀 등에 거친 경련이 나타나며 다음과 같은 증상을 동반한다. 즉, 정신쇠약, 심계항진, 심박동수 증가와 발한 및 혈압 상승, 우울과 초조, 경련 등의 증상이 발생하며, 위장염이 동반되어 오심과 구토, 두통, 악몽이 수반되는 수면장애와 심한 불안 발작, 사지의 경련이 나타난다.

### (4) 알코올 중독 치료

알코올 중독은 본인뿐 아니라 가족을 포함하여 대인관계 및 사회생활에 악영향을 초래할 수 있다. 알코올 중독은 조현병, 양극성 장애, 불안장애, 품행장애, 반사회적 인격장애 등의 기타 정신질환과 동반될 수 있으며, 위장관계 질환부터 심혈관계 질환, 생식기 장애, 각종 암을 비롯하여 기억장애, 치매, 뇌혈관질환까지 신체적 · 정신적 건강 전반에의 복합적인 문제를 가져오기 때문에 다각적인 치료적 접근이 반드시 필요하다.

① 약물치료

알코올 중독은 해독(금단증상 완화, 영양결핍 치료, 진전 · 섬망 · 경련 예방 및 치료), 혐오요법 및 갈망 감소, 불안과 우울 등의 정신과적 문제에 따른 약물치료가 적용될 수 있다. 이 외에도 재발에 영향을 줄 수 있는 부분에 대한 약물치료가 필요하기도 하다.

② 인지행동치료(CBT)

인지행동치료는 궁극적으로 단주 유지에 필요한 기술 습득을 목표로 한다. 중독자가 자신의 상황을 객관적으로 인지함으로써 알코올에 의지하지 않고, 갈등을 포함한 여러 문제, 스트레스 등에 효과적으로 대처할 수 있도록 도우며, 음주습관과 촉발요인을 파악하여 알코올에 대한 욕구와 잘못된 인지를 수정한다.

③ 기타

그 외 12단계 촉진치료(TSF), 동기 강화 치료(MET) 등이 있다. 이는 치료 자체에 대한 거부감이 심하거나 음주 갈망이 강한 사람의 경우 효과적으로 활용되는 치료법이다. 12단계 촉진치료는 A.A.(단주동맹)의 12단계 이론에 기초하여 A.A.에 참석하고 회복기간 중 습득해야 할 12가지 단계의 행동방침을 따를 수 있도록 하는 치료 방식이다. 또한 동기 강화 치료는 일방적으로 지도하거나 훈련을 하는 것이 아니라 환자 스스로 자원을 동원하고 변화하고자 하는 동기를 강화시키는 치료방법이다. 이 치료는 기본적으로 단주 및 절주에 대한 실패 경험보다는 작은 성공에 대해서도 인정하고 단주 후의 긍정적인 변화에 대해 구체적으로 생각하고 기대하게 하는 데에 초점을 둔다.

### (5) 알코올 의존 진단 방법(한국어판 CAGE Questionnaire: CAGE-K)

이 검사는 Mayfield 등(1974)이 고안한 4문항으로 구성된 간편한 알코올 사용장애 선별도구로서 '예, 아니요'로 답하게 되어 있다. 총 4문항 중 2문항 이상이 '예'인 경우에 알코올 사용장애를 의심한다.

| | |
|---|---|
| 1. 귀하께서는 술을 반드시 끊어야겠다고 생각한 적이 있습니까?<br>- Have you ever felt you should cut down on your drinking?(cut down)<br>2. 귀하께서는 자신의 음주에 대하여 사람들이 비난해서 화가 난 적이 있습니까?<br>- Have people annoyed you by criticizing your drinking?(annoyed)<br>3. 귀하께서는 자신의 음주에 대하여 스스로 죄책감을 느낀 적이 있습니까?<br>- Have you ever felt bad or guilty about your drinking?(guilty)<br>4. 귀하께서는 신경을 안정시키거나 숙취 증상(구토나 멀미, 어지러움, 두통 등)을 없애려고 아침에 일어나자마자 해장술을 마신 적이 있습니까?<br>- Have you ever had a drink first thing in the morning to steady your nerves or to get rid of a hangover?(eye open) | |
| 점수는?(Answers) | 건의?(Results) |
| If YES to one, 하나의 '예'만 선택하셨다면? | Your results indicate you are drinking at a risky level. You may wish to consider cutting down your drinking. This information may be helpful to you.<br>이 결과는 귀하께서 지금 위험한 수준의 음주 레벨에 속해 있음을 표명하고 있습니다. 귀하는 음주량을 줄이고 싶어 하실 수 있습니다. 이 정보는 귀하한테 도움이 될 수 있습니다. |
| If YES to 2 or more, 두 개 이상의 '예'를 선택하셨다면? | Your results indicate a level of drinking which is problematic. It is recommended that you seek further assistance.<br>이 결과는 귀하의 음주에 문제가 있음을 표명하고 있습니다. 우리는 귀하께서 앞으로 더 많은 도움을 요청하시기를 건의합니다. |
| 당신의 점수 합계는 total score: /4 | |

## 4) 행위중독

지속적이고 반복적으로 도박이나 인터넷 게임에 몰두하는 행동이 임상적으로 현저한 손상이나 고통을 일으키며 내성과 금단, 조절의 실패, 거짓말을 하고 사회적, 직업적, 대인관계 등에 심각한 손상을 주는 행동을 멈추지 못하는 것을 행위중독이라고 한다. 행위중독은 물질중독과 뇌신경 회로를 공유하는 질환이며, 물질중독과 유사한 일련의 단계를 걸쳐 의존증으로 진행된다.

주요 행위중독 중 인터넷 중독, 도박 중독, 쇼핑 중독, 일 중독, 운동 중독 및 스마트폰 중독에 대하여 살펴보기로 하자.

### (1) 인터넷 중독

인터넷 중독은 인터넷 사용자들이 인터넷의 과다한 사용으로 인해, 학업적, 직업적, 가정 관련 그리고 심리적 영역에 심각한 손상을 가져오는 것을 말한다(Young, 1999). 한국정보화진흥원(2015)에서는 인터넷 중독이란 자기통제가 불가능한 상태에서 인터넷을 지나치게 사용하여 내성과 금단현상이 발생하고 이로 인해 일상생활에서 지장을 받고 있는 상태라고 정의하였다. DSM-5의 경우 인터넷 중독 역시 물질 관련 중독 장애 영역에 포함하고자 하였으나, 인터넷 중독의 연구가 상대적으로 길지 않고 경험 연구의 부족으로 부록에 수록하였다.

따라서 인터넷 중독은 컴퓨터 사용 및 인터넷 이용과 관련된 과도한 집착이나 충동적인 행동을 보이고 이로 인해 사회적 기능에 장애를 일으키며, 부작용으로 우울증, 사회적 고립, 충동 조절 장애와 약물 남용 등의 문제를 일으키는 상태를 일컫는 말이다.

#### ① 인터넷 중독 원인

인터넷 중독의 원인은 정확히 밝혀지지 않았지만 심리적 · 신경생물학적 · 문화적 요인과 연관이 있을 것으로 추정된다.

첫째, 인지-행동 이론(cognitive behavioral theory)으로 이는 자신에 대한 부정적인 인식과 연관된 부적응적 인지가 병적인 인터넷 사용 관련 행동을 유발하는 핵심 요소라는 것이다. 둘째, 사회기술 결손 이론(social skill deficit theory)으로 이는 외롭거나 우울한 개인은 자신의 사회적 능력에 대해 부정적인 시각을 가지는데, 컴퓨터를 매개로 한 의사소통이 얼굴을 마주하는 의사소통에 비해 사회적 능력이 부족한 사람에게 특별히 매력적일 수 있다는 가정에 근거한다. 익명성, 지우고 수정이 가능한 편집 유연성 등이 연관된 인터넷 소통의 특징이라 할 수 있다. 셋째, 신경생물학적 이론(neurobiological theory)으로 이는 도파민과 세로토닌과 같은 신경 전달물질 시스템이 연관되어 있지 않나 생각되고 있으나 명확한 증거는 아직 없다. 넷째, 문화적 기전(cultural mechanism)으로 이는 컴퓨터 및 인터넷 보급 정도와 연관되어 있다는 설명이다.

이상의 모델을 중심으로 인터넷 중독의 원인을 살펴보면 다음과 같다.

첫째, 현실에서 갖는 실패감에 대한 보상심리로서 현실에서 의사소통을 제대로 하지 못하여 실패감을 맞보는 사람이 인터넷상에서는 오히려 활발한 의사표현을 나타내는 경우가 있다(Walter, 1994). 둘째, 현실세계보다 더 큰 만족을 얻게 되는 성취감으로서 인터넷상에서의 활동은 현실에서 획득하는 데 실패한 인간의 기본적 욕구에 대해서 가상적인 실현을 가능하게 해 주고 있다는 점이다(Suler, 1996). 셋째, 인터넷은 사용자에게 어떤 결과물에 대한 접근가능성, 통제성, 흥미감을 갖게 하는 특성이 있는데, 이런 것이 하나의 강화물이 되어 점점 더 인터넷 사용에 빠져들게 만든다는 것이다(Griffiths, 1999).

**② 인터넷 중독 증상**

인터넷 중독 증상은 다음과 같다.

- 내성

인터넷에 중독된 사람들은 마음이 복잡하거나 허전할 때 자기도 모르게 인터넷에 접속하여 시간을 보내며 마음의 위안을 얻는 의존성이 나타난다. 또한 웹에 매달려 있는 시간이 자꾸 길어지고 컴퓨터를 끄고 빠져나오기가 점점 힘들어지며 오래 있어도 작업효율은 떨어지는 내성 현상을 보인다. 알코올 중독자가 처음에는 술을 한 병만 마셔도 기분이 좋고 취한 느낌이 들지만 시간이 갈수록 양이 늘어 나중에는 2~3병이 되어야 똑같은 기분을 느낄 수 있는 것처럼, 인터넷 중독자들도 양적인 측면에서뿐만 아니라 질적인 측면에서도 점차 강도가 올라가야만 만족을 느끼게 된다.

- 금단증상

어린 시절 오락실에서 놀다가 온 날 누우면 천장에 오락기가 왔다 갔다 하는 느낌을 누구라도 경험해 보았을 텐데 이것이 바로 금단증상이다. 인터넷 중독에 빠진 사람들은 인터넷에 접속을 하고 있지 않으면 왠지 허전하고 안절부절못하게 된다. 게임을 주로 하는 사람의 경우 계속 게임 생각이 나고 집중력이 떨어지며 쉽게 짜증과 화를 내기도 한다. 이로 인해 자신의 의지와는 상관없이 컴퓨터 앞으로 발길이 향하게 된다. 일단 다시 인터넷을 하게 되면 그동안 느꼈던 불안과 초조, 짜증은 어느새 사라진다. 금단증상은 그 자체가 문제가 되기도 하지만 이로 인해 집중력이 떨어지고 학업 등 다른 생활에까지 영향을 미치게 되는 것이 큰 문제이다.

- 사회적 고립

인터넷은 현실 속에서 다른 사람들과 관계를 형성하기 어려운 사람들로 하여금 보다 쉽고 만족스러운 인간관계를 맺을 수 있도록 해 준다. 또한 비슷한 의견을 가진 사람들이 인터넷을 기반으로 공동체를 형성하며 새로운 사회를 만들기도 한다. 그러나 자신이 몸담고 있는 현실에서 너무나 멀리 떨어져 인터넷 기반의 사회에서만 지내다 보면, 본래의 인터넷이 제공해 주었던 친밀한 인간관계 형성 및 의사소통의 의미가 퇴색할 수 있다. 현실에서 느끼지 못한 친밀성과 관계에 대한 욕구를 인터넷에서 해소하다가 어느새 인터넷으로만 이러한 인간관계를 맺게 되어 버리는 것이다. Kraut 등은 이를 인터넷 역설(internet paradox)이라고 지칭했다. 사람들과의 관계와 소통을 추구하다, 어느새 거꾸로 사람들과 단절된 상황이 되어 버린 것이다.

현시점에서 인터넷 중독과 각종 정신질환은 그 인과관계를 명확하게 밝히기 어렵다. 이는 마치 닭이 먼저냐, 달걀이 먼저냐의 문제일 수도 있기 때문이다. 인터넷 중독으로 인하여 별도로 진단을 내릴 수 있는 정신질환에 걸리게 되는 것인지, 아니면 기존의 정신질환으로 인하여 보다 쉽게 인터넷 중독이 되는 것인지 아직 명확한 인과관계를 규명하지 못했다.

인터넷 중독과 동반이환되어 있는 정신질환에 대한 여러 연구를 살펴보면, 인터넷 중독 집단에서 주의력결핍 과잉행동장애, 주요우울장애 등의 유병률이 일반 인구 집단보다 더 높았다. 그 외 강박장애, 정신분열병, 사회공포증 등도 인터넷 중독에 동반되어 있는 것으로 밝혀졌다. 또한 인터넷 중독은 단일한 속성을 지니기보다는 기저의 정신질환에 따라 그 양상이 다양하게 나타난다.

• 주의력결핍 과잉행동장애

초등학교 학생이 인터넷에 중독되었다고 하는 경우 가장 쉽게 의심할 수 있는 임상양상이다. 국내외 각종 연구 결과를 보면 주의력결핍 과잉행동장애(Attention deficit hyperactivity disorder: ADHD)의 경우 일반 인구 집단보다 인터넷 중독 집단에서 더 높은 유병률을 보인다. 그 이유를 다음과 같이 설명하고 있다. 첫째, ADHD의 경우 스스로 자신의 행동을 조절하는 데 어려움이 있다. 그러다 보니 인터넷을 그만하고 자제해야 하는 상황에서도 반복적으로 계속하게 된다. 둘째, ADHD의 경우 어떤 일을 했을 때 그 보상이나 성과를 끈기 있게 기다리지 못하고 즉각적인 반응을 추구한다. 이런 아이들에게 즉각적인 피드백을 끊임없이 경험하게 해 주는 온라인 게임이나 게시판, 댓글 등을 제공해 주는 인터넷의 유혹은 그만큼 뿌리치기 어렵다. 셋째, ADHD의 증상으로 부정적인 피드백만 받아 오던 산만한 아동은 게임에 놀라울 정도의 집중력을 보이면서 스스로에게 만족감을 얻게 된다.

• 우울증

인터넷 중독과 관련된 가장 흔하고 다양한 정신질환은 우울증이다. 대인관계에서 어려움을 겪거나 학업 및 사회적 활동에서 성취감을 이루기 어려운 사람들의 경우 흔히 마음에 상처를 입고, 점점 외부와 소통의 문을 닫아 버리게 된다. 이런 사람들의 경우 대개 다른 사람들의 말이나 평가에 민감하여 인간관계에서 비롯되는 우울증을 많이 경험한다. 인터넷은 이런 사람들에게 상처받지 않고 세상 사람들과 소통할 수 있는 창이 되어 준다.

- 충동조절장애

가장 널리 알려진 충동조절장애는 도박장애이다. 주로 성인 인터넷 중독자들에 해당되며 이들은 도박 중독적 성향을 현재 인터넷 중독으로 표현하고 있을 뿐이다. 인터넷 중독에 대한 진단 지침이 기존의 병적 도박의 진단 지침을 바탕으로 작성될 정도로 두 질환 간에는 상당히 유사한 부분이 있다. 도박과 인터넷 모두 항상 새로운 자극과 즉각적인 보상을 제공해 준다. 특히 온라인 게임과 성인 사이트는 더욱 도박과 비슷한 속성을 지닌 것으로 보고 있다. 이러한 이유로 인하여 승부근성이 강하고 강한 자극을 추구하며 한번 빠지면 헤어 나오기 힘들어하고 새로운 것에 지나치게 민감한 경향을 지닌 사람들이 인터넷 게임에 더 쉽게 중독될 수 있다. 미국의 한 연구자는 인터넷 중독자 중 거의 대부분이 충동조절장애에 속한다고 이야기한 바 있다.

- 사회공포증과 특정 인격장애

인터넷 중독의 경우 사회공포증과 더불어 회피성 인격장애, 정신분열형 인격장애 등과 같은 대인 기피적 경향이 있는 진단들도 고려해야 할 수 있다.

### ③ 인터넷 중독 및 인터넷 게임 장애 진단기준

- Ivan Goldberg의 인터넷 중독 진단기준

Goldberg는 적어도 12개월 동안 최소한 세 가지 이상의 항목에 해당하는 경우가 인터넷 중독증에 해당한다고 하였다.

Ⅰ. 내성
- A. 인터넷을 사용하면 할수록 만족을 얻게 되는 시간이 점차 늘어나는 경우
- B. 인터넷을 이전과 동일한 시간만큼 하는데도 불구하고 효과가 저하되는 경우

Ⅱ. 금단
- A. 특징적 금단 징후
  - (1) 장기간의 인터넷 사용을 중지 혹은 감소한 경우
  - (2) (1)의 발생 후 수일에서 한달 사이에 다음 중 두 항목 이상이 발생할 때
    - a. 정신운동성 초조
    - b. 불안
    - c. 강박적 사고(인터넷 사용에 대한 생각과 관련된)

d. 환상 혹은 꿈(인터넷 사용과 관련된)
e. 수의적 혹은 불수의적으로 자판 두드리는 행위와 유사한 행동
(3) (2)의 일들로 인해 사회적 혹은 직업적, 그 밖의 중요한 부분에서의 고통이나 지장을 유발할 때
B. 금단증상을 완화, 회피하기 위해 인터넷 혹은 유사한 통신망을 사용하는 행동을 할 경우
Ⅲ. 생각했던 것보다 더 자주, 길게 인터넷을 사용하는 경우
Ⅳ. 인터넷 사용을 줄이거나 조절하려는 욕구가 지속적으로 있었거나 혹은 그 시도에 성공하지 못하는 경우
Ⅴ. 상당량의 시간을 인터넷 사용과 관련된 행동에 소비하는 경우
Ⅵ. 중요한 사회, 직업 혹은 여가활동이 인터넷 사용을 위해 포기되거나 감소되는 경우
Ⅶ. 인터넷 사용에 의해 유발되거나 악화되고, 지속적이거나 반복적인 신체적, 사회적, 직업적, 심리적 문제를 갖고 있음에도 불구하고 인터넷 사용을 계속하는 경우

• DSM-5의 인터넷 게임 장애 진단기준

인터넷 게임 중독은 행위중독의 일종이며, 다른 중독의 증상과 마찬가지로 금단, 내성, 갈망 증상을 동반한다. 정신의학적 중독이론의 관점에서 보면 인터넷 게임 중독은 인터넷 게임의 과다 사용으로 인해 현실 생활에 지장을 초래하는 금단과 내성이 나타나는 독립된 중독 장애의 하나로 정의할 수 있다. 즉, 학업 및 직장생활, 사회적 관계 형성 등에 있어서 중독 증상으로 인해 정상적인 생활을 유지하지 못하는 상태이다.

• 인터넷 게임 장애(DSM-5)

임상적으로 중대한 장애 또는 곤란을 가져오는, 지속적이고 반복적인 인터넷 게임의 사용, 12개월 동안 다음 9개 중 5개 이상에 해당

1. 집착: 인터넷 게임에 대해 집착, 이전에 했던 게임이나 앞으로 하게 될 게임에 대해 생각이 나며 인터넷 게임을 하는 것은 하루 중 지배적인 활동이다.
2. 금단: 인터넷 게임을 못하게 되면 초조, 불안, 슬픔 등의 증상을 경험한다.
3. 내성: 인터넷 게임을 하는 시간이 늘어난다.
4. 인터넷 게임을 하는 것을 조절하려고 해도 잘되지 않는다.
5. 인터넷 게임에 대한 결과로 인터넷 게임 이외의 취미나 다른 오락거리들에 대한 흥미가 저하되었다.
6. 인터넷 게임에 대한 심리사회적 문제점을 알고 있음에도 불구하고 지속적으로 인터넷 게임을 과도하게 하게 된다.
7. 인터넷 게임을 얼마나 하는지 가족, 친구 등 다른 사람들에게 거짓말을 하게 된다.
8. 무력감, 죄책감, 불안 등의 부정적인 감정을 회피하거나 완화시키기 위해 인터넷 게임을 한다.
9. 인터넷 게임 때문에 중요한 관계, 일, 교육이나 경력에 대한 기회가 위태롭게 된 적이 있거나 잃은 적이 있다.

참고: APA(2013).

④ 인터넷 중독 치료

여기서는 간단히 Young(1999)이 제시한 인터넷 중독 치료 지침을 소개하겠다. 우리나라에서도 쉽게 적용이 가능하며, 그 목표는 앞서 언급한 대로 균형된 인터넷 사용에 있다.

- 자신이 인터넷을 과도하게 사용하고 있다는 것을 받아들이고, 이전보다 더 짧은 시간 동안 인터넷을 사용하도록 스케줄을 조정한다.
- 해야 할 일, 만나기로 한 약속 등을 구체적으로 짜고 실제로 실행에 옮기면서 자연스럽게 인터넷 활용 시간을 줄이도록 한다.
- 새로운 인터넷 사용 계획을 수립하는 데 도움이 되도록 뚜렷하고 달성 가능한 목표를 설정한다. 이러한 목표를 이루는 과정에 몰두하면 점차 인터넷에 대한 갈망과 금단, 재발 등이 사라지게 된다. 이러한 과정이 성공적으로 진행되면 인터넷 사용에 대한 자기조절 능력을 체감하면서 자신감 향상으로 이어질 수 있다.
- 과도한 인터넷으로 발생하는 안 좋은 상황(예: 과도한 인터넷 사용으로 인해 가족들과 보내는 시간이 줄어드는 것)과, 앞으로 나타나기를 원하는 상황(예: 학업 성취도 향상)을 카드에 기입해서 가지고 다니며 보도록 한다.
- 인터넷 중독으로 인해서 그동안 방치되어 왔었던 일들의 목록을 작성해 본다.
- 인터넷 중독자들을 돕기 위해 숙련된 전문 집단이 함께 개입할 수 있도록 한다.
- 인터넷 중독으로 인하여 와해된 가족 및 결혼 생활을 회복할 수 있도록 별도의 가족 상담 치료를 받을 수 있도록 한다.

(2) 도박 중독

도박(gambling)이란 '돈 내기나 가치 있는 어떤 것을 걸고 다투는 행위, 즉 내기를 하는 사람의 오산으로 예기치 못한 결과가 초래될 위험이 있어도 승산에 기대를 걸고 게임이나 시합, 또는 그 결과가 우연으로 결정되는 불확실한 사건 등에 대한 내기'이다(Britannica, 2013). 이처럼 도박이란 결과를 예측할 수 없고 우연에 의해서 결정되는 결과에 내기를 거는 행위로, 보다 큰 대가를 얻기 위해서 어떤 대가에 모험을 거는 것이라고 할 수 있다.

도박 중독(gambling addiction)은 지속적이며 반복적으로 나타나는 부적응적인 도박행위로, 개인적, 사회적, 직업적 측면에서 심각한 결과를 일으키는 장애이다(APA, 2013). 한편, 도박 중독자란 도박으로 인해서 개인과 가족 간 역기능적인 문제를 경험하는 사람으로서 도박행위의 경중에 따라 호칭을 붙였다. 이러한 관점에서 도박 중독 행위와 관계없는 비도박자를 포함하여 4수준으로 분류할 수 있다. 비도박(0수준)은 도박과 전혀 관련이 없는 상태의 기준, 사교성 도박(1수준)은 가장 낮은 수준의 도박, 문제성 도박(2수준)은 중간 정도의 도박, 병적 도박(3수준)은 가장 높은 중중의 위험단계로 구분된다(Shaffer, Hall, & Bilt, 1999).

① 도박 중독의 원인

도박 중독의 원인은 다양하지만 여기서는 신경생물학적 요인, 심리 · 행동적 요인, 사회 · 문화적 요인, 인지적 요인 및 정서적 요인으로 나누어 살펴보기로 하자.

첫째, 신경생물학적 요인으로 도박 중독자의 반복적인 행동은 인간의 보상 체계를 관여하는 도파민 그리고 충동성을 조절하는 세로토닌과 관련성이 있다(Dowling et al., 2017). 반복적인 도박 중독 행동은 자연 보상물에 의한 도파민 분비를 감소시킨다. 그 결과, 도박 관련 자극에 과도하게 민감해지고 도박 행동에 대한 갈망이 일어난다.

둘째, 심리 · 행동적 요인으로 도박 중독에 빠지는 사람들은 사교 동기, 유희 동기, 금전 동기, 회피 동기, 흥분 동기 등 다섯 가지 심리 동기적 특성을 가진다고 설명한다(이홍표, 2003). 성격적이나 기질적으로 충동성이나 감각 추구 성향이 높고, 정서적으로 불안정하여 스트레스에 취약한 성격특성이 중독을 촉진한다고 본다.

셋째, 사회 · 문화적 요인으로 도박을 하는 가족이나 친구가 있는 도박 친화적 환경과 도박을 접할 기회가 많은 도박 수용적 환경에서 도박 문제로 발생할 가능성이 높아진다(김민정 외, 2020). 또한 사회 구조 속에서 개인의 생활 주변에 카지노나 경마장 등 사행산업의 위락시설이나 사설 도박장이 있는 경우와 같이 쉽게 접근할 수 있는 환경이 도박의 위험성이 높다.

넷째, 인지적 요인으로 비합리적 신념이나 왜곡된 사고는 병적 도박을 유지, 발달시키는 중요한 역할을 한다(Johansson et al., 2009). 병적 도박자들은 도박에서 통계상 실패의 가능성이 높음에도 불구하고 자신이 원하는 결과가 반드시 나올 것이라는 왜곡된 사고를 갖고 도박을 계속하게 된다.

다섯째, 정서적 요인으로 충동성이 높은 사람은 미래보다 현실의 자극에 더 영향을 받아 매달리는 경향이 있어 도박을 중단하는 데 어려움을 겪게 된다. 또한 충동성이 높은 사람은 자신의 의지로 도박을 통제하지 못하게 되므로 중독에 빠질 수 있다. 아울러 스트레스에 적절하게 대처하지 못하는 개인의 대처방식의 취약함이 한 요인이 되는데, 경쟁적 사회 구조의 환경적 요인과 가족 안에서의 상호작용에서 부정적 감정 경험과 많은 관련이 있다(Jacobs, 1986).

② 도박 중독의 단계

Custer(1984)는 도박 중독을 승리 단계(winning phase), 잃어가는 단계(progressive-loss phase), 절박한/절망 단계(desperate/hopeless phase)의 3단계로 분류하였다. 이러한 단계는 단지 이론적인 설명이기 때문에 현실에서 발생 순서나 진행과정이 변화할 수 있다. 도박 중독의 진행 과정인 3단계에 대하여 살펴보자.

첫째, 승리 단계로 도박을 경험하는 초기에 많은 금액을 따거나 잃지 않는 경험은 도박에 대한 만족감이나 황홀감으로 기억에 남게 된다. 이러한 경험은 언젠가는 많은 금액을 따거나 잃은 금액을 회복할 수 있다는 왜곡된 신념을 갖게 한다.

둘째, 잃어 가는 단계로 지속적으로 금액을 잃는 경험을 한다. 도박의 횟수나 잃은 금액이 증가하며, 잃은 금액을 만회하려는 생각으로 도박 행위를 통제할 수 없게 된다. 이 단계에서는 주로 혼자서 도박을 하러 가거나 도박에 대한 사실을 숨기기도 한다. 가족이나 주변 사람들에게 도박을 그만두겠다는 조건으로 경제적 도움을 받기도 한다.

셋째, 절박한/절망 단계로 잃은 금액을 만회하려는 시도가 반복되면서 돈을 빌리거나, 공금을 유용하거나 금전 관련 사기 등 범죄 행위로 가정문제 문제는 물론 직업상실, 이혼, 자살 생각 등을 경험하기도 한다. 또한 돈이 없어 도박을 못하는 상황에서는 금단증상이 나타나기도 한다.

③ 도박 중독 진단 및 치료

도박 중독의 증상으로는 우선 행동상에서 계속적으로 도박과 관련된 생각과 말을 하거나 자신이 가용할 수 있는 것보다 많은 시간과 돈을 도박에 사용하며, 동일한 흥분을 느끼기 위해서 더 많은 시간과 돈을 도박을 하는 데 사용한다. 다음으로 생각에서 도박을 통제하는 것에 어려움이 있거나 비합리적인 신념과 도박으로 대박을 맞으면 도박하는 것을 통제할 수 있을 거라는 생각을 한다. 그리고 정서적으로 도박을 하지 않을 때 상실감이나 공허감을 느끼며 도박의 결과로 인해서 매우 극단적인 감정변화를 경험하기도 한다.

④ 도박 중독(도박장애) 진단기준(DSM-5)

미국정신건강의학회에서 발간한 『정신질환의 진단 및 통계 편람(DSM-5)』에서는 심리적 증상과 증후군을 위주로 도박장애의 분류체계와 진단기준을 제시하고 있다.

A. 지속적이고 반복적인 문제적 도박 행동이 임상적으로 현저한 손상이나 고통을 일으키고 지난 12개월 동안 다음의 항목 중 4개(또는 그 이상)가 나타난다.
1. 내성: 원하는 흥분을 얻기 위해 액수를 늘리면서 도박하려는 욕구
2. 금단: 도박을 줄이거나 중지시키려고 시도할 때 안절부절못하거나 과민해짐
3. 조절실패: 도박을 조절하거나 줄이거나 중지시키려는 노력이 반복적으로 실패함
4. 집착: 종종 도박에 집착함(예: 과거의 도박 경험을 되새기고, 다음 도박의 승산을 예견해 보거나 계획하고, 도박으로 돈을 벌 수 있는 방법을 생각)
5. 회피성 도박: 괴로움(예: 무기력감, 죄책감, 불안감, 우울감 등)을 느낄 때 도박
6. 추격매수: 도박으로 돈을 잃은 후, 흔히 만회하기 위해 다음날 다시 도박함(손실을 쫓아감)
7. 거짓말: 도박에 관여된 정도를 숨기기 위해 거짓말을 함
8. 부정적 결과: 도박으로 인해 중요한 관계, 일자리, 교육적 · 직업적 기회를 상실하거나 위험에 빠뜨림
9. 경제적 도움을 받음: 도박으로 야기된 절망적인 경제상태에서 벗어나기 위한 돈 조달을 남에게 의존함
B. 도박 행동이 조증 삽화 때문에 더 잘 설명되지 않는다.
12개월 동안 9가지 진단기준 중 4가지 이상에 해당되는지가 기준점임

4~5개 항목에 해당됨: 경도(mild) 도박장애
6~7개 항목에 해당됨: 중등도(moderate) 도박장애
8~9개 항목에 해당됨: 고도(severe) 도박장애

참고: APA(2013).

도박 중독의 치료법으로는 도박 중독자의 중독과 관계 있는 충동행동을 수정하는 것이 중요하다. 도박 중독의 치료법을 살펴보자.

첫째, 약물치료법으로 선택적 세로토닌 재흡수 억제제(Selective Serotonin Reuptake Inhibitor: SSRI)가 강박증에 효과적이라는 사실 때문에 이 약물이 병적 도박자들의 충동적 행동을 감소시키며(최송식 외, 2019), 날트렉손(NaltreXone)은 중독 행동과 관계되는 행동을 갈망하는 병적 욕구를 억제하고 도파민 방출을 억제하는 기능이 있다(이현수, 2018).

둘째, 행동치료 기법으로 이는 도박에 대한 매혹을 제거하고 혐오감을 형성시켜 도박을 멀리하게 만드는 조건형성을 사용한 학습이론에 기저를 두고 있다. 주요기법으로는 자기주장훈련과 금전관리 등의 사회기술훈련, 분노 및 스트레스 등의 부정적 정서 대처 기술, 자극통제 및 반응억제 노출 훈련 등이 있다.

셋째, 인지치료기법으로 도박과 관련된 사고 · 행동 · 정서 간의 관련성과 사고과정에 대한 인식을 증진시키는 것이다. 과도하게 도박하는 이유를 우수한 도박 기술이나 결과에 대한 통제력을 가지고 있다고 여기는 것과 행운이나 다른 요인과 관련된 미신 등 기억의 오류들과 같은 역기능적인 인지(cognition) 때문이라고 본다는 점이다. 치료과정은 도박과 관련된 잘못된 생각

을 이끌어 내고, 그 사고들이 타당한지 의문을 제기하며, 교육, 토론, 행동실험을 통해 올바른 정보를 전달하여 인지적 재구조화를 시도한다(Ladouceur et al., 2001).

넷째, 정신역동적 치료 기법으로 도박에 빠져들게 하는 무의식적 동기에 대한 통찰을 유도함으로써 도박행동을 감소시키고자 한다. 주요 기법으로는 자유연상, 전이의 해석 등의 정신분석 기법과 대상관계 치료, 개인 및 집단치료가 있다(Hodgins & Holub, 2007).

도박 중독자의 치료단계 및 변화과정 5단계를 살펴보고자 한다(Prochacka et al., 1992). 치료단계 5단계는 전숙고, 숙고, 준비, 실행, 유지, 종결 단계로 이루어진다. 첫째, 전숙고 단계는 타인의 개입을 받아 치료를 시작하게 되거나 치료 전 개입이 이루어진다. 둘째, 숙고 단계는 문제를 인식하고 해결책을 고려하나 구체적인 실행계획은 결여된 상태이다. 셋째, 준비 단계로 문제를 인식, 변화계획을 고안 · 발전시킨다. 넷째, 실행 단계로 변화계획 중 성취한 것을 통합하고 재발을 예방하는 과정이 포함된다. 다섯째, 유지 및 종결 단계는 재발을 방지하기 위해 노력하고, 성과를 공고히 하는 단계이다.

### (3) 스마트폰 중독

스마트폰 중독(Smartphone addiction)은 스마트폰을 과다 사용하여 스마트폰에 대한 내성과 금단을 지니고 있으면서 이로 인해 일상생활의 장애가 유발되는 상태이다(한국정보화진흥원, 2011). Mengwei와 Louis(2013)는 스마트폰 중독을 휴대폰 중독과 인터넷 중독의 차이를 설명하며, 스마트폰의 중독으로 인한 유해한 결과에도 감수, 집착, 통제력 상실, 생산성 상실, 불안과 상실감 등을 구분하였다.

스마트폰 중독의 특징은 스마트폰 사용으로 인해 생기는 부정적인 결과에 대해 무시하고, 갈망을 잘 통제하지 못하고, 몰두하고 있으며, 생산성을 잃어버리고, 불안과 상실에 대한 두려움이 있고, 외로움과 수줍음이 많을수록 중독될 가능성이 높다(Casey, 2012).

청소년의 휴대폰 중독 연구에서도 충동성이 휴대폰 중독과 유의미한 예측변인임이 보고되었다(장혜진, 채규만, 2006). 인터넷 중독과 인터넷 게임중독, 휴대폰 중독은 중독적 정신질환을 경험할 가능성이 높으며, 불면증, 사회적 역기능, 우울증, 불안감과도 밀접한 관계가 있다(Kamibeppu & Sugiura, 2005). 행위중독의 기본 속성은 현저성(salience), 기분전환(mood modification), 갈등(conflict), 내성(tolerance), 금단(withdrawal), 재발(relapse)로 구분된다. 스마트폰 중독은 행위중독 개념에 포함된다(Griffiths, 1997). 스마트폰은 이용자가 움직이는 도중에도 사용(mobility)할 수 있기 때문에 스마트폰을 통해 끊임없이 연결되는, 그야말로 상시접속(always-on)이 가능한 미디어 환경이 조성되었다(Chen, 2011). 스마트폰 이용자들은 자투리 시간('휴식이나 점심시간', '무언가를 기다리거나', '차량이동 중' 순으로 많이 이용)에 다양한 어플리케이션을 이용하거나 인터넷 검색 등을 하면서 모바일 콘텐츠를 이용한다. 화장실에서도 스마트폰을 하는 사람이 적지 않고, 혼자가 아닌 친구나 가족과 함께 있을 때, TV를 시청하면서 동시에 스마트폰을 한다(정보통신정책연구원, 2017). Pavia 등(2016)은 '시간소비', '충동성', '일상생활방해', '갈망', '수면장애'로 스마트폰 중독을 진단했다. 현실에 대한 적응력이 취약할수록 가상세계에 대한 지향성이 증가하게 되고, 가상세계에 대한 왜곡과 그것에 대한 의존상태가 더욱 강화되는데, Davis(2001)는 이러한 중독상태를 미디어에 대한 부적응적 인지가 병리적 이용을 유발한 것으로 설명하였다.

Naoyuki(2013, 2016)는 중독에 대한 이해에서 중독의 생물학적, 심리학적 관점의 논의도 중요하지만, 개인이 중독을 선택할 수밖에 없는 환경과 상황에 대한 인식이 필요하다고 보았다. 사람들이 중금속 등의 물질에 중독될 수밖에 없는 환경에 놓여 있다면 중독될 수 있다고 보는 의학적 진단처럼, 스마트폰을 많이 이용하는 것은 중독으로 정의되기도 했다. 스마트폰 중독 연구는 성장발달 단계상으로 감수성과 호기심이 풍부하고 충동조절이 쉽지 않은 십대 청소년뿐 아니라 상대적으로 성숙한 성인까지 특정 세대에 집중되지 않고, 연구대상이 폭넓다(한국인터넷진흥원, 2016).

① 스마트폰 중독의 원인

스마트폰 중독은 스마트폰 사용에 많은 시간을 투자하여 스마트폰 사용에 대한 금단과 내성이 생기고, 이로 인해 일상생활에 장애가 발생하는 현상이다(한국정보화진흥원, 2011).

② 스마트폰 중독의 진단, 예방 및 치료

- 진단

이 척도는 인터넷 중독 척도를 측정하는 Young(1998)의 척도와 Griffiths(1999)가 제시한 디지털 미디어의 중독적 특성을 고려하여, 강희양과 손정락(2009), 이혜경(2008)의 연구를 참조하여 개발한 것이다. 총 15문항으로 구성되어 있고, 하위요인으로 일상생활장애 5문항, 가상세계 지향성 2문항, 금단 4문항, 내성 4문항으로 구성되어 있으며 답변의 총합과 하위요인 합에 따라 스마트폰 중독 수준이 구분된다.

| 번호 | 항목 | 전혀 그렇지 않다 | 그렇지 않다 | 그렇다 | 매우 그렇다 |
|---|---|---|---|---|---|
| 1 | 스마트폰의 지나친 사용으로 학교 성적이 떨어졌다. | ① | ② | ③ | ④ |
| 2 | 가족이나 친구들과 함께 있는 것보다 스마트폰을 사용하고 있는 것이 더 즐겁다. | ① | ② | ③ | ④ |
| 3 | 스마트폰을 사용할 수 없게 된다면 견디기 힘들 것이다. | ① | ② | ③ | ④ |
| 4 | 스마트폰 사용시간을 줄이려고 해 보았지만 실패한다. | ① | ② | ③ | ④ |
| 5 | 스마트폰 사용으로 계획한 일(공부, 숙제 또는 학원 수강 등)을 하기 어렵다. | ① | ② | ③ | ④ |
| 6 | 스마트폰을 사용하지 못하면 온 세상을 잃은 것 같은 생각이 든다. | ① | ② | ③ | ④ |
| 7 | 스마트폰이 없으면 안절부절못하고 초조해진다. | ① | ② | ③ | ④ |
| 8 | 스마트폰 사용시간을 스스로 조절할 수 있다. | ① | ② | ③ | ④ |
| 9 | 수시로 스마트폰을 사용하다가 지적을 받은 적이 있다. | ① | ② | ③ | ④ |
| 10 | 스마트폰이 없어도 불안하지 않다. | ① | ② | ③ | ④ |
| 11 | 스마트폰을 사용할 때 그만해야지라고 생각은 하면서도 계속한다. | ① | ② | ③ | ④ |
| 12 | 스마트폰을 너무 자주 또는 오래한다고 가족이나 친구들로부터 불평을 들은 적이 있다. | ① | ② | ③ | ④ |
| 13 | 스마트폰 사용이 지금 하고 있는 공부에 방해가 되지 않는다. | ① | ② | ③ | ④ |
| 14 | 스마트폰을 사용할 수 없을 때 패닉상태에 빠진다. | ① | ② | ③ | ④ |
| 15 | 스마트폰 사용에 많은 시간을 보내는 것이 습관화되었다. | ① | ② | ③ | ④ |

- 예방 및 치료

첫째, 청소년의 스마트폰 중독을 예방하기 위해서 스마트폰 중독의 직접적인 원인과 스마트폰 중독이 정신건강 및 학교생활에 미치는 영향에 대한 학부모교육 및 청소년의 올바른 스마트폰 사용을 습관화하고 지속적인 관심이 필요하다고 본다. 아울러 학교에서의 체계적인 사용 프로그램 교육과 과다사용으로 인한 중독에 대한 인식 및 상담 등의 강화방안이 필요하다.

둘째, 스마트폰 중독 증세가 높으면 청소년의 정신건강에 부정적인 영향을 미치고 학교생활 적응에 곤란을 주기 때문에 교육현장이나 사회에서 청소년을 위한 정신건강 증진 프로그램과 상담 등의 역량 강화가 필요하다. 또한 건강증진지원서비스 등의 확대가 스마트폰 중독의 완화에 도움을 준다고 하겠다.

셋째, 스마트폰 중독과 학교생활적응의 관계를 자기통제력과 자아탄력성에서 스마트폰 중독이 높을수록 더 낮은 정신건강 상태를 지니게 되는데, 이는 자기통제력이 더 낮기 때문이며, 스마트폰 중독이 높을수록 더 낮은 학교생활적응을 나타낸다. 이러한 결론에서 학교에서는 스마트폰 사용이 학습에 방해요인이 되어서는 안 되기 때문에 사용시간 등의 데드라인(deadline)을 정해서 규칙을 지키고, 가정에서는 올바른 사용습관과 방법을 생활화하고 부모의 모범적인 사용 자제와 오프라인(offline)에서 할 수 있는 취미와 여가선용 방법도 함께 추구하는 것이 필요하다.

넷째, 스마트폰과 학교생활의 관계에서 자기조절능력 및 자기효능감에서 스마트폰 중독이 높을수록 더 낮은 학교생활적응을 지니는 반면, 자기효능감이 높을수록 더 양호한 학교생활적응을 지니는 것으로 나타났고, 스마트폰 중독이 학교생활적응에 미치는 효과에서 자기효능감이 높은 학생들은 스마트폰 중독이 높아질수록 학교생활적응력이 더 낮아지는 양상을 보였으나 자기효능감이 낮은 학생들은 오히려 스마트폰 중독이 높을수록 학교생활적응력이 더 높아지는 양상을 보였다(신혜영, 2018). 따라서 청소년이 정신건강을 유지하고 건강한 학교생활을 유지하기 위해서는 스마트폰 중독 문제를 조기 발견하고 개입할 수 있도록 상담과 임상역역에서의 전문적인 해결방안이 필요하다는 것을 의미한다. 학교나 상담기관에서는 스마트폰 자가진단 검사를 정기적으로 실시함으로써 고위험자군이나 잠재적 위험자군을 찾아내어 개별 상담이나 다양한 여가 활동에 참여하여 스마트폰 중독의 예방이나 정신건강을 함양할 수 있는 사회적 자원개발이 이루어져야 한다.

## 3. 중독의 예방과 대처

중독을 예방하기 위해서는 그 원인에 대한 이해가 필요하다. 앞서 우리는 중독의 원인을 설명하는 중독모델을 통해 중독이 발생하는 이유를 개인적인 측면과 사회적인 측면, 개인 내외적인 측면에서 봐야 한다는 입장에서 살펴보았다. 그러나 시간의 흐름 속에서 중독 행동이 반복하여 발달하는 중독의 특성을 볼 때 중독을 예방하는 단 하나의 획기적인 방법이란 없다. 따라서 중독 예방을 위해서는 개인적인 측면과 사회적인 측면 모두에서 노력이 요구된다.

우선, 개인적인 측면에서 평상시 자신과 건강한 관계를 맺고 발전시키는 노력을 기울이는 것이 도움이 된다. 중독자는 특정 물질이나 행동과 새로운 관계를 형성함으로써 삶의 고통으로부터 벗어날 수 있는 위안을 얻게 된다. 삶에서 겪는 여러 어려움이 닥칠 때 우리는 자기 자신, 가족, 공동체 혹은 영적 관계 중 최소 한 곳과의 관계 속에서 위안을 얻고 문제를 해결해

가는 힘을 얻게 된다. 하지만 이러한 관계에 실패한 경우 다른 관계를 필요로 하며, 이것이 중독 대상과 관계를 시작하고 유지하는 이유가 된다. 부적응적인 관계 속에서 위안과 평화를 찾게 된다면 언제나 중독의 위험에 노출될 수밖에 없다. 또한 주체적인 자기 삶의 주인으로서 스스로 선택하고 결정하며 통제할 수 있는 자기조절 능력을 증진할 필요가 있다. 중독의 어원에서 드러나듯, 중독은 대상 물질이나 행위에 대한 조절에서 실패한 경우로 종속적인 관계를 예방하기 위해서는 정서적 · 인지적 · 행동적 측면에서 자기조절 능력을 증진해야 한다. 먼저, 정서적 조절력이라 함은 자신의 정서를 자각 · 수용 · 이해함을 의미한다. 정서는 통제나 억압의 대상이 아니라 유기체 경험의 산물인 동시에 적응기제로서 우리는 정서를 자각하고 그대로 수용 · 이해하는 과정에서 조절의 힘을 기를 수 있다. 정서적 자기를 돌보는 일은 중독예방에 핵심적인 방법이다. 다음으로, 인지적 측면에서의 조절이라 함은 실패, 좌절, 스트레스 등에 대한 인지적 대처를 말한다. 힘든 상황에 대해 적응적이고 합리적인 사고로 접근하며 대안적 사고를 발전시킬 수 있는 힘은 중독에 빠질 수 있는 상황에서 힘을 발휘할 수 있게 도울 수 있다. 끝으로, 행동적 측면에서의 조절이라 함은 인간의 기본적인 안전, 안정, 사랑, 행복, 관계에 대한 욕구를 충족할 수 있는 대안들을 개발 · 실천하는 것을 말한다. 인간행동은 결국 유기체의 내적 열망을 위한 것으로, 가장 부적응적인 충족행동인 중독을 예방하기 위해서는 건강하고 다양한 활동과 관계를 만들고 유지해야 한다.

다음으로, 사회적인 측면에서는 중독에 대한 사회적 인식을 환기시킬 필요가 있다. 예방교육과 안전한 환경 조성이 필요하다. 또한 중독의 문제를 개인의 일탈이나 문제로만 보는 것이 아니라 함께 풀어야 할 문제로 접근하는 것이 필요하다. 중독을 일으키는 사회 문화적인 위험요인에 대한 자각과 더불어 체계적인 예방체계를 갖추어야 한다. 그중 하나가 중독에 있어서 사회문화적인 영향에 대해 올바르게 평가하고 사회적 책임을 충분히 인식하고 접근하는 것이다. 중독물질과 행위에 대한 합법성의 여부, 허용 정도는 나라와 사회마다 다소 차이가 있다. 사회적 · 법적 허용이 중독을 키우는 면도 있으나 불법이나 비도덕적 행위로 간주하여 처벌과 비난으로 접근하는 것 또한 근본적인 문제해결이 안 된다는 비판들을 주의해서 볼 필요가 있다.

일단 중독이 되면 대처는 사후 개입이 되며, 사후 개입은 개별 중독의 특성에 따라 접근할 필요가 있다. 예방은 여러 중독이 갖고 있는 공통적인 측면에 근거해서 이루어지겠지만, 개입은 개별 중독의 특성, 개별 사례의 특성에 따라 접근한다. 또한 중독에 대한 대처를 통해 회복되는 과정이 중독의 시작과 발달을 되돌리는 것과 반드시 일치하는 것은 아니기 때문에 예방과 개입으로서의 대처는 다른 성격을 갖는다(박상규 외, 2009). 중독에 대한 대처는 주로 약물치료, 심리치료, 자조집단으로 진행된다.

CHAPTER 09

# 자살과 정신건강

## 1. 자살의 개념

자살은 매우 복잡한 인간행동으로 다양한 의미를 가지며, 생물 · 정신 · 사회적 요인을 모두 가지고 있다. 자살은 생명의 의미나 인간의 존엄성을 의식하지 못하고 스스로 목숨을 끊음으로써 자신의 삶을 결코 돌이킬 수 없을 뿐만 아니라, 가족이나 주변 사람들에게 미치는 정신적, 심리적인 영향은 매우 크다고 할 수 있다. 자살의 어원인 자살(自殺, suicide, kill oneself)은 라틴어의 sui(자기 자신을)와 caedo(죽인다)의 합성어이다. 즉, 스스로의 의사에 의해 자신의 목숨을 끊는 행위를 말한다.

자살은 개인의 죽음이라는 차원에서뿐만 아니라 가족과 사회 그리고 국가적인 차원에서도 그 심각성이 점차 커지고 있어 현대사회의 정신건강 이슈로 중요하게 다루어질 필요가 있다. 자살(suicide)은 죽음의 동기와 의도를 본인이 인식하며 스스로 목숨을 끊음으로써 자신에게 해를 입히는 행위를 말한다. 자살의 개념과 관련하여 Durkheim(1887)은 자신에 대한 살인행위라고 표현하였고, Freud(1917)는 죽음의 본능이 자신에게 향하는 극적인 상태라고 표현하였다. 자살은 생명의 존엄성과 숭고한 그 의미를 잃어버려 스스로 목숨을 끊어 종결함으로써 문제를 해결하고자 하는 시도이지만 가족과 이웃, 사회적인 측면에서는 더 심각하고 중대한 정신적 · 사회적 문제를 야기하게 되는 현상이라고 할 수 있다.

세계보건기구는 1968년 자살을 다음과 같이 정의했다. "자살은 스스로 품은 의지를 통해 자기 생명을 해쳐서 죽음이라는 결과에 이르는 자멸 행위이다." 즉, 자신의 죽음을 목적으로 행하는 행위가 바로 자살이다. 타인을 구하기 위해, 죽음이 예견되더라도 하는 경우인 희생과는 구분해야 한다. 자살의 다른 정의를 살펴보면, 자기 자신을 해롭게 하거나 위험에 빠뜨리게 하여 죽음의 결과를 초래하는 것(Judith & Shapiro, 1982), 어느 정도의 자살하려는 의도를 갖고 자살 동기를 인지하여 자기 자신에게 가한 상태(Bae, 1998)로 치명적인 결과를 초래하는 행위를 뜻한다. 따라서 자살이란 논리적이며 심리적인 현상이지만 합리적인 자살은 없으며 자살은 이론의 틀로 이해되기보다는 현실적인 번민의 결과로 이해해야 한다고 주장하였다(Schneidman, 1987). 따라서 자살은 자유로운 결단을 통하여 자기 스스로 목숨을 끊는 행동 또는 자기 목숨에 죽음의 위협이 찾아왔을 때 그 위험을 피할 수 있음에도 불구하고 의도적으로 피하지 않고 그 위험을 맞이하는 행동을 가리킨다.

한편, 자살을 이해하기 위해서는 자살관련자들이 나타내는 정상인과 구별되는 심리적인 과정이나 특성에 대한 연구(육성필, 2002)가 있어야 한다고 주장하였다. [그림 9-1]에서 보듯이

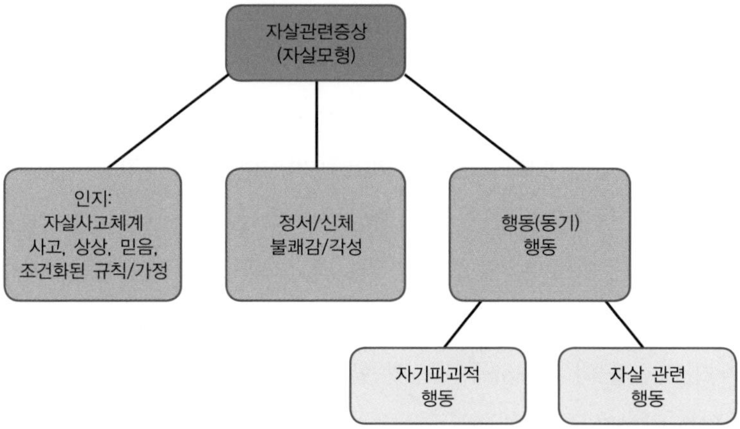


[그림 9-1] Rudd, Joiner, & Rajab(2001)의 자살 모형

자살을 인지적, 정서/신체, 행동적인 것으로 구별하고 이를 보다 종합적으로 이해하여야 도움이 된다는 것이다. 자살과 관련된 행동은 정신과적 병력, 신경증, 외상적 삶의 경험, 유전적 취약성이나 사회문화적인 위험요소 또는 보호요인의 복합적인 요소의 상호작용에 의해 결정된다(Statham et al., 1998).

자살의 과정은 여섯 가지 인과 과정으로 제시할 수 있다(Baumeister, 1991). 첫째, 개인이 이루고자 하는 기대 수준은 높은 데 비해 현실적인 상태는 그에 미치지 못할 때, 기대와 현실 간의 괴리가 생기게 된다. 둘째, 기대와 현실 간의 괴리가 생긴 이유를 자신의 탓으로 돌려서 자기 비난과 부정적인 자기 평가를 하게 된다. 셋째, 주위의 초점이 자기에게 돌려져서 고통스러운 자기 지각이 더욱 첨예화되고 자신에 대해 더욱 부정적으로 평가하게 된다. 넷째, 그러한 결과로 자신에 대한 부정적인 정서 상태가 초래된다. 다섯째, 개인은 이런 고통스러운 생각과 감정을 없애 줄 수 있는 강력한 수단을 갈구하게 되어 '인지적 몰락' 상태가 유발된다. 여섯째, 몰락된 정신상태는 자살을 못하게 하는 여러 가지 심리적 기제를 제거하는 기능을 가지게 됨으로써 결국 자살시도에 대한 수용성을 증가시킨다.

자살의 유형을 미국의사협회와 미국정신의학협회에서 분류한 것을 종합하면 다음과 같다(Gresell, 1980; Scheider, 1980). 첫째, 도피자살로 도피의 기제가 문제의 전면에 현저하게 나타난 경우이다. 둘째, 감정자살로 내향한 공격성이 사회적인 제약을 무시하고 지름길을 택해서 직선적으로 표현한 자살이다. 셋째, 연극자살로 주위 사람들의 주목과 관심을 끌려고 하는 욕구가 강한 것이며 히스테리적 성격의 소유자가 많다. 넷째, 동경자살로 막연한 동경이나 죽음의 세계에 대한 찬미의 심정이 강하게 작용하는 경우이다. 다섯째, 공격적 자살로 때때로 죄악감과 연결되어 자기 공격이 되고 자살로 연결된다. 여섯째, 청산자살로 경제적 파탄이나 애정 파탄의 문제를 해결하려는 수단으로 자살을 선택하는 경우이다.

이처럼 자살이란 희생자 자신이 일어나게 될 결과를 알고 행하는 적극적 혹은 소극적 행위에서 비롯되는 죽음과 직접적 혹은 간접적 결과로 일어나는 죽음에 이르기까지 모든 죽음의 사례들에 적용되어 왔다. 즉, 자살이란 본인 스스로 죽을 의사를 가지고 자기 자신의 행위에 의해 죽음에 이르는 것이다.

자살을 개념적으로 분석한 김용분과 이정섭(2003)의 연구에 의하면, 자살의 개념은 다음과 같은 속성과 의미가 있다. 첫째, 번민성(agony)은 내 · 외적 문제로 정신적인 고통을 받으면서 계속되는 어려움의 악순환을 반복하게 되는 것이다. 둘째, 해방성(liberation)은 현실적 고통으로부터 벗어나기 위해서 주변을 정리하고 무의 상태로 돌아감으로써 자유로움을 얻으려고 하는 것이다. 셋째, 표출성(expression)은 자신의 내부로 향한 분노의 폭발로서 이러한 심리는 외부에 도움을 요청하는 절박한 표현이라고도 볼 수 있다. 넷째, 충동성(impulse)은 흥분한 순간에서 이루어지는 충동적인 표현이라는 것이다. 다섯째, 위협성(threat)은 자살할 의도가 없으며 주변을 놀라게 하는 시도로서 행위를 하는 것이다. 여섯째, 기대성(expectancy)은 죽음으로 세상을 끝낸다는 것보다는 다음 세상에서의 삶을 동경하면서 자살행위를 한다는 것이다.

## 2. 자살의 정의

브리태니커 사전에서는 자살을 '자발적 또는 의도적으로 스스로 목숨을 끊는 행위'라고 정의하고 있다. Emile Durkheim은 자살의 개인적 속성에 더해 사회적 영향을 강조하여 이기적 자살 · 이타적 자살 · 아노미적 자살 · 숙명론적 자살로 구분하면서, 자살의 정의를 '희생자 자신이 결과를 알면서도 적극적 · 소극적 행동에 의해 직접 또는 타인을 통해 행하는 죽음'이라고 정의하고 있다. WHO에서는 자살을 '죽음에 대한 의지를 지니고 자신의 생명을 해쳐서 죽임이라는 결과에 이르는 자멸행위'로 정의하고 있다.

그러나 자살은 그저 한 개인이 이 세상에 살다가 스스로 죽어서 없어지는 일이라고 간단히 볼 수는 없다. 사람은 태어나 살아가면서 가족, 친구, 이웃 및 주변의 많은 사람과 상호작용을 하면서 살아간다. 즉, 태어나 자라고 살아간다는 것은 부모와 주변 사람들, 학교, 사회, 국가 시스템의 많은 사람 및 자원과 연관되어 있다. 그러므로 한 사람의 자살은 한순간에 그 연관된 모든 것에 영향을 주는 결과를 초래한다.

자살은 개인 문제의 끝이 아니다. 자살은 이후의 수없이 무거운 문제를 야기한다. 남은 가족과 친구, 친지들은 심각한 후유증을 앓는다. 죄책감, 원망, 분노, 그리움 등의 감정이 가족과 친지들에게 무거운 짐으로 남겨진다. 그뿐만 아니라, 자살로 인해 사회에 미치는 파괴력은 우리의 예상을 훨씬 넘어서는 것으로 보인다. 먼저, 한 명이 자살하면 보통 주변의 최소 여섯 명이 자살을 고민하게 된다고 하며, 특히 연예인 등 유명인의 자살은 더 큰 파괴적 영향을 우리 사회에 미친다.

『심리부검 인터뷰』의 저자이자 자살에 대한 권위자인 E. S. Schneidman은 자살하는 사람들을 총 네 가지로 구분하였다. 각각의 구분에 대한 간략한 설명은 다음과 같다.

- 죽음의 추구자(death seeker): 삶을 끝내려는 분명한 의도를 가지고, 죽고자 하는 강렬한 욕망에 의해 확실한 자살이 보장되는 방법을 택한다. 권총자살 같은 즉각적이고 확실한 방법을 선호한다. 이러한 파괴적인 욕망은 단지 짧은 시간 동안만 지속되며, 우발적인 충동은 바로 다음 날 혹은 심지어 바로 다음 시간에 일시적으로 사그라들 수도 있다.
- 죽음의 개시자(death initiator): 삶을 끝내려는 분명한 의도를 가졌으나, 죽음이란 이미 시작되었으며 자살은 단지 그 과정을 좀 더 빠르게 앞당기는 것이라고 생각한다. 노인들이나 투병 중인 중환자들이 선택하는 자살이다. 즉, 자신의 삶은 이미 끝나 버렸으며 죽음의 과정이 진행 중이라고 생각하는 것이다.
- 죽음의 무시자(death ignorer): 삶을 끝내려는 의도라기보다는, 현재의 삶과 더 나은 사후세계 혹은 다른 실존을 바꾸는 것이라고 믿는 자살이다. 어린이들의 자살이나 사이비 종교 집단의 집단적 자살을 그 예로 들 수 있다. 이들은 죽음의 결말이 어떻게 될지에 대해 관심이 없거나 인식하지 못한다. 환생이나 이계(異界)가 존재한다면 나름 의미가 있는 자살이겠지만 현재로서는 환생이나 이계의 존재 여부가 불분명하다.
- 죽음의 도전자(death darer): 삶을 끝내려는 의도 자체가 분명치 않으며 마지막 순간에조차도 죽으려는 의도에 있어서 양가감정을 경험하는 경우이다. 이들은 '확실히 죽음이 보장되는 방법'보다는 '죽을 위험이 있는 방법'을 택하며, 특히 수면제의 과용과 같은 약물복용 방법을 선호한다. 그 외에도 넓게 보면 러시안 룰렛을 하다가 사망한 사람 역시 고인에게 삶을 끝내려는 의도가 있었을지 분명치 않으므로 이 범위에 속한다. 이들은 죽어 가는 순간까지도 가족이나 친구들에게 전화를 하여 자신의 행동을 알리며, 의료진의 개입을 통해 극적으로 살아나기도 한다.

자살을 이해하기 위해서는 자살시도자나 자살자 자신의 입장에서 심리상태나 자살의 목적을 알아보는 것이 중요하다. 홍강의(2009)는 자살심리의 종류를 다음과 같이 설명한다.

(1) 고통과 스트레스, 자기로부터의 도피성 자살

살다 보면 견딜 수 없는 고통이나 감당하기 힘든 스트레스에 직면할 때가 많은데, 이러한 고통과 스트레스로부터 벗어나고자 자살을 택하는 경우이다. 암과 같은 신체적 질병, 다양한 정신적 고통, 사랑하는 사람의 사망이나 배신, 거절로 인한 절망은 누구에게나 큰 고통을 안겨주며, 지속되는 가정불화, 달성하기 힘든 업적, 버거운 입시 준비 등 감당할 수 없는 스트레스나 이들을 감당하지 못하는 괴롭고 못난 자기로부터 도피하려는 수단으로 자살을 선택한다.

(2) 문제해결책으로서의 자살

직장이나 가정에 힘들고 복잡한 문제가 있을 때, '나만 죽으면 모든 것이 해결될 것이다.'라고 판단하는 경우이다. 사업체의 운명을 좌우할 비밀을 갖고 있는 고위 책임자, 집안의 계속되는 불화가 자신 때문이고 자신만 없어지면 문제가 해결될 것이라 생각하는 경우 등이다.

(3) 분노와 보복 심리에 의한 자살

극심한 적개심, 죽이고 싶을 정도의 분노와 복수심을 느끼나 어쩔 수 없는 상황에서 분노의 화살을 자신에게 돌리고 자신의 죽음으로 상대방에게 큰 상처를 주려는 경우이다. 남녀 치정관계에서 흔하며, 부모와 청소년의 갈등적 상황, 원한관계에서 많이 일어난다.

(4) 자기 처벌로서의 자살, 자기애적 상처에 의한 자살

큰 실패를 직면하였을 때 그 책임을 자신이 지고 자신을 처벌하려는 경우이다. 성취욕이 높은 사람들에게 많고, 실패가 아니어도 현실이 자신의 기대 수준에 못 미칠 경우, 자신의 능력 부족에 대한 수치심, 주위 사람의 기대에 못 미치는 죄책감으로 '못난 자신'을 응징하기 위해 자살하는 경우이다. 입시에 실패한 학생의 자살심리의 일부이기도 하다.

(5) 죽은 친족과의 재결합을 위한 자살

현실생활에서 오는 고통이 심하고 지쳤을 때, 상실로 인한 고통을 이겨 내기 힘들 때 먼저 세상을 떠난 부모, 배우자, 연인을 따라 저 세상으로 가서 죽은 사람과 재회하여 위로를 받고자 하는 심리이다.

### (6) 정신질환으로 인한 자살

자살하는 사람 중에는 정말 '특별한 이유 없이 갑자기' 자살을 결행하는 경우가 있다. 그들의 대부분은 자기도 주위 사람도 모르게 정신질환을 앓고 있는 경우이다. 자살자의 많은 수가 정신과적 질환을 경험하거나 연관되어 있는 경우가 있는데, 우울장애, 양극성정동장애, 조현병, 약물남용의 경우가 많다.

## 3. 자살의 원인

자살은 매우 복잡한 인간 행동으로 생물, 사회, 심리적 요인들을 다 가지고 있으며 정신과적 응급의 가장 흔한 경우이다(Emile Durkheim이 구분한 자살의 형태).

첫째, 사회학적 원인으로 자살에 사회가 미치는 영향은 몇 가지로 나누어진다. 이기적 자살(egoistic suicide)은 개인이 한 사회에 밀접한 관계를 맺지 못하여 일어난다. 예를 들어, 조현병, 우울증 등이다. 이타적 자살은 개인이 사회와 너무 밀접하여 일어나는 것으로 일본의 가미가제 자살이 그 예이다. 무통제적(아노미성) 자살(anomic suicide)은 사회에 너무 갑자기 차단되어 일어나는 것으로 경제적 파탄이나 가치의 붕괴 시 발생된다. 이타적 자살(altruistic suicide)은 개인이 자신이 속한 사회집단 내에 지나치게 융합, 결속되어 그 집단을 위해 희생적으로 자살하는 것이다. 예를 들어, 군주나 종교를 위해 순교하거나 책임을 다하지 못한 데 대한 자살 등이 있다.

둘째, 심리적 원인으로 다른 사람에게 향한 분노가 갑자기 자신에게 화살이 돌아갈 때 발생된다. 또한 자신의 생각, 내가 죽으면 어떻게 될까라는 공상에서 출발하는 혼합된 감정이 있다. 즉, 복수, 징벌, 희생 등이 포함된다.

셋째, 정신적 원인으로 진정한 의미의 자살은 절망의 표현으로서 우울증과 관련이 높다. 다른 정신장애의 경우에는 희망 없음(hopelessness)이 자살과 관련된다. 또한 자살은 죽으려는 시도이기도 하지만 살려는 의지도 잠재되어 있다는 양가감정(ambivalence)과도 관련이 있다. 때로 자살 생각을 표현하는 것과 자살시도는 주변 대상에게 자신의 감정을 알리려는 의도를 반영한다. 사망에 이르지 않는 경우 자살시도자는 대개 자신이 어리석은 짓을 하였으며 후회한다고 말한다. 어떤 이는 죽을 의도까지는 없는 시도였지만, 시도의 심각성에 따라 결국 죽음에 이르는 경우도 있다.

넷째, 생리적 · 유전적 원인으로는 조울증, 우울증에서 자살이 많은 이유를 고려하여야 한다. 최근의 연구에서는 뇌에서 세로토닌의 영향에 주목하고 있다.

자살이 사회적 이슈와 문제로 등장하면서 자살을 이해하고 예방하기 위하여 각 영역에서 자살의 원인 탐구에 관심이 높아지고 있다. 자살의 원인을 개인적인 성향, 개인의 우울증, 가족력 등에서 찾으려는 경향이 강하나, Shneidman(1984)은 자살은 논리적이며 심리적인 현상이기는 하지만 합리적인 자살이란 있을 수 없고, 하나의 이론으로 자살을 이해하기보다는 현실적으로 고통스러운 괴로움으로 인해 나타나는 결과로 이해해야 한다고 주장하며 다양한 측면에서 자살 원인 탐색이 중요함을 강조하고 있다.

## 1) 위험요인

자살의 위험요인을 개인적 요인, 가족적 요인, 사회적 요인을 중심으로 살펴보고자 한다. 동일한 현실 상황이나 사건에 대한 의미는 개인에 따라 달라진다. 따라서 자살의 요인 및 상황의 존재 여부보다는 이러한 요인이 개인에게 갖는 의미가 무엇이며, 그 의미가 자살과 어떠한 연관성이 있을 수 있는지를 이해하는 것이 더욱 중요하다.

**표 9-1 자살의 위험 신호**

| 구분 | 내용 |
|---|---|
| 언어적 신호 | • 죽고 싶다는 직접적 표현<br>• 신체적 불편감을 호소<br>• 절망감과 죄책감<br>• 집중력 저하<br>• 감정의 변화 |
| 행동적 신호 | • 자살을 준비하는 행동<br>• 자해 및 평소와 다른 행동들<br>• 수면량 및 식사량의 변화<br>• 외모에 대한 무관심<br>• 일상생활의 능력 저하 |
| 상황적 신호 | • 극심한 스트레스<br>• 만성질환, 신체적 장애, 예후가 좋지 않은 질환<br>• 가족이나 사랑하는 사람을 잃은 상실감 |

**표 9-2 자살의 요인**

| 구분 | 내용 |
|---|---|
| 개인적 요인 | • 자신에 대한 부정적 평가와 낮은 자존감<br>• 우울한 성향<br>• 과거 자살시도 경험<br>• 충동적 · 공격적 성향<br>• 술, 담배, 약물남용<br>• 스트레스 대처기제 부족<br>• 도박 및 컴퓨터 게임 중독<br>• 심한 스트레스 사건-상실의 경험 |
| 가족적 요인 | • 이혼율<br>• 자살의 가족력<br>• 핵가족화(수동적 핵가족화)<br>• 가족중심 지원체계의 약화<br>• 가정폭력 및 학대<br>• 가족결손 및 상실<br>• 의사소통 및 지지체계의 부족 |
| 상황적 신호 | • 극심한 스트레스<br>• 만성질환, 신체적 장애, 예후가 좋지 않은 질환<br>• 가족이나 사랑하는 사람을 잃은 상실감 |

## 2) 사회적 요인

### (1) 경제적 요인

경제적 지위가 낮을수록 자살률이 높다. 그러나 이러한 견해는 전체 사회의 소득수준의 저하를 의미하기보다는 경제적 양극화와 소득불평등이 주는 요소가 더욱 강하다고 볼 수 있다. 특히 청장년 남자 자살의 중요한 원인으로 파악되고 있으며, 청소년에서는 다른 양상을 보인다.

### (2) 사회지지 요인

사회지지 요인은 지역사회 모임의 참여, 사회 구성원과의 상호작용, 사회적 접촉빈도 등을 의미한다. 다양한 연구결과에 따르면, 지역사회 모임에 참여하지 않고 고립되어 지내는 경우 자살의 위험성이 높다고 보고하고 있으며, 특히 노인(독거노인)에게 사회적 지지의 유무는 자살의 위험성을 높이는 요소로 중요하게 파악되어야 한다.

#### (3) 사회자원 요인

자살 위험에 처한 사람이나 어려움을 경험하고 있는 사람이 이용할 수 있는 지역사회 자원의 정도가 자살에 영향을 준다. 정신의료기관, 정신과 의사, 보건복지 인력, 사회복지관, 노인복지관 등이 자살에 영향을 주는 사회적 자원으로 파악된다. 그 외에도 정신보건의 역사, 정부의 사회보장제도, 보건의료의 접근성 등도 자살에 영향을 주는 사회적 자원이다.

#### (4) 사회구조의 불평등

높은 노인인구율, 농촌과 도시의 자살률 차이, 낮은 사회통합 정도 등은 자살에 영향을 주는 사회구조 및 문화이다. 또한 사회구조가 지나치게 경쟁 중심이거나, 취업 및 학업 스트레스가 가중되고, 자살도구에의 접근성이 높다면 자살에 영향을 주는 사회구조 및 문화로 간주될 수 있다.

#### (5) 언론요인

우리나라의 언론은 자살에 대한 보도 권고지침이 잘 지켜지지 않고 있고, 지나치게 자세하고 선정적으로 보도하는 경향이 있어 평소 자살생각을 갖고 있던 사람의 모방자살을 강화하는 경향이 있다. 자극적이지 않은 제목, 자살이라는 직접적인 용어 사용의 자제, 자살방법에 대한 보도 자제, 자살 현장 사진 보도 자제 등의 자살 보도 권고지침의 준수를 통해 언론의 자살예방에 대한 적극적인 노력이 요구된다.

### 3) 보호요인

앞서 언급한 위험요인이 모든 사람에게 동일하게 자살 행동이나 자살 생각에 직접적으로 영향을 주는 것은 아니다. 자살 위험성이 있다고 하더라도 개인에게 도움을 줄 수 있는 보호요인을 갖고 있다면 자살 위험성은 낮아진다.

### 4) 자살예방 프로그램 유형

자살예방 프로그램은 1980년대 서구 사회에서 처음 소개되었는데, 유명한 예는 1986년에 시작한 핀란드의 국가 자살예방 프로그램(National Suicide Prevention Program)이다. 또한 미국, 영국, 유럽 각국, 일본도 핀란드와 유사한 국가 자살예방 프로그램을 개발하여 운영하고 있는데, 이 국가들이 개발한 국가 자살예방 프로그램들은 거의 유사하여 내용을 종합하면 다음 세 가지로 살펴볼 수 있다.

### (1) 1차 자살예방

1차 자살예방(primary prevention of suicide)은 일반국민을 대상으로 하는 자살예방사업이라고 할 수 있다. 자살의 위험성은 특정한 집단에 있는 것이 아니라 살아가면서 위기에 직면할 수 있는 모든 사람에게 있다. 따라서 1차 자살예방은 모든 국민을 대상으로 생명존중인식을 강화하고, 사회 일반의 생명존중 사회문화 조성을 통해 자살을 예방하고자 하는 접근이다. 또한 모든 국민이 자살의 위험성이 있는 자신 및 타인을 조기에 발견하여 즉각 보호체계로 연계될 수 있도록 민감성을 강화하는 훈련도 포함된다. 1차 자살예방에 포함될 수 있는 사업은 다음과 같다.

- 지역사회와 작업장에서의 정신건강 인식 개선을 위한 건강교육 프로그램
- 학교 중심 건강교육 프로그램
- 정신건강 훈련을 통한 보건인력 강화 프로그램
- 지역사회 정신건강 상담기회 증진
- 대중매체와 정보기술을 통한 건강 정보 교환 확대
- 지역사회 정신건강서비스 접근성 강화
- 실업 및 노동환경 개선을 위한 사회정책
- 자살예방과 정신건강 연구 강화
- 위기개입 활동 강화를 위한 비영리조직 지원

**표 9-3 자살의 보호요인**

| 내적인/개인적인 보호요인 |
|---|
| • 삶의 가치나 의미에 대한 강한 믿음<br>• 뚜렷한 목표의식<br>• 사회적 기술(문제해결이나 분노를 다루는 방법 등)<br>• 신체적 · 정신적 건강<br>• 친한 친구나 지지적인 타인<br>• 미래에 대한 희망과 낙관적 태도 절제력<br>• 약물치료에 순응적 태도<br>• 충동 통제력<br>• 강한 자기가치감<br>• 자기통제감 |

### (2) 2차 자살예방

앞에서 소개한 다각적이고 통합적인 자살예방 활동과 노력에도 불구하고, 자살시도는 계속 일어나고 있고, 그중 일부는 사망에 이르는 경우도 발생한다. 아직 예방대책이 미비하고 효과적 예방활동이 충분히 실시되지 않는 사회에서는 많은 위기에 처한 사람들이 예방서비스의 혜택 없이 자살을 시도하고 있다. 따라서 사회는 이러한 자살을 생각하거나 자살을 시도하는 사람을 원조할 수 있는 대책을 수립하고 개입하여야 한다. 따라서 이러한 2차 자살예방(secondary prevention of suicide)은 위기개입과 치료/상담이 핵심을 이루며, 다음의 사업을 포함한다.

- 우울증 및 기타 정신장애 조기 발견 및 치료
- 자살시도자와 정신질환자를 위한 응급보호의 개선
- 신체 질병에 대한 심리사회보호의 개선
- 알코올 및 약물오용 관리 개선
- 자살 위기개입 강화–개인/집단/가족상담의 강화
- 치명적 자살방법의 유용성 약화

### (3) 3차 자살예방

자살을 예방하고자 하는 다양한 활동에도 불구하고 자살이 일어난다면 그 이후에도 자살생존자 및 자살에 영향을 받은 사람을 위한 자살예방사업이 필요하다. 자살생존자의 경우 자살을 시도하였으나 다행히 살아남은 사람으로, 이들은 이후 또 자살을 시도할 수 있는 위험성 및 자살에 따른 후유증으로 고통을 경험할 수 있기 때문에, 이들에 대한 지속적인 관심과 서비스가 필요하다.

## 4. 청소년 자살

청소년 자살은 그 자체로 자기 파괴적인 행동이며 남아 있는 가족과 주변 사람들에게 치명적인 고통을 주고 사회불안을 야기하며, 전염성이 강하다는 점에서 심각한 사회문제라고 할 수 있다(Range, 1993). 청소년기는 아동기에서 성인기로 전환하는 시기로 급속한 신체적 · 인지적 · 심리적 발달이 이루어지기 때문에 적응과 관련하여 일시적으로 정신적 불균형 혹은 부적응을 경험하게 되고 이로 인해 어느 시기보다도 자살의 위험성이 높다. 따라서 청소년기의 치명적인 자살률은 성인기로 갈수록 증가하지만, 자살시도율이 가장 높은 시기이다(Fremouw, Perczel, & Ellis, 1990). 특히 청소년기는 정체성의 위기를 경험하고 성인생활을 준비하기 위한 발달과업을 수행해야 하는 매우 중요한 시기이기 때문에 이 시기에 발생하는 자살은 한 개인의 전반적인 삶에 커다란 영향을 미칠 수 있다.

청소년 자살의 특성을 살펴보면 다음과 같다.

첫째, 청소년 자살은 우울증과 조현병 같은 이유로 자살을 시도하는 경우가 많지 않다는 점이다. 즉, 청소년 자살은 정신질환으로 인한 경우보다 가족이나 친구관계에서 느끼는 분노, 좌절, 충동성 등 심리적 갈등이나 정서적 요인에 의해 유발됨을 알 수 있다.

둘째, 청소년 자살은 충동적으로 일어나는 경우가 많다는 점이다. 청소년은 우울하거나 절망적이지 않아도 충동적으로 자살시도를 보일 위험성이 있다(박경애 외, 1993).

셋째, 청소년의 자살은 삶에 대한 의지의 완전한 포기가 아니라 자신의 괴로움을 극단적인 방법으로 표현하는 경우가 많다는 점이다. 청소년의 자살시도는 자기 삶을 끝내겠다는 의미라기보다 가정, 사회에 대한 감춰진 호소, 즉 도움을 청하는 울음(cry for help)이라는 것이다.

청소년 자살에 대한 통합적 이해를 위하여 청소년 자살의 위험요인과 보호요인을 개인, 가족, 학교 및 사회환경 측면으로 구분하여 살펴보고자 한다.

먼저, 청소년 자살의 위험요인은 다음과 같다.

첫째, 개인적 측면에서 청소년 자살의 위험요인으로 충동성과 우울을 들 수 있다. 충동성은 청소년으로 하여금 사회적응 과정에서 현실적인 문제에 바람직하게 대처하지 못하게 함으로써 자살에 부정적인 영향을 미친다(Laster, 1981). 청소년기의 우울은 자살생각 및 자살시도와 밀접히 관련되어 있고(Brent, 1987), 자살을 시도했거나 지속적인 자살 생각을 경험한 청소년의 주요증상으로 우울증을 설명하고 있다(Klerman, 1987).

둘째, 가족적 측면에서 청소년 자살에 영향을 미치는 요인은 크게 가족의 구조적 측면과 가족의 기능적 측면으로 나누어 볼 수 있다. 우선, 가족의 구조적 측면에서 가족 구조는 가족 구성원의 상실과 부모의 이혼, 재혼, 별거 등으로 가족의 구조가 변화하는 것을 의미한다. 다음으로 가족의 기능적 측면에서는 부모-자녀 간의 역기능적인 의사소통을 말할 수 있다. 의사소통은 자신의 태도, 생각, 애정, 사상 등을 전달하는 인간관계의 핵심적 요소로 부모-자녀 간의 의사소통이 역기능적으로 이루어질 경우 가족의 결속력과 적응력이 떨어지게 되며 청소년 자살 행위에 영향을 주는 것으로 나타났다(Grob, Klein, & Eisen, 1999).

셋째, 학교와 관련된 위험요인으로 입시와 관련된 교육제도로 인한 과도한 학업부담과 부적절한 친구관계를 들 수 있다. 낮은 학업성적, 학업 스트레스 및 심리적 열등감 등은 학교적응과 밀접하게 관계를 가지며 이러한 상황을 적절하게 해결하지 못하면 학교생활에 부적응하게 되고 이는 청소년 자살로 연결된다.

넷째, 청소년 자살의 사회환경 측면에서 위험요인으로는 유해환경 및 대중매체를 들 수 있다.

청소년 자살의 보호요인은 다음과 같다.

첫째, 개인적 측면에서 보호요인으로는 자존감을 들 수 있다. 자존감은 개인의 특성에 대해 개인이 부여하는 가치로, 자신의 긍정적 혹은 부정적 평가와 관련되는 것이며, 자기를 존중하고 자신을 가치 있는 사람으로 생각하는 것을 의미한다. 이러한 자존감은 청소년의 심리적 적응에 영향을 주며 높은 자존감은 청소년의 스트레스에 적절하게 대처하며, 문제해결을 위해 긍정적인 대처방법을 사용하는 것이다. 반면, 낮은 자존감은 청소년 스스로가 가치 없다고 판단하며 문제상황에 역기능적으로 대처하게 되고 이는 자기학대와 무가치감으로 이어져 자살행동으로 유발할 수 있다고 보았다(Dukes & Lorch, 1989).

둘째, 가족적 측면에서 보호요인으로 부모의 지지를 들 수 있다. 부모의 지지는 크게 사회적으로 어머니-자녀 관계, 아버지-자녀 관계는 자살시도와 밀접한 관련이 있고(Taylor & Stansfield, 1984), 특히 어머니의 지지는 청소년의 자살생각을 가장 효과적으로 완충하는 보호요인이다.

셋째, 학교와 관련된 보호요인으로 교사와 친구의 지지를 살펴볼 수 있다. 교사의 지지는 학교생활에 중요한 영향을 미치며, 학교생활 적응력이 뛰어나며 스트레스에 대한 완충역할을 함으로써 청소년 자살을 낮추는 중요한 요인이다.

넷째, 사회환경 측면에서 지역사회에 연대의식이 높을수록 자살률이 낮고, 지역사회의 결속력 또한 청소년 자살에 영향을 미친다. 한편, 청소년에게는 실제 제공받는 지지보다 도움을 받을 수 있다는 지각된 지지가 더 중요한 요인이다(Husani, 1982).

## 5. 노인 자살

노화(aging)는 의학적으로 성숙한 유기체의 여러 기능이 시간의 경과에 따라 비가역적으로 소진되어 가는 복합적 과정, 즉 내인성 연령 관련 생존력(viability)의 소실 및 취약성(vulnerability)의 증가과정이다. 노화는 개인에게 정태적인 사실이 아니라 삶의 한 과정이다. 노인이란 노화과정이 상당히 진행된 사람을 말하며, 노화는 개인차가 심하여 모든 사람에게 같은 속도로 진행되지 않기 때문에, 인위적으로 65세 이상의 사람을 노인이라 한다.

자살이란 자발적이고 의도적으로 자신의 생명을 끊는 행위를 말하며, 노인 자살이란 노인들이 자발적이고 의도적으로 자신의 생명을 끊는 행위를 말한다. 즉, 노인 자살은 개인의 생명 상실, 신체적 손상과 의료적 비용, 가족들의 슬픔과 고통은 물론 가족해체와 지역사회에 부정적인 영향을 미치는 점에서 엄청난 비용 손실을 초래한다는 점이다.

이처럼 자살은 복잡해진 현대사회에서 중요한 사인 중 하나이다. 자살에 대한 정의는 학자들마다 다양하게 제시될 수 있지만 일반적으로 자살이라는 용어는 자발적으로 그리고 의도적으로 자신의 생명을 끊는 행위를 의미하며 또한 자신의 생명을 끊으려고 시도하는 혹은 그러한 경향을 갖고 있는 사람들에게 적용되고 있다(남민, 1995). 여기에는 자살행위(completed suicide), 자살시도(attempted), 자살생각(suicidal thoughts) 등을 포함한다. 이러한 개념에 기초하여 노인 자살이란 65세 이상 된 노인층에서의 자살생각, 자살시도, 그리고 자살행위에 이르는 연속적인 개념으로 정의할 수 있다.

노인의 자살은 가족 통합, 사회경제적 상태와 같은 사회적 차원과 인지와 감정적 요인의 영향을 강하게 받는 개인내적 차원에 의하여 영향을 받게 된다(Wu & Bond, 2006). 개인내적 차원으로 대표적인 모델은 무기력과 절망감이 주요 특징인 우울증상으로 노인 자살을 연구하는 입장이다. 노인 자살을 사회적 차원에서 살펴보면, 노인의 사회적 지위와 역할의 상실, 사회적 관계망의 축소, 사회적 교류의 감소 등으로 인한 사회통합의 약화가 때때로 이기적 자살을 초래한다는 것이다(김형수, 2000). 그러면 노인 자살에 대한 이론에 대하여 살펴보기로 하자.

## 1) 사회 및 심리학적 관점

개인적 차원에서 노인이 자살을 하게 되는 과정을 이해하기 위한 논의는 사회학적 시각과 심리적 시각에서 이루어지고 있으며, 사회학적 시각은 사회통합론과 교환이론적 접근으로 대별될 수 있다. 그러나 이러한 개별적인 논의는 서로 배타적인 것이 아니라 상호보완적인 것으로 간주되어야 할 것이다. 노인의 자살은 여러 가지 원인이 복합적으로 발생한다는 점에서 다른 연령집단의 자살과는 다른 특징을 갖는다(김기환, 전명희, 2000; McIntosh, 1995).

### (1) 사회학적 시각

Durkheim(1987)이 『Le suicide』라는 책에서 자살에 대한 사회학적 연구 결과를 발표하면서, 자살의 원인이 개인보다는 사회에 있다고 하며 자살에 대한 연구가 시작되었다. 노인 자살의 이론 중 사회통합이론에서 개인적 행동인 자살의 사회적 기반을 사회통합과 규범적 규제력이라는 두 가지 개념에서 찾았다. 즉, 자살을 사회통합의 정도와 규범의 구속력 정도라는 기준으로 이해하려 한 것이다.

여기서 개인의 자살은 그 개인이 사회에의 통합되는 정도와 규범에 의하여 통제되는 정도에 따라 네 가지 유형으로 분류될 수 있다는 것이다. 첫째는 개인주의 또는 개인의 낮은 사회통합으로 인하여 발생하는 이기적(egoistic) 자살이다. 이는 개인이 사회로부터 분리되어 사회에 통합되지 못할 때 발생하는 것이다. 둘째는 사회통합 정도가 너무 강할 때 이타적(alturistic) 자살이 발생하게 된다. 즉, 개인에 대한 사회적 규범의 규제력이 너무 강하기 때문에 발생하는 것이다. 셋째는 규제의 정도가 너무 작아서 규범적 규제력이 개인의 행위를 통제하지 못하게 될 때 아노미적(anomic) 자살이 발생하게 된다. 아노미적 자살은 사회의 급격한 변화로 인하여 사회가 개인의 삶에 필요한 법규를 더 이상 제공하지 못한다고 느낄 때 발생하는 것으로 현대사회의 급격한 변화와 연관된다. 넷째, 규범의 개인에 대한 규제 정도가 너무 크면 숙명론적(fatalistic) 자살률이 높다. 개인이 선택하거나 통제할 수 없는 강력한 사회적 속박하에서 개인의 삶이 종속될 때 발생한다. 이기적 자살은 인간이 존재의 근거를 삶에서 찾지 못할 때 발생하는 것이며, 아노미적 자살은 인간의 활동이 충분히 규제되지 못하는 데서 발생하는 고통에 근거하고 있는 것이다.

다음으로, 교환이론에서는 사회적 행동을 적어도 두 사람 사이에서 나타나는 활동의 교환으로 보고, 대인관계는 사람들 사이에 보상을 반복적으로 교환하는 것으로 규정한다. 이러한 맥락에서 볼 때 교환할 자원을 적게 가진 행위자는 그 사회에서 위상과 사회통합의 정도가 낮을 수밖에 없게 된다. Cogwill(1974)은 한 사회가 현대화할수록 노인의 지위는 점차 하락한다고 가정한다. 한 사회가 현대화될수록 노인은 과거에 소유했던 자원의 고갈 및 부족을 경험하게 되고 이는 다른 사람과의 교환관계에서 호혜성(reciprocity)의 원칙을 지키지 못하게 되어 노인의 상호작용을 축소시키거나 타인 또는 노인 자신이 상호작용을 기피함으로써 타자에 대한 의존감과 부담감을 줄여 가는 전략을 취하게 되는데 이러한 상호작용의 저하는 노인의 사회적 통합을 약화시키게 된다는 것이다. 즉, 교환이론적 시각에서 볼 때 노후에 경험하게 되는 자원의 감소는 교환관계의 참여를 축소하거나 교환관계에서의 불평등성을 제고하여 사회통합의 약화를 초래하고 이는 노인 자살로 이어질 수 있다는 것이다.

#### (2) 심리학적 시각

심리학에서는 자살을 치환의 과정 중에서 공격의 대상을 주위 환경 속에서 찾지 못하고 자기 자신에게로 돌려 그 결과가 극단적으로 나타나 자기 말살의 형태로 표현되는 것이라고 본다.

또한 욕구불만을 해소할 대상을 외부에서 찾지 못하고 그 책임을 자기 자신에게로 향하는 자기 말살적 자살은 돌이킬 수 없는 파국을 초래하지만 그것은 한편으로 외부 현실에서 받은 상처로부터 자신을 지키기 위한 막다른 선택이란 점에서 적응의 측면을 가진다고 보고 있다. 이처럼 공격적인 충동이 다른 사람이 아닌 자기에게로 향하는 심리기제를 자신으로 향함(turning against the self)이라 한다(나소정, 2006).

심리학적인 또 다른 관점에서 노인 자살에 대해 정신분석가들은 내적 갈등과 무의식적 환상을 이해하는 데 관심이 있었다(신민섭, 1993). Freud(1917)는 자살을 '내부로 향해진 분노(anger turned inward)'로 개념화하여 인간은 삶의 본능과 죽음의 본능을 가지고 있으며, 죽음의 본능은 파괴본능, 강한 공격욕구를 유발한다고 보았다. 따라서 자살행위는 양가감정의 대상 상실로 인하여 죽음의 본능으로부터 파생된 파괴본능에 의한 공격성이 자신의 내면세계로 향해진 결과를 의미한다. Menneinger(1966)는 자살심리의 배경에는 세 가지의 의식적 혹은 무의식적 동기가 작용하고 있다고 주장하였다. 이것은 죽기, 죽이기, 그리고 죽임당하기이다. 이 동기들은 무의식적인 것으로 죽이고자 하는 소망은 공격성, 비난 등으로 기술되고, 죽고 싶은 소망은 복종, 자기비난 등으로 기술되며, 죽고 싶은 소망은 절망, 고통 등으로 자살하는 것으로 기술될 수 있다고 하였다.

한편, 심리학적 시각에서는 우울 증상을 자살의 원인으로 파악한다. 우울 증상은 누구나 경험할 수 있는 증상이지만, 노년기는 배우자의 죽음, 직업과 지위의 상실, 수입의 감소, 신체적 건강의 악화 등과 같이 노년기의 네 가지 고통으로 일컬어지는 현상으로 인하여 우울증이 발생할 가능성이 높아진다. 노인의 우울증은 무기력감(helplessness)과 절망감(hopelessness)을 특징으로 한다. 무기력은 개인이 중요한 생활사건들을 통제할 수 없다고 느끼는 것으로 타 연령층에 비하여 노인들이 이러한 무기력감을 가장 많이 느낄 수 있는 집단이다.

### 2) 사회정신의학적 관점

자살의 원인은 다양하며 각 원인이 상호작용을 할 수 있다. 사회정신의학적 관점에서는 역학을 이용하여 자살의 위험을 높이는 구체적인 요인들을 찾아냄으로써 자살을 예방할 수 있다고 본다. 지금까지의 연구 결과는 성, 연령과 같은 인구학적 요인 이외에 정신과적, 생물학적, 사회 및 환경 요인들, 그리고 개인의 성장 배경과 같은 요인들이 자살과 관련되어 있다고 말한다.

### (1) 정신과적 요인

자살자에 대한 정신부검(psychological autopsy)과 질환별 자살 사망률을 보면 정신장애가 자살의 중요한 위험요인임을 알 수 있다. 즉, 자살자의 90% 이상에서 하나 이상의 정신장애가 발견된다(Henriksson et al., 1993). 자살과 흔히 동반하는 정신장애 중 기분장애, 조현병, 불안장애, 식사장애, 주의력결핍 과잉행동장애, 기타 물질사용장애, 알코올 사용장애는 지역사회 노인에게서 비교적 많이 볼 수 있는 정신장애이다.

### (2) 생물학 및 의학적 요인

자살이 유전에 의한 것이 아니라고 뒤르켐은 주장하였지만 현상적으로 가족 중 자살자가 있을 경우 자살할 위험이 증가하는 것은 사실이다. 또한 실제로 이란성 쌍둥이에서보다 일란성 쌍둥이에서 자살시도 및 자살이 같이 일어나는 비율이 더 높다는 연구 결과도 있다(Roy, 1992). 그러나 이것이 정말 자살의 유전 인자가 있어서인지 아니면 가족들이 자살의 위험요인을 공통적으로 갖고 있기 때문인지는 확실히 밝혀지지 않은 상태이다.

자살을 설명하는 또 다른 생물학적 요인은 자살로 이끄는 정신질환에서 나타나는 신경생물학적 과정을 들 수 있다. 즉, 자살을 한 정신과 환자에게서 세로토닌 대사체의 수준이 정상적이지 않다는 것이 발견되었다. 세로토닌은 기분과 공격성을 통제하는 중요한 신경호르몬이다. 세로토닌 양이 부족할 때 자살 혹은 정신질환이 나타날 수 있는데 이것은 자살 생각을 행동으로 옮기고자 하는 충동을 억누르는 능력을 감소시키는 원인이 된다(Mann, 1998).

자살은 장애를 수반하는 심각한 신체적인 질병으로부터도 발생할 수 있다. 자살자 중에서 신체적인 질병의 유병률은 최소 25%, 노인에게서는 최고 80%까지 이른다(Chi, Yip, & Yu, 1998). 특히 심각한 신체적 질병이 우울과 같은 기분장애를 동반할 때 자살의 위험은 더욱 증가할 수 있다. 그러나 정신적 문제가 전혀 없을 경우에는 신체적 질병만으로 인하여 자살을 하는 경우는 극히 드물다는 보고가 있다(Blumenthal, 1988).

### (3) 생애 경험

살아가면서 경험하게 되는 몇 가지 사건이 자살의 위험을 증가시키는 것으로 보인다. 이러한 사건들에는 가까운 사람의 상실, 대인관계의 갈등과 단절, 그리고 법적인 혹은 일과 관련된 문제가 포함된다. 가까운 사람의 죽음, 이혼, 별거와 같은 상실은 심한 우울감에 빠지게 할 수 있다. 또한 직장이나 가정, 학교에서의 대인관계 문제도 절망감과 우울의 감정을 만들 수 있다. 대인관계 문제에는 학교에서의 집단 따돌림, 가정에서의 배우자 등에 의한 폭력도 포함된다. 아동기의 신체 혹은 성적 학대는 청소년과 성인의 자살 위험을 증가시킬 수 있다.

이혼, 사별, 별거가 자살 위험을 높이므로 일반적으로 결혼은 자살을 하지 않도록 하는 보호 요인으로 생각될 수 있다. 자살의 위험을 높이는 생애 경험(life event)으로서 사회적 고립을 들 수 있다. 사회적 고립은 사회적으로 연결이 불충분한 상태를 의미한다. 자살을 시도하는 사람은 자살을 생각만 하고 있을 때보다 사회적으로 더 움츠러드는 경향이 있다. 또한 배우자의 죽음과 같이 눈에 보이는 사회적 고립뿐만 아니라 지지하는 사회적 관계망이 없어졌다는 인식에 의해 사회적 고립감을 가진다는 의견도 있다(Wenz, 1977), 사회적 고립은 흔히 노인에게서 자살 생각과 관련된 요인으로 지적되어 왔다(Draper, 1996; Dennis & Lindsay, 1995).

### (4) 사회 및 환경 요인

몇 가지 사회적, 환경적 요인들도 자살의 위험을 높이는 것으로 밝혀져 자살을 예방하는 데 활용되고 있다.

첫째, 자살 수단이다. 자살 수단에 대한 접근성은 자살의 성공과 관련이 있다. 한 정신병원에서는 복도 천장의 갈고리를 없앴을 때 거기에서 목을 매어 자살하는 사람이 없어졌다고 한다(Durkheim, 1897). 또한 총기 소지가 가능한 미국에서는 자살자의 약 3분의 2가 총기로 자살을 하며, 농촌에서는 농약을 사용한 자살이 많다는 것도 자살 수단에 대한 접근성이 그 수단으로 인한 자살 위험을 높이는 근거로 볼 수 있다. 노인은 일반적으로 큰 힘이 들지 않는 추락을 자살 방법으로 선택하는 경향이 있고, 여성은 음독과 같이 '부드러운' 방법으로 자살하는 경향이 있다. 노인은 또한 자살 의지가 더 강하고 따라서 총기 사용, 추락, 목맴과 같이 더 치명적인 자살 방법을 선호하는 경향이 있다(De Leo & Ormskerk, 1991).

둘째, 도시/농촌이다. 도시화와 자살률의 관계는 명확하지 않다. 우선, 도시에서보다 농촌에서 더 높다는 연구들이 있다. 미국의 경우 농촌 지역이 더 넓은 네바다주의 자살률은 미국에서 가장 높은 10만 명당 24.5명인 데 반해 뉴욕주는 7.6명이었다(American Association of Suicidology, 1999).

셋째, 고용 및 기타 경제적 요인이다. 거시적인 수준에서 경기 불황과 높은 실업이 나타나는 시기에 자살이 증가한다는 연구 결과들이 있다(Platt, 1984; Varnil, Wasserman, & Eklund, 1994; Weyerer & Wiedenmann, 1995).

넷째, 보건의료서비스 접근성이다. 서양의 경우 상당한 수의 노인 자살자들이 자살을 하기 일주일 전에서 6개월 전에 자신의 주치의, 정신과의사 혹은 정신건강서비스를 이용한다(Catell, 1988; Catell & Jolley, 1995). 보건의료서비스의 접근성은 여러 가지 기전에 의해 자살률을 감소시킬 수 있다. ① 정신질환을 발견하고 치료함으로써 자살을 감소시킨다. ② 자살시도자들을 신속하게 회복시킬 수 있다. ③ 통증 및 신체질환을 포함하여 노인 자살의 위험요인들을 신속하게 치료할 수 있다. ④ 정신건강과 자살 예방에 관한 국가 정책을 실행하도록 촉진함으로써 자살을 예방할 수 있다(Shah & Bhat, 2008).

다섯째, 인터넷의 보급이다. 인터넷 웹사이트와 대화방은 자살을 조장할 수 있다. 이러한 사이버 공간을 통해 자살 방법, 온라인 약국에 대한 접근 방법, 자살 약속의 유포, 정신질환의 치료 거부 등이 퍼진다. 동시에 자살 생각을 가진 사람들이 그러한 생각에서 벗어날 수 있도록 도움을 받는 방법들을 알려 주기도 한다. 일반 인구집단을 대상으로 한 연구에서는 가정의 인터넷 보급률과 자살률 사이에 양의 상관관계가 있음을 보고하였다(Hagihara et al., 2007). 또한 인터넷 보급률은 노인 자살률과도 양의 상관관계를 갖는 것으로 나타났다(Shah, 2009).

## 6. 자살의 예방과 대처

자살을 예방하기 위한 전략으로 예방의 대상에 따라 보편적 예방(universal prevention), 선택적 예방(selective prevention), 지시적 예방(indicated prevention)으로 분류하였다(Conwell, 2004). 이 분류에서, 첫째, 보편적 예방은 연령이나 성별, 자살 위험도와 상관없이 전체 지역사회 주민을 대상으로 진행하는 것이다. 둘째, 선택적 예방은 현재 긴박한 자살 위험도를 가지고 있지는 않지만 자살에 이를 수도 있는 취약성을 가진 노인을 대상으로 하는 자살 예방 전략이다. 셋째, 지시적 예방은 자살과 관련되어 있다고 여겨지는 정신질환을 가지고 있거나 긴박한 자살 위험을 가지고 있는 고위험군 노인을 대상으로 하는 예방 전략이다. 자살은 예방적인 차원에서의 대책이 매우 중요하며, 자살위험이 높거나 자살시도를 하는 경우에는 위기개입 대책이 마련되어 있어야 한다.

생애주기 중 꾸준히 자살률이 증가하고 있는 청소년과 노인에 대한 예방적인 차원의 대책을 살펴보면 다음과 같다. 청소년의 경우는 가족해체나 가족 간 역기능적 의사소통, 가족문제, 학교교육 등의 문제가 자살에 원인 제공을 하는 요인이므로 1차적인 예방 차원에서 청소년을 존중하고 건강한 의사소통을 할 수 있도록 하는 부모교육이나 상담적 접근이 매우 필요하다. 또한 입시 위주 현행 교육제도의 변화가 필요하며 가르치는 교사뿐만 아니라 학교사회복지 차원에서 상담과 2차적인 예방서비스로서 부적응 학생, 고위험 가족문제 학생 등에 대한 프로그램을 활성화할 필요가 있다. 노인의 경우는 1차적 예방대책으로 경제적 안정을 위한 지원대책이 마련되어야 하며, 건강보호서비스의 강화 그리고 사회적인 지지망의 구축 등이 필요하다. 또한 자살예방을 위한 프로그램, 건강하고 존엄한 죽음을 준비할 수 있도록 하는 교육 프로그램 등이 필요하다고 할 수 있다(김형수, 2000).

첫째, 직접적 질문(suicidal question)을 통해 자살에 대한 생각과 경험, 구체적인 자살계획과 방법을 자세히 물어야 한다. 이러한 주제로 질문하는 것을 주저하거나 미안해하는 것보다는 명확하고 담담하게 질문을 할 필요가 있다.

둘째, 자살과 관련된 그간의 생각과 경험을 경청하면서 위험도를 평가한다. 상대방의 말을 경청하면서 자살의 위험도를 평가하기 위한 추가질문(자살의 의도, 방법, 준비, 시도, 계획 등)을 해 나가면 자살의 위험 정도를 평가할 수 있다. 위험도를 평가하는 방법으로 FACT를 활용하면 유용하다. 이는 대상자의 감정의 상태(Feeling)를 살피고, 선행사건이나 행동특성(Action)을 파악한 다음, 최근의 변화들(Changes)을 알아보고, 자살과 관련된 직접적인 표현과 위협들(Threats)을 파악함으로써 자살의 위험 정도를 사정하는 것이다.

셋째, 앞서 제시한 방법들을 사용하면서 도움을 제공할 수 있다는 의지를 적극적으로 표현함으로써 대상자가 편안하고 안전하다는 느낌을 받을 수 있도록 하는 것이 중요하다. 즉, 더 이상 혼자가 아니며 문제해결에 도움을 주고 싶다는 것을 말로 표현하는 것이다.

넷째, 안전한 환경을 확보하기 위해 대상자 주변의 위험한 물건과 상황을 제거해야 한다. 약물이나 칼 등과 같은 소지품을 없애고 위험한 장소에 있다면 빨리 안전한 장소로 옮기는 것이 좋다. 만약 대상자가 이에 동의하지 않아 위험한 환경에 노출된다면 정신과적 입원을 통해 보호조치를 하는 것이 필요하다.

다섯째, 클라이언트의 표현을 격려하여 자살을 통해 문제해결이 되지 않음을 알도록 한다. 표현을 격려하기 위해서는 대상자의 표현에 주의 기울이기, 자살에 대해 일상적인 이야기처럼 개방적으로 이야기하기, 자살에 대해 비난이나 긍정을 하지 않기, 지나친 상투적 공감 표현하지 않기 등의 상담기술이 필요하다.

여섯째, 예방적 차원에서의 안전망을 형성하도록 한다. 이를 위해 자살의 위험과 관련한 정보를 좀 더 얻고 전문가의 자문과 가족의 도움을 구하도록 한다. 또한 삶과 죽음의 대차대조표를 작성하는 것도 유용하다. 대상자는 삶의 부정적 요인은 과대평가하고 긍정적 요인은 무시하는 경향이 있는데, 대차대조표를 통해서 우선 살아서 얻는 이익을 열거하고 죽어서 초래되는 이득과 손해를 열거하도록 한다. 이 과정을 통해 대상자는 자신의 삶을 객관적으로 평가할 수 있게 된다.

일곱째, 생존계획(survival plan)을 수립하도록 한다. 안정성을 확보하고, 전화 연락처를 확보한다. 또한 상황 악화 시 위기대처법 등을 자세하게 마련하는 것이 중요하다.

## 7. 자살의 치료 및 관리

자살행위에 대해 심리적, 의학적, 사회적인 관점에서 이해되어야 하고 적절한 대책이 필요하다. 자살이 의심되는 환자는 그 생각에 대해서 직접, 자세히, 구체적으로 물어봐야 한다. 대개 자살의도가 있는 사람의 2/3는 자기 생각을 어떻게든 타인에게 알린다. 의사가 자살 이야기를 꺼냄으로써 환자에게 그런 마음이 생기지나 않을까 걱정할 필요는 없다. 자기 파괴적인 느낌을 표현함으로써 마음이 편안해지고 의사의 흔들리지 않는 태도에 환자는 안심을 한다. 면담을 하는 동안 자신의 존재 이유와 개인의 정체성을 되찾게 되고 자신과 세계를 보는 안목이 넓어져서 자살 이외에 다른 대책을 찾게 된다.

다음은 Frederick과 Resnik이 제시한 초기치료단계이다.

- 심각한 자살 위험성이 있을 때에는 위기를 극복할 때까지 환자의 유아적, 의존적 욕구를 충족시켜 주면서 강하고 인자한 부모의 대리 역할을 한다.
- 환자는 비논리적 근거에 의해 결정을 내리기 쉬우므로 의사는 환자를 지도적, 권위적으로 대함으로써 그들의 결정을 치료자에게 맡기도록 한다.
- 내성이나 자유연상 같은 면담기법을 피하고 직접적인 질문 형태를 취한다. 약물치료로는 향정신성 약물, 특히 항우울제, 항불안제를 주로 쓰며 심한 우울증과 망상 상태에서는 항정신병 약물을 사용한다.

외래치료의 경우 의사를 자주 방문하도록 하여 매번 평가받게 해야 하고 지지치료와 약물치료를 받아야 한다. 처방 약물이 자살시도에 이용되지 않도록 한번에 많이 주지 않도록 한다. 입원치료는 사회적 지지체계가 없고 환자가 난폭하고 충동적이며 자살계획성이 뚜렷할 때 시행한다.

다음 20가지 문항을 꼼꼼하게 읽고 각 문항마다 '항상 그렇다'는 3점, '자주 그렇다'는 2점, '가끔 그렇다'는 1점, '아니다' 또는 '거의 그렇지 않다'는 0점으로 점수를 매긴다. 각 항목의 점수를 합해서 21점 이상이 되면 우울증이 의심되므로 전문의의 상담을 받아 보는 것이 좋다.

1. 자꾸 슬퍼진다.
항상 그렇다( ) 자주 그렇다( ) 가끔 그렇다( ) 아니다/거의 그렇지 않다( )
2. 스스로 실패자라는 생각이 든다.
항상 그렇다( ) 자주 그렇다( ) 가끔 그렇다( ) 아니다/거의 그렇지 않다( )
3. 앞날에 대해 비관적이다.
항상 그렇다( ) 자주 그렇다( ) 가끔 그렇다( ) 아니다/거의 그렇지 않다( )
4. 일상생활에서 만족하지 못한다.
항상 그렇다( ) 자주 그렇다( ) 가끔 그렇다( ) 아니다/거의 그렇지 않다( )
5. 죄책감을 자주 느낀다.
항상 그렇다( ) 자주 그렇다( ) 가끔 그렇다( ) 아니다/거의 그렇지 않다( )
6. 벌을 받고 있다는 생각이 들 때가 많다.
항상 그렇다( ) 자주 그렇다( ) 가끔 그렇다( ) 아니다/거의 그렇지 않다( )
7. 나 자신이 실망스럽다.
항상 그렇다( ) 자주 그렇다( ) 가끔 그렇다( ) 아니다/거의 그렇지 않다( )
8. 다른 사람보다 못하다는 생각이 들 때가 많다.
항상 그렇다( ) 자주 그렇다( ) 가끔 그렇다( ) 아니다/거의 그렇지 않다( )
9. 자살을 생각한 적이 있다.
항상 그렇다( ) 자주 그렇다( ) 가끔 그렇다( ) 아니다/거의 그렇지 않다( )
10. 평소보다 적게 웃는다.
항상 그렇다( ) 자주 그렇다( ) 가끔 그렇다( ) 아니다/거의 그렇지 않다( )
11. 평소보다 화를 더 많이 낸다.
항상 그렇다( ) 자주 그렇다( ) 가끔 그렇다( ) 아니다/거의 그렇지 않다( )
12. 다른 사람들에게 관심이 없다.
항상 그렇다( ) 자주 그렇다( ) 가끔 그렇다( ) 아니다/거의 그렇지 않다( )
13. 집중력이 떨어지거나 결정을 잘 내리지 못한다.
항상 그렇다( ) 자주 그렇다( ) 가끔 그렇다( ) 아니다/거의 그렇지 않다( )
14. 내 모습이 추하게 느껴진다.
항상 그렇다( ) 자주 그렇다( ) 가끔 그렇다( ) 아니다/거의 그렇지 않다( )
15. 일할 의욕이 없다.
항상 그렇다( ) 자주 그렇다( ) 가끔 그렇다( ) 아니다/거의 그렇지 않다( )
16. 평소처럼 잠을 자지 못한다.
항상 그렇다( ) 자주 그렇다( ) 가끔 그렇다( ) 아니다/거의 그렇지 않다( )
17. 쉽게 피곤해진다.
항상 그렇다( ) 자주 그렇다( ) 가끔 그렇다( ) 아니다/거의 그렇지 않다( )
18. 식욕이 떨어진다.
항상 그렇다( ) 자주 그렇다( ) 가끔 그렇다( ) 아니다/거의 그렇지 않다( )
19. 몸무게가 줄었다.
항상 그렇다( ) 자주 그렇다( ) 가끔 그렇다( ) 아니다/거의 그렇지 않다( )
20. 건강에 자신감이 없다.
항상 그렇다( ) 자주 그렇다( ) 가끔 그렇다( ) 아니다/거의 그렇지 않다( )

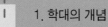

CHAPTER 10

# 학대와 정신건강

1. 학대의 개념
2. 학대의 정의
3. 아동학대
4. 배우자학대
5. 학대의 예방 및 대책

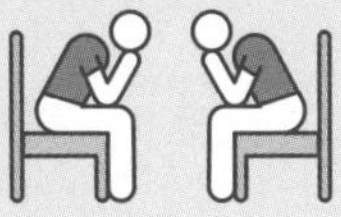

## 1. 학대의 개념

학대(abuse, 虐待)는 '몹시 괴롭히거나 가혹하게 대우함'을 말한다(국립국어원 표준국어대사전). 주로 아동이나 노인이 학대의 피해를 경험하는 경우가 많다. 「아동복지법」 제3조에 따르면 아동학대란 '보호자를 포함한 성인이 아동의 건강 또는 복지를 해치거나 정상적 발달을 저해할 수 있는 신체적 · 정신적 · 성적 폭력이나 가혹행위를 하는 것과 아동의 보호자가 아동을 유기하거나 방임하는 것'이라고 정의할 수 있다. 또한 「노인복지법」 제1조의2에 따르면 노인학대란 '노인에 대하여 신체적 · 정신적 · 정서적 · 성적 폭력 및 경제적 착취 또는 가혹행위를 하거나 유기 또는 방임을 하는 것'이라고 정의할 수 있다. 학대의 유형별로 각각의 개념을 서술하면 다음과 같다(권중돈, 2010).

- 신체적 학대(physical abuse): 신체의 상해, 손상, 고통, 장애를 유발할 수 있는 물리적 힘에 의한 폭력적 행위(때리기, 치기, 밀기, 차기, 화상, 신체의 구속 등)를 말한다.
- 정서적(또는 심리적) 학대(emotional or psychological abuse): 정신적 또는 정서적인 고통을 주는 행위(모멸, 겁주기, 위협, 협박 등)를 말한다.
- 언어적 학대(verbal abuse): 언어로 정신적인 고통을 주는 것(욕설, 모욕, 질책, 비난, 놀림 등)으로 정서적 학대에 포함된다.
- 성적 학대(sexual abuse): 동의를 얻지 않은 모든 형태의 성적 접촉 또는 강제적 성행위를 하는 것을 말한다.
- 재정적 · 물질적 학대(financial, material exploitation): 자금, 재산, 자원의 불법적 사용 또는 부당한 착취, 오용 및 필요한 생활비 등을 주지 않는 것을 말한다.
- 방임(neglect): 의도적으로 또는 비의도적으로 도움이나 서비스를 제공하지 않는 것 또는 보호의무를 거부하거나 불이행하는 것을 말한다.
- 유기(abandonment): 공공장소나 시설 등에 버리고 연락을 두절하는 행위, 집에서 내쫓거나 격리, 감금하는 행위 등을 말한다.

## 2. 학대의 정의

학대의 사전적 정의는 사람이나 동물을 정신적으로나 육체적으로 괴롭히고 가혹하게 대하는 것으로, 학대는 사람이 상대방을 괴롭히거나 가혹하게 대하는 것을 말한다. 주로 어린이와 노인이 학대의 피해자가 되는 경우가 많다. 학대의 형태로는 권위의 남용, 불공정 또는 부당 이득 및 이익, 신체적 및 정서적 폭력, 상해, 성폭력, 위반, 강간, 부정 행위, 불법 행위 또는 사용자 정의, 범죄, 기타 구두 침략 등 여러 형태로 볼 수 있으며, 학대를 당한 피해자는 심리적 외상과 불안을 포함해 만성 우울증, 외상 후 스트레스 장애 등의 증상이 발생한다.

또한「형법」 제273조(학대, 존속학대)에서는 ① 자기의 보호 또는 감독을 받는 사람을 학대한 자는 2년 이하의 징역 또는 500만 원 이하의 벌금에 처한다. ② 자기 또는 배우자의 직계존속에 대하여 전항의 죄를 범한 때에는 5년 이하의 징역 또는 700만 원 이하의 벌금에 처한다. 즉, 자기의 보호 또는 감독을 받는 사람을 학대하거나 자기 또는 배우자의 직계존속을 학대한 죄라고 학대죄를 정의하고 있다. 따라서 학대란 단순히 상대방의 인격에 대한 반인륜적 침해만으로는 부족하고 적어도 유기에 준할 정도에 이르러야 하므로 육체적, 정신적 고통을 가하는 가혹한 대우가 있어야 한다고 학대를 정의하면서 학대에는 여러 종류가 있어서, 노인이나 동물, 어린아이를 학대한 사람은 특별법에 의해 처벌받는다고 규정하고 있다.

## 3. 아동학대

아동학대(兒童虐待, child abuse, child maltreatment)는 보호자를 포함한 성인이 아동의 건강 또는 복지를 해치거나 정상적 발달을 저해할 수 있는 신체적 · 정신적 · 성적 폭력이나 가혹 행위를 하는 것과 아동의 보호자가 아동을 유기하거나 방임하는 것을 말한다(「아동복지법」 제3조 제7호). 즉, 적극적인 가해 행위뿐만 아니라 소극적인 의미의 방임 행위까지 아동학대의 정의에 포함한다.

아동학대는 신체학대, 정서학대, 성학대 및 방임의 유형으로 분류할 수 있다.

첫째, 아동의 '신체학대'란 보호자를 포함한 성인이 아동에게 우발적인 사고가 아닌 상황에서 신체적 손상을 입히거나 또는 신체손상을 입도록 허용한 모든 행위를 말한다.

둘째, 아동의 '정서학대'란 보호자를 포함한 성인이 아동에게 행하는 언어적 모욕, 정서적 위협, 감금이나 억제, 기타 가학적인 행위를 말하며 언어적, 정신적, 심리적 학대를 말한다.

셋째, 아동의 '성학대'란 보호자를 포함한 성인이 자신의 성적 충족을 목적으로 18세 미만의 아동에게 행하는 모든 성적 행위를 말한다.

넷째, 아동의 '방임'이란 보호자가 아동에게 위험한 환경에 처하게 하거나 아동에게 필요한 의식주, 의무교육, 의료적 조치 등을 제공하지 않는 행위를 말하며, 유기란 보호자가 아동을 보호하지 않고 버리는 행위를 말한다.

**표 10-1 신체학대 행위 예**

- 직접적으로 신체에 가해지는 행위(손, 발 등으로 때림, 꼬집고 물어뜯는 행위, 조르고 비트는 행위, 할퀴는 행위 등)
- 도구를 사용하여 신체를 가해하는 행위(도구로 때림, 흉기 및 뾰족한 도구로 찌름 등)
- 완력을 사용하여 신체를 위협하는 행위(강하게 흔듦, 신체부위 묶음, 벽에 밀어붙임, 떠밀고 잡음, 아동 던짐, 거꾸로 매닮, 물에 빠트림 등)
- 신체에 유해한 물질로 신체에 가해지는 행위(화학물질 혹은 약물 등으로 신체에 상해를 입히는 행위, 화상을 입힘 등)

**표 10-2 정서학대 행위 예**

- 원망적, 거부적, 적대적 또는 경멸적인 언어폭력 등
- 잠을 재우지 않는 것
- 벌거벗겨 내쫓는 행위
- 형제나 친구 등과 비교, 차별, 편애하는 행위
- 가족 내에서 왕따시키는 행위
- 아동이 가정폭력을 목격하도록 하는 행위
- 아동을 시설 등에 버리겠다고 위협하거나 짐을 싸서 쫓아내는 행위
- 미성년자 출입금지 업소에 아동을 데리고 다니는 행위
- 아동의 정서 발달 및 연령상 감당하기 어려운 것을 강요하는 행위(감금, 유인, 아동 노동 착취)
- 다른 아동을 학대하도록 강요하는 행위

**표 10-3 성학대 행위 예**

- 자신의 성적만족을 위해 아동을 관찰하거나 아동에게 성적인 노출을 하는 행위(옷을 벗기거나 벗겨서 관찰하는 등의 관음적 행위, 성관계 장면을 노출, 나체 및 성기 노출, 자위행위 노출 및 강요, 음란물을 노출하는 행위 등)
- 아동을 성적으로 추행하는 행위(구강추행, 성기추행, 항문추행, 기타 신체부위를 성적으로 추행하는 행위 등)
- 아동에게 유사성행위를 하는 행위(드라이성교 등)
- 성교를 하는 행위(성기삽입, 구강성교, 항문성교)
- 성매매를 시키거나 성매매를 매개하는 행위

**표 10-4 방임 행위 예**

■ 물리적 방임
- 기본적인 의식주를 제공하지 않는 행위
- 불결한 환경이나 위험한 상태에 아동을 방치하는 행위
- 아동의 출생신고를 하지 않는 행위, 보호자가 아동들을 가정 내 두고 가출한 경우
- 보호자가 아동을 시설 근처에 두고 사라진 경우
- 보호자가 친족에게 연락하지 않고 무작정 아동을 친족 집 근처에 두고 사라진 경우 등

■ 교육적 방임
- 보호자가 아동을 특별한 사유 없이 학교(의무교육)에 보내지 않거나 아동의 무단결석을 방치하는 행위

※ 의무교육은 5년의 초등교육 및 3년의 중학교를 의미함(「교육기본법」 제8조 제1항)

※ 초등학교 및 중학교의 장은 해당 학교에 취학할 예정인 아동이나 취학 중인 학생이

① 입학, 재취학, 전학 또는 편입학 기일 이후 2일 이내에 입학, 재취학, 전학 또는 편입학하지 아니한 경우

② 정당한 사유 없이 계속하여 2일 이상 결석하는 경우

③ 학생의 고용자에 의하여 의무교육을 받는 것이 방해당하는 때 지체 없이 그 보호자 또는 고용자에게 해당 아동이나 학생의 취학 또는 출석을 독촉하거나 의무교육을 받는 것을 방해하지 아니하도록 경고하여야 함(「초 · 중등교육법 시행령」 제25조)

■ 의료적 방임
- 아동에게 필요한 의료적 처치 및 개입을 하지 않는 행위

■ 유기
- 아동을 보호하지 않고 버리는 행위
- 아동을 병원에 입원시키고 사라진 경우
- 시설 근처에 버리고 가는 행위

**표 10-5 아동학대 특징 예**

- 미숙아, 기형아, 만성 혹은 급성질환아, 신체적 · 정신적 · 기질적으로 특이하거나 장애가 있는 아동
- 운동 및 언어 발달이 늦은 아동, 심하게 보채거나 밤에 잘 자지 않는 아동, 음식을 먹거나 잠을 자는 데 어려움이 있는 아동
- 문제 행동을 보이는 아동, 사회적 반응의 결핍, 고집스러운 울음과 외모
- 수유의 어려움, 분리 불안
- 자신감 결여, 지나친 경계, 무반응, 겁이 많음
- 적대적 행위, 충동적 특성, 폭력적 행동, 고집이 셈
- 대인관계에 둔감하고 매력이 없음, 운동 조절 결함

아동학대의 원인은 다음과 같다.

첫째, 부모 요인으로 어릴 때 학대받은 경험이 있는 부모가 아동학대를 하는 경우가 많다. 또한 부모의 알코올 또는 약물 중독과 연관이 있으며, 부모가 감정 조절 능력이 부족하여 쉽게 분노하거나 좌절하는 경우, 비정상적인 성적 욕구를 가지고 있는 경우 아동학대의 위험성이 높다. 아울러 부모가 불안장애, 우울증, 기타 정신질환을 가진 경우 아동학대의 가능성이 높은 것으로 알려져 있다.

둘째, 아동 요인으로 이 요인이 학대의 유발 요인인지, 학대로 인한 결과인지는 확실하지 않지만 어떤 아동들은 부모나 양육자의 신체적, 심리적 부담감을 가중시키고, 부모를 쉽게 지치게 한다. 또한 부모와의 애착 형성이 어려운 경우가 많으며, 이로 인해 부모가 신체적, 심리적으로 지친 상태에서 아동에게 지속적인 관심과 애정을 주는 것이 어렵다. 장애아나 기형아에 대한 사회적 편견은 부모에게 큰 스트레스로 작용하여 아동을 학대할 가능성이 커지게 된다.

셋째, 가정적, 사회적 요인으로 아동학대는 단순히 부모와 자녀 사이의 문제만이 아니라 가족관계에 구조적 문제가 있는 경우(미성년 가족, 한부모 가족, 이혼 가족, 재혼 가족 등) 그 빈도가 높다. 또한 사회적으로 고립되어 있고 주변의 지지가 부족한 경우, 신체적인 체벌에 대해 허용적인 문화가 있는 경우, 폭력에 대한 가치와 규범이 없는 경우, 일부 후진국 사회처럼 아동을 존중하지 않는 문화나 자녀에 대한 소유 의식이 있는 경우에도 아동학대의 발생 가능성이 높다.

## 4. 배우자학대

배우자학대(spouse abuse)란 그릇되거나 부당한 방법으로 아내나 남편을 대함으로써 상처나 심각한 죄를 불러오는 것을 말한다. 즉, 배우자에게서 육체적으로 상해를 당한 남편이나 아내를 말하는데 일반적으로 우연하고 가벼운 접촉이 아니라 잔인한 신체적 폭력이다. 신체적 폭력은 실제로 상해를 입히거나 신체적 상해를 목적으로 가해지는 행동들을 포함한다. 말하자면 발로 차는 것, 때리는 것, 밀어내는 것, 목을 조르는 것, 물건을 집어 던지는 것, 또는 무기를 사용하는 것 등이 해당된다. 신체적 폭력의 정도는 뺨을 때리는 것에서부터 살인에 이르기까지 다양하다. 또한 정서적 학대는 사랑이 없고 성적 특권도 받아 주지 않으며 조롱하고 비웃고 가치를 깎아내리고 가족관계나 대인관계상의 문제를 끄집어내서 비난하는 것 등이 포함된다.

배우자학대에 대해 Mullender는 남편에 의한 신체적, 성적, 정서적 학대로 보고 있다. 즉, 남편이 아내에게 일방적으로 가하는 넓은 의미의 손상을 의미한다고 주장하였다. 또한 Masi는 아내학대란 '부부 사의의 합의하에 의해 일어난 가학적, 피학적 관계가 아니라 쌍방의 합의 없이 남편이 아내에게 신체적으로 손상을 입히는 행위'라고 하여 폭력행위의 관계를 중심으로 규명하였다. 우리나라에서는 폭력이 가족에게 적용되는 경우 학대와 동일하게 보고 있다. 즉, 부부간의 갈등 표출 방법으로 상대방에게 신체적으로 위협하거나 신체적인 손상을 가하는 행위를 아내에 대한 폭력이라고 보면서 폭력과 학대를 동일시하였다. 따라서 우리나라에서 아내학대는 핵가족에서나 확대가족에서 남편이 아내에게 가하는 언어적, 신체적, 정서적, 성적 폭력을 의미하는 것이다.

### 1) 아내학대의 원인과 현황

#### (1) 아내학대의 원인

① 기능주의적 관점

기능주의적 시각에서 아내 구타의 원인은 구타자인 남편의 성격적 결함이나 질병에서 비롯된다고 본다. 구타자가 어렸을 때부터 구타를 당했을 경우 지속적으로 이루어진 가정 내 폭력으로 인해 개인의 사회화가 실패하여 폭력이 학습됨으로써 가해자가 되었다고 보는 것이다. 기능주의에서는 사회문제를 '어떤 사회 체계가 사회화 과정과 결과에서 실패한 상태'라고 보고 사회문제의 원인도 개인과 사회 사회제도의 일부에 있다고 본다. 따라서 문제의 개입에도 개인과 사회제도가 그 대상이 되어야 하고 이러한 맥락에서 볼 때 기능주의적 관점에서 아내학대의 해결책은 구타자를 대상으로 한 개인 상담 치료 및 가족 치료, 아내학대에 대한 잘못된 인식과 태도를 교정시키는 등 개인적 측면의 개입이 필요하다. 사회제도적 측면에서는 피해자를 위한 법적 보호가 효과적으로 이루어질 수 있도록 법적 조치가 마련되어야 한다. 또한 아내 구타 등 가정 폭력 문제를 다루는 단체들의 문제에 대한 계몽과 전문적인 서비스를 마련해야 하고 근본적으로 폭력을 용납하지 않는 사회 분위기가 만들어져야 문제가 해결될 수 있다고 본다.

② 갈등주의적 관점

갈등주의 시각은 '희소 자원의 불균등한 소유로 인하여 발생되는 갈등 현상'을 사회문제라고 인식하고, 사회문제의 원인을 불평등한 분배를 가져오는 사회의 권위와 권력의 구조라고 보며, 사회제도의 재조직을 그 해결 방안으로 제시하는 관점이다. 따라서 갈등주의적 시각에서 아내학대의 원인은 우리 사회의 가부장적인 제도하에 여성을 하나의 인격체로 인정하지 않는

데서 비롯된다고 보고 있다. 가정 내에서 가정의 의사결정권, 경제력, 권위 등의 희소 자원이 남편에게 불평등하게 분배되어 그 권력을 가지고 있는 남편이 희소 자원을 적게 소유한 아내에게 특권을 행사하고 그나마 소유한 자원을 착취한다고 보는 것이다. 갈등주의론적 해결 방안은 가정 내 권력 구조의 재조직, 즉 가정 내 경제권이나 의사 결정권의 균등한 분배를 통해 불평등을 없앰으로써 동등한 지위를 부여하고, 피해자를 보호할 수 있는 강제성을 띤 법적 조치가 마련되어야 문제가 해결될 수 있다고 보는 입장이다.

③ 상호주의적 관점

상호주의적 시각에서는 상징에 대한 합의의 불일치로 사회문제를 정의하고 있다. 사회의 한 집단이 다른 집단의 의미에 동의할 수 없는 것으로 규정하고 그 집단의 의미대로 행동하지 않는 것이라고 할 수 있다. 아내 구타는 가정에서 발생되는 갈등을 폭력으로 해결하려 하고 폭력으로서 피해자의 우위에 서는 것은 잘못된 행위라는 의미에 동의할 수 없다는 판단을 하여 폭력을 계속 사용할 때 발생한다고 보았다. 특히 상호작용의 도구로 언어나 몸짓의 상징이 중요시되는 상징적 상호작용에 의하면, 적절하게 상징적 의미를 부여하고 동의할 수 있도록 구타자의 인성, 성격을 상담이나 교정 교육을 통해 재사회화시키고 올바른 사회화를 위한 담당 기관의 바람직한 대책과 협력 체계의 제도적 마련을 이 문제의 해결 방안으로 보고 있다.

④ 교환주의적 관점

교환주의 이론에서의 사회적 행동은 상대방이 서로 교환 자원을 주고받는 반복적 행위가 이루어지는 것을 기초로 하고 있다. 따라서 사회문제는 기본적으로 교환 관계가 단절되거나 불균형을 이루고 있는 상태이고, 교환 자원의 부족, 고갈, 가치 저하가 그 원인이라고 본다. 교환주의적 시각에서 아내학대의 원인은 상대방의 무조건적인 복종 요구 등 한쪽으로 치우치고 일방적인 교환 자원으로 인해 문제가 발생한다고 보거나, 남편의 잘못된 인식, 즉 폭력을 관심과 사랑이라고 여기는 경우 등 상대방과의 교환 자원의 인식 차이로 문제가 발생한다고 본다. 따라서 교환 관계에서 균형이 이루어지도록 폭력 남편이 아내에게 교환 자원을 제공할 수 있도록 상담, 재사회화 교육 프로그램을 실시하고, 교환 자원의 인식 차이로 문제가 발생하지 않도록 문제에 대한 계몽에 힘써야 한다. 그리고 여권, 인권 단체들의 연합 활동과 강력한 법적 대응도 이루어져야 한다.

(2) 아내학대의 현황

아내학대 현상은 정도의 차이를 제외하고 인종, 문화, 경제 수준, 교육 수준에 관계없이 일어나는 대륙적인 현상이다. 그런데 아직 아동학대를 포함한 가정폭력이 많이 노출되지 않아 전체적인 아내학대 현상을 살펴보기는 매우 어렵다.

① 신체적 학대 현상

아내 신체에 대한 남편의 폭력 행위는 반복성과 심각성의 증가가 특징적이다. 즉, 남편의 신체적 폭력은 '더 자주, 더 심하게'의 원리이다. 신체적 손상의 정도는 피부의 가벼운 붉어짐이나 멍듦에서 골절상, 상처, 유산, 사망에 이른다.

② 초기 발생

Mullender가 언급한 바와 같이 여성이 남편에 의한 첫 폭력을 아주 심각하게 받아들여야 이후의 연속적인 폭력을 예방하고 자기와 가족을 보호할 수 있다.

가정폭력은 가족 관계 안에서 발생하는 폭력을 포괄적으로 정의하는 법적 용어이다. 실제 여성배우자로부터 학대받는 남성 또한 존재하고 있으나(Walker, 2013), 학대받은 여성의 피해는 남성에 비해 훨씬 심각한 수준이며 피해사례 또한 높게 보고 되고 있다. 아내학대에 대한 인식과 관련하여 결혼생활 초기부터 시작된 남편의 폭력과 폭력의 첫 경험이 결혼 이전에도 나타나는 것으로 보고 되고 있다(배영미, 2013).

③ 폭력 경험 및 정도

아내 폭력 현상은 주로 연구 결과와 경찰 범죄 신고 자료에 근거하고 있는 내용이다. 미국은 배우자 폭력에 관한 전국 조사 결과 6,002명의 부부 중 뺨을 때리거나 물건을 던지는 등 비교적 덜 심각한 폭력 행동을 포함한 경험이 16.1%, 심각한 공격이 6.2%이며, 공격자는 거의 남성인 것으로 전제되어 있다.

뉴질랜드의 아내 폭력 경험 조사에서 기혼 여성 2,006명 조사 대상자 중 16.2%가 신체적 구타를 경험했고, 그중 1/4은 병원에서 치료를 받았다고 한다.

우리나라의 경우는, 보건복지부 조사에 의하면 부인 조사 대상자 7,500명 중 61.0%가 구타를 당한 경험이 있고 다른 연구에서는 심한 구타는 조사 대상자 544명 중 10.1%로 나타났다(한국형사정책연구원). 이렇게 볼 때 아내학대에 대한 외국의 연구와 우리나라의 연구는 조사 집단 수의 차이는 있을지라도 대체적인 경향은 파악할 수 있다. 즉, 우리나라가 미국이나 뉴질

랜드의 16%선보다 아내 구타 비율이 61%선으로 훨씬 높게 나타나고 있다. 신체적 폭력의 빈도는 우리나라의 연구 결과들에 의하면 한 달에 1회 이상에 응답한 비율의 범위가 16~80.8%로 나타나 차이가 큰 것으로 보아 예측하기에 무리가 많다.

한편, 경찰의 범죄 신고 자료에서 나타난 아내학대 현상을 보면 영국은 살인 사건 중 1/5이 부인이나 전부인 살해이고, Straus는 미국 살인 사건의 1/4이 가정폭력에 의한 것이라고 지적하였다. 이것은 가정폭력이 종국에는 사회중범죄화됨을 증명한 것으로서 아내학대와 자녀 학대가 얼마나 위기의 환경이 될 수 있는지를 보여 주고 있다. 또한 아내 폭력은 사회계층에서 보면 중산층 여성이 드문데 그 이유는 경제적 능력 및 은신처가 있고 자신이 학대받는 여성임을 인정하기 어렵기 때문이라고 하였다. 이 점은 아내 폭력의 노출 여부가 여성의 경제적 조건과 사회적 지위의 영향을 받을 수 있음을 시사해 준다.

#### (3) 성학대 현상

아내에 대한 성학대는 독립적 폭력일 수도 있지만 신체적 학대와 연결되기도 한다. 남편은 신체적 폭력으로 아내를 공격한 후에 다시 성적으로 일방성과 강제성을 가지고 힘과 지배 욕구를 과시한다. 성폭력은 아내에게 특히 자괴감과 모멸감을 느끼게 한다. 우리나라 전국 여성의 구타 직후 강제적 성관계의 발생은 형사 정책 연구소의 조사 결과 14.7%, 한국여성개발원 28.8%, 여성의 전화 24.5%로 각각 나타났는데 이를 볼 때 신체적 폭력과 성폭력이 연속적으로 일어날 확률은 20% 정도로 예측하는 데에는 큰 무리가 없을 것으로 보인다. 영국의 경우는 신체 폭력과 성폭력 병행 사례는 33%와 9%로 나타나 조사에 따른 발생 비율의 폭이 큰 차이를 보여 준다.

#### (4) 정서적 학대 현상

지속적이고 극심한 아내학대는 정서적 학대를 동시에 유발시키고 정신적 손상을 가져다준다. 신체적으로 가학적인 남편은 아내 지배의 방안으로서 정서적 학대를 포함한다. 즉, 위협하거나 벽을 치거나 고함을 지름으로써 여성이 심리적 위축과 공포를 느끼게 하고 오랫동안 침묵함으로써 불안과 긴장을 고조시킨다. 또는 아내에 대한 간접적인 폭력 행사로서 자녀를 학대하거나 가구를 부수기도 한다. 정서적 폭력에 시달린 여성들의 경험적 평가에 따르면 학대에 의한 손상 중 정신이 가장 큰 영역이라고 보았다. 또한 남편의 소유 욕구에 의한 질투심으로 의심이 많고 아내를 집에만 구속시키며 경제적으로 의존케 하는 강압적 횡포 전략을 사용한다. 이러한 정신적 폭력의 결과는 수면 장애와 체중 감소, 궤양 질환, 신경과민, 히스테리증, 자살 충동과 심한 우울증, 정서 불안을 가져옴으로써 자존감이나 자기 이미지를 크게 손상시키게 된다. 따라서 정서적 폭력의 결과 여성은 탈진하고 생기가 없으며 정서 감정이 없는 로봇의 모습이 되는 것이다.

### 2) 아내학대에 대한 이론적 관점

#### (1) 사회 학습 이론

사회 학습 이론은 각기 다른 연상이 또한 다른 강화에 의해서 만들어지는 하나의 통합적 요소로 정의된다. 따라서 상호작용하는 사람들은 일탈적이거나 그렇지 않은 행동의 학습을 초래하는 강화물이 된다. 아내학대 부부의 가족력을 살펴보면 주로 부모 간의 폭력이 있었든지 혹은 자신이 아동학대 피해자인 경우가 많다. 또한 학대받는 아내의 보고에 따르면 아버지가 어머니를 때리는 것을 목격했거나 부모로부터 신체적 벌을 자주 받았다. Bandura와 몇몇 학자의 연구는 관찰된 공격성과 폭력적인 행동의 상승 간에는 밀접한 상관관계가 있다고 하면서 분노 그 자체보다는 부정적으로 학습된 분노의 표현이 폭력 행동에 결정적인 역할을 한다고 주장했다. 또 다른 연구는 남성의 학대 행동은 자신의 원가족으로부터의 경험에 의해서 생겨난다고 했다. 즉, 폭력과 그것을 허용하는 규범에 의해서 얻어지는 직간접적인 경험은 서로를 강화시키며 폭력이 스트레스를 위한 합법적인 반응으로 유도하도록 하는 것이다. Taylor는 분노의 학습으로 인해 시작된 부적절한 행동은 학대 체계를 발전시키고 이러한 체계 속에서 학대하는 배우자는 계속해서 학대하며 그 학대하는 역할과 행동을 정형화시켜 간다고 했다. 그리고 다른 쪽 배우자는 피해자 역할의 학습을 계속한다고 했다. 대부분의 사회복지사는 폭력적인 사람일수록 자주 피해를 당해 왔거나 원가족에서 다른 가족의 피해를 관찰한 사람들이며 엄격한 성역할의 사회화는 가해자와 피해자 모두의 행동에 기여한다는 점에 동의한다. 이 이론에 의하면 학습자는 학습 과정에 있어서 능동적인 참여자가 되어야 한다는 전제에 입각하고 있다. 다시 말해 인간은 자신이 경험한 자극 상태를 능동적으로 지각하고, 해석하며, 저장하고 때로는 변경까지 한다고 볼 수 있다. 그리하여 역기능적으로 학습된 사고나 행동을 자신의 의지로 불학습하거나 긍정적이고 건설적인 방법으로 재학습할 수 있다는 것이다.

#### (2) 체계 이론

아내학대에 대한 일반체계론적 접근은 기능주의적인 사회학 전통에 바탕을 두고 가족을 적응적인 사회 체계로 파악하며, 폭력 주기를 일정 기간 동안 안정과 항상성을 가진 체계로 간주하여 남성과 여성이 이러한 체계에 머무르게 되거나 혹은 벗어나게 되는 흐름을 동태적으로 파악하고자 시도한다. 일반체계론을 아내 구타에 처음으로 적용시킨 Strauss에 의하면 아내에 대한 폭력은 개인의 병리적 행동의 산물이기보다는 체계의 산물로 간주한다. 즉, 가족이 본래적으로 가지고 있는 매일매일의 상호작용에서 파생되는 긴장은 사회 체계로서의 가족이 운영되게 하며 조화 및 폭력을 포함하는 갈등을 산출한다. 체제 운영의 한 방식으로서의 폭력은 일정한 과정을 거치는 '긍정적인 피드백'이 있을 때 증대되는 경향이 있다.

체계의 구성은 이 같은 폭력의 상승적 발생을 낳는 '긍정적 피드백' 과정과 참을 만한 한계 내에서 폭력의 수준을 유지시키는 '부정적 피드백' 과정 혹은 '완화시키는' 과정 그리고 가족의 역할 구조를 변화시키는 '형태 발생적' 과정으로 이루어져 있다.

이러한 피드백 단계는 아내에 대한 폭력이 일어나는 다음 여섯 개 과정에서 작용한다.

① 가족체계의 확립

가족관계는 원래 스트레스가 쌓여 있고 갈등으로 특징지을 수 있으므로 스트레스나 좌절에 대응하는 방식을 배운다는 것은 매우 중요하다. 두 남녀가 결혼에 의해 가정을 이루었을 때 이미 출신 가족에게서 이 방식을 익혀 왔다. 따라서 이들의 성장기 폭력 경험, 즉 폭력을 보면서 자랐거나 폭력에 직접 노출되는 등의 폭력 경험은 새로운 가족체계에서 폭력에 어떻게 대응할 것인가에 대한 주요한 지침이 된다.

② 첫 번째 폭력 발생

첫 번째 폭력은 종종 결혼의 시작을 전후로 발생하는데, 여기서의 초점은 첫 폭력 발생 시 남성과 여성의 상호작용 결과가 미래의 폭력에 어떻게 영향을 미치는가를 살펴보는 것이다. 개인의 내적 체계와 가족체계 내에서의 사이버네틱 기능이 폭력에 대한 피드백을 결정한다. 먼저, 개인의 내적 체계는 폭력이 표출적 목적으로 혹은 도구적 목적으로 사용되었는가를 감시한다. 가족체계는 체계 유지의 목적이 제대로 작동하는가를 살핀다.

③ 폭력의 안정화

체계 이론적 접근에서 볼 때, 긍정적인 피드백을 받은 폭력 행동은 강화되어 일탈 확장적인 연결 고리가 되며, 폭력은 체계 내에서 지배적인 상호작용의 일부로 자리 잡게 된다. 여성의 내적 체계의 사이버네틱 기능이 폭력을 즐기는 메조키스트적인 성향이 아님에도 불구하고 폭력의 상승이 이어지게 되는데, 이를 이해하기 위해서는 폭력 상승에 대해 체계 내에서 가능한 대안과 수정적 대응을 통한 형태 발생의 가능성 등 일련의 사건들을 탐색해 볼 필요가 있다.

④ 선택의 시점

일반적으로 여성이 남편의 폭력에 의해 집을 떠나게 되는 것은 가장 심한 폭력이 일어난 시점과 일치하는 것은 아니다. 체계 이론에 의하면 변화가 발생하기 위해서는 새로운 투입물이 체계 내에서 진행되어야 한다. 예컨대, 여성들은 자녀들이 남편에 의해 상해를 입게 될 것에 대한 두려움, 남편이 자녀가 보는 앞에서 자신을 때리고 욕하는 것에 대한 분노, 외부 사람들 앞에서 폭력을 노출시키는 것 등의 사건이 발생할 때 심리적으로 중요한 전환의 계기를 갖게 되어 앞으로의 방향에 대해 선택을 하게 된다.

⑤ 체계에서의 이탈

심리적으로 체계를 떠날 움직임을 갖게 된 여성이 실질적으로 체계를 떠나는 것은 언제인가? 많은 여성이 심리적으로 중요한 결정을 한 시기와 집을 떠나 쉼터로 오게 되는 시기 사이의 기간에 체계 외부로부터 대안적인 피드백 자원을 모색하고 발견한다. 이들은 가족체계의 경계를 확장시켜 주고 열리게 하는 다리의 역할을 하게 된다. 가족체계의 경계가 열림에 따라 여성은 다른 체계에서 유용한 새로운 기회를 더욱더 인식하게 된다. 결국 여성이 가족체계를 떠나는 것은 점진적인 과정이며 어떤 순간에 계산적이고 합리적인 결정을 하는 것은 아니다.

⑥ 해결 혹은 과거의 반복

체계 이론 접근은 일단 체계를 떠나서 쉼터에 머무르게 된 여성들이 쉼터를 떠난 후 여러 가지 방향의 결정을 한 것을 보여 준다. 쉼터에서 떠난 여성들의 많은 수가 다시금 폭력을 경험하는데 이는 남편에게 돌아간 경우이건 남편에게서 떠난 경우에서건 많이 발견된다. 남편에게 다시 돌아간 경우 폭력의 양과 심각성은 감소하였지만 한 번 이상의 폭력을 경험함으로써 또 다시 폭력체계의 첫 번째 단계를 밟게 되는 경향을 보여 주고 있다.

완전한 해결을 위한 새로운 체계에서는 가족체계의 구성원이 그들의 목적을 지향해야 하고 이전의 구성원을 배제하는 경계선을 확립해야 하며, 새로운 체계를 유지시킬 수 있는 새로운 상호작용의 양식을 확립시키고 새로운 체계는 다양한 구성원의 목적을 만족시켜야 한다.

이상에서 살펴본 체계론적 접근은 가부장적인 사고방식을 내재화하고 있는 남성과 여성이 가족체계 내에서 어떻게 폭력을 상승시키고 유지시키는가를 상세하게 보여 주고 있다. 가부장적인 사회체계가 가부장적인 가족체계를 유지시키는 목적으로 작용할 때 한번 폭력이 발생하게 되면 이는 폭력의 체계를 형성하게 되어 여성으로 하여금 폭력 관계에 갇히게 됨을 잘 나타내고 있다. 또한 남성의 목적과 일치하는 가부장적 가족체계의 사이버네틱 기능이 여성의 저항 및 복종 모두가 폭력을 불러일으킨다는 점을 예리하게 지적하고 있다.

## 5. 학대의 예방 및 대책

우리나라에서 학대 사례에 대한 정신건강서비스와 인프라는 아직 충분하지 않은 편이다. 학대 피해자의 정신건강 문제뿐만 아니라 가해자의 정신건강 및 성격 등의 문제에 대해 필요한 서비스를 체계적으로 제공할 필요가 있다. 이와 관련하여 몇 가지 대책을 제시하면 다음과 같다.

첫째, 지속적으로 증가하는 학대 사례에 대한 효과적인 개입을 위해 관련 기관을 확충하고 정신건강서비스 연계를 강화할 필요가 있다. 정부는 아동학대와 노인학대에 대한 직접적인 서비스 제공 및 학대 예방을 위해 아동보호전문기관과 노인보호전문기관을 광역시와 도별로 2곳 정도 두고 있지만, 늘어나는 학대 사례에 대응하기에는 매우 부족하다. 따라서 보호전문기관과 상담 및 사례관리 전문인력을 크게 확충해야 한다. 특히 학대 사례의 경우 심각하거나 만성적인 정신건강 문제가 나타나는 경우가 많으므로, 보호기관에 정신건강전문요원 등 정신건강 전문가를 채용하여 서비스를 제공할 필요가 있다. 또한 지역의 정신건강증진센터, 정신건강의학과 전문의 등과의 연계를 확대하여 피해자 및 가해자를 대상으로 정신건강 문제를 사정하고 치료 서비스를 적기에 제공할 필요가 있다.

둘째, 아동학대의 예방을 위해 부모와 취약가정을 대상으로 교육, 상담서비스 등을 확대할 필요가 있다. 양육자의 생활 스트레스 및 양육 스트레스, 우울 증상 등은 아동학대 위험을 높이는 것으로 알려져 있다. 특히 사회경제적으로 취약한 가구인 경우 그 위험성은 더 증가하는 것으로 나타난다. 따라서 부모의 양육 효능감을 높이고 양육 스트레스와 불안, 우울 등의 정신적인 문제를 줄일 수 있는 개입이 필요하다. 예를 들면, 가족 갈등의 해소를 위해 부부 의사소통훈련, 부모역할 교육 및 상담을 확대하고 필요할 경우 정신적인 문제에 대한 치료와 상담을 제공하는 노력이 필요하다. 또한 자녀양육과 관련하여 다양한 스트레스 대처방법, 충동 및 분노조절 훈련 등의 효과적인 부모교육 프로그램을 개발하고 보급할 필요가 있다(김재량, 2014).

셋째, 노인학대를 감소시키고 예방하기 위해 상담과 교육서비스를 확대하고 지지체계를 강화할 필요가 있다. 노인의 자기결정권과 권한 부여가 증진될 수 있는 형태의 노인학대와 관련한 서비스 및 제도 교육을 강화할 필요가 있다. 노인문제 및 노인학대상담, 학대관련 교육 및 프로그램을 제공하되 노인중심의 학대예방 및 대처가 이루어질 수 있도록 역량을 강화하는 접근이 필요하다. 또한 독거노인 등 사회경제적으로 취약한 노인의 정신건강을 살피고 개선할 수 있도록 정서적인 지원을 목적으로 한 다양한 정신건강 증진 프로그램이 개발되고 제공되어야 한다.

CHAPTER 11

# 문화적 다양성과 정신건강

1. 문화의 개념
2. 문화의 속성 및 관점
3. 다문화 및 새터민의 이해
4. 다문화와 문화적응
5. 다문화가정의 문제와 해결방안

## 1. 문화의 개념

문화는 자연에 상대되는 상태를 말하며, 도구의 사용과 더불어 인류의 고유한 특성으로 간주된다. 자연이 원래 저절로 이루어져 있는 원초적 상태를 지칭한다면 문화는 자연의 일정 부분에 사람의 의도와 작용이 가미되어 조작되고 변화된 상태를 말한다. 문화를 구성하는 요소에는 언어, 관념, 신앙, 관습, 규범, 제도, 기술, 예술, 의례 등이 있다. 문화의 존재와 활용은 인간 고유의 능력, 즉 상징적 사고(언어의 상징화)의 능력에서 기인한다. 문화는 우리가 경험하는 현실을 규정하며, 타인이나 우리의 주관적인 경험에 비추어서 자신을 파악하는 일종의 렌즈이다(Masella & Pederson, 1986).

문화라는 용어는 라틴어의 Cultura, 에스페란토의 Kulturo에서 파생한 영어의 Culture로 본래의 뜻은 경작(耕作)이나 재배(栽培)였는데, 나중에 교양, 예술 등의 뜻을 가지게 되었다. 일반적으로 문화는, 첫째, 구미풍(歐美風)의 요소나 현대적 편리성(문화생활, 문화주택 등), 둘째, 높은 교양과 깊은 지식, 세련된 생활, 우아함, 예술풍의 요소, 셋째, 인류의 가치적 소산으로서의 철학, 종교, 예술, 과학 등, 넷째, 미디어(실사판, 음악, 책, 게임 등)로 늘 일정한 규모의 집단성을 전제로 하고 있는 사회는 어떤 형태로든 문화를 갖고 있으며, 그 구성원은 그것을 향유하고 있다. 즉, 문화란 인류에서만 볼 수 있는 사유(思惟), 행동의 양식(생활방식) 중에서 유전에 의한 것이 아니라 학습에 의해서 소속하는 사회(협동을 학습한 사람들의 집단)로부터 습득하고 전달받은 것 전체를 포괄하는 총칭이다.

문화는 지배 사회 및 그 사회집단 내에서 학습되고 전해져 내려온 의미, 가치, 행동 규준으로서, 문화에 대해서 학자마다 다른 뜻과 정의를 내놓기 때문에 한마디로 정의하기는 어렵다. Tyler(1871)는 "사회 구성원으로서의 인간이 습득한 지식 · 믿음 · 예술 · 가치관 · 규범 · 기술 · 의식주의 수단 등으로 모든 능력과 습관을 모두 포함하는 복합적인 총체이다."라고 하였다. 즉, 문화는 지식, 신앙, 예술, 도덕, 법률, 관습 등 인간이 사회의 구성원으로서 획득한 능력 또는 습관의 총체라고 하였다. Clover(1952)는 '습득된 행동'을 비롯해서 '마음속의 관념', '논리적인 구성', '통계적으로 만들어진 것', '심리적인 방어기제' 등 문화를 구성하는 164가지의 요소로 이루어진다고 정의하였다. Sorokin은 "문화란 상호작용하는 사람들이 소유하는 의미, 가치, 규범의 전부와 이러한 의미들을 객관화하고 사유화시키며 전달하는 매체의 전부를 말한다."라고 하였고, Linton은 "문화란 어떤 사회의 전체적 생활양식이다."라고 정의하면서 문화란 사회 구성원에 의해 후천적으로 습득되어 공유되는 지식, 신념, 행위의 총체라고 하였다.

따라서 문화는 두 가지의 뜻을 지닌다. 첫째, 좁은 의미로 특수 집단의 사람들이 일반 대중과 차별해서 추종하여 즐기는 생활에서의 멋, 우아함, 고매한 취미와 예술 등을 뜻하며, 넓은 의미로 특정 사회나 조직의 구성원이 일반적으로 옳은 것으로 받아들이는 삶의 총체적 양식을 지칭한다. 따라서 문화는 일상적 의미로 예술적인 것, 혹은 개화되고 세련되고 교양 있는 것(문화인, 문화생활 등)과 포괄적 의미로 한 사회의 구성원이 후천적인 학습을 통해서 공유하고 있는 행동사고 방식 등 인간의 모든 생활양식의 총체(한국 문화, 청소년 문화 등)의 의미를 지닌다.

특정 사회의 특성을 결정짓는 사회적 관계는 1차적으로 개인 '나'를 중심으로 전개된다. 자연으로서 '나'는 물질(materials)로 대변되는 자연환경, 나 이외의 타자(others)로 대변되는 사회적 환경, 형이상학적인 관념적 세계(meta-world)와 계속되는 접촉을 유지하면서 삶을 영위해 나간다. 이러한 각행동객체의 관계 속에서 개인으로서의 '나'는 특정한 상황 속에서 쓸모가 있는 테크닉, 태도, 이념을 터득하게 된다. 비슷한 자연환경과 사회환경, 관념세계 속에서 살아가는 비슷한 경험을 통해 비슷한 지식을 얻고, 이 지식이 객관성과 일반성을 지니게 되면 문화적 토대를 형성하게 되는 것이다. 각각의 환경 속에서 만들어진 문화적 토대가 공학, 이념, 태도 등을 형성한다. 이를 그림으로 표시하면 [그림 11-1]과 같다.

[그림 11-1] '나'를 중심으로 하는 대상별 행동의 유형

출처: 박진규(2015), p. 18.

앞의 대상별 행동 유형에 따라 문화를 몇 가지 유형으로 구분할 수 있다. 첫째, 물질문화와 정신문화(비물질문화), 중핵문화와 주변문화로 구분된다. 물질문화는 정신적 요소가 표현되어 가시적 형태(자동차, 책상 등)로 유지되는 문화이고, 정신문화는 인간의 정신적 상태로 유지되는 문화(가치, 신념 등)이다. 중핵문화는 그 사회의 성인 다수 집단이 향유하는, 즉 전통 있고 사회적으로 더 큰 권력과 영향력을 지닌 집단이 만들어 내는 문화이고, 하위문화는 일부 소수 집단에게만 독특하게 일시적으로 존재하는 문화, 즉 특정 소집단, 혹은 하위계층의 사람들이 만들어 유지하는 문화이다. 둘째, 경험적 문화, 규범적 문화, 심미적 문화로 나누기도 한다. 경험적 문화는 사물을 다루고 조작하는 집단적 능력과 관행이고, 규범적 문화는 집단 구성원이 서로 간 관계를 유지하는 형태이며, 심미적 문화는 형이상학적인 사유형태이다.

문화의 구성요소는 기술적, 제도적 및 관념적인 구성요소로 구분할 수 있다.

**표 11-1 문화의 구성요소**

| 구분 | 의미 | 내용 | 기능 |
|---|---|---|---|
| 기술적<br>(물질문화) | 인간이 환경에 적응하기 위해 만들고 사용한 물질적인 모든 것 | 도구, 음식, 주택, 교통, 기술 | - 인간에 환경에 적응할 수 있도록 생활수단 제공<br>- 문화의 창조에도 기여하지만, 문화의 파괴와 집단의 비합리적인 지배에도 기여함 |
| 제도적<br>(제도문화) | 사회 구성원의 행위를 규제하거나 관계를 규정하는 규칙, 규범, 원리 | 가족, 종교, 정치, 교육, 경제 등 각종 사회제도 | - 사회질서의 유지를 위해 기대되는 행위<br>- 양식의 절차와 과정을 제공함 |
| 관념적<br>(관념문화) | 인간이 자기 자신이나 자연, 사회 등에 대한 지식, 신념, 가치 및 태도 | 신화, 전설, 철학, 언어, 문학, 예술, 종교, 도덕 등의 정신적 창조물 | - 환경적인 제약을 극복해 나가는 데 필요한 용기와 의욕을 불어넣어 줌<br>- 생활의 지혜를 제공하여 인간의 삶을 풍요롭게 해 줌<br>- 인간이 살아가는 궁극적인 의미와 목표 제공 |

## 2. 문화의 속성 및 관점

문화의 첫 번째 특징은 공유성으로, 한 사회의 구성원이 그들만의 고유한 문화를 공유하는 것이며, 이에 따라 공통된 행동과 사고방식을 가진다. 명절에 성묘하러 대규모 이동이 일어나는 것을 예로 들 수 있다. 공유성은 예측할 수 있게 해 준다. 두 번째 특징은 학습성으로, 문화는 선천적인 것이 아니라 후천적으로 습득하는 것이다. 이를 학습성이라고 하는데, 젓가락 사용법, 연필 잡는 법 모두 후천적으로 익히는 문화이므로 학습성의 예가 되겠다. 세 번째 특징은 축적성으로, 문화는 전 세대로부터 물려받아서 다음 세대로 전달된다. 그 과정에서 새로운 지식, 기술이 축적되며 내용이 풍부해지고 더욱 발전하는 특징을 축적성이라고 한다. 넷째, 변동성으로 문화는 형성되고 안착하더라도 후에 그 문화가 지속될 것이라는 보장을 할 수 없다. 이 특성을 변동성이라고 하는데, 없어지기도 하고 수정되기도 하고 새로운 문화가 탄생되기도 한다. 문화가 변동되는 원인은 새로운 문화 요소의 발명이나 발견, 가치관의 변화, 지식의 축적 등이다. 다섯째, 전체성으로 사회의 문화는 물질적, 제도적, 정신적 요소로 구성되어 있다. 각각의 요소는 독립적인 성격을 가지고 있지만 밀접한 관련을 맺고 있다. 예를 들어서 인터넷의 발달로 쇼핑을 인터넷으로 하고 강의도 인터넷으로 보는 등 생활양식이 바뀌었다. 문화의 속성을 정리하면 〈표 11-2〉와 같다.

한편, 문화는 특수적 관점과 보편적 관점으로 구분할 수 있다. 정신병리와 문화의 관련성을 보는 관점은 문화의 특수적 관점과 문화의 보편적 관점으로 구분된다(Okazaki, Kallivayalil, & Sue, 2002). 문화의 특수적 관점(emic perspective)은 문화에 따라 정신병리에 차이가 있다는 관점이다. 즉, 문화는 시간의 흐름에 따라 변하고 이상행동을 구성하는 것도 역사상 특정 시기에 특

**표 11-2 문화의 속성**

| 구분 | 특징 | 기능 |
|---|---|---|
| 공유성 | • 사회 구성원에게 공통적으로 나타나는 행동 및 사고방식이 있음 | • 사람들은 문화를 공유함으로써 원활한 사회생활과 타인의 행동 예측이 가능해짐 |
| 학습성 | • 문화는 생물학적 · 선천적인 것이 아니라 후천적으로 학습된 것임<br>• 인간은 문화의 학습을 통해 사회 구성원으로 성장함 | • 학습을 통해 개인은 사회의 문화를 수용하고, 사회는 문화를 개인에게 사회화시킴으로써 질서를 유지함 |
| 축적성 | • 문화는 인간의 언어와 문자 사용 능력을 통해 계속해서 다음 세대로 전승됨 | • 기존의 문화에 새로운 삶의 방식이 더해져 전통을 이루고 문화의 내용은 더욱 풍부해짐 |
| 전체성<br>(총체성) | • 한 사회의 문화는 각 요소가 상호 밀접한 관련을 맺으면서 전체를 이룸 | • 한 문화 요소의 변동은 연쇄적으로 다른 분야의 변동을 가져옴 |
| 변동성 | • 문화는 고정불변의 것이 아니라 지속적으로 변해 감<br>• 사람들이 일상생활의 문제를 효과적으로 해결하려는 과정에서 문화 변동이 발생함 | • 환경 변화에 대한 적응을 돕고 문화의 축적을 이루는 데 기여함 |

정 문화 집단의 구성원에 의해서만 정의될 수 있기 때문에 이상행동은 문화와 관련된다는 것이다(Draguns, 1977). 문화의 보편적 관점(etic perspective)은 정신병리가 문화와 관계없이 보편성을 가진다는 것이다. 즉, 특정 행동은 문화적 맥락이나 역사적인 시기와 상관없이 이상한 것으로 본다. 이 관점에서 이상행동을 평가하기 위한 수단이나 도구들이 상이한 문화에도 적용될 수 있기 때문에 문화들 간의 비교를 가능하게 한다고 가정한다.

## 3. 다문화 및 새터민의 이해

세계화(globalization)와 초국가주의(transnationalism)가 본격화됨에 따라 세계 각국의 경제시장과 더불어 노동시장이 개방되면서 국가 간의 장벽이 사라지고 있다. 이러한 현상은 국제적인 인구이동 현상 또한 촉진시켰다. 실제로 현재 전 세계 인구의 3%에 해당하는 사람들이 자신이 출생한 모국이 아닌 곳에 거주하고 있다. 세계화와 더불어 나타나는 인구의 국제적인 이동은 세계 여러 곳에서 나타나고 있으며, 한국의 경우도 예외가 아니다. 한때 우리는 '단일민족국가'임을 신화처럼 여겼다. 그러나 세계화, 국제화 시대가 되면서 국제결혼 이민자, 외국인 노동자 등 다인종, 다민족, 다문화 시대로 접어들고 있다. 그렇기 때문에 다문화가족의 사회·문화적 적응과 통합이 중요한 문제로 부각되고 있는 것이다.

한국에서의 다문화주의를 보면 다른 나라보다 복잡하다고 할 수 있다. 한국의 근대화를 논할 때 흔히 떠오르는 단어는 '압축성'이다. 또한 이주 문제도 서구나 동아시아 국가들과는 전혀 다른 양상으로 압축적이고 비약적으로 나타나고 있기 때문이다. 또한 한국은 단일문화를 고수하고 있는 국가로서 '한 핏줄-한 민족-한 문화'로 대표되는 나라라는 점에서 아주 혼돈스러운 이주현실을 경험하고 있다.

### 1) 다문화가정의 정의

다문화가정에 대한 일반적인 정의는 우리와 다른 민족, 문화적 배경을 가진 사람들로 구성된 가족을 말한다. 법률을 살펴보면, 법률 제8937호로 2008년 3월 21일 제정되고, 동년 9월 22일자로 시행된 「다문화가족지원법」 제2조(정의)에서 다문화가족에 대해 다음과 같이 정의하고 있다.

※ '다문화가족'이란 다음 각 목의 어느 하나에 해당하는 가족을 말한다.

가. 「재한외국인 처우 기본법」 제2조 제3호의 결혼이민자와 「국적법」 제2조부터 제4조까지의 규정에 따라 출생 시부터 대한민국 국적을 취득한 자로 이루어진 가족

나. 「국적법」 제4조에 따라 대한민국 국적을 취득한 자와 같은 법 제2조부터 제4조까지의 규정에 따라 출생 시부터 대한민국 국적을 취득한 자로 이루어진 가족

## 2) 우리가 범주화한 다문화가정

앞서 제시한 법률만으로는 다문화가정을 정의하는 데 어려움이 있기에 우리는 범주를 설정해 다문화가정에 대한 이해를 돕고자 한다. 다양한 국제결혼 양상이 있기에 칼로 무를 베듯이 범주를 설정하는 것에는 어려움이 있지만, 한국 사회에서 가장 많은 논의가 있고 집단 규모가 큰 외국인 근로자, 농촌, 북한 이탈주민(새터민)을 중심으로 살펴보고자 한다.

### (1) 외국인 노동자의 경우

외국인 노동자가 국제결혼을 통해 다문화가정을 형성하였을 경우를 이야기할 때 한국의 국제적인 위상의 변화와 이에 따른 노동력의 이동을 살펴봐야 한다. 최근 20년여 년간 이주와 관련된 한국의 위상은 극적으로 변화했다. 1980년도 초까지만 해도 한국은 다른 아시아 국가들과 다를 바 없는 적극적인 노동력 수출 국가였다. 1965년에 설립된 '한국해외개발공사'라는 국가기관이 노동력 수출 전담기관이었다. 1980년대를 경유하면서 한국은 말레이시아, 태국, 홍콩 등과 함께 노동력의 수출입이 비슷한 국가 계열에 합류했다. 그러나 1988년 올림픽 개최를 계기로 한국은 아시아의 주요한 이주 노동력 유입 국가의 위상을 갖게 된 다. 단기간에 이뤄진 이민 송출국에서 이민 유입국으로의 위상 변화는 국내외적 차원에서 여러 가지 긍정적인 효과를 가져다주었다. 국제사회에서 한국의 국가 이미지는 제고되었다. 한국은 아시아 출신 노동자들이 선망하는 '코리안 드림'의 목적지가 되었다.

이렇게 한국은 불과 몇 십 년 사이에 노동력 수출국에서 수입국으로 급격하게 위상을 변모하였다. 또한 국내적인 요인도 있다. 외국인 노동자가 유입되기 시작한 시점은 강력한 노동운동과 그로 인한 임금상승이 이루어진 때와 정확히 일치한다. 1987년 이후 강력한 노동운동은 국내 대기업 생산직 노동자의 임금을 급속히 상승시켰고, 동시에 내국인 노동자의 '3D 직종 기피 현상'이 광범위하게 확산되었다.

(2) 농어촌의 경우

통계청의 조사에 따르면 2007년 결혼한 농림, 어업 종사 남성의 경우 40%가 외국 여성과 결혼했다고 한다. 가히 놀라운 수치가 아닐 수 없다. 이러한 수치 때문에 최근 다문화가정이나 국제결혼을 논할 때면 농촌이 빠지지 않고 등장하는 것이다. 급격한 산업화 이후 농어촌에 대한 시각은 부정적으로 급변하였다. 그러면서 농어촌의 남녀성비는 깨지고 결혼 적령기의 여성은 농촌에 거의 존재하지 않게 되었다. 더불어 1990년대에 이르러 '농촌 총각 장가보내기' 운동과 함께 결혼 적령기를 지난 농촌의 남성들을 대상으로 한 국제결혼 중개업소가 늘어났이로 고, 말미암아 농어촌에서 베트남, 말레이시아, 캄보디아 여성과 결혼이 성행하게 되었다.

그러나 농어촌의 국제결혼은 많은 후유증을 낳고 있다. 다문화가정의 이혼을 보면 2004년 3,315건이었던 것이 2007년에는 8,828건으로 급격히 증가하였다. 그중에서도 중국, 베트남 여성의 이혼이 가장 많았다. 때로는 정식적인 이혼 절차를 밟지 않고 도망가는 경우도 있다. 또한 결혼 당사자 간의 정보부족 및 상호이해 결여로 가정 폭력이 빈발하고 있다고 한다. 다른 문제점으로는 국제결혼 중개업의 사행성을 들 수 있다. 2005년 보건복지가족부의 실태조사에 따르면 결혼 중개업을 통한 국제결혼은 13.4%로 조사되었지만 유사 중개행위까지 포함할 경우 실제 50% 이상이 될 것으로 추정하고 있다.

이러한 국제결혼 중개업의 성행은 상업적 이윤추구 수단으로 악용되어 결혼 당사자의 인권 침해, 국가 이미지 실추 등의 사회문제를 야기하고 있다. 실제로 여성가족부의 실태조사에 따르면 여성 결혼 이민자의 13.2%가 결혼 전에 들은 배우자에 대한 정보가 사실과 다르다고 응답하고 있다. 이에 대한 대응으로 정부는 2007년 결혼 중개업의 관리에 관한 법률을 제정하고 시행하기에 이르렀다.

(3) 북한이탈주민(새터민)의 경우

분단국가라는 특수성에 기인한 새터민을 통해 형성된 다문화가정도 상당수에 이르고 있다. 우리와 같은 언어를 사용할 뿐 다른 경제 체제, 정치 체제에서 길러진 생활 양식은 상당히 이질감을 주고 있다. 북한이탈주민은 「북한이탈주민의 보호 및 정착지원에 관한 법률」 제2조에 의해 '북한에 주소, 직계가족, 배우자, 직장 등을 두고 있는 자로서 북한을 벗어난 후 외국 국적을 취득하지 아니한 자'를 말한다. 북한이탈주민은 국내에서 '탈북자', '북한이탈주민', '새터민' 등으로 혼용되고 있으며, 법률상으로는 북한이탈주민으로 명시하고 있다.

새터민들은 우리 사회에 적응하지 못한 채 생활고를 겪으며 힘겹게 살아가고 있다. 이들은 경제 · 문화적 차이 때문에 우리 사회에 적응하지 못하고, 문화적응 및 갈등의 요인으로 정신

**표 11-3 새터민들이 경험하게 되는 문제**

| 구분 | 문제점 |
|---|---|
| 직업선택과 취업 | 구직의 좁은 문, 직업 경력의 단절 등 |
| 의사소통의 문제 | 언어장벽, 생활양식의 차이 등 |
| 직무수행 문제 | 기술적 문제, 자본주의식 노동 규율 준수의 어려움 등 |
| 조직문화 적응 문제 | 공동체문화와 개인주의, 경쟁문화의 대립 등 |
| 새터민에 대한 인식 문제 | 의심과 불신 등 |
| 외상후 스트레스(PTSD) 장애 문제 | 탈북과정에서 겪은 공포 등 심리적인 장애 |
| 죄책감과 우울증 | 북한에 남아 있는 가족에 대한 미안함, 죄책감 등 |

건강도 위협받고 있으며, 가치갈등으로 인하여 문화적 충격 등 정신건강상의 문제들을 야기하고 있다. 새터민들이 경험하게 되는 문화적응 및 정신건강상의 문제는 〈표 11-3〉과 같다(임혁 외, 2011).

## 4. 다문화와 문화적응

국가 간 인적 교류로 인해 세계는 다문화 사회로 변하고 있으며, 우리나라도 다문화가 빠르게 진행되고 있다. 다문화 사회에서 나타나는 언어와 경제문제 이외에도 가족 구조, 젠더 구조 등과 같은 문화 차이로 인한 일상생활에서의 의사소통과 갈등, 한국인들의 편견으로 인한 수용성의 문제들도 심각하며, 우리 사회가 다인종, 다문화되어 감에 따라 이들의 적응 문제에 대한 심리학적인 관심이 필요하다.

문화적응(acculturation)은 자신과 문화가 유사하지 않은 사람이나 집단, 사회적 영향과 접촉할 때 일어나는 변화를 일컫는다(Gibson, 2001). 초기에는 문화적응을 '문화적 근원이 다른 사람들 간의 지속적이고 직접적인 접촉의 결과로 일어나는 집단 수준의 변화'로 보았다(Redfield, Linton, & Herskovits, 1936). 이후에 심리학 연구들이 더해져 문화적응은 정서, 인지, 행동 측면을 포함한 개인 수준에서의 변화로 개념화되었다(Berry, 1997). 문화적응은 '두 개 혹은 그 이상의 문화집단과 그 속의 개인 구성원이 접촉한 결과로 생긴 문화적, 심리적 변화의 과정'이라고 정의된다(Berry, 1997). 즉, 문화적응은 이주민들이 새로운 문화에서 원만한 상호작용을 통하여 심리적, 물리적으로 안정화되는 것을 말한다. 문화적응은 문화 배경이 상이한 집단이 접촉하는 한 계속되며, 변화를 수반할 수밖에 없다.

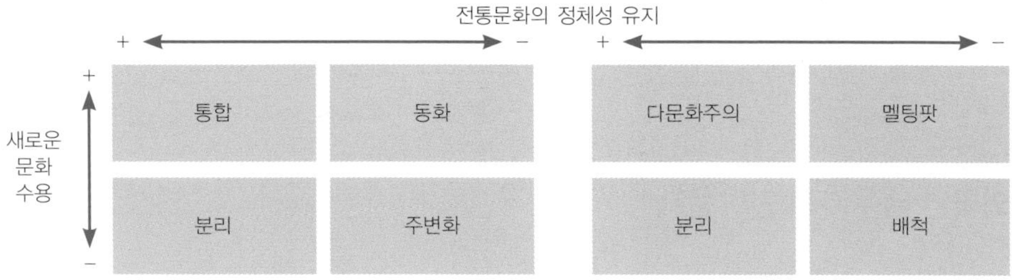


[그림 11-2] **Berry의 문화적응 전략 및 문화정책 전략**
출처: 오수성 외(2014), p. 566.

문화적응 전략은 두 차원으로 소수 이민 집단에 적용될 수 있다(Berry, 1997). 한 차원은 자신의 고유한 전통 문화나 집단에 동일시하는 정도이고, 다른 차원은 새로운 문화를 수용하는 정도이다. 이 두 차원의 조합은 네 가지 유형, 즉 통합(integeration), 동화(assimilation), 분리(seperation), 주변화(marginalzation)로 구분된다([그림 11-2] 참조).

새로운 문화에 적응하는 과정은 내부에서 일어나는 변화에 따라 네 단계로 구분할 수 있다(Oberg, 1960). 1단계는 허니문 단계로 새로운 변화에 대한 환상, 자신감, 낙관적인 자세를 가지는 단계이다. 2단계는 새로운 사회에 대해 공격적인 성향을 보이는 적대관계로 자신이 향유했던 문화와 여러 가지 문제 상황으로 인해 점차 당황하고 두려움을 가지게 되는 단계이다. 3단계는 새로운 지식이 늘어나면서 새로운 태도를 가지려는 성향을 보이는 회복 단계이다. 4단계는 새로운 문화를 수용하고 즐기는 단계이다. Gordon(1964)은 개인이 환경에 적응해 가는 과정에 따라 6단계로 구분하였다. 1단계는 문화적응 단계, 2단계는 구조적 동화 단계, 3단계는 병합 단계, 4단계는 동일시 단계, 5단계는 태도와 가치관의 동화 단계, 6단계는 행동의 동화 단계이다.

문화적응 요소로서 문화적응은 사회문화적 적응과 심리적 적응으로 구분된다(Searle & Ward, 1990). 사회문화적응은 객관적이고 행동적인 측면을 설명하는 개념으로, 외부로 나타나며 사회규범, 역할 인식, 윤리적 가치 등을 내포한다. 심리적 적응은 문화적응의 내적 측면으로서 심리적 안녕감이나 만족감, 정신건강 등과 관련된다. 병리적인 접근에서는 스트레스, 우울, 불안, 긴장, 피로감 같은 상태로 표현되기도 한다.

국제결혼이 급증함에 따라 결혼이민자의 유입도 함께 급증하고 있다. 하지만 한국생활에 대한 준비가 부족한 외국인 배우자들은 한국생활을 하면서 갖가지 고충에 시달리기 마련이다. 결혼이민자가 한국생활을 하면서 느끼는 어려움을 조사한 결과 언어문제가 59.1%로 1위를 차지했다. 대부분의 결혼이민자가 한국어를 전혀 할 줄 모르는 상태에서 한국생활을 시작하기 때문에 언어문제로 인해 큰 어려움을 겪고 있는 것이다. 그다음으로 경제난, 문화차이, 자녀문제, 인종차별 등이 한국생활을 하면서 어려운 점으로 꼽혔다.

### 1) 외국인 배우자의 언어문제

국제결혼의 증가로 늘어난 다문화가정의 가장 큰 어려움은 언어의 장벽인 것으로 조사됐다. 우리나라에 거주하고 있는 외국인 배우자들은 대부분 한국어를 전혀 하지 못하는 상태에서 한국생활을 시작한다. 한국에 와서야 한국어 공부를 시작하게 되는데 체계적인 언어교육기관이 부족해 언어습득에 큰 곤란을 겪게 된다. 언어문제로 인한 의사소통의 부재는 부부 또는 고부간의 갈등 등의 또 다른 문제로 이어지는 경우가 많아 가장 심각한 문제로 지적되고 있다.

### 2) 다문화가정 자녀의 언어문제

아동기의 초기 언어발달을 위해 양육자나 엄마가 주어야 할 언어적 자극의 역할은 아주 중요하다. 그런데 국제결혼한 이주여성 자신들도 한국어 이해와 표현에 어려움을 겪기 때문에 아이들의 언어발달을 위한 충분한 언어적 자극을 주기에는 역부족인 경우가 대부분이다. 게다가 함께 사는 가족들 역시 농사나 생업에 종사하느라 아이들에게 쏟을 수 있는 시간이 부족한 환경에 놓여 있다.

무엇보다 중요한 것은 아이들의 언어문제가 학령기의 학습부진으로 이어지기 전에 반드시 조기 발견되어 적절한 언어치료교육서비스가 제공되어야 한다는 점이다. 이들의 언어문제는 적절한 언어적 자극과 관련된 환경적인 요인 때문인 경우가 많으므로, 조기 발견과 동시에 부모교육, 언어치료서비스, 다각적이고 적절한 상담에 의한 환경변화 등이 이어질 경우 나아질 수 있는 경우가 많다. 따라서 조금이라도 아이가 말이 늦거나 발음이 부정확할 경우, 가까운 전문 언어치료기관에서 언어진단을 받고 언어치료교육서비스를 받을 수 있도록 하는 것이 매우 중요하다.

### 3) 다문화가정 자녀의 학습부진

국제결혼 알선업체들이 본격적으로 한국인 남성과 아시아계 여성의 결혼을 주선하기 시작한 1990년대 중반 이후로 당시 결혼 직후에 태어난 국제결혼가족 자녀들은 현재 초등학교 재학 연령이라 볼 수 있다. 국제결혼의 증가 추이에 비해 현재 초등학교에 재학 중인 이들이 많지는 않지만, 지방의 소규모 초등학교에는 국제결혼가족의 자녀가 25% 정도를 차지하는 경우도 있으며 1990년대 후반 급증한 국제결혼의 증가와 함께 자녀의 출생도 많아졌으며 이들이 가까운 시일 내에 공교육에 참여하게 되리라는 점은 확실하다. 이러한 실정에서 학생들이 처음으로 사회와 소통하는 학교 내에서 부적응 문제가 심각하다.

많은 국제결혼가족의 자녀들이 보이는 현상으로는 이중 언어 사용 환경으로 인하여 또래보다 늦은 한국어 습득, 이로 인한 연령 대비 낮은 인지 기반이다. 이는 다른 아이들과 비교하여 절대적으로 낮고, 모든 국제결혼가족의 자녀들에게서 현저하게 나타나는 것은 아니지만, 교육의 누적성 측면에서 이들이 떠안게 되는 약점을 보완해 주는 장치가 제도적으로 마련될 필요성이 있다. 즉, 취학 이전 이미 한국어 발달과 지식 습득을 위한 기초 인지 기반을 쌓는 단계부터 시작된 결손이 초등학교에서 시작하여 교육과정 내내 누적되고, 이는 아이의 성장과 함께 확대되어 교육의 격차가 벌어지고 결국에는 사회적 성취의 격차로까지 이어질 가능성을 배제할 수 없다.

### 4) 경제난

다문화가정의 실태 조사결과 이주여성이 한국에서 생활하는 데 가장 큰 어려움으로 언어 습득 곤란(45.3%)을 꼽았고, 이어 경제적 곤란(13.8%)이라고 대답했다. 그리고 박대식 한국농촌경제연구원 연구위원의 '농촌의 다문화가정 실태와 정책방향' 연구보고서에 따르면 농촌(읍 · 면)에 거주하며 농사짓는 다문화가정 400가구에 대한 면접조사 결과, 농촌 다문화가정의 53.4%가 연간 가구소득이 2,000만 원 미만으로 조사됐다. 2007년도의 전국 농가 평균소득이 3,197만 6,000원인 점을 감안하면 농촌 다문화가정의 대부분(94.9%)이 전국 농가 평균소득에 못 미치는 소득을 올리는 것이다. 또 농촌 다문화가정의 78.8%가 농지(논 · 밭) 2㏊ 미만을 소유해 영농기반이 취약하고, 평균 농지 소유면적은 1.6㏊(4,838평)에 불과한 것으로 드러났다. 이처럼 다문화가정의 낮은 소득은 그들이 우리 사회에 적응하는 데 큰 걸림돌이 되고 있다.

### 5) 가정폭력 문제

2007년 11월 한국인 남편(50)과 결혼한 가엔 티 홍(가명 · 21 · 베트남) 씨는 결혼식 날 첫 폭행을 시작으로, 8개월여 동안 휴대폰을 받지 않았다는 등 사소한 이유로 지속적인 폭행에 시

달렸다. 임신 4개월째였던 지난 7월 그녀의 취업 문제로 다툼을 벌이다 주먹과 각목으로 폭행을 당한 뒤 가출해 경기지역 다문화지원시설의 도움을 받고 있다. 그녀는 지금 출산을 목전에 두고 있다.

또 지난해 10월 중국에서 부산으로 시집온 린즈(가명 · 21) 씨는 말을 못 알아듣거나 밥이나 반찬 맛이 이상하다는 이유로 남편(47)과 시누이로부터 수없이 폭행을 당하다 결혼 두 달 만에 협박에 못 이겨 이혼서류에 도장을 찍었다. 그 길로 집에서 쫓겨나 보호시설에 머물고 있다.

앞의 사례처럼 모든 다문화가정이 가정폭력의 문제를 안고 있는 것은 아니다. 하지만 혈혈단신으로 먼 이국에서 결혼생활을 해야 하는 외국인 아내의 입장에서 겪게 되는 가정폭력은 더욱 심각한 문제로 다가온다.

외국인 여성이 결혼이라는 연결고리를 통해 한국에 오는 것은 국내에서 결혼이 여의치 않은 한국 남성의 사정과 외국인 여성들의 경제적 욕구가 타협된 결과물이라는 인식이 우리 사회에 지배적이다. 실제로 적지 않은 우리나라 사람들이 외국인 여성들을 '돈 목적으로 결혼하는 사람', 또는 '목적을 위해 위장결혼한 사람'이라는 편견을 갖고 바라본다. 결혼은 기본적으로 윤리와 경제적 문제가 미묘하게 얽힌 제도이지만 우리 사회는 이주 여성들에게 유독 경제적인 잣대만 대고 있다. 이러한 그릇된 인식으로 인해 외국인 아내와 결혼한 한국인 남편들이 의처증을 갖는 경우가 많아지고 있다. 의처증이 있는 남편들은 대부분 '자기 부인이 돈을 목적으로 한국에 왔고 자기와 위장결혼을 했으니까 언젠가는 도망갈 것'이라는 그릇된 생각을 가지고 있다. 생활기반이 약한 한국인 남편들이 나이 차이가 많이 나는 젊은 아내들에게 위기감을 느끼는 것이다. 그리고 외국인 아내를 돈을 주고 사 온 신부라는 남편들의 잘못된 사고도 가정폭력의 한 원인으로 지적된다. 결국 이러한 편견으로 인해 외국인 아내들은 가정폭력의 희생양이 되고 있다.

### 6) 다문화가정 자녀들의 집단따돌림 문제

다문화가정 자녀들은 외국인으로 치부되면서 한민족으로 인정하기를 거부하는 한국 사회의 편견으로 인해 따돌림을 당하고, 심리적 고립감, 정서적 소외감을 경험하게 된다. 이러한 사회적 고립감과 소외감 때문에 다문화가정 자녀들과 그 어머니는 정체성의 혼란을 느끼게 되는데, 이는 아동의 성장과 발달에 악영향을 미치고, 낮은 자존감과 상실감, 우울 등의 감정을 갖게 한다. 다문화가정 자녀들은 일반 아이들에 비해 학교 내에서 집단따돌림을 받는 경우가 더욱 빈번한 것으로 나타났는데 집단따돌림을 당하는 가장 큰 이유가 단지 엄마가 외국인이기 때문인 것으로 나타났다. 외국인에 대한 우리 사회의 편견이 어린아이들에게까지 퍼져 있다는 것에 충격을 받지 않을 수 없다.

### 7) 사회적 편견

다문화주의 전통이 없고, 순혈주의 중시 풍토로 인해 여성결혼이민자에 대한 편견 및 차별이 존재한다. 그리고 다문화가정을 비정상적인 가정, 사회문제의 원천으로 보는 시각이 있다. 언론을 통해 피상적으로 알게 된 내용을 토대로 여성 결혼이민자들을 한국으로 팔려 온 여성으로 이해한다거나, 또는 한국에 돈을 벌기 위해 정상적 결혼생활을 할 의사가 없으면서도 온 것으로 생각하는 등의 선입관에 기초해 판단하는 경우가 대부분이다. 이처럼 편견과 차별이 지속될 경우 이로 인한 사회적 갈등이 표출될 우려가 있다.

### 8) 혼인무효소송 급증

국제결혼을 통해 입국한 이민자가 늘어나면서 '위장 결혼' 등에 따른 혼인 무효 소송이 급증하고 있다. 10일 서울가정법원에 따르면 지난 5년간 혼인 무효 소송 접수 건수는 2003년 207건에서 2007년 487건으로 2배 이상으로 증가했고, 그 처리 건수는 2003년 142건에서 2007년 548건으로 4배 가까이로 증가했다. 이처럼 혼인 무효 소송이 갈수록 급증하는 이유는 취업 등을 목적으로 국제결혼 형식을 취한 위장 결혼 증가와 결혼 이민자가 한국인 배우자와의 가정불화를 이유로 가출하는 사례가 늘고 있기 때문인 것으로 보고 있다. 우리 사회의 포용력을 상징하는 '다문화가정' 증가의 어두운 그늘인 셈이다.

혼인 무효 소송은 부부가 혼인신고를 했음에도 불구하고 사실은 부부관계를 맺을 의사가 없었을 때 혼인 당사자가 제기하는 소송이다. 법원으로부터 무효 판결을 받으면 이혼과는 달리 호적상의 혼인 및 이혼 기록이 남지 않게 된다. 국제결혼 피해자들의 마지막 구명수단인 셈이다.

### 9) 불안정한 체류 자격으로 인한 폐해

결혼이주여성들은 불안정한 체류 자격 때문에 여러모로 어려움을 겪는다. 결혼 2년이 채 안 돼 한국 국적을 취득하지 못한 이주 여성들의 신분은 전적으로 남편에게 달려 있다. 국적 취득 신청 때도 남편이 보증을 서 줘야 하고, 1년마다 갱신하는 비자 신청권도 남편에게 있다. 국적 취득 전에 이혼하면 이주여성은 체류 자격을 박탈당한다. 국적법은 이주여성의 가정폭력 피해가 입증되면, 귀화신청 자격을 부여할 수 있도록 하고 있다. 그러나 가정폭력은 입증이 어렵고 시간이 걸리는데, 이 기간에 이주여성들은 '강제퇴거' 위험에 직면한다. 이처럼 결혼이주여성들에게 불리하게 적용되는 체류 자격으로 인해 강제이혼, 양육권 박탈 등의 폐해가 잇따르고 있다.

### 10) 빈곤의 세습 문제

다문화가정의 1세대라고 할 수 있는 기지촌의 혼혈인 2세들은 대부분 경제적 빈곤에서 벗어나지 못하고 있다. 비록 오늘날 다문화가정의 아동들이 그들과는 조금 다른 사회적 배경을 가지고 있기는 하지만 현재의 추세로 보아서 결코 낙관적이라고 볼 수는 없다.

열악한 가정환경과 사회적 편견으로 인해 학교와 사회로부터 소외받고 있는 다문화가정의 아동은 현재의 빈곤을 세습받을 우려가 크다. 다문화가정 자녀들이 '빈곤의 세습'에서 벗어나지 못한다면 그들이 우리 사회에서 융화되지 못하고, 새로운 사회문제와 갈등을 야기하게 될 것이다.

### 11) 국제결혼 중개업체의 도덕적 해이

국제결혼이 지속적으로 증가하는 가운데 국제결혼 중개업체의 난립, 불법적 영업활동 등으로 이용자들의 인권침해 및 피해사례가 증가하고, 이러한 국제결혼 관행 및 사건에 대한 외국 현지 언론의 집중 보도로 동남아 국가 내 반한감정이 확산되고 있다.

결혼을 위한 상담 및 알선 등 서비스를 제공하는 결혼중개업에 대한 정부의 규제는 1973년 허가제를 도입한 이래 1993년 신고제로 전환하였다가 1999년 자유업화하는 등 지속적으로 완화시켜 왔으며, 이후 결혼중개업의 불법행위를 관리할 수 있는 법적 근거가 없어 무분별한 국제결혼의 성행을 부추겨 왔다.

### 12) 다문화가정에 대한 언론의 편견 조장

최근 다문화가정에 대한 사회적 관심이 확대되면서 다문화가정에 대한 언론보도도 늘어나고 있다. 하지만 언론보도가 다문화가정에 대한 부정적 측면에 집중되면서 부정적인 인식도 확산되고 있다. 특히 이주 여성들에 대한 가정폭력 문제는 이제 언론의 단골 메뉴가 되었다. 그런데 이러한 언론 보도 내용은 자칫 대다수의 다문화가정 남성이 이주 여성에 대한 비인권적 폭력을 행사하고 있는 것처럼 오해될 공산이 크다. 그리하여 다문화가정이 일반적으로 문제가정의 범주로 규정될 소지도 있다.

정부나 시민단체는 문제가 있는 다문화가정만 부각시킬 것이 아니라 모범적인 다문화가정의 사례를 발굴하고 시상하는 노력도 해야 할 것이다. 그리고 그 원인이 어디에 있는가를 파악하고 장려하는 노력도 함께 진행해야 한다.

언론이 다문화가정에 대한 부정적 사례들만 보도하게 되면 결국 국민들은 다문화가정을 문제가정으로 인식할 수 있는 가능성을 증대시키기 때문에, 보도에는 그만큼 신중함이 필요한 것이다. 언론이 다문화가정에 대한 일반화의 오류를 범하지 않도록 해야 할 것이다. 그리고 언론은 굳이 국제결혼 가정을 다문화가정으로 범주화시킬 필요도 없다. 범주화를 잘못하게 되면 결국 이것은 부정적인 낙인이 되기 때문이다. 이는 새터민과 조선족 또는 중국동포 등의 경우도 마찬가지로 적용되는 사례이다.

너와 나의 구별은 차이와 차별을 불러오게 마련이다. 다문화의 경우도 단일문화, 단일민족에 대한 차이를 강조하는 부정적인 뉘앙스를 함축하고 있다면 그 자체로서 바람직하지 않다. 편의상 굳이 범주화가 필요하다면 다문화가정보다는 교차 결혼 가정으로 정의하는 것이 더욱 좋을 것이다. 이는 민족과 국가, 그리고 문화와 생활양식의 교류와 교환을 담보하는 의미로 민족과 문화, 국가의 차이와 차별을 넘어서 세계인으로 하나가 되기 위한 상호작용과 관계의 형성을 의미하기 때문이다.

그리고 미디어에서 '문제화', '신비화'라는 두 가지 극단적인 이미지로 이주여성 혹은 여성 결혼 이민자들을 재현하고 있는 것도 문제이다. 그런 이미지는 '경계심'과 '온정주의'라는 두 가지 극단적인 반응을 유도하는 것으로 귀결되게 마련이다. 한국 사회는 수치상으로는 이미 다문화 사회에 진입한 지 오래이다. 하지만 매체에서 이들의 가치와 주체성을 강조하는 것은 좀처럼 찾기 힘들다. 이로 인해 다문화가정의 구성원은 우리 사회에서 '타자화'되어 버린다.

## 5. 다문화가정의 문제와 해결방안

### 1) 결혼이주 여성에 대한 언어교육

현재 한국어 방문교사 프로그램은 5개월 과정과 여성가족부에서 시행하는 1년 과정이 있는데 이것으로는 부족하며, 또한 한 번 받고 난 후는 기회가 없기 때문에 큰 실효성이 없는 실정이다. 한국어 방문교사 프로그램 외에도 결혼이민자를 위한 단계별 · 언어별 한국어교재 발간 및 보급을 통해서 지속적인 언어습득 교육과정을 구축해야 한다.

대만의 경우 결혼 이주 여성에 대한 교육지원은 76단계로 나눠서 체계적으로 이루어지고 있다. 그리고 한 달에 20~24시간씩 본인이 원하면 평생토록 공립학교에서 운영하는 평생교육시설을 통해 교육받을 수 있도록 하고 있다. 이를 위해 대만 교육부는 '외국인 배우자 기본교육교재'와 '평생학습교재', '신이민 배우자 새국민 교육교재' 등 수십여 종의 학습교재와 지도사를 위한 수업 지침서를 만들어 배포했다.

여기에 비하면 우리나라는 아직 교육체제가 너무나 미비하다. 각종의 지원책은 많이 제시되고 있지만 좀 더 체계적인 방안이 필요하다. 그리고 여성가족부, 법무부 등에 비하여 교육부의 다문화가정에 대한 관여는 부족하였던 것이 사실이다. 앞으로 다문화가정은 더욱 늘어나고, 그 가정의 자녀들은 계속 자라나고 태어날 것이다. 선진 사례들을 받아들여서 좀 더 체계적인 교육체제를 만들어 나가야 한다.

### 2) 다문화가정 아동의 언어교육 지원

다문화가정 자녀 중에는 언어습득지체를 겪고 있는 아동이 많다. 언어습득지체는 아이들이 사회성을 기르는 데 장애요소가 될 수 있기 때문에 이에 대한 지원이 절실하다. 문제해결을 위해 민 · 관 · 학 공동으로 언어발달지체 예방 프로그램을 만들어 아이들의 언어습득을 도와야 한다. 생계 때문에 일거리를 찾아 밖으로 도는 아버지나 한국어 구사능력이 떨어지는 어머니에게 맡길 수 없는 처지에서 민 · 관 · 학 프로그램은 이런 공백을 메워 주는 중요한 방안이 될 것이다.

국제결혼이 일반화된 한국 사회에서 다문화가정 자녀에 대한 적절하고도 체계적인 학습 및 언어발달 지원은 더 이상 미룰 수 없는 과제가 됐다. 가정과 학교에서도 다문화사회에 대한 아이들의 인식을 새롭게 할 수 있는 교육에 관심을 기울여야 한다. 앞으로 사회의 중추적 역할을 해나갈 이들의 이탈을 막지 못한다면 가정의 불행을 떠나 국가적으로도 큰 손실일 수밖에 없다.

### 3) 다문화가정 자녀에 대한 학습 지원

국제결혼의 증가, 외국인 근로자의 유입, 국가 간 인적교류의 확대 등으로 한국에 거주하는 외국인들이 100만 명을 돌파하며, 이와 더불어 다문화가정 자녀 또한 해마다 증가 추세로 2006년 9,389명보다 56% 늘어나 2007년에는 14,654명(국제결혼자녀 13,445명, 외국인근로자 자녀 1,209명)의 학생이 초 · 중 · 고에 재학 중이다.

이들 중 상당수는 경제적 · 사회적 · 문화적 기반이 취약하여 한국어 능력 부족 및 한국문화 부적응으로 인한 학습 부진과 사회적 편견에 따른 정체성 혼란을 경험하는 등 향후 사회의 커다란 이슈로 부각되고 있다. 이에 교육인적자원부는 다문화가정 자녀들의 보다 체계적, 본격적인 교육 지원을 위해 '2007년 다문화가정 자녀 교육지원 계획'을 수립하여 추진하였다.

주요 사업 내용으로는 부처 간 및 지역 간 협력체제 구축, 교사 역량 강화, 교육과정 및 교과서 다문화 교육요소 반영, 외국인 근로자 자녀 교육권 보장 등 주로 제도적 기반을 마련하는 것이다. 그리고 시 · 도 교육청에서는 상담센터 운영, 한국어반(KSL) · 특별학급 등 운영, 교재 개발 · 보급, 한국문화 및 다문화 이해 프로그램 실시, 학부모 연수 등 주로 학교에서의 교육지원을 강화하는 것이다.

이러한 기본사업의 추진을 위해 시 · 도 교육청, 전국 18개 대학, 지역인적자원개발 사업 등을 통한 예산지원이 이루어졌고, '기본사업'의 세부추진과제를 '교육복지 5개년 계획'에 반영하고, 관련 항목을 시 · 도 교육청 평가항목에 포함시켜 추진 실적과 성과를 주기적으로 점검하였다.

### 4) 결혼이민자 아동양육지원 사업 확대

현재 우리나라는 언어소통 곤란, 문화이해 차이 등으로 자녀양육에 어려움을 겪고 있는 결혼이민자를 대상으로 전문 지도사가 방문하여 자녀양육 상담 · 교육, 자녀학습지도 등의 아동양육 지원 서비스를 제공하고 있다. 2007년 결혼이민자 아동양육지원사업의 지원 대상 가정 및 아동양육도우미는 해당 지자체와 결혼이민자가족지원센터에 의해 선정되었으며, 전국 31개 센터에서 1차 220명, 2차 237명의 아동양육지도사가 활동하였고, 지원대상가정은 1차 1,097가정,

2차 1,161가정이었다.

하지만 현재 우리나라의 아동양육지원 사업은 지원을 필요로 하는 가정에 비해 지도사가 턱없이 부족한 상황이기 때문에 그 효과가 미미하다. 다문화가정의 아동양육지도사에 대한 전문성을 확보하고, 인력을 확충해서 형식적인 교육에서 탈피하여 수준 높은 교육을 받을 수 있도록 지원해야 한다.

### 5) 결혼중개업관리제도 도입

국제결혼 중개업체들의 도덕 불감증으로 인해 우리나라의 국제결혼이 돈으로 외국인 신부들을 매매한다는 국제사회의 비난이 높아지고 있다. 국제결혼 중개업체의 도덕 불감증 문제를 해결하기 위해 결혼중개업에 대해 등록제 및 신고제를 도입하고 국가 및 지방자치단체의 관리 · 감독을 받도록 함으로써 건전한 결혼중개업을 지도 · 육성하고 결혼중개업 이용자의 피해사례를 예방하기 위해「결혼중개업의 관리에 관한 법률」을 강화하여야 한다. 이를 통해 결혼중개업체의 부당한 영업활동을 막고, 책임의식을 강화하는 한편 건전한 결혼중개문화를 확립할 수 있을 것이다.

### 6) 사회적 편견 개선

일반국민의 의식 제고를 위한 홍보를 통해 국민들이 가지고 있는 편견을 바로잡아야 한다. 다문화가정이 겪고 있는 문제 중에서 무엇보다 심각한 것은 사람들이 그들을 바라보는 싸늘한 시선이다. 물론 모든 사람이 그렇다고 할 수는 없겠지만 일반적으로 다문화가정을 일반가정과 다른 시각으로 바라보는 경우가 대부분이다.

이러한 편견을 해소하기 위해서 다문화 관련 공익광고 및 다문화 · 공생이해 강좌 개최 등을 개최하고, 지역민들이 함께할 수 있는 행사를 마련하여 그들과 일반국민의 벽을 허물 수 있도록 노력해야 한다. 지금 세계는 인종과 민족의 경계를 허물어 가고 있다. 우리나라도 이러한 추세에 맞추어 나와 다른 피부색, 다른 문화를 가진 사람들을 바라보는 인식을 개선해야 한다.

### 7) 다문화가정에 대한 취업 장려와 경제적 지원

대다수 다문화가정은 경제적인 어려움을 겪고 있다. 외국인 배우자들은 한국 국적이 없으므로 경제활동에서도 차별받고 있다. 정부차원에서 외국인 배우자들의 능력개발프로그램을 개발하여 제공해야 한다. 그리고 직업상담 및 고용서비스 지원을 통해 취업을 희망하는 외국인 아내의 사회진출을 적극 장려해야 한다.

다문화가족 지원센터를 중심으로 직업훈련 교육을 더욱 체계적으로 지원할 수 있도록 정책 수립과 수요자 욕구에 맞게 맞춤형 지원 방안을 강구하고, 다문화 관련 기관, 민간단체 등과 긴밀한 네트워크를 형성하여 필요한 서비스를 효율적으로 지원받을 수 있도록 해야 한다. 외국인 아내들이 모국어와 한국어에 능통하다는 장점을 살려 외국어 교육 또는 가이드로서 능력을 활용할 필요가 있다. 또한 다문화가정에 대한 기초생활 수급 확대로 경제적 지원이 필요하다.

### 8) 다문화가정에 대한 자녀출산 및 양육지원

임신, 출산, 양육에 대한 책을 언어별로 제작하여 외국인 아내들에게 배포하고, 저소득 가정의 여성결혼이민자에게 산전 · 후 지원이 이루어져야 한다. 그리고 영유아 예방접종과 저소득 계층에 대한 미숙아 및 선천성이상아 의료비와 영유아, 임산부 건강검진 지원 등을 적극 검토해야 한다. 그리고 한국어가 서툰 외국인 아내로 인해 자녀가 한국어 습득에 장애를 겪을 수 있으므로 다문화가정을 위한 보육시설 마련을 통해 문제를 해결해야 한다. 다문화가정을 위한 보육시설은 자녀의 언어습득에 도움을 줄 뿐만 아니라 외국인 아내들의 경제적 활동을 장려할 수 있다는 장점이 있으므로 적극적인 지원 대책이 필요하다.

### 9) 다문화 축제를 통한 문화적 교류증진

다문화 구성원을 포함한 지역을 대상으로 다문화 축제를 개최하여 결혼이주 여성들의 문화를 이해하려는 노력이 필요하다. 문화는 자연스럽고 편안하게 즐기면서 체험하는 것이 가장 효과적이라는 관점에서 다문화 축제는 일반인이 문화를 이해하고, 다문화 구성원이 모국문화에 대한 자긍심을 강화시키는 데 상당한 효과가 있다. 그리고 축제를 통한 도시 이벤트 프로그램은 다문화 구성원과의 사회적 통합과 함께 아시아 문화중심 도시 조성을 위한 문화적 다양성 증진에 도움이 될 것이다. 다문화 축제의 성공을 위해서는 구성원의 단순 관람이나 참여에서 벗어나야 하며 다문화 인구의 본국문화 활용 등을 통한 자발적인 참여가 중요하다.

### 10) 다문화 시민사회 네트워크 조성

사회적 자본이라는 관점에서 다문화가정, 이주외국인, 일반시민, 국제사회가 상호 신뢰를 바탕으로 네트워크(연계망)를 구축하고 상호 교류할 수 있는 재정적, 제도적 지원체계 구축 프로그램을 만들어야 한다. 온라인상의 경진대회 및 협력연대의 협력 시스템을 구축함으로써 문화이해에 대한 교류와 문화교육의 파급효과를 극대화할 수 있다. 신뢰와 네트워크, 공통의 문화적 규범을 지도하고 선도할 수 있는 주체로서 자신을 인식하도록 교육하고, 자신이 변화하는 다문화사회의 혁신 선도자라는 인식을 갖게 하는 교육을 통해서, 지역사회의 전반적인 다문화 수용성을 증대시킬 수 있다.

### 11) 해외 다문화사회 단체와 협력 네트워크 구축

외국의 경우, 우리나라에 앞서 다문화사회로 인한 혼란과 갈등을 겪었지만 그것을 극복한 사례가 있다. 이처럼 다문화사회를 성공적으로 이끌고 있는 해외 단체 및 정부기관과 협력 네트워크를 구축하고, 국제회의 및 정기적인 교류 프로그램을 마련하여 아시아의 문화 네트워크를 구축해야 한다. 일본의 가와사키시의 후레이아이칸은 1970년대부터 외국인들을 혁신시정을 실시해 왔는데 언어교육, 자녀교육, 문화적 이해와 조화에 관한 다양한 프로그램으로 일본의 다문화정책의 모범이 되는 기관이다. 후레이아이칸과 같은 해외 우수 사례 탐방을 통해 벤치마킹함으로써 우리나라 다문화가정 지원제도의 문제점을 개선할 수 있을 것이다.

### 12) 다문화가정의 인적자원 개발

다문화적 배경을 가진 사회구성원 또는 문화적 다양성에 관심이 있는 차세대 인재들을 발굴하여, 지역경제와 아시아 경제를 연계하는 인적자원으로 발굴, 육성해야 한다. 이를 위해서는 대학과 연계한 다문화 콘텐츠를 활용한 지식산업 창업 프로그램 개발이 필요하다. 우리나라의 다문화구성원 중 절반 가까이가 본국문화와 한국문화를 활용한 취업 및 창업에 의지가 있는 것으로 나타났다. 다문화가정의 인적자원을 본국문화와 한국문화를 활용한 취업 및 창업에 활용함으로써 그들의 취업난을 해결함과 동시에 사회구성원으로서의 가치를 고취시킬 수 있는 기회가 될 것이다.

CHAPTER 12

# 정신장애와 정신건강

1. 정신장애의 분류체계: DSM-5를 중심으로
2. 정신장애의 유형

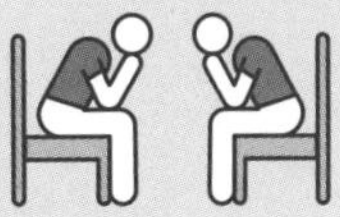

## 1. 정신장애의 분류체계: DSM-5를 중심으로

이상행동의 분류는 인류의 문화가 시작되면서 관심이 싹트기 시작했다. Hippocrates(B.C. 460~377)는 인간의 정신장애를 조증 · 우울증 · 광증의 세 가지 유형으로 분류하고 그 원인을 혈액 · 흑담즙 · 황담즙 · 점액과 같은 체액으로 설명하고자 하면서 의학에 정신적 질병의 개념을 도입하였다. Phlippe Pinel(1745~1826)은 히포크라테스의 분류를 바탕으로 경조증 · 우울증 · 치매 · 백치의 네 가지로 정신적 장애를 분류했고, 정신적 장애에는 심인성 원인이 크게 작용한다는 점을 주장했다.

정신병이라는 개념은 원래 사회적 격리를 통해 정상인을 보호하려고 한 데서 탄생했다. Wilhelm Griesinger(1817~1868)는 1865년 처음으로 정신병을 '뇌 질환'으로 규정하면서 1세대 '생물정신의학의 창시자'가 됐으며, Pinel의 수용소 의학을 극복하고 근대적 정신의학의 교육모델을 만들어 냈다. 이후 Emil Kraepelin(1856~1926)은 환자의 증상을 있는 그대로 기록하고 분류하면서 진단총람을 만들었고, 현대의 '정신분열증'의 개념을 도입했으며, 그것이 조증과 울증으로 구성되어 있다는 사실도 발견했다. 아울러 Eugen Bleuler(1857~1939)는 정신분열증이라는 이름으로 바뀌게 되었다. 한편에서는 Sigmund Freud(1856~1939)가 무의식의 세계를 알리며 '정신분석'이라는 학문이자 치료법을 소개했다.

이상행동의 분류작업은 19세기 Kraepelin에 의한 체계적 분류작업이 전기를 맞게 되면서, 미국정신의학회에서 발간하는 『정신질환의 진단 및 통계 편람(Diagnostic and Statistical Manual of Mental Disorders: DSM)』은 DSM의 탄생에 밑바탕이 되었다. DSM의 다섯 번째 개정판인 DSM-5는 2013년에 출간되었다. DSM-Ⅳ에 비해 DSM-5에서는 변화된 점이 많이 있다. DSM-5에서는 DSM-Ⅳ에서 사용했던 다축 진단체계가 임상적으로 유용성과 타당성이 부족하다는 이유로 폐기되었다. 또한 진단명에 '달리 분류되지 않는 범주(NOS)'를 사용하는 대신 '달리 분류된 장애(other specified disorder)'와 '분류되지 않은 장애(unspecified disorder)'라는 용어를 사용하게 되었다. 아울러 DSM-5에서는 '차원적 평가(dimensional evaluation)'가 도입되었다.

DSM-5는 정신장애를 20개의 주요한 범주로 구분하고 그 하위범주로 300여 개 이상의 장애를 포함하고 있다. DSM-5에 포함된 주요 정신장애의 범주와 유형은 다음과 같다.

『정신질환의 진단 및 통계 편람(Diagnostic and Statistical Manual of Mental Disorders: DSM-5)』 주요 정신장애 범주

1) 신경발달장애(Neuorodevelopmental Disorders)
2) 조현병 스펙트럼 및 기타 정신병적 장애(Schizophrenia Spectrum and Other Psychic Disorders)
3) 양극성 및 관련 장애(Bipolar and Related Disorders)
4) 우울장애(Depressive Disorders)
5) 불안장애(Anxiety Disorders)
6) 강박 및 관련 장애(Obsessive-Compulsive and Related Disorders)
7) 외상 및 스트레스 관련 장애(Trauma-and Stress-Related Disorders)
8) 해리장애(Dissociative Disorders)
9) 신체증상 및 관련장애(Somatic Symptoms and Related Disorders)
10) 급식 및 섭식장애(Feeding and Eating Disorders)
11) 배설장애(Elimination Disorders)
12) 수면-각성장애(Sleep-Awake Disorders)
13) 성기능장애(Sexual Dysfunctions)
14) 성 불편증(Gender Dysphoria)
15) 파괴적, 충동통제 및 품행장애(Disruptive, Impulse-Control, and Conduct Disorders)
16) 물질-관련 및 중독 장애(Substance-Related and Addictive Disorders)
17) 신경인지장애(Neurocognitive Disorders)
18) 성격장애(Personality Disorders)
19) 성도착 장애(Paraphilic Disorders)
20) 기타 정신장애(Other Mental Disorders)
21) 약물치료로 유발된 운동장애 및 약물치료의 기타 부작용(Medication-Induced Movement Disorders and Other Adverse Effects of Mediccation)
22) 임상적 주의의 초점이 될 수 있는 기타의 상태(Other Conditions That May a Focus of Clinical Attention)

## 2. 정신장애의 유형

### 1) 신경발달장애

신경발달장애(Neurodevelopmental Disorders)는 중추신경계, 즉 뇌의 발달지연이나 뇌 손상 등과 관련되어 정신장애가 나타나는 경우를 말한다. 이들 장애는 주로 생의 초기부터 나타나기 때문에 유아기 및 아동기와 관련이 깊다. 원인은 심리사회적 문제보다 뇌의 발달문제와 관련되어 있다. 신경발달장애는 지적 장애(Intellectual Disability), 의사소통 장애(Communication Disorders), 자폐 스펙트럼 장애(Autism Spectrum Disorders), 주의력결핍 과잉행동장애(ADHD), 특정

학습장애(Specific Learning Disorder), 운동장애(Motor Disorders) 및 기타 신경 발달 장애가 있다.

## 2) 조현병 스펙트럼 및 기타 정신병적 장애

지적 장애(intellectual disability)는 지적 발달 장애(intellectual development disorder)라고도 하며, 정신지체(mental retardation)로 알려졌던 장애이다. 지적 장애는 지능이 비정상적으로 낮아서 추리력, 문제해결, 계획 세우기, 추상적 사고, 판단력, 학습능력과 같은 정신활동에 제약이 있는 경우를 말한다. 지능은 지능지수(Intelligence Quotient: IQ) 70 미만의 낮은 수준을 나타낸다.

의사소통 장애(communication disorder)는 지능이 정상임에도 불구하고 의사소통에 필요한 말이나 언어의 사용에 결함이 있는 경우를 말한다. 의사소통 장애는 언어장애, 발화음 장애, 아동기-발생 유창성 장애(말더듬기), 사회적 의사소통 장애의 하위유형이 있다. 언어장애(language disorder)는 이해력이나 표현력 결함 때문에 언어의 습득과 사용에 지속적인 곤란을 나타내는 경우를 말한다. 발화음장애(speech sound disorder)는 발음의 지속적인 곤란 때문에 언어적 의사소통에 지장이 초래되는 경우를 말한다. 발화음 장애는 발음장애, 발성장애, 구음장애, 또는 음성학적 장애라고도 한다. 아동기-발생 유창성 장애(childhood-onset fluency disorder)는 말을 더듬기 때문에 언어의 유창성에 지장이 초래되는 경우를 말한다. 말더듬기가 성인에게 나타날 경우에는 성인-발생 유창성 장애라고 한다. 사회적 의사소통 장애(social communication disorder)는 언어적 및 비언어적 의사소통 기술의 사회적 사용에 지속적인 곤란을 나타내는 경우를 말한다.

자폐 스펙트럼 장애(autism spectrum disorder)는 사회적 상호작용과 의사소통에 심각한 어려움을 나타낼 뿐만 아니라 관심과 흥미의 범위가 매우 제한되어 있고, 기이하고 상동증적인 행동을 반복적으로 나타내는 경우를 말한다.

주의력결핍 과잉행동장애(attention-deficit/hyperactivity: ADHD)는 자신의 행동을 적절하게 통제하지 못하고, 부주의하고, 충동적인 과잉행동을 나타내는 경우를 말한다.

특정 학습장애(specific learning disorder)는 정상적인 지능과 신체 상태를 가지고 있으면서도 읽기, 쓰기, 산술적 또는 수리적 계산과 관련된 기술을 학습하는 데 현저한 학습장애가 나타나는 경우를 말한다.

운동장애(motor disorder)는 나이나 지능수준에 비해 기대되는 수준보다 움직임 및 운동능력이 현저하게 미숙하거나 부적응적인 움직임을 반복적으로 나타내어 일상 활동에 심각한 지장이 초래되는 경우를 말한다. 운동장애는 발달성 운동협응 장애, 상동증적 운동장애, 틱장애의 하위유형이 있다. 발달성 운동협응 장애(developmental coordination disorder)는 앉기, 서기, 걷기, 뛰기 등의 운동발달이 늦고 운동협응 능력에 결함이 있기 때문에 동작이 서툴러서 일상 활동에 뚜렷한 지장이 초래되는 경우를 말한다. 상동증적 운동장애(stereotypic movement disorder)는 비기능적이고 비효율적인 특정한 패턴의 행동을 아무런 목적 없이 반복적으로 지속하여 부적응이 초래되는 경우를 말한다. 틱장애(tic disorder)는 얼굴 근육이나 신체의 일부를 불수의적(비의도적)으로 갑작스럽고 빠르게 움직이는 행동을 반복하거나 소리를 내는 부적응적 행동을 의미한다. 틱장애는 뚜렛 장애, 만성 운동 또는 음성 틱장애, 일시적 틱장애의 하위유형이 있다. 뚜렛 장애(Tourette's disorder)는 다양한 운동틱과 음성틱이 1년 이상 지속적으로 나타나는 경우를 말한다. 만성 운동 또는 음성 틱장애(chronic motor or vocal tic disorder)는 운동틱이나 음성틱이 1개월 이상 거의 매일 하루에 여러 번씩 나타나지만, 연속적으로 1년 이상 지속되지는 않는 경우를 말한다.

### 3) 정신분열 스펙트럼 장애

정신분열 스펙트럼 장애(Schizophrenia Spectrum Disorders)는 정신분열증을 비롯하여 그와 유사한 증상을 나타내는 정신장애들을 의미한다. 정신분열 스펙트럼 장애는 망상장애, 단기 정신증적 장애, 정신분열형 장애, 정신분열증, 분열정동장애의 하위유형이 있다.

망상장애(delusion disorder)는 비교적 다른 기능은 온전하지만 한 가지 이상의 망상이 특징적으로 나타나는 경우를 말한다. 단기 정신증적 장애(brief psychotic disorder)는 정신분열 증상이 1일 이상 1개월 이하로 짧게 나타나는 경우를 말한다. 정신분열형 장애(schizophreniform disorder)는 정신분열적 증상이 1~6개월로 나타나는 경우를 말한다. 정신분열증(schizophrenia)은 정신분열 증상이 6개월 이상 지속되는 경우를 말한다. 분열정동장애(schizoaffective disorder)는 정신분열 증상과 우울증 또는 조증이 함께 나타나는 경우를 말한다. 분열형 성격장애(schizotypal personality disorder)는 경미한 정신분열 증상이 성격의 일부처럼 지속적으로 나타나는 경우를 말한다.

조현병 스펙트럼 및 기타 정신병적 장애(Schizophrenia Spectrum and Other Psychic Disorders)는 모두 정신병적 증상을 가지고 있는 것이 특징이다. 여기에는 조현형 성격장애(Schizotypal Personality Disorder), 망상장애(Delusional Disorder), 단기 정신증적 장애(Brief Psychotic Disorder), 조현형 장애(Schizophreniform Disorder), 조현병(Schizophrenia), 조현정정동장애(Schizoaffective

Disorder), 긴장성 강직증(Catatonia)이 있다.

### 4) 양극성 및 관련 장애

양극성 및 관련 장애(Bipolar and Related Disorders)는 기분의 변화가 매우 심해서 어떤 때는 기분이 고양되어 들떠 있고, 어떤 때는 기분이 침체된 상태가 주기적으로 나타나는 일련의 장애를 의미한다. 양극성 장애(bipolar disorder)는 조증과 우울증이 주기적으로 교차되면서 나타나기 때문에 조울증이라고도 한다. 조증 증상이 나타나는 경우에는 심각도에 따라 조증 삽화와 경조증 삽화로 구분된다. 조증 삽화(manic episode)는 비정상적으로 과도하게 들뜬 고양된 기분이 1주일 이상 지속적으로 나타나는 경우를 말한다. 경조증 삽화(hypomanic episode)는 조증 삽화의 증상보다는 경미한 상태가 적어도 4일간 연속하여 나타나는 경우를 말한다. 양극성 및 관련 장애는 ① 제Ⅰ형 양극성 장애, ② 제Ⅱ형 양극성 장애, ③ 순환성 장애의 세 가지 하위유형이 있다.

제Ⅰ형 양극성 장애(bipolar Ⅰ disorder)는 조증이 1주일 이상 특징적으로 나타나는 경우를 말한다. 그리고 흔히 1번 이상의 우울증을 경험하게 된다. 따라서 조증이 반복적으로 나타나거나, 또는 조증과 우울증이 교대로 나타날 때 제Ⅰ형 양극성 장애로 진단된다. 제Ⅱ형 양극성 장애(bipolar Ⅱ disorder)는 우울증과 더불어 경조증이 나타나는 경우를 말한다. 경조증은 증상이 조증보다 상대적으로 미약한 경우를 말한다. 기간은 1주일이 아니라 최소한 4일간 연이어 지속된다는 점에서 제Ⅰ형 양극성 장애와 구분된다. 순환성 장애(cyclothymic disorder)는 조증과 우울증이 경미한 형태, 즉 경조증과 경우울증이 교대로 번갈아 가면서 2년 이상(아동과 청소년의 경우 1년 이상) 지속적으로 나타나는 경우를 말한다.

### 5) 우울장애

우울장애(Depressive Disorders)는 우울증을 주요 증상으로 하는 장애이다. 우울하고, 슬픈 기분이 들고, 매사 의욕이 없고, 공허하고, 무가치감과 죄책감을 느끼고, 짜증스러운 기분 등의 복합적인 감정이 하루의 대부분 그리고 거의 매일 지속되는 경우를 말한다. 우울장애는 ① 파괴적 기분조절곤란 장애, ② 주요 우울장애, ③ 지속성 우울장애, ④ 월경전 불쾌장애의 네 가지 하위유형이 있다.

파괴적 기분조절곤란 장애(disruptive mood dysregulation disorder)는 불쾌한 기분을 조절하지

못하고 반복적으로 심한 분노를 폭발시키는 행동을 평균 매주 3회 이상 나타내는 경우를 말한다. 파괴적 기분조절곤란 장애는 DSM-5에서 새롭게 추가된 진단명이다. 주요 우울장애(major depressive disorder)는 우울장애의 하위유형에서 가장 심한 증상을 나타내는 것으로 거의 매일 연속적으로 2주 이상 우울증이 나타나는 경우를 말한다. 지속성 우울장애(persistent depressive disorder)는 우울한 기분이 적어도 2년 이상(아동과 청소년의 경우 1년) 장기적으로 나타나는 경우를 말한다. 지속성 우울장애 역시 DSM-5에서 새롭게 추가된 진단명으로 DSM-Ⅳ의 만성 주요 우울장애(chronic major depressive disorder)와 기분부전장애(dsythymic disorder)를 통합한 것으로, 기분저하증(dysthymia) 또는 기분부전증이라고도 한다. 월경전 불경장애(premenstrual dysphoric disorder)는 여성의 경우 월경이 시작되기 전에 다양한 신체적 증상과 함께 우울증상이 나타나는 경우를 말한다. 월경전 불쾌장애도 DSM-Ⅳ의 '추후 연구 진단기준'에서 빠져나와 DSM-5에서 새롭게 추가된 진단명이다.

이 밖에도 물질/약물, 또는 어떤 신체적 질병 때문에 우울장애가 나타날 수 있다. 왜냐하면 이 범주는 '물질/약물 유발성 우울장애(예: 중독, 금단증상)', '어떤 의학적 질환으로 인한 우울장애'의 진단기준도 각각 제시되어 있기 때문이다.

### 6) 불안장애

불안장애(Anxiety Disorders)는 과도한 불안과 공포(두려움)를 주된 증상으로 하는 장애이다. 불안과 공포는 밀접한 관련이 있다. 불안(anxiety)은 미래의 위협에 대한 정서적 반응이고, 공포(fear)는 현재 일어나고 있는 위협에 대한 정서적 반응이다. 불안장애는 불안과 공포가 나타나는 양상에 따라 ① 분리불안장애, ② 선택적 함구증, ③ 특정 공포증, ④ 사회불안장애(사회공포증), ⑤ 공황장애, ⑥ 광장공포증, ⑦ 범불안장애의 일곱 가지 하위유형이 있다.

분리불안장애(separation anxiety disorder)는 애착 대상과 떨어지는 것에 대해 심한 불안을 느끼는 정서적 장애가 6개월 이상 나타나는 경우를 말한다. 선택적 함구증(selective mutism)은 말을 할 수 있음에도, 특정한 사회적 상황에서는 지속적으로 말을 하지 않는 상황이 1개월 이상 나타나는 경우를 말한다. 특정 공포증(specific phobia)은 특정한 대상(예: 개, 고양이, 거미, 뱀 등)이나 상황(예: 비행기를 타는 것, 높은 곳, 주사 맞기, 피를 보는 것)에 대해 과도하게 불합리한 공포와 불안을 가지고 있는 경우를 말한다. 사회불안장애(social anxiety disorder)는 다른 사람들과 상호작용하는 사회적 상황을 두려워하여 회피하는 장애로서 사회공포증(social phobia)이라고도 한다. 공황장애(panic disorder)는 예기치 못한 공황발작이 반복적으로 나타나는 경우로 갑작스럽게 엄습하는 강렬한 불안과 공포가 주된 증상이다. 공황발작(panic attack)은 전혀 예상하지 못한 상황에서 갑작스럽게 밀려드는 극심한 공포, 곧 죽지 않을까 하는 강렬한 불안이 급격하게 엄습하는 경우를 말한다. 광장공포증(agoraphobia)은 특정한 장소나 상황에 대해서 강한 공포와 불안이 6개월 이상 나타나는 경우를 말한다. 범불안장애(generalized anxiety disorder)는 미래에 경험하게 될 다양한 상황에 대해서 만성적인 불안과 과도한 걱정을 나타내는 경우를 말한다.

### 7) 강박 및 관련 장애

강박 및 관련 장애(Obsessive-Compulsive and Related Disorder)는 마음속에 강박적인 생각이 가득 차 있고, 가득 차 있는 생각을 상쇄(중화)시키기 위해 반복적인 행동을 지속적으로 나타내는 일련의 장애들을 말한다. 강박이라는 말은 '강한 압박'을 의미하고, 심리적으로 무엇인가에 집착되어 있어 어찌하지 못하는 상태를 유발하는 경우를 말한다. 강박 및 관련 장애는 ① 강박장애, ② 신체변환장애, ③ 저장장애, ④ 발모광(모발 뽑기 장애), ⑤ 피부 벗기기 장애의 다섯 가지 하위유형이 있다.

강박장애(obsessive-complusive disorder)는 본인의 의지와는 관계없이 원하지 않는 생각(강박사고)과 행동(강방행동)을 반복하게 되는 경우를 말한다. 강박장애는 강박사고와 강박행동으로 구분된다. 신체변형장애(body dysmorphic disorder)는 다른 사람들이 보기에는 괜찮거나 또는 경미할 정도인데, 본인은 자신의 신체 일부가 기형적(예: 삐뚤어진 코, 턱이 긺)이라는 생각에 집착하는 경우를 말한다. 저장장애(hoarding)는 언젠가는 필요할지 모른다는 생각 때문에 버려야 할 물건들을 집안에 쌓아 두는 장애를 말한다. 저장장애는 DSM-5에서 새롭게 추가된 진단명이다. 발모광(trichotillomania 또는 hair-pulling disorder)은 자신의 머리카락을 반복적으로 뽑아 대는 증상을 말한다. 그래서 모발 뽑기 장애라고도 한다. 피부 벗기기 장애(excoriation, skin-picking disorder)는 자신의 피부를 반복적으로 벗기거나 뜯음으로써 피부를 손상시키는 행동을 하는 경우를 말한다.

### 8) 외상 및 스트레스 관련 장애

외상 및 스트레스 관련 장애(Trauma-and Stressor-Related Disorders)는 충격적인 외상적 사건이나 스트레스 사건을 경험한 후, 그 후유증으로 심각한 부적응적 증상들이 나타나는 경우를 말한다. 외상 및 스트레스 관련 장애는 ① 반응성 애착장애, ② 탈억제 사회관여 장애, ③ 외상후 스트레스 장애, ④ 급성 스트레스 장애, ⑤ 적응장애의 다섯 가지 하위유형이 있다.

반응성 애착장애(reactive attachment disorder)는 양육자에게 애착 외상을 받아, 양육자에 대해서 거의 항상 정서적으로 억제되고 위축된 행동을 나타내는 경우를 말한다. 탈억제 사회관여 장애(disinhibited social engagement disorder)는 애착 외상을 경험한 아동이 처음 본 사람을 아무 거리낌 없이 부적절하게 과도한 친밀감을 나타내거나 낯선 사람을 아무 주저함이 없이 따라가려는 경우를 말한다. 외상후 스트레스 장애(posttraumatic stress disorder: PTSD)는 어떤 충격적인 외상적 사건을 경험하고 난 이후에, 그 후유증으로 1개월 이상 다양한 부적응적 증상(예: 사건에 대한 기억, 심상, 이미지, 플래시백의 자동적 침투증상 및 회피행동)이 재경험되는 경우를 말한다. 급성 스트레스 장애(acute stress disorder)는 모든 면에서 외상후 스트레스 장애의 주요 증상과 동등하지만, 증상 기간이 3일 이상 1개월 이내로 짧다는 점에서 차이가 있다. 적응장애(adjustment disorder)는 확인 가능한 어떤 스트레스 사건에 대한 적응실패로, 정서적 또는 행동적 문제들이 발생하는 경우를 말한다.

### 9) 해리장애

해리장애(Dissociative Disorders)는 의식, 기억, 행동 및 자기정체감, 환경지각의 통합적 기능에 붕괴가 일어나는 경우를 말한다. 해리장애는 강한 심리적 쇼크를 경험한 후 갑자기 나타나는 특징이 있다. 해리장애는 ① 해리성 정체감 장애, ② 해리성 기억상실증, ③ 이인증/비현실감 장애의 세 가지 하위유형이 있다.

해리성 정체감 장애(dissociative identity disorder)는 한 사람의 내면에 2개 이상의 각기 다른 정체감을 가진 성격이 존재하는 경우를 말하며, 이전에는 다중성격장애로 알려졌던 것이다. 해리성 기억상실증(dissociative amnesia)은 자신의 중요한 개인적인 과거경험을 기억하지 못하는 경우를 말한다. 과거에는 심인성 기억상실증으로 불렸던 것이다. 이인증/비현실감 장애(depersonalization/derealization disorder)는 자아 감각에 어떤 변화가 초래되어 평소와는 달리 자신의 경험이 매우 낯설게(이질감) 느껴지거나 주변 환경이 예전과 달라졌다고 느껴지는 비현실감을 지속적으로 또는 반복적으로 경험하는 경우를 말한다.

## 10) 신체증상 및 관련 장애

신체증상 및 관련 장애(Somatic Symptom and Related Disorders)는 원인이 불분명한 신체증상을 호소하거나 그에 대한 과도한 집착과 걱정을 나타내어 부적응적 문제들이 초래되는 경우를 말한다. 원인은 심리적 요인과 깊은 관련이 있다. 신체증상 및 관련 장애는 ① 신체증상장애, ② 질병불안장애, ③ 전환장애(기능성 신경증상 장애), ④ 허위성 장애의 네 가지 하위유형이 있다.

신체증상장애(somatic symptom disorder)는 의학적으로는 신체적 질병이 없는데도, 1개 이상의 신체적 증상에 대한 과도한 집착과 걱정을 6개월 이상 나타내는 경우를 말한다. 질병불안장애(illness anxiety disorder)는 실제로 건강에 문제가 없는데도, 자신의 몸에 심각한 질병이 있다는 생각에 집착하며 과도한 공포와 불안을 6개월 이상 지속적으로 나타내는 경우를 말한다. DSM-Ⅳ에서는 건강염려증(hypochondriasis)으로 불렸던 것이다. 전환장애(conversion disorder)는 신경학적 손상을 암시하는 운동기능과 감각기능의 이상을 호소하지만, 의학적으로 증상의 원인을 찾을 수 없는 경우를 말한다. 전환장애는 허위성 장애와 꾀병의 중간 정도에 위치한 정신장애로 여겨진다. 허위성 장애(factitious disorder)는 단지 환자의 역할을 하기 위해서 신체적 · 심리적 증상을 의도적으로 만들어 내거나 위장하는 경우를 말한다. 허위성 장애는 동정과 관심을 유발하려는 목적만 있을 뿐, 다른 어떤 외적인 이득(예: 경제적 보상, 법적 책임의 회피)을 취하려는 의도가 없다는 점에서 꾀병과는 다르다.

## 11) 급식 및 섭식장애

급식 및 섭식장애(Feeding and Eating Disorder)는 개인의 건강과 심리사회적 기능을 심각하게 손상시키는 음식섭취와 관련되어 부적응적 문제가 초래되는 경우를 말한다. 급식 및 섭식장애는 ① 이식증, ② 반추장애, ③ 회피적/제한적 음식섭취 장애, ④ 신경성 식욕부진증, ⑤ 신경성 폭식증, ⑥ 폭식장애의 여섯 가지 하위유형이 있다.

이식증(pica)은 먹으면 안 되는 것(예: 흙, 종이, 헝겊, 풀, 치약, 머리카락 등)을 1개월 이상 습관적으로 먹는 경우를 말한다. 반추장애(rumination disorder)는 음식물을 반복적으로 토해 내거나 되씹는 행동을 1개월 이상 습관적으로 나타내는 경우를 말한다. 회피적/제한적 음식섭취 장애(avoidant/restrictive food intake disorder)는 음식이나 먹는 것에 대해 전혀 관심이 없고, 먹는 것을 가급적 회피하고, 먹더라도 매우 제한적으로만 먹어서 심각한 부적응적 증상들

(예: 체중감소, 영양실조)이 초래되는 경우를 말한다. 회피적/제한적 음식섭취 장애는 DSM-5에서 새롭게 추가된 진단명이다. 신경성 식욕부진증(anorexia nervosa)은 체중증가와 비만에 대한 극심한 두려움 때문에 음식섭취를 현저하게 감소시키거나 거부함으로써 체중이 비정상적으로 저하되어 있는 경우를 말한다. 신경성 식욕부진증은 신경성 식욕상실증 또는 거식증이라고도 한다. 신경성 폭식증(bulimia nervosa)은 짧은 시간 내에 많은 양의 음식을 먹어 대는 폭식행동과 이로 인한 체중의 증가를 막기 위해 구토 등의 보상행동(예: 스스로 토함 또는 설사제, 이뇨제, 관장제의 사용)이 반복되는 경우를 말한다. 신경성 폭식증은 신경성 식욕항진증이라고도 한다. 폭식장애(binge eating disorder)는 폭식행동을 일삼으면서 폭식 때문에 고통을 느끼지만, 구토 등의 보상행동은 나타내지 않는 경우를 말한다. 폭식장애는 DSM-5에서 새롭게 추가된 진단명이다.

### 12) 배설장애

배설장애(Elimination Disorders)는 아동기나 청소년기에 흔히 진단되는 장애인데, 대소변을 가릴 충분한 연령이 되었음에도 불구하고 이를 가리지 못하고 적절치 못한 장소(옷이나 침구, 마루)에 배설하는 경우를 말한다. 배설장애는 ① 유뇨증과 ② 유분증으로 구분된다.

유뇨증(enuresis)은 배변훈련이 끝나게 되는 5세(대개 만 48개월) 이상의 아동이 신체적인 이상이 없음에도 불구하고 옷이나 침구에 소변을 보는 행동이 연속적으로 3개월 이상 매주 2회 이상 발생하는 경우를 말한다. 유분증(encopresis)은 4세(대개 만 36개월) 이상의 아동이 적절치 않은 곳(옷이나 마루)에 대변을 보는 행동이 최소한 3개월 이상 매달 1회 이상 발생하는 경우를 말한다.

### 13) 수면-각성장애

수면-각성장애(Sleep-Wake Disorder)는 수면의 양이나 질에 문제가 있어서 일상생활에 심각한 부적응적 증상들이 초래되는 경우를 말한다. 수면-각성장애는 ① 불면장애, ② 과다수면장애, ③ 수면발작증, ④ 호흡 관련 수면장애, ⑤ 일주기 리듬 수면-각성 장애, ⑥ 수면이상증의 여섯 가지 하위유형이 있다.

불면장애(insomnia disorder)는 1주일에 3일 이상 밤에 잠을 제대로 이루지 못하는 상태가 3개월 이상 지속되는 경우를 말한다. 불면장애는 수면시작 불면증, 수면유지 불면증, 수면종료 불면증의 세 가지 유형이 있다. 과다수면장애(hypersomnolence disorder)는 불면장애와 반대로 하루에 최소한 7시간 이상 수면을 취했음에도 불구하고, 졸린 상태가 지속되거나 지나치게 잠을 많이 자는 상태가 1주일에 3일 이상 나타나고, 3개월 이상 지속되는 경우를 말한다. 수면발작증(narcolepsy)은 주간에 갑자기 저항할 수 없는 졸음이 엄습하여 잠을 자지 말아야 하는 상황에서도 수면에 빠지게 되는 상태가 1주일에 3번 이상 나타나고, 3개월 이상 지속되는 경우를 말한다. 기면발작 또는 기면증이라고도 한다. 호흡 관련 수면장애(breathing-related sleep disorder)는 수면 중 호흡곤란이 자주 나타나서 수면에 큰 방해를 받게 되는 경우를 말한다. 일주기 리듬 수면-각성장애(circadian rhythm sleep-wake disorder)는 수면-각성 주기의 변화로 인해 과도한 졸음이나 불면이 지속적으로 반복되는 경우를 말한다. 수면이상증(parasomnias)은 수면 상태에서 일어나는 비정상적인 행동이나 경험을 말한다. 수면이상증은 ① 비REM수면 각성 장애(수면 중 보행, 수면 중 경악), ② 악몽장애(끔찍하고 무서운 악몽), ③ REM수면 행동장애(꿈 실현 행동), ④ 초조성 다리 증후군(다리의 불쾌한 감각 때문에 다리를 움직이고 싶은 충동)의 네 가지 유형이 있다. 초조성 다리 증후군은 DSM-5에서 새롭게 추가된 진단명이다.

### 14) 성기능 장애

성기능 장애(Sexual Dysfunctions)는 원만한 성교행위를 방해하는 여러 가지 다양한 성기능 장애를 말한다. 성기능 장애는 남성 성기능 장애와 여성 성기능 장애로 구분된다. 남성 성기능 장애는 ① 남성 성욕감퇴 장애, ② 발기장애, ③ 조루증, ④ 지루증(남성 절정감 장애)의 네 가지 하위유형이 있다. 여성의 성기능 장애는 ① 여성 성적 관심/흥분 장애(불감증), ② 여성 절정감 장애(불감증), ③ 생식기-골반 통증/삽입 장애(성교 통증, 질 경련증)의 세 가지 하위유형이 있다.

남성 성욕감퇴 장애(male hypoactive sexual desire disorder)는 6개월 이상 성적인 욕구를 지속적으로 느끼지 못하는 경우를 말한다. 발기장애(erectile disorder)는 성행위에 대한 욕구가 있음에도 불구하고 음경이 발기가 되지 않아 성교에 어려움을 겪는 일이 6개월 이상 나타나는 경우를 말한다. 발기장애는 흔히 임포텐스(impotence) 또는 발기부전이라고도 한다. 조루증(premature ejaculation)은 여성의 질에 성기를 삽입한 후 약 1분 이내에 또는 자신이 원하기도 전에 너무 일찍 사정하게 되는 일이 반복적으로 6개월 이상 나타나는 경우를 말한다. 지루증(delayed ejaculation)은 사정에 어려움을 겪으며, 성적 절정감을 느끼지 못하는 일이 반복적으로 6개월 이상 나타나는 경우를 말한다. 남성 절정감 장애(male orgasmic disorder)라고도 한다.

여성 성적 관심/흥분 장애(female sexual interest/arousal disorder)는 성행위 대한 관심이 현저하게 감소되어 있거나 결여되어 있고, 성행위 시에 성적 또는 신체적 흥분이 일어나지 않는 상태가 반복적으로 6개월 이상 나타나는 경우를 말한다. 불감증(frigidity)이라고도 한다. 여성 절정감 장애(female orgasmic disorder)는 적절한 성적 자극이 주어졌음에도 불구하고 절정감을 느끼지 못하는 상태가 반복적으로 6개월 이상 나타나는 경우를 말한다. 여성 절정감 장애 역시 불감증이라고도 한다. 생식기-골반 통증/삽입 장애(genito-pelvie pain/penetration disorder)는 성교 시에 생식기나 골반에 심한 통증을 경험하여 성행위가 고통스럽게 느껴지는 일이 반복적으로 6개월 이상 나타나는 경우를 말한다. DSM-Ⅳ에서는 성교통증장애(sexual pain disorder)로 불렸던 것이다.

### 15) 성 불편증

성 불편증(Gender Dysphoria)은 자신이 가지고 태어난 생물학적 성과 자신이 경험하고 표현하는 성역할 간의 불일치가 6개월 이상 지속적으로 나타나서 심한 불편함(또는 불쾌감)이 초래되는 경우를 말한다. 그래서 반대의 성에 대하여 강한 동일시를 나타내거나 또는 반대의 성이 되기를 소망하게 된다. 이전에는 성 정체감 장애(gender identity disorder)로 불렸던 것이다.

성 불편증은 스스로의 생물학적인 성에 대해 불쾌감을 느끼는 경우에 해당된다. 여기에는 성 불편증과 비특정 성별 불쾌감(Unspecified Gender Dysphoria)이 있다.

### 16) 파괴적, 충동통제 및 품행장애

파괴적, 충동통제 및 품행장애(Disruptive, Impulse-Control, and Conduct Disorder)는 정서와 행동을 제대로 통제하지 못해 발생되는 다양한 부적응적 증상을 말한다. 파괴적, 충동통제 및 품행장애는 ① 적대적 반항장애, ② 간헐적 폭발성 장애, ③ 품행장애, ④ 방화증, ⑤ 도벽증의 다섯 가지 하위유형이 있다. 이 외에 반사회성 성격장애도 '파괴적, 충동통제 및 품행장애'의 범주에 포함될 수 있다.

적대적 반항장애(oppositional defiant disorder)는 어른에게 불복종하고 거부적이며, 적대적이고 반항적인 행동을 6개월 이상 지속적으로 나타내는 경우를 말한다. 이 장애의 세 가지 핵심 증상은 '분노하며 짜증내는 기분', '논쟁적이고 반항적인 행동', '복수심의 표출'이다. 간헐적 폭발성 장애(intermittent explosive disorder)는 공격적 충동이 조절되지 않아서 가끔씩 폭발적으로 파괴적 행동(예: 언어적 공격, 재산의 파괴, 신체적 공격 등)을 반복적으로 나타내는 경우를 말한다. 품행장애(conduct disorder)는 타인의 권리를 침해하거나 사회적 규범을 위반하는 행동을 반복적이며 지속적으로 나타내는 경우를 말한다. 방화증(pyromania)은 자신의 기쁨이나 만족을 위해, 또는 긴장완화를 위해 불을 지르고 싶은 충동을 억제하지 못해 1회 이상 고의적이며 의도적으로 방화를 하는 경우를 말한다. 병적 방화 또는 방화광이라고도 한다. 도벽증(kleptomania)은 자신의 기쁨이나 만족을 위해, 또는 긴장완화를 위해 남의 물건을 훔치고 싶은 충동을 억제하지 못해 반복적으로 도둑질을 하는 경우를 말한다. 절도광이라고도 한다. 반사회적 성격장애(antisocial personality disorder)는 18세 이상의 성인이 타인의 인격과 권리를 침해하고, 사회의 규범이나 법을 지키지 않으며, 무책임하고 폭력적인 행동을 반복적으로 나타내는 성격적 문제가 있는 경우를 말한다.

### 17) 물질-관련 및 중독 장애

물질-관련 및 중독 장애(Substance-Related and Addictive Disorder)는 술, 담배, 카페인, 마약 등의 중독성 물질을 사용하거나 도박증과 같이 중독성 행위에 몰두함으로써 다양한 부적응적 증상들이 초래되는 경우를 말한다. 물질-관련 및 중독 장애는 물질-관련 장애와 비물질-관련 장애로 구분된다.

물질-관련 장애(substance-related disorder)는 물질 사용장애와 물질 유발성 장애로 구분되고, 비물질-관련 장애는 도박장애(gambling disorder)가 있다. 물질 사용장애(substance use disorder)는 중독성이 있는 특정한 물질(예: 술, 담배, 마약 등)을 과도하게 사용함으로써 다양한 부적응적 증상이 초래되는 경우를 말한다(물질 사용장애는 dsm-ⅳ의 물질남용과 물질의존을 통합한 용어임). 물질 유발성 장애(substance-induced disorder)는 특정한 물질 사용으로 인해 초래되는 부적응적 후유증을 뜻하며 물질중독, 물질금단, 물질/약물 유발성 정신장애의 세 가지로 구분된다. 물질중독(substance intoxication)은 특정한 물질을 복용하는 도중 또는 그 직후에 일시적으로 생기는 부적응적 증상들을 말한다. 물질금단(substance withdrawal)은 물질 사용을 멈추거나 줄였을 때 나타나는 신체적, 정신적 금단증상들 때문에 고통이 도래되는 경우를 말한다. 물질/약물 유발성 정신장애(substance/medication-induced mental disorders)는 물질남용, 투약 약물, 물질의 여러 독소의 영향으로 인해 일시적으로 정신장애 증상들이 나타나는 경우를 말한다. 예컨대, 물질/약물로 유발된 불안장애, 성기능 장애, 수면 장애 등이 있다.

물질-관련 장애는 어떤 물질을 사용하였느냐에 따라 ① 알코올, ② 카페인, ③ 칸나비스(마리화나 등의 대마계 제제), ④ 환각제, ⑤ 흡입제, ⑥ 아편류, ⑦ 진정제 · 수면제 · 항불안제, ⑧ 자극제(예: 히로뽕 또는 필로폰으로도 불리는 암페타민, 코카인), ⑨ 타바코, ⑩ 기타 물질의 10가지로 구분된다. 따라서 물질별로 구체적인 진단이 가능하다. 예컨대, 알코올 사용장애, 알코올 중독, 알코올 금단, 알코올 유발성 정신장애로 구분하여 진단을 내릴 수 있다.

물질-관련 및 중독 장애(Substance-Related and Addictive Disorders)는 중독성 물질의 섭취와 관련 장애, 투약의 부작용과 관련되는 장애, 독소 노출과 관련되는 장애 모두를 포함한다. 여기에는 물질-관련 장애(Substance-Related Disorder), 물질 사용장애(Substance Use Disorder), 물질 유발성 장애(Substance-Induced Disorder), 물질중독(Substance Intoxication), 물질금단(Substance Withdrawal), 도박장애(Gambling Disorder)가 있다.

### 18) 신경인지장애

신경인지장애(Neurocognitive Disorders)는 뇌의 손상이나 뇌의 일시적인 기능장애로 인하여 정신장애가 유발되는 경우를 말한다. 신경인지장애는 ① 섬망, ② 주요 신경인지장애, ③ 경도 신경인지장애의 세 가지 하위유형이 있다.

섬망(delirium)은 어떤 신체적 질병, 물질/약물 중독이나 금단, 독소에의 노출, 또는 어떤 복합적 원인에 의해 일시적으로(몇 시간에서 며칠까지) 주의기능(예: 의식의 혼미)과 인식기능(예: 지남력 상실)에 붕괴 현상이 나타나는 경우를 말한다. 주요 신경인지장애(major neurocognitive disorder)는 뇌의 질환으로 생기는 '만성 뇌증후군(chronic brain syndrome)'으로 의식, 기억, 언어 판단 등의 인지기능에 결손이 나타나는 경우를 말한다. 경도 신경인지장애(mild neurocognitive disorder)는 주요 신경인지장애에 비해 증상의 심각도가 경미한 경우를 말한다. 즉, 인지기능이 과거의 수행 능력에 비해 상당히 저하되었지만, 이로 인해 일상생활을 독립적으로 영위할 수 있는 능력까지 저해되지 않는 경우를 말한다. 신경인지장애는 DSM-5 이전까지 치매(dementia)로 사용되었던 용어이다. 치매는 유발원인에 따라 ① 알츠하이머병, ② 전측두엽 변성 질환, ③ 루이소체 질환, ④ 혈관성 질환, ⑤ 외상성 뇌 손상, ⑥ 물질/약물 사용, ⑦ HIV감염(에이즈), ⑧ 프리온 질환(인간광우병), ⑨ 파킨슨병, ⑩ 헌팅톤병, ⑪ 어떤 의학적 질환, ⑫ 복합적 원인의 12가지 유형으로 구분된다.

## 19) 성격장애

성격장애(Personality Disorders)는 어린 시절부터 서서히 발전하여 아동기나 청소년기를 거치면서 성인기 초기에 개인의 성격으로 굳어진 심리적 특성이 다른 사람들과 조화를 이루지 못하고 생활 전반에 걸쳐 부적응적인 증상들이 초래되는 경우를 말한다. 성격장애는 A군, B군, C군의 세 집단으로 구분된다.

A군 성격장애는 기묘하고 괴팍한 행동이 주된 특징으로 ① 편집성 성격장애, ② 분열성 성격장애, ③ 분열형 성격장애가 있다. 편집성 성격장애(paranoid personality disorder)는 타인에 대한 강한 불신과 의심을 지니고 적대적인 태도를 나타내어 사회적 부적응이 초래되는 성격특성을 말한다. 분열성 성격장애(schizoid personality disorder)는 타인과의 친밀한 관계형성에 관심이 없고(사회적 무관심) 감정표현(정서표현 제한, 정서적 냉담, 둔마된 정동 또는 정서적 둔마, 정동은 정서와 동기가 결합된 용어임)이 부족하여 사회적 부적응이 초래되는 성격특성을 말한다. 분열형 성격장애(schizotypal personality disorder)는 분열성 성격장애보다 사회적으로 더 심하게 고립되어 있고 기이한 생각이나 행동(외모 포함)을 나타내어 사회적 부적응이 초래되는 성격특성을 말한다.

B군 성격장애는 행동이 극적이고 감정적이며 변덕스러운 것이 주된 특징으로 ① 반사회성 성격장애, ② 경계선 성격장애, ③ 연극성 성격장애, ④ 자기애성 성격장애가 있다. 반사회성 성격장애(antisocial personality disorder)는 18세 이상의 성인이 타인의 인격과 권리를 침해하고, 사회의 규범이나 법을 지키지 않으며, 무책임하고 폭력적인 행동을 반복적으로 나타내어 사회적 부적응이 초래되는 성격특성을 말한다. 15세 이전에는 품행장애를 나타낸 병력이 있어야 한다. 경계선 성격장애(boderline personality disorder)는 감정이나 기분의 변화가 강렬하고, 자신에 대한 이미지가 극에서 극으로 변하며, 충동적인 행동 때문에 불안정한 대인관계를 반복적으로 나타내어 사회적 부적응이 초래되는 성격특성을 말한다. 연극성 성격장애(histrionic personality disorder)는 타인의 애정과 관심을 끌기 위해 지나친 노력(예: 과도한 감정표현, 유혹적인 행동)을 나타내어 사회적 부적응이 초래되는 성격특성을 말한다. 히스테리성 성격장애로도 알려졌던 것이다. 자기애성 성격장애(narcissistic personality disorder)는 자신에 대한 과장된 평가로 인한 특권의식을 가지고 타인에게 착취적이거나 오만한 행동을 나타내어 사회적 부적응이 초래되는 성격특성을 말한다.

C군 성격장애는 불안과 두려움이 주된 특징으로 ① 회피성 성격장애, ② 의존성 성격장애, ③ 강박성 성격장애가 있다. 회피성 성격장애(avoidant personality disorder)는 다른 사람과의 만

남에 대한 불안과 두려움 때문에 사회적 상황을 회피함으로써 사회적 부적응이 초래되는 성격특성을 말한다. 의존성 성격장애(dependent personality disorder)는 스스로 독립적인 생활을 하지 못하고, 다른 사람에게 과도하게 의존하거나 보호받으려는 행동을 나타내어 사회적 부적응이 초래되는 성격특성을 말한다. 강박성 성격장애(obsessive-compulsive personality disorder)는 지나치게 완벽주의적이고, 세부적인 사항에 집착하고, 일과 생산성에만 과도하게 몰두하며, 인색한 행동을 나타내어 사회적 부적응이 초래되는 성격특성을 말한다.

### 20) 성도착 장애

성도착 장애(Paraphilia Disorders)는 성행위 대상이나 성행위 방식에서 비정상성을 나타내는 장애인데 흔히 이상성욕, 변태성욕, 성적 일탈로도 알려져 있다. 성도착 장애는 ① 관음장애, ② 노출장애, ③ 접촉마찰 장애, ④ 성적 피학 장애, ⑤ 성적 가학 장애, ⑥ 아동성애 장애, ⑦ 물품음란 장애, ⑧ 의상전환 장애의 여덟 가지 하위유형이 있다.

관음장애(voyeurisitc disorder)는 다른 사람이 옷을 벗거나 성행위하는 모습을 몰래 훔쳐봄으로써 성적 흥분을 느끼는 증상이 6개월 이상 지속적으로 반복되는 경우를 말한다. 노출장애(exhibitionistic disorder)는 낯선 사람에게 자신의 성기를 노출시켜 성적 흥분을 느끼는 증상이 6개월 이상 지속적으로 반복되는 경우를 말한다. 접촉마찰 장애(frotteuristic disorder)는 동의하지 않은 사람에게 자신의 성기나 신체 일부를 접촉하여 문지르거나 비벼 대는 행위를 통해 성적 흥분을 느끼는 증상이 6개월 이상 지속적으로 반복되는 경우를 말한다. 성적 피학장애(sexual masochism disorder)는 상대방으로부터 고통이나 굴욕을 받음으로써 성적 흥분을 느끼는 증상이 6개월 이상 지속적으로 반복되는 경우를 말한다. 성적 가학장애(sexual sadism disorder)는 상대방에게 고통이나 굴욕감을 느끼게 하여 성적 흥분을 느끼는 증상이 6개월 이상 지속적으로 반복되는 경우를 말한다. 아동성애 장애(pedophilic disorder)는 사춘기 이전의 아동(보통 13세 이하)을 상대로 성적 흥분을 느끼는 증상이 6개월 이상 지속적으로 반복되는 경우를 말한다. 물품음란 장애(fetishistic disorder)는 무생물인 물건(예: 여성의 속옷, 브래지어, 스타킹, 신발, 부츠, 기타 장신구 등)에 집착하여 성적 흥분을 느끼는 증상이 6개월 이상 지속적으로 반복되는 경우를 말한다. 의상전환 장애(transvestic disorder)는 이성의 옷으로 바꿔 입음으로써 성적 흥분을 느끼는 증상이 6개월 이상 지속적으로 반복되는 경우를 말한다.

### 21) 기타 정신장애

기타 정신장애(Other Mental Disorder)는 어떤 특정한 정신장애의 진단기준에는 미치지 못하지만 사회적, 직업적, 또는 다른 중요한 기능 영역에서 심각한 고통이나 손상을 초래하는 심리적 문제들이 나타나는 경우를 말한다. 즉, 특정한 정신장애로 분류할 수 없지만 어떤 부적응적인 증상들을 초래하는 다양한 경우를 포함하고 있다.

기타 정신장애는 다른 곳에 분류되지 않는 일반적인 의학적 상태로 인한 정신질환이 포함되는데, 여기에는 다른 의학적 상태로 명시되지 않는 정신질환 등이 포함된다.

### 22) 약물치료로 유발된 운동장애 및 약물치료의 기타 부작용

약물치료로 유발된 운동장애 및 약물치료의 기타 부작용(Medication-Induced Movement Disorders and Other adverse Effects of Mediccation)은 약물 유발성 운동장애 등이 포함되는데, 여기에는 파킨슨병(Neuroroleptic-Induced Parkinsonism)과 자연성 운동 이상(Tardrive Dyskinetic) 등이 해당한다.

### 23) 임상적 주의의 초점이 될 수 있는 기타의 상태

임상적 주의의 초점이 될 수 있는 기타의 상태(Other Conditions That May a Focus of Clinical Attention)로 관계문제, 학대와 방임, 교육과 직업문제, 주거와 경제 문제, 사회 환경과 관련된 기타 문제가 해당한다.

CHAPTER 13

# 정신건강과 법, 위기대처 및 건강관리

1. 정신건강 문제의 이해
2. 정신건강 증진을 위한 제도적 환경과 정신건강 문제
3. 정신건강증진서비스 및 전달체계
4. 정신건강 관련 법
5. 정신건강 사업의 추진방향
6. 청소년 위기 및 대처방법
7. 현대인 위기 및 대처방법

## 1. 정신건강 문제의 이해

개인의 정신건강을 위협하는 다양한 사회문제 속에 정신건강 문제는 우리 사회환경과 밀접한 관련이 있으며 개인뿐 아니라 가족과 사회에 미치는 영향이 매우 크다는 것을 인식하고 중요하게 다루어야 할 사회문제로 보아야 한다.

정신건강의 개념과 사회과학적 시각에서 유엔(UN)의 세계보건기구(WHO)에서는 정신건강을 일상생활에서 언제나 독립적, 자주적으로 처리해 나갈 수 있고 질병에 대해 저항력이 있으며 원만한 가정생활과 사회생활을 할 수 있는 상태이자 정신적 성숙 상태로 보았다. 한편, 미국 정신위생위원회(National Committee for Mental Hygiene)에 따르면 정신건강이란 다만 정신적 질병에 걸려 있지 않은 상태만이 아니고 만족스러운 인간관계와 그것을 유지해 나갈 수 있는 능력을 의미한다. 정신건강이란 '행복하고 만족하며 원하는 것을 성취하는 것 등의 안녕 상태' 또는 '정신적으로 병적인 증세가 없을 뿐 아니라 자기 능력을 최대한 발휘하고 환경에 대한 적응력이 있으며, 자주적이고 건설적으로 자기의 생활을 처리해 나갈 수 있는 성숙한 인격체를 갖추고 있는 상태'를 말한다.

아울러 휴먼 서비스(Human Service) 영역에서는 인간의 신체적, 정신적, 대인적, 물질적, 환경적 어려움을 경감시켜 원활한 사회 구성원으로서 기능을 유지시켜 나가도록 돕는 모든 인간복지 서비스 분야를 총칭한다(Tower, 1994). 실제 사회복지학, 간호학, 심리학, 정신의학과 같은 학문적 영역이 직접적으로 관련되며 포괄적으로는 법학, 경제학, 인류학, 정치학, 행정학 등이 포함된다고 할 수 있다. 이러한 휴먼 서비스 영역에서 정신건강은 단순히 정신적으로 불건강한 사람에게만 적용되는 개념은 아니다. 정신건강 문제를 가진 개인의 치료뿐만 아니라 개인들의 우수한 능력을 발견하고 향상시켜, 인간의 삶을 더욱 유용하고 가치 있게 만드는 것이라고 할 수 있다. 이와 같이 정신건강의 실천적 기능은 모든 사람의 복지에 관심을 두고 있다는 것을 의미하는 것으로 예방적 차원까지도 강조되는 추세이다.

## 2. 정신건강 증진을 위한 제도적 환경과 정신건강 문제

우리나라는 국민들의 정신건강과 관련된 제도와 연구가 그 중요성에 비해 아직도 미비한 실정이다. 그럼에도 현재 국민의 정신건강 증진을 위한 제도와 관리체계 구축 내용을 이해하는 것은 자칫 개인에게 모든 원인과 해결에 대한 책임을 지우는 접근을 경계하고 국가와 사회의 통합적 접근에 대한 시각을 확보하게 해 줄 것이다.

따라서 정신건강 증진을 위한 제도적 환경의 이해가 필요하며 국가의 정책은 제도와 서비스 내용에 직간접적으로 지대한 영향을 미친다. 우리나라의 정신건강증진 정책은 1995년 「정신보건법」 제정을 토대로 실질적인 내용이 이루어졌고 이후 진일보한 개정이 몇 차례 이루어졌다. 2016년에 개정된 「정신건강복지법」은 국민 일반의 다양한 정신건강 문제와 정신질환의 예방적 차원과 연구 시스템, 정신질환자의 인권보호에 비중을 두고 있고 이전의 「정신보건법」보다 진일보한 내용들을 포함하고 있다. 그러나 여전히 지역사회정신건강증진을 구현하기 위한 인프라 구축과 관련된 지원 내용 등에서는 미흡한 것이 사실이다. 우리나라 정신건강증진사업의 추진방향은 다음과 같다.

### (1) 비전

국민의 정신건강 문제해결을 통한 개인의 삶의 가치 향상과 사회적 비용 절감 및 국가 경쟁력을 확보하고자 한다.

### (2) 추진 방향

| 정신질환 편견 해소와 우호적 환경 조성 | 다양한 대상군에 대한 정신질환의 예방과 증진 | 중증 정신질환 치료수준 향상 및 재활체계 구축 | 자살예방을 위한 조기개입 체계 구축 |
|---|---|---|---|
| 1. 인식 개선을 위한 지속적 홍보 · 교육<br>2. 정신건강증진시설 이용 접근성 강화 | 1. 정신질환 조기 발견<br>2. 정신건강증진센터 기능 강화<br>3. 학교, 직장, 사회복지시설 연계체계 구축 | 1. 부적정 입원 축소<br>2. 사회복귀 및 직업재활 프로그램 확충<br>3. 알코올, 인터넷, 도박 중독 치료<br>4. 전문인력 양성, 인권교육 강화 | 1. 자살 고위험군 관리체계 구축<br>2. 노인 자살 예방 인프라 구축<br>3. 학생, 청소년 자살예방 체계 구축<br>4. 자살 관련 유해정보 차단 및 보도방식 개선 |

(3) 정신건강 관련 기관 및 시설 현황과 주요 기능

| 구분 | | 기관 수 | 주요 기능 |
|---|---|---|---|
| 계 | | 1,988 | |
| 정신건강증진센터 | | 208 | • 지역사회 내 정신질환 예방, 발견 · 상담 · 사회복귀훈련 및 사례관리<br>• 정신보건시설 간 연계체계 구축 등 지역사회 정신보건사업 기획 · 조정<br>※ 기초 195(국비 170, 지방비 25)<br>광역 13(국비 12, 지방비 1) |
| 정신의료기관 | 국 · 공립 | 187 | • 정신질환자 진료, 지역사회정신보건사업 지원 |
| | 민간 | 1,167 | • 정신질환자 진료 |
| 정신요양시설 | | 59 | • 만성 정신질환자 요양 · 보호 |
| 사회복귀시설 | | 317 | • 병원 또는 시설에서 치료 · 요양 후 사회복귀촉진을 위한 훈련 실시 |
| 중독관리통합지원센터 | | 50 | • 알코올 중독 예방, 중독자 상담 · 재활훈련 |

(4) 정신건강 문제의 대책 방안

첫째, 정신질환자에 대한 인식 전환 및 권익증진을 실효적으로 더욱 도모하여야 한다. 둘째, 정신병원 중심보다는 지역사회 내 자원 중심의 서비스가 더욱 확충 제공되어야 한다. 셋째, 정신건강 문제가 있거나 정신질환자를 조기에 발견하는 체계 구축이 시급하다. 넷째, 정신보건 관련 시설의 치료 환경을 대폭 개선하여야 한다. 다섯째, 만성 정신장애인에 맞는 효율적 서비스 제공과 함께 일반인의 정신건강과 예방을 포괄하는 사회복지 상담 서비스와 정신건강 서비스 프로그램 확충이 더욱 보완되어야 한다. 여섯째, 정신건강증진 서비스 전달체계와 연계체계의 강화가 필요하다. 일곱째, 정부의 정신건강에 대한 중요성 인식과 일관되고 내실화된 정신건강증진 정책이 요구된다.

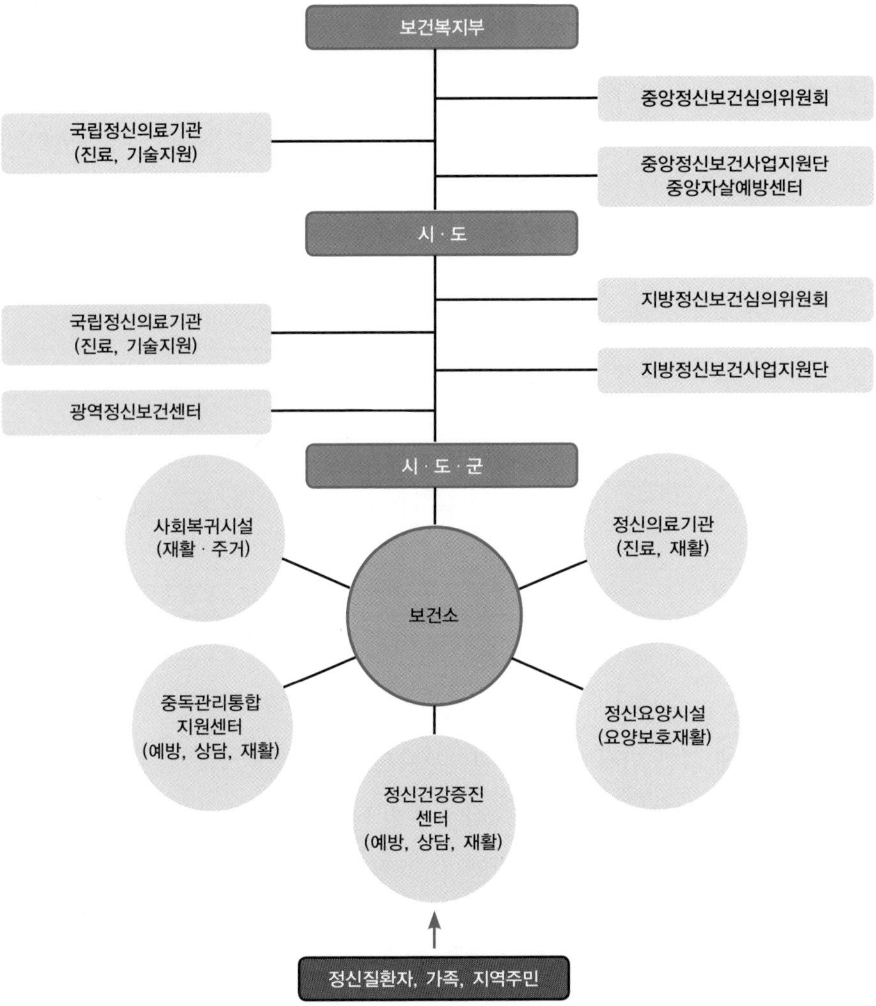


## 3. 정신건강증진서비스 및 전달체계

지역사회에서 이루어지는 정신건강증진사업은 지역사회 중심의 통합적인 정신질환자 관리 체계를 구축함으로써 정신질환의 예방, 정신질환자의 조기발견, 상담, 치료, 재활 및 사회복귀 도모를 사업목적으로 지역사회 내의 정신질환자와 그 가족 및 지역주민 전체 대상으로 서비스를 제공하고 있다.

「정신보건법」 제13조(지역사회정신보건사업)에 의하여 정신건강증진센터가 설치 및 운영 중에 있으며 정신보건서비스 전달체계는 정신건강증진센터를 중심으로 정신의료기관, 정신요양시설, 사회복귀시설, 중독관리통합지원센터 등 정신보건 관련 자원의 효율적인 연계와 조정이 이루어지고 있다. 정신건강증진센터의 설립목적은 지역사회 중심의 통합적인 정신질환자 관리체계를 구축함으로써 정신질환을 예방하고, 정신질환자의 조기발견 · 상담 · 치료 · 재활 및 사회복귀를 도모하는 데 있다.

(1) 대상

첫째, 지역사회 내의 정신질환자와 그 가족 및 지역주민 전체를 대상으로 하고 있으나, 한정된 정신보건 관련 자원을 감안, 사업대상에 만성중증정신질환자 및 가족을 우선으로 하면서 위험인구(정신건강 위험요인 보유 주민)와 일반인구(일반주민)를 위한 정신보건사업을 적절히 배치하고 있다. 둘째, 계층별로는 국민기초생활보장 수급권자 및 차상위계층 등 취약계층이 우선이다. 셋째, 지역적으로는 저소득층 밀집거주 지역 등 관내의 주민을 우선으로 한다. 넷째, 연령적으로는 청소년기 후기부터 장년기 초기까지의 경제활동 연령을 우선하되, 지역 특성에 따라 아동 · 청소년 또는 노년기 주민을 포함할 수 있도록 하고 있다.

(2) 종류 및 사업내용

정신건강증진센터는 광역형과 기초형으로 나뉜다. 정신건강증진센터는 지역사회정신보건사업을 기획 · 조정 및 수행하는 공적 기관으로 지역주민과 정신질환자의 욕구에 적합한 예방 · 치료 · 재활서비스가 제공될 수 있도록 정신보건시설 간 연계 및 정신보건서비스 제공체계를 마련하며, 대상자 발견과 등록 및 의뢰체계 구축, 정신건강상담전화(1577-0199) 운영, 사례관리(가정방문, 내소상담, 전화상담을 통한 사례관리), 정신질환자 및 가족교육, 정신질환 예방 및 정신건강증진사업(지역주민 대상 정신건강 관련 상담 및 교육 등), 정신질환 편견해소 홍보, 지역 내 정신보건 자문(보건소, 시 · 군 · 구청, 읍 · 면 · 동 주민센터, 학교, 사회복지시설, 경찰 등 대상), 자원봉사자 관리 및 연결 등의 사업을 수행하고 있다.

① 광역정신건강증진센터

**표 13-1 자살예방사업**

| 영역 | 기본적 서비스 내용 |
|---|---|
| 연구/기획 | • 해당 지역의 자살사망통계 세부분석을 통한 현황 제시<br>• 심리적 부검사업 추진 및 중앙심리부검사업 협조체계 구축<br>• 프로그램 및 지역특성화 자살예방 시스템 효과성 평가 연구<br>• 기타 자살예방과 관련한 기초조사<br>- 초단위 자살예방서비스 제공현황 분석<br>- 자체조사 또는 이차 데이터를 활용한 DB 구축 운용<br>• 법률에 기반한 광역 단위의 자살예방계획 수립에 참여 |
| 프로그램 개발 | • 생애주기별 자살예방 프로그램 개방 1, 2, 3차 예방적 관점<br>- 자체개발 또는 중앙차원의 프로그램을 지역 상황에 맞춰 적용 |
| 마케팅 | • 생애주기별 대단위 자살예방교육 및 인식개발사업 수행<br>- 온라인 콘텐츠 개발 또는 대단위 오프라인 교육 및 캠페인 수행<br>• 자살예방서비스 인지도 향상을 위한 공고 및 홍보사업 |
| 교육 | • 게이트키퍼 교육<br>• 게이트키퍼 Trainers training 운영을 통한 게이트키퍼 확산<br>• 자살예방 First Aid 또는 전문가 양성 교육 |
| 네트워킹 | • 지역특화적 자살고위험군 발견, 평가, 사례관리, 치료연계체계 구축<br>- 프로토콜, 매뉴얼 개발 보급 및 모니터링 체계 구축<br>- 경찰, 119 네트워킹/보건복지서비스 제공주체와의 네트워킹<br>• 민관협력 자살예방서비스 제공체계 구축<br>- 마케팅, 교육 및 직접서비스 영역에 걸친 협력체계 구축, 적용 |
| 직접서비스 | • 24시간 핫라인 상담 및 고위험 위기대응체계 조정업무 수행 |

**표 13-2 중증정신질환자관리사업**

| 영역 | 기본적 서비스 내용 |
|---|---|
| 연구/기획 | • 해당 지역 중증정신질환자 치료 및 관리 현황 자료 분석<br>- 의료기관 입 · 퇴원 및 치료 현황, 심판위원회 운영 현황 등<br>- 기초센터 및 사회복귀시설 서비스 제공 현황 및 세부 내용 분석<br>- 지역 내 정신장애인 등록 현황 분석<br>• 지역특성화 중증정신질환관리시스템 효과성 평가 연구<br>- 회복 지향적 프로그램 효과성 평가<br>- 사회복귀 촉진을 위한 전달체계 시스템 효과성 평가<br>• 기타 중증정신질환 관련 기초조사 및 모형 개발<br>- 자체 조사 또는 이차 데이터를 활용한 DB 구축 운용<br>예) 지역특화적 상황에 따른 초발정신질환자 관리 모형<br>지역특화적 주거(직업재활) 서비스 체계 모형 개발 연구 |
| 프로그램 개발 | • 회복 지향적 관점의 서비스 공급자/소비자 대상 프로그램 개발<br>- 자체 개발 또는 중앙, 타 지역 프로그램을 지역 상황에 맞춰 적용 |
| 마케팅 | • 정신장애인 편견 해소 및 차별방지 콘텐츠 개발 및 캠페인 |
| 교육 | • 중증정신질환자 사례관리 및 회복지원 역량강화 교육체계 구축<br>• 광역 · 지역 협력형 당사자(가족) 역량강화 교육 체계 운영<br>• 「정신보건법」에 의한 인권교육기관으로서의 업무 수행 |
| 네트워킹 | • 정신의료기관-지역사회 퇴원환자 연계체계 구축 및 조정<br>• 지역사회서비스 기관 간 연계체계 구축 및 조정업무 수행<br>- 프로토콜, 매뉴얼 개발 보급 및 모니터링 체계 구축<br>• 당사자 권익옹호를 위한 네트워크 개발 및 운영 |
| 직접서비스 | • 광역정신보건심판위원회 평가 업무 지원 |

**표 13-3 아동 · 청소년 정신건강증진사업**

| 영역 | 기본적 서비스 내용 |
|---|---|
| 연구/기획 | • 해당 지역 아동 · 청소년 정신건강 관리 현황 자료 분석<br>- 기초센터 서비스 제공 현황 및 세부 내용 분석<br>- 심리지원서비스 기관 등 유관 기관의 서비스 제공 현황 조사<br>• 기타 아동 · 청소년 관련 기초조사 및 모형 개발<br>- 자체 조사 또는 이차 데이터를 활용한 DB 구축 운용 |
| 프로그램 개발 | • 아동 · 청소년 정신건강증진 프로그램 개발<br>- 자체 개발 또는 중앙, 타 지역 프로그램을 지역 상황에 맞춰 적용 |
| 마케팅 | • 아동 · 청소년 정신건강 인식 개선을 위한 지역사회 홍보 및 인식 개선 사업 수행 |
| 교육 | • 아동 · 청소년 정신건강서비스 실무자 역량강화 교육체계 구축<br>• 광역-지역협력 교사, 학생, 학부모 대상 교육체계 구축 운영 |
| 네트워킹 | • 지역 특화적 상황에 따른 아동 · 청소년 정신건강 네트워크 개발<br>예) 지역아동센터-정신건강증진센터 연계체계 모형<br>• 치료연계체계 활성화를 위한 정신의료기관 네트워킹 조정 |

**표 13-4 정신건강 증진사업**

| 영역 | 기본적 서비스 내용 |
|---|---|
| 연구/기획 | • 해당 지역 다빈도 정신건강 관리 현황 자료 분석<br>- 기초센터 서비스 제공 현황 및 세부 내용 분석<br>- 국가 데이터를 활용한 치료율 등 기초적 데이터 생산<br>• 기타 성인기, 노년기 정신건강 관련 기초조사 및 모형 개발<br>- 자체 조사 또는 이차 데이터를 활용한 DB 구축 운용 |
| 프로그램 개발 | • 우울증 관리 등 정신건강증진 프로그램 개발<br>- 자체 개발 또는 중앙, 타 지역 프로그램을 지역 상황에 맞춰 적용 |
| 마케팅 | • 다빈도 정신건강문제의 인식 개선을 위한 지역사회 홍보 및 인식 개선 사업 수행 |
| 교육 | • 정신건강증진서비스 제공자 역량강화 교육체계 구축<br>• 광역-지역협력 특정 직업군별 정신건강증진 교육체계 구축 운영 |
| 네트워킹 | • 사회복지 전담공무원 상담 컨설팅 체계 구축 및 운영<br>• 치료연계체계 활성화를 위한 정신의료기관 네트워킹 조정 |

**표 13-5 중독관리사업**

| 영역 | 기본적 서비스 내용 |
|---|---|
| 연구/기획 | • 해당 지역 중독문제 관리 현황 자료 분석<br>- 기초센터 서비스 제공 현황 및 세부 내용 분석<br>- 국가 데이터를 활용한 치료율 등 기초적 데이터 생산<br>• 기타 중독 관련 기초 조사 및 모형 개발<br>- 자체 조사 또는 이차 데이터를 활용한 DB 구축 운용 |
| 교육 | • 지역 서비스 제공자 대상 중독문제 조기 선별 및 단기치료 프로토콜 교육<br>• 중독 관련 서비스 제공자 대상 사례관리 역량강화 교육 |
| 네트워킹 | • 중독문제의 효과적 관리를 위한 지역사회 연계망 구축 운영<br>• 치료연계 및 퇴원 후 지역서비스 연계체계 활성화를 위한 정신의료기관 네트워킹 조정 |

### ② 기초정신건강증진센터

**표 13-6 기초정신건강증진센터**

| | |
|---|---|
| 중증정신질환자관리 | • 중증정신질환 조기 개입체계 구축<br>• 개별적 서비스 계획의 수립과 제공<br>• 위기개입 서비스 제공 및 위기대응체계 구축<br>• 포괄적 서비스 제공과 지역사회 네트워크 구축<br>• 정신보건심판위원회 업무 지원<br>• 긴급지원 대상자 발굴 |
| 자살예방 및 정신건강증진 | • 인식 개선 사업<br>• 고위험군 조기발견 및 치료연계사업<br>• 정신건강상담전화운영 |
| 아동 · 청소년 정신건강증진 | • 지역사회 현황 파악 및 연계체계 구축<br>• 교육 및 홍보<br>• 정신건강문제 조기 발견 및 사후관리서비스<br>• 치료연계 및 진료비 지원<br>• 지역사회서비스 투자사업과의 연계 |
| 행복e음 보건복지통합전달체계 구축사업 | • 정신보건서비스와 복지서비스 간 연계체계 구축 |

**표 13-7 2차 자살예방종합대책 10대 과제**

| 10대 과제 | 세부과제 |
|---|---|
| 1. 자살에 대한 국민의 인식을 개선한다. | • 국민정신건강 네트(net) 개발 및 활용<br>• 생명존중 사회마케팅 전략체계 강화<br>• 생명사랑 문화프로그램 확산 |
| 2. 자살위험에 대한 개인 · 사회적 대응 역량을 강화한다. | • 이혼가정 상담서비스 지원 강화<br>• 위기청소년 사회안전망 구축<br>• 아동 · 청소년 정신건강 관리체계 강화<br>• 대학교 자살예방 및 정신건강 사업 체계 구축<br>• 직장인 정신건강 증진 지원<br>• 노인 학대 예방 및 독거노인 지원 강화 |
| 3. 자살에 치명적인 방법과 수단에 대한 접근성을 감소시킨다. | • 유독성 물질 불법 유통 관리 감독 강화<br>• 농약 관리체계 강화<br>• 인터넷 자살유해사이트 관리체계 강화<br>• 지하철, 교량 등에 대한 안전시설 개선 |
| 4. 자살에 대한 대중매체의 책임을 강화한다. | • 미디어 관리체계 구축 |
| 5. 자살 고위험군에 대한 정신건강증진서비스를 강화한다. | • 지역사회 고위험군 자살예방 프로그램 개발 보급<br>• 특수 영역(군 · 교정기관) 자살예방활동 강화<br>• 정신질환자 사례관리 시스템 개선<br>• 알코올 중독자 관리체계 구축 및 강화<br>• 우울증 조기검진 및 치료관리체계 구축<br>• 자살시도자 · 유가족 지원방안 마련 |
| 6. 지역사회 기반의 다양한 자살예방 인력에 대한 교육체계를 강화한다. | • 정신보건전문요원 자살예방 교육체계 구축<br>• 경찰 및 긴급구조요원 자살예방 교육 강화 |
| 7. 자살예방을 위한 법과 제도적 기반을 조성한다. | • 자살예방법 제정 |
| 8. 자살예방 서비스 제공을 위한 인프라 구축을 적정화한다. | • 지역사회 상담 지원 및 정신건강서비스 체계 확대<br>• 제3자 통화 및 응급출동체계 구축<br>• 자살예방 민간단체 지원 및 육성 |
| 9. 자살예방을 위한 연구 · 감시 체계를 구축한다. | • 자살예방사업 모니터링 체계 구축<br>• 자살관련 통계 · 연구체계 개선 |
| 10. 근거에 기반을 둔 자살예방정책을 개발한다. | • 지역사회 기반의 통합적 자살예방 시범사업 |

## 4. 정신건강 관련 법

### 1) 정신건강복지법의 발달

「정신보건법」의 최초 입법 시도의 배경과 제정 및 개정의 과정은 「정신보건법」 제정 이전과 개정 이후로 살펴볼 수 있다.

#### (1) 「정신보건법」 제정 이전

초기 정신질환자들의 치료는 종교적 미인가 시설이 주로 담당하였다. 국가의 개입과 법적 규제가 없는 비인가 시설의 정신질환자에 대한 비치료적 · 비인권적 처우의 실상이 사회로 표출되기 시작하면서 정부와 사회는 관심을 두기 시작하였다.

- 1968년 대한신경정신의학회와 대한의학협회의 '정신위생법'안 건의 및 기각
- 1983년 KBS 〈추적 60분〉 무인가 시설(기도원)의 비인간적인 정신질환자 수용 실상 보도, 정신질환자의 인권 보호를 위한 사회적 관심이 높아지고 정신보건 정책의 필요성 제기
- 1984년 '정신질환 종합 관리 대책' 수립
- 1985년 「정신보건법」 제정을 위한 정부안 제출
- 1991년 대구 나이트클럽 방화 사건, 여의도 광장 자동차 질주 사건 발생으로 정신질환자의 범죄 행위에 대한 사회적 관심 고조, 정부가 범죄 예방 차원에서 정신보건법 제정에 관여하기 시작
- 1992년 11월 「정신보건법」안 제출
- 1995년 12월 「정신보건법」 제정
- 1997년 1월 「정신보건법」 시행, 국민의 정신건강에 대한 국가의 의무, 정신보건 시설의 설치 · 운영자의 의무, 정신보건 전문 요원 명시, 사회 복귀 시설의 설치 · 운영, 입 · 퇴원 등의 내용 명시

#### (2) 「정신보건법」 제정 이후

1990년대 이전 정신질환자가 비인가 시설이나 요양원 등에서 적절한 치료 없이 방치되거나 유린당하여 인권이 침해되는 것을 국가 차원에서 방지하기 위해 「정신보건법」이 1995년 12월

30일 처음으로 제정되었다. 지난 20년 동안 20차례 이상의 개정 작업을 통해 2016년「정신건강복지법」으로의 전면 개정과 시행이 이루어졌다. 전면 개정의 주요 과정과 내용은 다음과 같다.

- 1997년 12월 31일「정신보건법」 전면 개정. 정신 요양 병원 폐지, 국가와 지방자치단체가 지역사회 정신보건 사업에 소요되는 비용 지원, 보호 의무자에 의한 입원 환자의 가퇴원 절차 간소화(인권 보호 강화)
- 2001년 1월 12일「정신보건법」 일부 개정. 현실적으로 운영실적이 없는 시 · 도지사의 정신 의료 기관 지정 제도 폐지
- 2004년 1월 29일「정신보건법」 일부 개정. 지역사회 정신보건 사업의 보다 효율적인 실행을 위해 보건소 등에 정신보건 센터 설치, 정신 의료 기관이 법정 기준에 어긋나는 경우에는 행정 처분 규정 신설
- 2008년 3월 21일「정신보건법」 일부 개정. 장기 입원 위주의 정신보건 체계와 정신질환자의 인권 침해에 관한 실태 조사(국가인권위원회 발간)를 배경으로 개정, 입 · 퇴원 절차 요건 강화와 정신보건 시설에 대한 규제 도입으로 정신질환자에 대한 인권 침해와 권익 강화가 핵심 내용
- 2016년 5월 19일「정신건강증진 및 정신질환자 복지서비스 지원에 관한 법률」(정신건강복지법)로 전면 개정. 강제 입원 절차 개선, 정신질환자 차별 해소, 정신건강 증진 · 복지 서비스 근거 마련, 동의 입원 신설

## 2) 2017년 5월 30일「정신건강복지법」개정의 주요 내용

### (1) 강제 입원 절차 개선

기존 강제 입원 시 전문의 1인의 진단으로 입원 가능에서 서로 다른 정신 의료 기관 소속인 전문의 2인의 진단을 받아야 2주 이상 입원 가능하다. 모든 강제 입원은 1개월 이내에 '입원 적합성 심사 위원회'에서 입원 적합성 여부 심사를 받아야 한다. 기존 강제 입원 시 6개월에 한 번 입원 기간 연장 심사에서, 입원 초기에 3개월 간격으로 심사하도록 한다.

### (2) 정신질환자 차별 해소

기존 정신병의 경중과 무관하게 모든 환자를 정신질환자로 정의했으나 개정된「정신건강복지법」에서는 정신질환자의 법적 의미를 '정신질환으로 독립적 일상생활을 하는 데 중대한 제약

이 있는 사람'으로 축소하였다. 우울증 등 경증 환자도 이 · 미용사, 언어재활사 화장품 제조 · 판매업 등의 자격을 취득하고 사회생활을 할 수 있다.

#### (3) 정신건강 증진 복지 서비스 근거 마련

국가와 지방자치단체는 정신건강 증진 계획을 수립하고, 정신질환의 예방 및 조기 발견 등 정신건강 증진 사업을 실시하도록 한다. 정신질환자의 복지 서비스(고용 · 교육 · 문화 · 지역사회 통합 지원 등) 제공 규정을 신설하였다.

#### (4) 동의 입원 신설

자의에 의한 입원이라도 보호 의무자 1인의 동의가 필요하고, 퇴원 시 정신과 전문의 판단으로 72시간 동안 퇴원을 제한할 수 있는 '동의 입원' 제도를 신설하였다. 자 · 타 위험이 의심되는 사람의 행정입원을 경찰관이 요청할 수 있도록 하였으며, 기존 강제 입원 시 6개월에 한 번 입원 기간 연장 심사를 했으나 입원 초기에 3개월 간격으로 심사하도록 하였다.

### 3) 정신건강 서비스 전달체계

국내 정신건강 서비스 전달체계는 보건복지부의 총괄하에 시 · 도를 거쳐 시 · 군 · 구의 보건소와 지역사회 정신건강 증진 기관을 통하여 지역 주민에게 정신건강 서비스를 제공한다.

보건복지부 산하에는 국립 정신건강 센터, 광역 정신건강 심의 위원회, 중앙 정신건강 복지 사업 지원단을 두고 있다. 시 · 도 산하에는 공립 정신건강 센터, 광역 정신건강 복지 센터, 지방 정신건강 심의 위원회, 지방 정신건강 복지 지원단을 두고 있다. 시 · 군 · 구 산하의 보건소는 정신 의료 기관, 정신 요양 시설, 정신건강 복지 센터, 중독 관리 통합 지원 센터, 정신 재활 시설 등 지역사회 내 정신보건 서비스 기관 간의 기획 및 조정 역할을 담당하고 있다.

### 4) 「정신건강복지법」 관련 단체

- 광역 정신건강 심의 위원회: 정신건강 증진 시설에 대한 감독
- 기초 정신건강 심의 위원회: 입원 기간 연장 심사, 퇴원 사실 통보 여부 심사, 입원 기간 연장 심사
- 중앙 정신건강 복지 사업 지원단: 국가 계획 수립, 시행 관련 자문, 국가 계획 및 지역 계

획 시행 결과에 대한 평가 지원, 정신건강 증진 사업의 기획 및 조정에 대한 지원
- 지방 정신건강 복지 사업 지원단: 지역 계획 수립, 시행 관련 자문, 지역계획의 관할 시·군·구 시행 결과에 대한 평가 또는 평가 지원, 정신건강 증진 사업의 기획 및 조정에 대한 지원
- 국립 정신건강 센터: 정신질환 예방 및 진료, 정신질환 진료 관련 조사 연구, 지표 및 표준 개발 보급, 국가 정신건강 증진 기관 간의 정신건강 증진 사업 수행 관련 총괄

## 5. 정신건강 사업의 추진방향

국내 정신건강 정책은 5주년 계획으로 진행된다. 보건복지부는 2016~2020년까지의 정신건강 사업 기본 방향을 '행복한 삶, 건강한 사회'로 설정하고, 이를 위한 네 개의 정책 목표를 ① 국민 정신건강 증진, ② 중증 정신질환자 지역사회 통합, ③ 중독으로 인한 건강 저해 및 사회 폐해 최소화, ④ 자살 위험 없는 안전한 사회 구현으로 제시하고 있다. 정신건강 사업은 ① 조기 발견과 개입을 통한 국민의 정신건강 증진, ② 치료·인권·사회 복귀 지원을 통한 중증 정신질환자의 사회 통합, ③ 예방 관리를 통한 중독 자살의 사전 조기 발견이라는 세 가지 핵심 가치를 중심으로 정책 목표에 따른 정신건강 사업의 추진 전략을 진행하고 있다.

이러한 추진 전략의 주요 내용은 다음과 같다.

첫째, 전 국민을 위한 촘촘한 정신건강 서비스 지원을 하는 것이다. 정신건강 복지 센터의 근접성을 높이고 조기 정신건강 스크리닝과 생애주기별로 필요한 정신건강 서비스 지원을 하는 것이다.

둘째, 정신건강 문제 발생 시 조기 집중 치료로 원래의 상태를 회복할 수 있도록 지원하는 것이다. 정신건강 외래 치료 시의 본인 부담률을 낮추고, 상담료 수가를 현실화하여 심층적인 상담 치료를 받을 수 있도록 건강 보험 수가체계를 개선하고자 한다. 정신질환자를 위한 사회복귀 시설도 단계적으로 확충하여 퇴원 후 지역사회에서 충분한 재활 서비스가 제공될 수 있도록 제시하고 있다.

셋째, 만성 질환자의 삶의 질 제고를 위해 5개 국립 정신 병원에 '입원 적합성 심의 위원회'를 구성하여 강제 입원의 인권 문제를 최소화하고자 한다. 정신 의료 기관 내 행동 제한·격리·강박 등의 기준을 강화하고 '인권 지킴이단'을 통한 모니터링을 강화한다.

넷째, 중독 및 자살 예방·관리를 강화하기 위하여 일반 국민을 대상으로 중독 문제에 대한

선별 검사를 강화하고 조기 치료 및 회복을 지원한다. 이를 위해 청 · 장년층 정기 건강 검진 시 알코올 습관 조사 대상을 40대 이상에서 20대 이상으로 확대한다.

### 1) 정신건강 증진 기관 및 시설 현황

국내 정신건강 증진 기관은 2017년 12월 기준 총 2,255개 기관이 운영되고 있다. 그 유형으로는 정신건강 복지 센터, 정신 의료 기관, 정신 요양 시설, 정신 재활 시설, 중독 관리 통합 지원 센터로 구분된다(보건복지부, 2019). 시 · 도 단위로 보면 정신 의료 기관(376개소)과 정신 재활 시설(118개소)은 서울시, 정신건강 복지 센터(36개소)는 경기도, 정신 요양 시설(10개소)는 충청남도에 가장 많이 설치 · 운영되고 있다. 전국 정신건강 증진 기관과 시설 현황은 다음과 같다.

- 정신건강 복지 센터: 정신건강 복지 센터는 지역사회 내 정신질환을 예방하고 정신질환자를 발견 · 상담하여 정신 재활 훈련 및 사례 관리를 통한 서비스를 제공하는 것이다. 정신건강 증진 시설 간의 연계 체계를 구축하는 등 지역사회의 정신건강 사업을 기획하고 조정하는 역할을 한다. 현재 광역 정신건강 복지 센터 16개소, 기초 정신건강 복지 센터 227개소가 운영되고 있다.
- 정신 의료 기관: 정신 의료 기관은 국공립과 민간으로 구분되며 국공립 정신의료 기관은 정신질환자의 진료뿐 아니라 지역사회 정신건강 증진 사업을 지원하는 기능을 한다. 국공립은 20개소, 민간은 1,534개소가 운영되고 있다.
- 정신 요양 시설: 정신 요양 시설은 만성 정신질환자의 요양과 보호를 제공하는 기능을 한다. 현재 59개소가 운영 중이다.
- 정신 재활 시설: 정신 재활 시설은 병원 또는 시설에서 치료나 요양 후에 사회 복귀를 촉진시키기 위한 훈련을 제공하는 기능을 한다. 현재 349개소가 운영 중이다.
- 중독 관리 통합 지원 센터: 중독 관리 통합 지원 센터는 지역사회 중독 예방과 중독자 상담 및 재활 훈련을 제공하는 기능을 한다. 현재 40개소가 운영 중이다.

### 2) 정신사회재활

정신사회재활(psychosocial rehabilitation)은 정신장애를 가진 사람이 지역사회에서 적절한 기능 훈련과 환경적 지지를 제공받음으로써 일상생활 기능과 사회적응 능력 등이 최대한 회복되고 지역사회에서의 삶의 질이 향상될 수 있도록 하는 데 초점을 두고 있다(김현숙, 2002). 즉, 정신사회재활은 정신장애에 의해 오랫동안 기능적 장애를 가진 사람이 스스로 선택한 환경 내에서 최소한의 전문적 개입을 받으며 성공적이고 만족스러운 독립적 삶을 살아가기 위해 필요한 기능을 증진시키는 것이라고 할 수 있다(Anthony, Cohen, Farkas, & Gagne, 2002). 정신적 · 정서적 장애로 어려움을 겪고 있는 사람의 치료 및 재활, 문제 발생의 조기 개입과 예방을 통하여 국민건강 증진을 목적으로 하는 정신보건사회복지에서 정신사회재활의 개입은 다음의 1, 2, 3차 예방 중에서 3차에 해당한다고 할 수 있다(이경아, 2001).

- 1차 예방: 정신질환의 발생 예방, 정신건강 증진에 주력함
- 2차 예방: 조기 발견과 신속한 치료에 중점을 두며, 응급전화, 단기 정신치료, 입원치료 등의 위기중재가 포함됨
- 3차 예방: 정신질환으로 말미암아 부차적으로 갖는 정신적 결함이나 사회적 장애를 줄이는 데 목적이 있음

정신사회재활 모형에 따르면, 일반적으로 한 개인에게 정신질환이 발생하게 되면 상호 영향을 주고받는 손상, 불능, 불구, 불리의 네 가지 영역에서 개인의 삶에 부정적 영향을 미치게 된다(이수희, 2010). 즉, 심리적 · 생리전 손상(impairment)에 의해 망상, 환각, 불안, 우울, 무감동 등의 증상이 나타나고, 이러한 증상은 개인의 사회기술, 대인관계 기술, 일상생활 기술 등의 활동수행 능력에서의 불능(dysfunction)을 유발하며, 궁극적으로 사회적 역할수행 능력의 제한과 불구(disability)를 가져오게 된다. 정신장애인을 낙인찍고 불이익(disadvantage)을 주는 사회적 분위기나 상황도 정신장애인의 활동 및 역할수행 능력을 제한하고 방해한다(박병선, 배성우, 2013).

정신사회재활의 대상은 일반적으로 급성 증상이 호전되거나 비교적 없어졌더라도 완전히 회복되기보다는 다시 재발할 때까지 잔존증상과 음성증상을 보이는 만성정신질환을 가지고 있는 사람, 즉 심한 정신질환을 앓고 있거나 사회적 · 직업적 기능에 장애가 만성적으로 보이는 정신장애인이다. 정신사회재활은 모든 사람은 개발될 수 있는 잠재능력과 사회적 · 직업적 · 교육적 · 대인관계적 기술 등을 가지고 있고, 자기결정을 할 수 있는 권리와 책임을 가지고 있음을 전제로 한다. 이러한 전제를 바탕으로, 독립적으로 생활하는 데 필요한 기술과 자원이 부족한 지역사회의 정신장애인을 위해 지지재활 프로그램들이 개발 · 활용되고 있다. 정신장애

**표 13-8 정신사회재활 모형의 정신장애 영향의 진행 단계**

| 단계 | 손상 | 불능(무능력, 장애) | 불구 | 불리 |
|---|---|---|---|---|
| 정의 | 심리적 · 생리적 · 해부학적 구조나 기능이 상실되거나 어떤 이상이 생긴 상태 | 정상이라고 생각하는 방식과 범위 내에서 활동수행 능력이 제한되거나 부족한 상태 | 정상이라고 생각되는 방식과 범위 내에서 역할수행 능력이 제한되거나 부족한 상태 | 어떤 개인이 정상적인 역할을 수행하는 일에 제한과 방해를 받는 불이익 상태(손상이나 장애 때문에 초래된 결과) |
| 예 | 환각, 망상, 우울, 무감동 | 직무적응 기술 부족, 사회기술 부족, 일상생활 기술 부족 | 학교를 다니지 못함, 취업을 하지 못함, 거주지가 없음 | 차별화, 편견, 가난 |
| 중재 | 약물치료<br>정신치료 | 재활 프로그램 | 재활 프로그램 | 제도변화<br>권익옹호<br>편견교육 프로그램 |

인과 그 가족은 사회 복귀와 관련하여 위기상황에서의 대처문제, 증상조절 문제와 약물사용 방법, 일상생활 수행의 문제, 사회생활 및 직업생활 수행의 문제, 사회적 고립의 문제 및 재정적 부담의 문제 등에 직면하고, 이러한 문제해결에 도움이 될 수 있는 정신보건서비스에 대한 욕구를 가지고 있다(유수현, 2001). 우리나라 대부분의 정신보건시설에서는 정신장애인에게 대인관계, 스트레스 관리, 일상생활 관리, 인지재활 등을 포함하는 사회기술 훈련, 약물증상관리 프로그램, 직업훈련 및 직업재활 프로그램, 가족교육 프로그램, 편견해소 캠페인 등의 다양한 정신사회재활서비스를 통합적으로 제공하고 있다(김이영, 2004).

**표 13-9 지지재활 프로그램**

| | |
|---|---|
| 일상생활 기술훈련 | • 보다 독립적인 생활을 수행할 수 있도록 도움(의복관리, 청결관리, 간단한 요리기술 습득 등) |
| 사회기술 훈련 | • 대화기술과 대인관계 기술, 대응하기 어려운 상황에서의 대처 방법 등을 학습, 구체적인 상황에 활용하도록 배움<br>• 직접적이고 적극적인 학습의 원칙을 가지고 정신질환자들이 사회에서 원활히 살 수 있도록 다양한 기술 훈련(자기주장훈련, 대인관계훈련, 스트레스 대처법, 분노조절 훈련 등)을 실시함 |
| 여가활동 훈련 | • 일상의 여가 시간을 효과적으로 활용할 수 있는 활동 프로그램으로 구성<br>• 정서함양, 스트레스 감소와 대처능력개발 등을 통하여 삶의 질을 증진시키기 위한 훈련 프로그램을 제공(노래방, 탁구장, 볼링장 가기, 비디오 감상, 서예, 미술, 종이접기, 꽃꽂이 등) |
| 지역사회 적응훈련 | • 지역사회자원을 활용하여 문화생활과 여가생활 활용에 도움이 되도록 하여 지역사회 적응을 돕기 위한 것(박물관, 미술관 견학, 백화점 쇼핑, 관공서 방문 등) |
| 약물 · 증상 교육 | • 대상자 스스로 자신의 병을 이해하도록 돕고 자기 스스로 돌볼 수 있는 실제적 방법을 제시하며 진료자와 효과적으로 의사소통할 수 있게 도와 치료에 적극적인 태도를 갖게 함 |

### 3) 정신사회재활의 구성요소

정신사회재활은 사회기술 훈련, 환자교육, 가족교육, 직업재활, 주거 프로그램, 사례관리 및 낮병원으로 구성되어 있다.

#### (1) 사회기술 훈련

정신장애인의 사회기술 훈련은 지역사회 생활에 필수적인 생활기술을 습득하도록 함으로써 실제적 역량을 강화하는 과정이다. 여기에서 생활기술이란 지역사회 유지에 필요한 사회기술로서, 자신의 일상생활을 독립적으로 수행해 나가기 위한 도구적 기술부터 사회 구성원과의 교류를 강화하는 정서적 기술까지를 포함한다(이용표, 2003). 사회기술 훈련을 통해 정신장애인은 자신감 회복, 질병의 자가 관리, 치료 팀과의 협력적 관계 구축, 가족 부담의 감소, 재발 방지, 스트레스 극복, 사회적 역할기능 향상, 낮은 약물 용량 유지 등의 성과를 얻을 수 있다(김기태, 황성동, 최송식, 박봉길, 최말옥, 2013).

사회기술 훈련은 지역사회정신보건 프로그램의 재활서비스에서 매우 중요한 역할을 하고 있으며, 사회학습이론에 기반을 둔 행동주의 모형, 문제해결 모형, 주의집중 모형, 조망적 사회기술 훈련이 주로 활용되고 있다(이용표, 2003; 김기태 외, 2001).

- 행동주의 모형: 행동이론과 사회학습이론에 기초를 두고, 적절한 사회적 행동을 학습하지 못했거나 부적응적 행동을 학습했기 때문에 정신장애인이 사회적 기능을 적절하게 수행하지 못한다고 봄. 가장 보편적으로 이루어지는 훈련 방법으로, 주로 모델링, 행동시연(역할연기), 피드백, 사회적 강화 등을 통해 사회기술 훈련이 이루어짐
- 문제해결 모형: 정신장애인의 인지적 결함으로 인해 사회기술 부족이 나타난다고 보고, 정보를 받아들이는 기술, 처리하는 기술, 보내는 기술 등의 각 단계에서 개인의 수행을 분석하고 이를 지적함으로써 인지적 문제해결 능력을 강화하려 함. 행동시연(역할연기) 기법이 주로 활용되며, 녹화된 장면을 보며 정보의 입수, 처리, 반응의 각 단계에 관한 질문을 통해 적절한 사회기술을 훈련함(전석균, 2016, 2020)
- 주의집중 모형: 심하게 퇴행되거나 혼란스러워하는 환자에게 적용하며, 환자의 주의력을 유도하는 것에 초점을 둠. 훈련 내용의 체계적 반복, 단계적 격려, 즉각적 강화법 등을 적용하여 환자가 상대에게 적절한 반응과 질문을 하도록 훈련시킴. 어떤 말에 대해 환자가 적절하게 반응하면 칭찬이나 긍정적 보상을 제공하고, 부정확한 반응을 보이면 시범을 보

이거나 다시 반응하도록 함

- 조망적 사회기술 훈련: 자기중심성을 벗어나서 일반적이며 전체적인 관점에서 사상을 이해하고 대상을 보는 조망능력의 결여 때문에 정신장애인의 사회기술이 부족한 것으로 봄. 문제 상황 만화 보기, 강의, 모델링 및 역할 연기, 피드백, 정리 및 소감 나누기 등의 훈련을 통해 타인 및 자신의 행동을 일반적 관점에서 파악하는 능력을 개발함

(2) 환자교육

환자가 자신의 병을 극복해 나가는 데 필요한 내용을 교육시키는 것(김기태 외, 2001)으로, 증상관리와 약물관리에 대한 교육을 포함한다. 이러한 환자교육을 통해, 정신장애인은 자기 스스로를 돌볼 수 있는 실질적 방법을 배우게 되며, 치료자와 효과적으로 의사소통하고, 치료에 적극적으로 참여하는 동기가 부여된다.

(3) 가족교육

정신장애인을 시설에서 보호하는 것을 탈피하여 지역사회로 돌려보내는 탈시설화가 나타나면서, 지역사회 내에 지지자원이 충분하지 않은 상황에서 정신장애인의 가족은 정신장애인에게 일차적 보호를 제공해야 하는 책임을 지게 되었다. 가족은 정신장애인에게 매우 실질적이고 개인적인 도움뿐만 아니라 정서적인 지원까지도 제공하는 역할을 하게 되면서, 높은 스트레스 수준을 경험하게 되었다(전혜성, 2011). 보호부담(care burden)은 정신장애인의 증상과 행동의 결과로 발생하는 현실적 요구로 구성된 객관적 보호부담, 그리고 정신장애인 가족원의 미래 상실 등에 따른 정서적 고통으로 구성된 주관적 보호부담으로 구분할 수 있다(서미경, 2007). 정신장애인 가족이 겪는 객관적 보호부담으로는 정신장애인의 증상적 행동, 가족기능의 붕괴, 사회적 낙인, 정신보건체계와의 문제, 가족의 정체성과 역할의 변화 등이 있다. 정신장애인 가족이 느끼는 주관적 보호부담으로는 분노, 죄책감, 우울, 위축, 정신장애인의 고통 공감 등 정서적 고통이 포함된다(Marsh, 1992). 정신장애인 가족은 객관적 · 주관적 보호부담에 의해 일반적으로 다음과 같은 욕구를 갖는다(Marsh, 1992; 양옥경, 1995).

- 적절하고 접근 가능한 포괄적 정신보건서비스와 서비스 간의 조정과 통합
- 치료과정과 지역사회 내 이용 가능한 서비스와 자원에 대한 정보
- 정신장애와 정신장애인에 대한 개인적 · 가족적 대처기술의 정보와 교육 그리고 정신보건서비스의 효율적 이용 방법에 대한 교육

**표 13-10 증상관리교육과 약물관리교육**

| | 증상관리교육 | 약물관리교육 |
|---|---|---|
| 목적 | 정신장애인에게 자신의 증상이 어떻게 하면 일상생활에 최소한의 영향을 끼칠 수 있는지에 관해 교육함으로써 정신장애인 스스로 자신의 증상을 관리하여 재발과 재입원을 막으려 함 | 정신장애인이 정신과 약물에 대한 올바른 지식을 갖게 되고 적절한 투약 방법과 약물 복용의 중요성을 이해함으로써 증상의 안정된 상태를 유지시키고 재발을 예방하려 함 |
| 교육내용 | • 증상과 징후<br>• 질병의 경과<br>• 가능한 원인들<br>• 생활양식 변화의 적용<br>• 치료선택<br>• 치료적 전략<br>• 적절한 대응 방법<br>• 이행에 대한 문제<br>• 재발의 조기 경고 증상<br>• 기대되는 치료 결과 | • 약물교육에 대한 오리엔테이션<br>• 약물 복용의 이유<br>• 정신과 약물의 종류와 특성<br>• 항정신성약물의 효과와 올바른 복용법<br>• 항정신병약물의 부작용과 해결법<br>• 약물을 먹지 않게 되는 이유<br>• 약물과 관련된 문제 발생 시 해결 방법 |

- 비공식적 지지망(핵가족, 확대가족, 친구, 이웃, 동료 등)과 공식적 지지망(전문가와 서비스제공자, 사회제도, 정부 등)으로부터의 정서적 · 물질적 · 사회적 지지
- 정신장애인 치료와 재활에 의미 있는 참여
- 정서적 부담을 경감시키고, 가족 갈등을 해결하며, 모든 가족원의 욕구가 균형 있게 만족될 수 있도록 도와주는 전문적 개입
- 다른 정신장애인 가족들과의 만남을 통한 정서적 지지
- 정부와 대중을 상대로 문제를 해결할 때 전문가 집단의 적극적 원조
- 질병에 대한 교육
- 정신장애인의 독립적 생활지원

이와 같은 욕구를 가진 정신장애인의 가족을 지원하기 위해 다음과 같은 서비스가 제공될 수 있다.

① 체계적 교육 실시

정신장애인 가족에게 정신장애의 원인, 진단, 경과, 예후, 입원 · 퇴원, 이상한 행동과 난폭한 행동에 대한 대처 방법, 약 복용을 거부할 때 및 음성증상을 보일 때 등에 대해 체계적으로

교육을 실시하는 것이 필요하다. 이러한 교육은 질병, 필요한 치료 자원, 지지적 서비스에 대한 이해를 증진시키고 정보를 제공할 수 있을 뿐만 아니라, 질병에 대해 환자와 가족의 알 권리와 능력을 인식시키고, 치료 환경과 가정에서 고도로 조직되고 예측 가능한 환경을 조성할 수 있다(Anderson, 1977). 교육 중심의 가족개입 프로그램으로는 1980년대 이후부터 가족심리교육 및 (단기) 가족교육이 활발하게 전개되어 왔다. 두 유형의 교육적 가족개입 프로그램은 교육과 지지를 제공하고, 가족이 정신장애에 효과적으로 대처하도록 하는 것을 목적으로 한다는 공통점을 가진다.

반면에 다음의 차이점을 가지고 있다. 첫째, (단기) 가족교육은 전문가나 같은 정신장애인 가족에 의해 제공되는 서비스이며 가족심리교육은 임상에 근거하여 전문가가 자문과 교육을 제공하는 것이다. 둘째, 가족심리교육은 가족의 문제해결, 의사소통기술, 대처기술훈련을 통해 가족의 부정적 영향 및 표출 감정 수준을 감소시켜 궁극적으로 정신장애인의 질병 재발률을 감소시키고자 하는 치료적 목적을 가지고 있다. 그러나 (단기) 가족교육은 가족욕구에 초점을 두고 정신장애에 대한 대처기술을 향상시킴으로써 가족의 부담과 스트레스를 경감시키려는 목적을 가진다.

② 자조집단

자조집단(self-help)은 정신장애인 가족과 같이 공통의 문제나 상황을 겪는 사람들이 자발적으로 모여 자원과 정보를 모으고 상호 원조, 서비스 및 보호를 제공하는 비전문가 조직이라 할 수 있다. Norton, Wandersman과 Goldman(1993)의 연구에 따르면, 자조집단에 참여함으로써 참여자들은 정신장애에 대한 정보 확보, 정신장애를 겪는 가족에 대한 대처능력 향상, 문제해결 능력 향상의 혜택을 경험하는 것으로 나타났다. 그 밖에 보다 적극적인 참여자는 사회적 영역에서 도움이 되며, 책임감 향상 및 조직 기여도에 대한 인식 증가, 정신장애를 겪는 가족원에 대처하는 능력 향상 등의 이득을 얻는 것으로 나타났다.

자조집단은 가족원들이 경험을 공유함으로써, 낙인과 가족에 대한 사회적 편견에 공동으로 대처하기에는 유용하지만, 정신장애인의 가족이 전문가와 결별하고 오로지 자조집단에 의존하고 정신장애를 겪는 과정 중 필요한 정보와 대처 방법을 향상시키기에는 어려움이 있다(박선영, 2009). 이러한 한계점을 보완하고, 정신장애인 가족에게 필요한 자원을 연결하며 지원하는 정신보건전문가의 역할이 필요하다. 우리나라에서는 대한정신보건가족협회에서 자조집단이 구성되어 있다. 1995년 7월에 창립한 대한정신보건가족협회는 전국 17개 지부와 253개의 지회로 구성되어 있으며, 각 지부마다 자조적으로 가족회의 모임을 갖고 있다.

③ 가족치료

가족치료는 정신장애인의 증상이나 행동변화를 위해 그가 속한 가족에게 의사소통 기술과 효율적 문제해결 기술을 가르침으로써 가족의 역량을 강화시키는 것이다. 가족 역량강화를 위해서는 가족의 공동체 의식을 증진시켜 상호의존적 관계를 형성하고, 비공식적 지지체계를 활성화시키며, 가족 전체의 통합성을 강조하는 등 가족의 강점을 강조하는 것이 필요하다.

(4) 직업재활

직업을 갖는다는 것은 정신장애인이 신체적 · 정신적 · 심리적 · 사회적 기능을 적절히 수행하여 사회 속의 한 구성원으로서 독립적인 생활을 영위할 수 있음을 의미한다. 직업활동은 정신장애인에게 경제적 이득을 얻고 사회활동을 할 수 있는 통로일 뿐만 아니라, 사회에 통합되어 사회인으로 살아갈 수 있도록 하며, 정신병적 증상을 감소시키고 병을 관리하고자 하는 동기를 부여한다. 그러므로 정신장애를 가진 정신장애인이 일을 할 수 있도록 돕는 것은 치료와 재활의 궁극적인 목표라 할 수 있다. 1995년에 제정된 「정신보건법」은 정신장애인의 지역사회 거주 기간을 증가시키면서, 정신장애인의 치료와 관리가 입원 중심이 아닌, 재활과 지역사회 정신보건 중심으로 전환되기 시작했다. 「정신보건법」 제정 이후 지역사회정신보건센터와 사회복귀시설이 전국적으로 늘어나면서 재활 프로그램의 하나로서 직업재활이 정신장애인에게 제공되고 있다. 만성정신질환을 가진 사람이 직장을 구하고 일을 유지하는 데는 많은 어려움이 있을 수 있다. 정신장애인은 질병 특성에 의한 정신병리적 증상과 이와 관련되거나 이 결과로 나타나는 심리사회적 기능장애, 취업과 관련된 교육이나 경험 부족에 의한 구직활동에서의 구체적 기술 부족 등으로 직업생활에서 여러 문제를 가질 수 있다(서진환, 1998). 특히 일을 하기 위해서는 사회기술, 직업기술, 대응능력, 증상관리 기술을 습득하고, 이를 유지할 수 있는 관리가 필요하다. 이러한 다양한 영역 중에 어느 한 부분이라도 결손이 있다면, 직장을 유지하는 데 어려움이 있을 수 있기 때문이다. 그러므로 직업재활은 재활에 관계하는 여러 전문 분야 중에서 장애인이 직업을 확보하고 유지할 수 있도록 돕는 활동을 말한다(김기태 외, 2001). 즉, 직업재활은 직업능력의 회복, 직업선택, 직업훈련, 직업알선 등을 통해 직업을 유지할 수 있도록 관련된 지속적이고 종합적인 원조를 제공하는 것이다. 정신장애인이 사회에 복귀하여 사회에 통합되고 자립할 수 있도록 서비스를 제공하는 것으로, 직업재활은 정신장애인의 증상 완화보다는 능력 향상을 목적으로 한다.

직업재활 과정은 직업기술의 평가, 직업 적응, 직업기술 훈련, 보호작업장 취업, 임시고용, 직업 배치, 직업 유지의 7단계로 나뉜다(Liberman, 1987; 김기태 외, 2001).

① 1단계 직업기술의 평가

정신장애인은 직업수행과 관련된 심리적 요인을 방해하는 증상을 보일 수 있다. 직업을 갖고 유지하기 위해서는 인지, 속도, 끈기, 성실성, 열성과 동기, 대인기능, 정직과 신뢰, 스트레스에 대한 인내 등이 필요하다. 그러므로 직업재활을 위해서는 정신장애인이 나타내는 증상이 직업수행에 얼마나 부정적 영향을 미치는지, 그리고 정신장애인의 기술적 능력(competency)과 작업적응 능력(work adjust competency)이 어느 정도인지를 평가하여야 한다. 과거의 직업력은 기술적 능력과 작업적응 능력에 대한 중요한 자료를 제공하는데, 과거 직장의 근무 연한, 직장 이동 여부, 직위, 취업 시의 잠재적이고 장기적인 문제점 등이 포함된다. 정신장애인의 자기보고 또는 중요한 주변 사람과의 면담을 통해 직업력에 대한 정보를 얻을 수 있으며, 보고된 기술을 실제로 확인해 보는 것이 필요하다(황태연, 이금진, 2002). 그 밖에 기술적 능력과 작업적응 능력에 대한 평가는 표준화된 작업사정도구를 활용하거나 실제 작업장에서 현장 관찰 등을 통해 이루어질 수 있다.

② 2단계 직업 적응

직장에 적응하기 위해서는 동료를 돕거나 도움을 요청하는 등 다른 사람과 어울려 일을 할 수 있는 능력이 필요하다. 또한 직무에 관련된 비판 수용력이나 지시에 대한 순응도 등 직업 때문에 생기는 일상의 스트레스를 다루는 능력이 필요하다. 예를 들어, 직장 생활에 잘 적응하기 위해서는 다음과 같은 능력이 필요하다(김기태 외, 2001).

- 출석과 시간 엄수
- 개인위생과 복장
- 휴식시간의 활용
- 직무와 관계된 칭찬 수용력
- 직무와 관계된 비판 수용력
- 지시에 대한 순응도
- 동료 돕기
- 업무의 우선순위 결정하기
- 동료에게 도움을 요청하기
- 작업장의 일반적인 규칙 준수
- 대화에 응하기

- 동료에게 말 걸기
- 특별한 요청하기
- 감독자, 고객 및 권위를 가진 사람들과의 상호작용

③ 3단계 직업기술 훈련

정신장애인이 직업수행에 관련된 지식과 기술을 훈련과정에서 습득하고, 이를 직무에 적용하는 데는 어려움이 있을 수 있다. 우선, 정신장애인의 직무 수행 동기를 유발함으로써 정신장애인이 가진 기술을 적절히 발휘할 수 있도록 하는 것이 필요하다(이계존, 2000). 직업기술 훈련은 정신장애인의 경력, 흥미, 기존의 기술, 환자가 이용 가능한 기술훈련 프로그램, 할 수 있는 일의 형태, 시간, 자원 등에 따라서 다양해질 수 있으며, 궁극적 목표 도달을 위해 점차 높아지는 목표를 설정하여 훈련하고 재강화의 사용을 자유롭게 하는 단계별 교육 방법이 필요하다(김기태 외, 2001).

④ 4단계 보호작업장 취업

이 단계에서는 정상 고용의 준비가 되어 있지 않은 정신장애인을 위해 비슷한 작업경험을 제공한다. 정신장애인은 치료 환경에서 습득한 자율적 능력과 사회기술을 직업환경에 적용하여 활용하기 어려워할 수 있다. 따라서 이러한 보호적 환경에서 직업적응훈련을 하는 단계가 필요하다. 보호작업장 환경에서 일로부터의 압력 감소, 작업일수 감소, 작업의 단순화, 구조화된 작업 환경 등을 통해 정신장애인으로 하여금 직업환경으로의 적응능력을 높일 수 있다.

⑤ 5단계 임시고용

보호작업장의 환경에서 잘 근무한 정신장애인을 위해 고안된 과도기적 고용의 단계이다. 정신보건전문가나 재활치료자의 관리 · 감독하에 기업 내 작업장에서의 실제 작업이 시행된다. 사업주와 계약하여 1명 이상의 정신장애인에게 일을 배당하여 재활치료자의 감독하에 정상인의 수준으로 책임을 부여하여 일하게 하고, 그에 해당하는 정상임금을 받게 한다(김기태 외, 2001).

⑥ 6단계 직업 배치

정신장애인의 직업재활 과정에서 취업을 알선하는 직업 배치는 쉽지 않은 단계이다. 정신장애인에 대한 부정적인 인식에서 비롯된 사업주의 고용 기피가 존재하기 때문이다. 따라서 정신장애인 고용의 성공적 사례를 개발하고, 이를 홍보함으로써 정신장애인 고용에 대한 인식을 점진적으로 개선하는 것이 필요하다. 정신장애인의 장애 특성을 고려하여 대인관계나 직무 수행과 관련한 스트레스가 적은 직무를 선택함으로써, 직무 수행이 성공할 가능성이 높은 직종을 개발하는 것이 중요하다. 또한 고용 형태를 탄력적으로 적용하여 시간제 고용, 단시간 근로, 계약직 등을 통해 직장 적응 및 직무 적응 능력의 단계적 향상을 시도하는 것도 고려해야 한다(이계존, 2000). 그 밖에 만성정신장애인은 장기적인 질병 기간 동안의 사회적 고립과 단절, 교육인 경험 부족으로 직업 세계에 대한 정보 습득과 활용 기술이 부족할 수 있다. 또한 구직 및 구인 정보의 습득과 이해, 자기소개서 · 이력서의 작성, 채용 면접 등 구직활동에 대한 기술이 부족하고, 이런 다양한 문제 상황에서 적절하게 대처하기 어려울 수 있다. 따라서 정신장애인이 직장을 구하는 데는 상담자나 재활치료자의 도움이 필요하다. 취업을 알선하는 방식에는 상담자 의뢰체계와 구직클럽 프로그램 방식의 두 가지가 있을 수 있다(김기태 외, 2001).

## 6. 청소년 위기 및 대처방법

### 1) 청소년 위기의 개념

위기란 자신의 삶에 중대한 위협을 느낄 때 마음에서 일어나는 공포의 감정이다. 인간은 누구나 위기의 가능성을 지니고 살아가는데 그것은 우리를 에워싸고 있는 중요한 관계를 언제든지 상실할 수 있는 가능성과 함께 살고 있기 때문이다. 충격과 위기는 생활 가운데서 우리의 역할이 변화할 때도 나타날 수 있다. 일체감을 느끼는 대상과의 관계가 위협을 받게 되면 위기의식을 느끼며 사랑하는 사람에게 불행한 일이 일어나면 나 자신이 불행해지면서 고통을 받는다. 일체감의 위기는 자신의 삶에 중요한 위치를 차지하는 사람을 상실했거나 상실의 위험에 부딪쳤을 때나 새로운 사람과 대면하게 될 때, 우리의 존재에 위협적인 인물 또는 위협적 사건에 직면하게 될 때 경험하게 된다.

위기청소년(at-risk youth)이라는 개념은 '학교생활에 적응하지 못함으로 인해 직업이나 성인으로서의 삶을 성취해 내지 못할 것 같은 사람, 그 결과 사회에 긍정적으로 기여하지 못할 것 같은 청소년'이라 정의하였다(OECD, 2005). 청소년기에 있어 위기(at risk)라는 말은 청소년이 장래의 부정적인 사건에 노출될 위험 가능성이 높은 원인적 · 결과적 역동성을 포함하고 있다. 특히 위기가 곧 들이닥칠 위험뿐만 아니라 적절한 개입이 없으면 발생할 수 있는 상황을 포함한다(Capuzzi & Gross, 1998; McWhirter, 2004).

따라서 위기청소년의 이해와 위기행동요인은 무엇이며, 위기청소년의 유형과 지도방안에 대하여 살펴보기로 한다.

### 2) 위기청소년

위기청소년이라는 용어는 미국의 교육수월성 추구를 위한 국가위원회보고서가 중도에 학업을 그만둘 가능성이 높은 청소년이 증가하고 있음을 주목하고 이에 대한 대책을 추구하면서 널리 사용하게 되었다. 위기청소년이란 일련의 개인, 환경적 위험에 노출되어 행동적, 심리적으로 문제를 경험할 가능성이 높으며, 적절한 개입 없이는 정상적인 발달을 이루기 어려운 상황에 있는 청소년을 말한다.

위기란 신체적으로 부상, 고통, 죽음을 당하고 있거나 그런 위험에 처했을 때 느껴지는 신체적 위기, 심리적 자아에 고통을 받고 있거나 앞으로 그런 일이 일어날 가능성을 예감하고 있을 때 오는 자아 위기, 대인관계의 단절이 예상될 때 느끼는 인간관계의 위기, 자연환경의 파괴나 빈약함에서 오는 환경 위기 등으로 구분하기도 한다. 위기의 구분으로는, 첫째, 우발적 위기라고도 일컫는데 전혀 예측하지 못했던 충격의 사건이 발생할 때 느낄 수 있는 상황적 위기, 둘째, 우리가 일생을 살아가면서 누구나 겪고 넘어가야 하는 삶의 단계에서 일어나는 위기를 말하며, 생의 단계에서 발생하는 위기가 아니더라도 사건의 발전 과정을 예측할 수 있는 발달적 위기와, 셋째, 우리가 살고 있는 사회가 오랜 세월을 거쳐 오면서 형성해 온 전통 문화로 인해서 초래되는 위기이다. 즉, 사회가 아노미 상태에 빠질 때 사회에서 일어나는 여러 가지 불안요인으로 말미암아 발생하는 사회문화적 위기가 있다.

우리나라에서는 「청소년복지 지원법 시행령」(제7조 및 시행규칙 제8조)을 기초로 위기청소년을 세 가지로 범주화하고 있다. 첫째는 보호자가 없거나 보호자의 실질적인 보호를 받지 못하는 청소년이고, 둘째는 학업중단 청소년이며, 셋째는 교육적 선도대상 청소년 중 비행예방의 필요성이 있는 청소년이다(이배근, 2004). 여기서 보호자가 없거나 보호자의 실질적인 보호를 받지 못하는 청소년이란 가출청소년, 소년소녀가장, 빈곤계층 가정의 청소년, 요보호 청소년 등을 말한다. 학업중단청소년이란 고등학교 이하의 학교에서 학업을 중단한 청소년을 말하며, 교육적 선도대상 청소년 중 비행예방의 필요성이 있는 청소년, 비행 청소년, 범죄 가해 및 피해 청소년, 우울 및 자살위험이 있는 청소년 등을 지칭한다.

청소년의 위기수준으로는, 첫째, 다양하고 복잡한 문제를 지닌 청소년 그룹과 집중적이고 지속적인 지도가 필요한 높은 단계 위기수준이 있다. 둘째, 복합적인 위기상황은 아니지만, 복합적으로 위기상황으로 발전될 가능성이 있는 청소년 그룹에서 중간 단계 위기수준이 있다. 셋째, 일반적으로 별 문제가 없고 학업성적도 우수하며 앞으로의 진로에 대해 고민하는 정도의 청소년 그룹에서 낮은 단계 위기수준이 있다. 따라서 높은 단계는 이미 다양하고 복합적인 문제를 드러내고 있는 청소년 집단을 의미하며, 이들은 전문가에 의한 지속적이고 집중적인 개입을 필요로 하게 된다. 중간 단계는 복합적인 위기상황은 아니지만 앞으로 복합적인 위기상황이 될 가능성이 있는 집단을 말한다. 이 단계의 청소년은 교육과 훈련을 통해 이 시기를 잘 극복하여 안전하고 평화롭게 성인기로 넘어갈 수 있는 집단이다. 낮은 단계의 청소년은 별 문제가 없으며 학업성적도 우수한 청소년집단이며, 학업과 진로상담이 필요한 수준이다(윤철경, 2005b). 위기(at-risk)란 '현재 나타나고 있지는 않지만 적절하게 개입하지 않을 경우 미래에는 청소년에게 부정적인 결과를 가져올 위험성이 있는 상황'이다.

위기란 어떤 충격적인 사건이 만들어 내는 것이 아니라 사건을 겪고 있는 사람이 그 사건을 어떻게 이해하고 느끼느냐에 의해서 초래되는 것이다. 위기의 상황은 여러 가지 형체가 있다. 먼저, 전혀 뜻밖일 뿐만 아니라 본인의 의도와는 상관없이 일어나는 위기 상황이 있다. 다음으로, 전혀 뜻밖이지만 본인의 의지가 담겨 있는 위기 상황이 있다. 마지막으로, 마음속으로 예견하고 있는 위기 상황도 있다.

Jeffries와 McWhirter(2004)는 위기가 [그림 13-1]과 같이 연속선상에서 5단계로 발전해 갈 수 있는 것으로 보았다.

① 최저위기는 좋은 사회경제적 배경을 갖고 있고, 학교나 가족적 환경, 사회관계가 긍정적이며 심리적 · 환경적으로 스트레스 요인이 거의 없는 상태이다.
② 저위기는 최저위기에 비해 약간은 부족한 사회경제적 배경을 갖고 있고, 약간은 부족한 가정, 학교, 사회관계를 갖고 있으며 몇 가지 스트레스 요인이 있다.
③ 고위기는 부정적인 가족, 학교, 사회관계하에 스트레스 요인이 많으며, 부정적인 태도나 감정, 기술부족 등 개인적 위기징후로 발전되는 단계이다.
④ 위기행동 입문은 청소년이 어느 한 가지 유형의 문제행동을 시작하는 단계이다.
⑤ 위기행동(at-risk category activity)이란 입문수준의 행동에서 다른 범주의 위기행동으로 발전해 나가는 단계이다.

또한 Caplan은 인간이 위기를 느끼는 과정을 4단계의 점진적인 과정으로 설명했다.

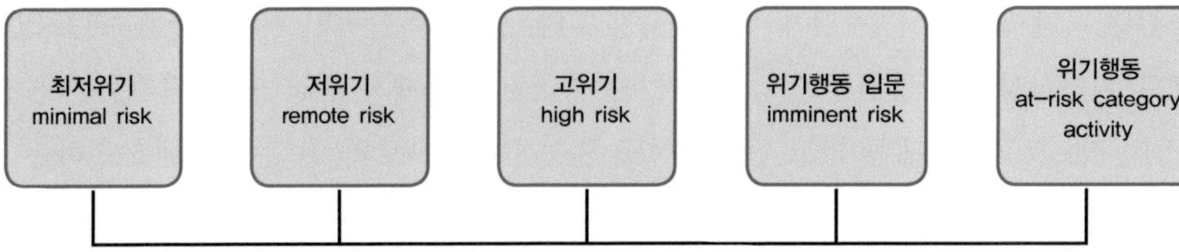


[그림 13-1] **위기 연속선**

- 1단계: 먼저 어떤 비극적인 사건이 일어나면 위기에 처한 사람은 불안을 느끼기 시작한다.
- 2단계: 일상적인 문제해결 방법으로는 해결되지 않고, 그에게 위협을 느끼게 하는 상황이 지속되면 긴장감도 지속될 뿐만 아니라 점점 증가하게 된다. 다시 말해서 긴장을 일으키는 자극이 계속되면서 문제해결 능력이 감퇴된다고 보겠다.
- 3단계: 문제를 해결하기 위한 시행착오의 시도가 전혀 아무런 결과도 얻지 못하게 되면 두려움과 긴장감이 더욱 증가한다. 이런 경우 당사자는 비상수단을 생각하고 문제해결을 위해 이전보다 더 위험한 모험도 시도하게 된다. 비상수단의 생각은 다음과 같은 자각에서 볼 수 있다.
- 4단계: 3단계에서 시도되었던 모든 비상수단이 실패로 끝나고, 위기 상황 앞에서 무력감을 느낄 경우 긴장 정도는 그의 위기 대처 한계를 넘어서는 지점까지 심화되고 만다.

이러한 단계별 위기수준 연속선상에서의 위기청소년 개념에 따르면 위기청소년이란 어느 특별한 집단이 아니며 위기의 유형, 발단단계, 위기수준에 따라 차이가 있을 뿐이다.

## 3) 위기청소년의 위기 요인 및 유형

우리 사회에서 위기에 처한 청소년의 관심은 여러 영역에서 다루어져 왔다. 특히 청소년범죄 발생건수의 증가와 이에 따른 가출, 학교폭력 및 폭력 등의 증가와 같은 현실적인 상황은 청소년의 위기로 표현되는 일탈행동이 어떻게 형성되며, 청소년기 동안 어떤 변화 양상을 거쳐 가는지에 대한 연구의 필요성과 대처방안이 강력하게 요구되고 있다. 따라서 위기청소년의 위기행동과 개인, 가정, 학교, 사회적 요인에 대하여 살펴보고자 한다.

### (1) 위기청소년과 개인적 특성

위기상황에 처해 있는 청소년은 그렇지 않은 청소년과 심리적인 측면에서 여러 가지 차이가 있는 것으로 확인되었다. 먼저, 일반 청소년 중에서 일탈을 경험한 청소년과 일탈을 경험하지 않은 청소년 집단 간의 심리적 특성을 분석한 결과 일탈행동을 경험한 청소년의 경우 더욱 도덕적으로 이탈되어 있고 스트레스를 많이 받고 있으며, 사회성 효능감은 높지만 자기조절학습 효능감은 더욱 낮고, 학업에 대한 포부수준도 낮다고 볼 수 있다(박영신 외, 2004). 학교폭력 상황에서도 가해 집단은 피해 집단이나 무경험 집단보다 더욱 도덕적 이탈 정도가 높았다. 이와는 대조적으로 가해 집단이 피해 집단이나 무경험 집단보다 어려움 극복 효능감이 낮았으며, 자기조절 학습 효능감의 경우도 마찬가지로 나타났다. 청소년의 과거의 일탈행동은 현재의 일탈행동에 직접적인 영향력을 갖는 것으로 확인되었다. 즉, 청소년의 일탈행동에 대한 종단적인 연구 자료를 통해 과거의 일탈행동 경험이 현재의 일탈행동 참여 정도를 결정하는 데 강력한 영향력이 있는 변인임을 알 수 있으며, 청소년 초기의 일탈행동 경험은 계속적인 일탈행동에 중요한 영향을 미친다고 할 수 있다.

### (2) 위기청소년과 가정환경

가정환경과 청소년의 일탈행동에 관계되는 연구들은 다양하게 진행되었다. 우선, 부모의 사회 · 경제적 지위 차이를 분석하였을 때 소년원생 부모의 사회 · 경제적 지위는 중 · 고등학생 부모보다 훨씬 낮았다. 또한 쉼터나 교육청에 위탁된 청소년과 중 · 고등학생 부모의 사회 · 경제적 지위를 비교한 결과(박영신, 김의철, 2001)에서도 위탁청소년이 중 · 고등학생보다 부모의 사회 · 경제적 지위가 낮았다. 보호관찰 청소년과 고등학생 가정의 거주형태를 살펴본 결과 보호관찰 청소년은 일반 고등학생보다 부모와 동거하는 비율이 낮았으며, 친부모인 겨우도 적고, 결손가정인 경우가 많았다.

또한 가정의 구조적 · 물리적 환경뿐만 아니라 부모의 양육태도나 부모자녀관계를 통한 심리적 환경 또한 청소년의 위기상황과 밀접한 관련이 있는 것으로 나타났다. 조현진, 박성수(1991)의 연구에서도 비행청소년의 부모는 평소에 훈육방식이 너무 강압적이고 처벌적이며 문제행동이라고 규정짓는 행동이 지나치게 많거나 허용적인 일관성이 없는 경향이 있어 자녀에 대한 설득력이 점차 약해지기 때문에 자녀에 대한 훈육이 무력해진다는 사실을 밝히고 있다. 즉, 부모가 거부적이고 적대적이며 무관심할수록 청소년 자녀가 일탈행동을 더 많이 하였으며, 부모가 애정적인 양육태도를 가질수록 자녀가 일탈행동을 적게 하였다. 특히 초 · 중 · 고등학생의 경우에 부모의 양육태도가 일탈행동에 더 많은 영향을 미쳤으며, 청소년의 위기상황 및 일탈행동은 부모의 거부적인 양육태도에 의해 가장 많은 영향을 받음을 알 수 있다.

### (3) 위기청소년과 학교환경

위기 상황에 있는 청소년과 관련된 학교변인으로는 학교의 풍토, 문화, 학교 유형, 학교 주변의 유해환경을 들 수 있다. 그러나 가장 중요한 것은 역시 학교 내에서의 인간관계라 할 수 있다. 즉, 교사와 학생 간의 관계, 친구 간의 관계가 청소년의 위기상황에 영향을 미치는 주요 요인이다. 일탈행동에 영향을 미치는 교사의 영향력을 살펴본 연구(박영신 외, 2003)에서는 교사로부터 정서적 지원을 못 받고 갈등적이거나 적대적인 관계에 있는 청소년들이 더욱 일탈행동을 하는 것으로 밝혀졌다. 이는 일반 청소년 중 학교폭력 가해자, 피해자, 무경험 집단을 비교한 연구에서도 가해 학생, 피해 학생, 무경험 집단 순서로 교사와의 적대적인 관계가 있는 것으로 나타났다.

또한 학교폭력행동이 청소년의 심각한 위기상황과 어떤 관련이 있는지에 대해서도 의미 있는 결과를 보여 주고 있다(박영신 외, 2004). 이 연구결과에 의하면 학교폭력 피해경험은 학교폭력 가해 경험에 직접적인 영향을 미치는 것으로 나타났다. 즉, 학교폭력 가해행동이 심각한 일탈행동에 대한 경로로 연결되어 심각한 일탈행동에 대한 영향력이 간접적으로 작용하였다. 학교에서의 처벌 경험도 청소년의 위기상황에 의미 있는 직간접적인 영향을 미치는 것으로 나타났다. 즉, 학교에서 처벌 경험이 많은 학생일수록 심각한 일탈행동을 많이 한다는 것이다. 한편, 위탁 청소년을 연구대상으로 여러 관련변인을 요인분석해 본 결과 학교에서의 처벌 경험은 일탈행동과 동일한 요인에 속하였다.

### (4) 위기청소년과 사회환경

위기청소년의 위기행동에 영향을 미치는 요인 중 사회환경은 가정환경과 학교환경과는 다르며 청소년에게 미치는 영향의 강도에 있어서도 서로 다르다. 사회는 그 사회를 이루고 있는 각각의 장, 이를테면 가정, 학교, 또래 집단 등이 가지고 있는 특성의 단순한 합이 아니며, 이들의 합과는 다른 그 나름대로의 독특한 특성을 갖는다(이재창, 1981). 그리고 사회가 갖는 이러한 특성은 다시 가정과 학교의 성격규정에 영향을 미친다.

지역사회는 위기청소년을 둘러싼 직접적 환경요소로서 위기청소년의 행동, 태도, 가치관 등에 많은 영향을 준다. 따라서 위기청소년이 성장하는 발달 환경으로서 지역사회는 그들의 사회화에 기여하는 교육적 기능이 대단히 중요하다. 그러나 최근 지역사회에 대한 의식 감소와 지역사회의 해체 그리고 유해환경의 만연 등으로 교육적 기능을 상실한 채 오히려 청소년 문제행동을 조장하거나 그 원인으로 기능하는 경향을 나타내고 있다. 지역사회는 이처럼 위기청소년의 건전한 성장에 위험요소(risk factor)가 될 수도 있고 보호요소(protective factor)로서 기능할 수도 있다(조홍식 외, 2000). 따라서 지역사회에 산재되어 있는 위기청소년을 지원하는 기관이 많고 그 기관들이 상호 효율적인 네트워크를 형성하고 있으면 비록 청소년 성장에 유해한 환경이 다소 있더라도 이를 극복하고 건강한 성인으로 성장시키는 데 큰 보탬이 될 수 있을 것이다. 그러나 그동안 우리나라의 경우 청소년 보호를 위한 지역의 자원과 노력들이 지역사회 수준에서 적절히 통합 혹은 조직화되지 못하고 산발적으로 활용되고 형식적으로 운영되고 있다는 비판을 면하기는 어렵다.

### 4) 위험요인 및 위기상황

청소년의 위험요인으로 청소년 개인과 청소년을 둘러싼 사회적 환경, 즉 가정, 또래, 학교 등으로 구조화하였다. 여기서 위험요인이란 일반집단의 청소년과 비교하여 청소년이 어떤 정서적, 행동적 장애를 발달시킬 가능성이 높은 요인이라고 정의하였으며, 여기에는 개인의 특성과 가족, 학교 및 또래, 지역사회 또는 이들 요인간의 상호작용이 포함될 수 있다(Smith & Carlson, 1997; 구본용 외, 2005 재인용).

**표 13-11 위기관련 위험요인**

| 위험요인군 | 위험요인 | |
|---|---|---|
| 개인 요인 | • 낮은 자존감<br>• 충동성 | • 반사회적 성향<br>• 자극추구 성향 |
| 가족 요인 | • 구조적 결손<br>• 가정불화<br>• 비합리적 양육태도<br>• 문제행동에 대한 부모의 허용태도 | • 부모의 자녀교육 기대 수준<br>• 낮은 사회경제적 지위<br>• 부모 감독 소홀, 부모의 위험 행동, 가족 해체 |
| 교육 요인 및 또래 요인 | • 낮은 학업성취도<br>• 학업성취에 대한 늦은 기대<br>• 학교에서의 지지<br>• 잦은 결석, 전학<br>• 또래의 비행 여부<br>• 또래와의 관계 | • 성적 행동 시작<br>• 약물 사용<br>• 교사들의 낙인/무관심<br>• 동료들의 위험행동 수용 |
| 사회적 요인 | • 물리적 환경<br>• 범죄 관련 환경 | • 낮은 사회적 유대감 |

위험요인은 대개 청소년기의 상황적(situational) 및 발달적(development) 위기(crisis)와 관련하여 발생하는 경향이 있다. 상황적 위기란 예상할 수 없는 사건에 대한 반응으로 급작스럽게 발생하는 위기로 가까운 사람의 죽음, 외상적 스트레스 사건이나 정신과적 장애 등에 의해 유발되는 것을 말한다. 발달적 위기란 성장의 한 부분으로 발생하는 위기로 임신과 같은 삶의 변화, 자신의 성 정체감에 대한 갑작스러운 자각, 어린 시절 학대당한 경험에 대한 점진적 인식 등과 같은 심리적 문제, 삶의 의미 상실, 공허감, 부모나 교사와의 관계 갈등과 같이 성숙에 따른 피할 수 없는 성장과정상의 문제 등에 의해 유발되는 것을 말한다(구본용 외, 2005).

다양한 위험요인 가운데 어떤 요인이 청소년의 부적응과 더 밀접하게 관련되어 있는지는 연구들마다 차이가 있으나, 이들 요인이 서로 독립적으로 청소년에게 영향을 미치기보다는 상호작용하여 영향을 미친다고 본다. 또한 단일한 특정 위험요인보다도 위험요인의 누적된 효과가 청소년의 성장을 손상시킬 가능성이 더 크다고 알려져 있다(Fraser et al., 1999). 가족적 위기상황으로는 빈곤, 소년소녀가장, 이혼자녀, 요보호, 학대피해 상황으로 규정하여 이에 해당하는 청소년을 가족적 위기청소년으로 정의하였으며, 교육적 위기상황은 학습부진과 학교중퇴로,

**표 13-12 위기상황별 문제**

| 위기상황 | 문제 |
|---|---|
| 개인적 위기상황 | 가출<br>범죄<br>자살<br>자살(충동)시도<br>폭력가해<br>성매매 |
| 가족적 위기상황 | 빈곤<br>소년소녀가장<br>이혼자녀<br>요보호<br>학대피해 |
| 교육적 위기상황 | 학습부진<br>학업중단 |
| 사회적 위기상황 | 학대피해<br>성범죄피해<br>폭력피해<br>범죄피해<br>실업 |

사회적 위기상황은 학대피해, 성범죄피해, 폭력피해, 범죄피해, 실업으로 규정하여 각 상황에 속한 청소년을 위기청소년으로 구분하였다.

그러나 많은 경우 위기청소년은 한 가지 문제보다는 몇 가지의 문제를 동시에 안고 있다. 이러한 점을 고려하면, 위기청소년이 처해 있는 위기상황은 여러 문제의 조합 결과로 파악될 것이다. 한 가지 문제를 가지고 있는 청소년은 다른 문제에 관련되기가 더 쉬우며, 이들이 상호작용하여 제3의 문제를 연쇄적으로 파생시킬 수 있다는 것이다. 따라서 이들에 대한 개입은 어느 한 영역에 대한 것이 아니라 청소년이 처한 복수의 위험요인에 대한 것이어야 한다. 이를 위해서는 청소년 개인과 청소년을 둘러싸고 있는 환경적 요인들에 대한 주의 깊은 평가가 선행되어야 한다.

## 5) 위기청소년의 이해

### (1) 공격성

청소년기에 흔히 경험되는 공격성은 욕구불만으로 갈등이나 긴장에 빠질 때 그 원인이 되는 대상에 대항하여 적대적인 감정을 나타내는 행동양식이다. 청소년기는 공격성을 유발하는 분노감정이 흔히 경험되고 쉽게 표현될 뿐 아니라 분노를 이해할 수 있고 예측할 수 있게 일어나기도 하지만, 분노한 청소년 본인은 물론 모두가 놀랄 정도로 충격적으로 발생한다. 공격기제에 의한 청소년의 행동은 개인과 사회 환경에 따라 표현방법이 다르고 그 행동을 받아들이는 정도와 반응방법이 다르다. 공격성의 정도 차이는 있지만 일반적으로 구타, 폭력, 싸움, 기물파괴 등 직접적인 신체적 공격과 비난, 폭언, 조소, 비방 등 간접적인 언어적 공격으로 구분할 수 있다. 공격행동은 정서의 성숙도와 밀접한 관계가 있어 연령이 적을수록 직접적인 공격을 하고 연령이 많아짐에 따라 간접적인 공격으로 바뀌는 것이 보통이다.

청소년의 공격대상은 직접적으로 원인이 되고 있는 대상에게 취해지는 것이 보통이나 대상자에 대한 공격이 어려워서 욕구불만을 직접 발산하지 못하게 되면 전혀 관계없는 제3의 사물이나 인물을 공격하는 경우가 생긴다. 또한 외부에의 공격이 불가능한 상황에 부딪치거나 도덕적 자아가 자신의 공격을 심하게 억제해 버린 경우에는 다른 사람에 대한 공격성을 자기 자신에게 행하게 하여 자기비하나 자기혐오와 같은 감정적인 경향으로 가학적 행동을 하기도 하고 심하면 자살을 시도하기도 한다.

(2) 우울증

우울은 여러 다양한 상태를 포함하는 것으로, 다른 수반되는 증상이 전혀 없는 단순한 일시적 감정변화에서부터 정도의 심각성을 지닌 여러 유형의 우울증까지 있다. 우울증에 걸리면 자발적인 행동, 주도성 감소, 부정적인 자세, 무기력의 지속, 공격성의 저하, 식욕감퇴 등 생리적 변화가 수반된다. 청소년에게 어느 정도의 우울증은 일반적인 증상으로서 부적절한 적응이나 그들이 받는 스트레스와 관련이 있다. 우울 증세가 있는 청소년은 전형적으로 비활동적이며, 친구들과의 관계에서 빠져나오고, 대부분의 시간을 홀로 보내며, 자신의 방에서 스스로 방어벽을 치고 보낸다. 그리고 게임, 텔레비전 보기, 음악 듣기, 혹은 독서 등으로 자신을 도피시킨다. 어떤 경우는 식욕을 잃지만, 반대로 음식을 취하기도 한다. 또한 잠을 거의 못 자거나 반대로 잠을 지나치게 많이 자는 것은 우울증상이 있음을 나타낸다.

(3) 자살충동

자살은 생물학적, 사회학적, 상호 실존적 병이라고 하지만 사춘기의 청소년은 대부분 충동적이기에 예외적인 경우가 많다. 청소년은 어떤 특별한 상처를 경험하게 되면 전혀 비이성적인 방법으로 행동하거나 자살이라는 극단으로 몰고 가는 경우가 있다. 청소년의 자살요인을 살펴보면 위의 통계와 같이 심한 우울증, 절망감, 정서적 분리, 외로움, 슬픔, 본보기(모델링), 약물 등이 잠재적 세계로 인도하는 원인이 된다.

이 가운데 절망감은 자살을 마지막으로 생각하는 십대들에게 가장 큰 요인으로 작용한다. 일반적으로 주변 환경에 대한 왜곡된 인식이 이런 절망감을 만들어 내는데, 이들은 자신에게 닥쳐오는 위기를 적절하게 다루기보다 자포자기하기 때문에 자기 삶의 가치를 하찮게 생각할 뿐만 아니라 타인도 자기를 사랑하지 않는다는 고립감에 빠진다. 그리고 청소년들에게 자살시도를 조장하는 중요한 요인 가운데 하나가 슬픔이다. 이들에게 가장 큰 슬픔은 남자 친구나 여자 친구의 거절로 인한 헤어짐이다. 이들에게 헤어짐은 성인이 마치 이혼하는 것과 같은 고통을 준다. 사랑을 상실했기 때문에 느낀 분노와 절망을 자살로 피해 버리는 경우가 많다는 것이다.

(4) 약물 오·남용

청소년의 가족이 가난하건, 중산층이건, 혹은 부유하건 그들이 다 공통적으로 가지고 있는 문제는 약물 오남용 문제이다. 부모이혼, 불행한 부모, 사랑과 관심의 결핍, 불만족스럽고 거친 관계, 학교의 어려움, 그리고 수많은 다른 정신적, 신체적, 감정적, 심리적 문제인데 이러한 것이 불행과 고통을 만들어 낸다. 많은 젊은 청소년에게 약물은 피난처가 된다. 청소년이 약물을 오용하는 첫 번째 이유는 흥분추구이다. 그들은 한두 병의 술 혹은 한두 알 정도의 약물을 통하여 파티에서 금방 흥분되어 즐거움을 추구할 수 있다는 생각으로 약물을 시작하고, 두 번째는 우울, 불안, 분노 등 자신의 삶을 불편하게 하는 것으로부터 탈출하기 위한 목적이며, 세 번째는 단순한 호기심이다. 이것은 종종 친구들의 압력에 의해서 원인이 제공되는데, 그들의 모임에 들어가기를 원하는 아이들, 외로운 아이들, 조롱에 대해 긍정적으로 반응함으로써 그들에게 수용되기를 원하는 아이들이다. 약물 오 · 남용의 네 번째 원인은 성격장애, 인격장애, 유전된 중독성향 때문이며, 마지막 다섯 번째는 분노로부터 벗어나기 위한 방편으로 사용된다.

(5) 성문제

오늘날 미국 청소년이 당면한 문제 중 가장 큰 위기가 성문제라고 한다. 우리나라의 청소년 중 여고생들은 48.5~68.9%가 이성교제를 하고 5.2~7.5%가 성경험이 있으며, 십대 여학생의 임신 경험은 0.7%로 나타났다. 미국의 9.6%, 네덜란드 1.4%보다는 낮은 수준이지만 점점 증가하고 있다. 청소년의 성적위기 가운데 또 하나는 강간과 성적학대이다. 이런 내용은 아주 민감한 사안이기 때문에 제대로 통계를 파악하는 것이 불가능하지만, 전문가들은 청소년을 대상으로 하는 성적학대가 아주 크게 증가하고 있다는 사실에 대부분 동의한다. 특히 충돌이 잦은 가정에서는 청소년 자녀가 반대 성을 가진 부모에 의해 근친상간이 이루어지는 경우가 증가하고 있다. 세 번째 성적위기로는 성병이다. 성행위로 감염된 질병은 여러 가지가 있지만, AIDS 등은 일부 청소년에게 공포를 주고 있다.

## 6) 위기청소년의 지도방안

위기청소년 지도방안은 미시적으로 청소년복지 정책의 측면에서 논의가 이루어져야 할 것이다. 청소년복지정책은 크게 재정과 전달체계의 확립 그리고 서비스 대상자 확대와 프로그램의 내용으로 구분하여 제시할 수 있다. 거시적으로는 상황별 위기청소년에 대한 구체적 지도방안으로 현재 시행 중인 지역사회청소년통합지원체계(Community Youth Safety-Net)를 중심으로 위기청소년의 지원방안을 제시하고자 한다.

현재 국가의 위기청소년 종합지원 정책의 목적은 가정 · 학교 등 보호망을 이탈하여 잠재적 위험에 처해 있는 청소년(위기가능 청소년)과 현재 긴급한 사회적 지원이 필요한 위기청소년의 보호 · 자활을 위한 사회안전망 구축에 있다. 그리고 추진방향은, 첫째, 위기(가능)청소년의 자기계발과 성공적 사회구성원 진입 · 이행 지원, 둘째, 보호 · 지원 기관 간 연계 · 협력을 통한 지역사회 안전망 구축, 셋째, 위기(가능)청소년의 생활 및 요구수준에 부응하는 필요 공적 서비스 제공이다. 이러한 국가의 위기청소년 종합지원 정책의 목적을 이루기 위해서 지역사회와의 연계는 선택이 아닌 필수사항이 되어야 한다.

지역사회는 청소년에게 있어 구체적인 생활의 원천적 거점이다. 지역사회는 사람이 태어나서 성인이 될 때까지는 물론 전 생애를 통하여 가장 직접적이고 실체적인 생활의 장소이고 인간형성의 장소이다. 학생이나 근로청소년, 모든 유형별 집단에 있어 가정과 직장, 가정과 학교를 잇는 생활권역을 크게 넘지 않는다. 지역사회는 바로 그들이 주민들과의 다양한 사회적 상호작용 속에서 성장 · 발달하는 준거환경이다(한국청소년연구원, 1989). 특히 청소년 문제의 확산은 지역사회의 유해한 사회문화적 환경 및 분위기와 밀접히 관련되어 있으므로 지역사회의 책임이 더 강조되고 있으며 지역사회와의 연계와 협력의 필요성이 한층 더 대두되고 있다.

CYS-Net의 장점은 이러한 지역사회와의 연계를 통하여 청소년에 대한 지원을 위기상황에 따라 지원할 수 있다는 점에 있다. 다시 말해 CYS-Net 지역사회 내의 활용 가능한 자원을 모두 연계해서 지역의 청소년을 효과적으로 돕기 위한 청소년 지원 네트워크로 복합적인 문제를 가진 청소년에 대한 다차원적이며 지속적인 지역사회 지원체계라고 할 수 있다.

또한 이들 청소년에게 제공되는 서비스는 구체적이며, 문제해결을 위한 실제적인 서비스일 가능성이 높고 심리적 · 정서적 서비스를 위한 전문 인력을 투입하는 경우가 많다. 따라서 이들에 대해 서비스를 제공할 때는 정규적인 슈퍼비전을 받을 필요가 있으며, 서비스의 적합성에 대한 동료 실무자와의 논의를 필요로 한다. 이를 위해서 현재 CYS-Net 대부분의 참여 기관에서 행해지는 사례관리 위원회를 통한 정규적인 사례관리 회의는 바람직한 것이며, 이를 통해 서비스의 지원 방향에 대한 논의뿐만 아니라 이미 지원된 서비스의 적절성에 대한 논의가 이루어짐으로써 서비스의 질을 높이고 서비스에 대한 전문성을 높일 수 있도록 노력해야 할 것이다. 아울러 인력의 전문성 향상을 위한 신분보장과 대우 향상 그리고 재교육 등의 강화가 반드시 강도 높게 이루어져야 할 것이다. 따라서 다음과 같은 제언을 하고자 한다.

첫째, 예방과 치료가 조화를 이루는 접근을 하여야 한다. Cappuzzi와 Gross(1998)가 제시한 위기청소년의 개념, 즉 청소년이 개인적이든, 환경적이든 어떠한 위험 요인에 노출되어 앞으로 부정적인 행동이나 문제에 빠져들 가능성이 있는 청소년을 고려해 볼 때 이론적 · 정책적 접근에서는 이들이 이러한 행동과 문제를 보이기 이전에, 특히 아주 어렸을 때부터 이들에 대한 체계적인 조기예방 개입을 필요로 한다. 우선, 예방 단계에서는 보편적 집단, 선별적 집단,

표적 집단을 선정하여 개입을 하는 것이고, 치료 단계에서는 조속한 사례 발견과 기본적인 치료를, 유지 단계에서는 장기적인 치료(재발방지 포함)와 사후관리 및 재활에 역점을 두는 것이다. 이러한 모델은 예방을 필요로 하는 일반청소년에서부터 심각한 문제를 가지고 있으면서 장기적인 보호와 도움이 필요한 청소년에게 이르기까지 다양한 청소년에게 다양한 스펙트럼의 서비스를 제공해 주는 것이다.

둘째, 시설의 다양화 및 전문화가 이루어져야 한다. 서비스 제공의 주요 원칙 가운데 하나는 개별화이다. 즉, 위기청소년 개인의 욕구에 적합한 서비스를 제공해 줄 수 있어야 하는 것이다. 서비스의 개별화를 위해서는 무엇보다 다양한 유형의 전문화된 정신건강 기관이 갖추어져야 한다. 이러한 전문화된 정신건강 서비스 기관에는 일반 청소년 및 위기청소년이 쉽게 이용할 수 있는 지역사회 정신건강센터를 비롯하여, 일반학교에서 생활하기 어려운 심각한 정신질환을 갖고 있는 청소년들을 위한 낮 병원과 방과 후 치료시설 및 치료대안학교, 심각한 정신질환을 앓고 있으면서 가족들로부터 격리된 청소년들을 위한 치료위탁가정 부모 제도(therapeutic foster parents) 혹은 소규모 그룹홈 등이 있다.

셋째, 적절한 스크리닝 및 사정 도구가 개발되어야 한다. 위기청소년의 정신건강 문제를 정확하게 파악하는 것은 치료에 있어 매우 중요하다. 즉, 정확한 사정은 정확한 치료를 가능케 한다. 이러한 측면에서 위기청소년의 정신건강 상태를 정확하게 스크리닝하고 사정할 수 있는 표준화된 도구의 개발이 절실하다. 특히 이러한 도구는 국내의 사회문화적 특성을 반영한 도구여야 하며, 이를 통해 정신건강 문제를 선별해 내는 데 보다 정확한 사정을 할 수 있어야 한다. 사정이란 문제에 관여되어 있는 청소년뿐만 아니라 부모, 교사, 관련 실무자 및 전문가들의 정보와 의견이 반영된 사정을 의미하며, 집중적인 사정이란 짧은 시간 내에 문제의 핵심을 짚어내는 사정을 의미한다. 미국에서는 컴퓨터를 기반으로 한 진단면접기법(Computer based Diagnostic Interview Schedule: C-DISC)과 임상가들이 진단한 임상진단이 일치하는지에 대한 연구가 활발히 진행되고 있고 실제적으로 활용되고 있다.

넷째, 실무자들의 인식 및 훈련이 이루어져야 한다. 위기청소년의 정신건강 문제에 대해 적절한 지원체계를 마련하기 위해서는 위기청소년을 대상으로 서비스를 제공하는 실무자의 정신건강에 대한 인식 개선과 정신건강에 대한 기본적인 교육훈련 프로그램이 제공되어야 할 필요가 있다. 때로는 실무자조차도 정신건강에 대한 편견이나 몰이해로 인해 위기청소년의 정신건강 문제에 대해 적절히 개입하지 못하는 경우도 있다. 따라서 실무자들이 정신건강에 대한 기본 인식과 이해를 향상시키기 위한 노력이 이루어져야 한다. 정신건강문제에 대한 편견이나 선입관 인식, 아동 · 청소년기의 주요 정신건강 문제의 증상과 사정 및 효과적인 치료 개입방법, 스크리닝 도구 및 MSE(Mental Status Exam)의 활용, 주로 처방되는 약물과 부작용, 처방에 따른 약물복용 등을 기본으로 하는 교육훈련 프로그램이 제공되어야 할 필요가 있다. 또한 기관의 실무자들은 정신건강과 관련한 최신 정보 및 지식을 수시로 파악하고 숙지해야 할 필요가 있다.

다섯째, 팀 접근법에 의한 협력체계 구축이 필요하다. 위기청소년에게는 다양한 전문가가 필요하다. 이에는 정신과 의사, 사회복지사, 임상심리사, 정신간호사, 교사 및 특수교사, 그 외에 직업재활치료사 및 물리치료사 등이 있으며, 이들로 구성된 팀 접근법의 활용이 점차 보편화되어야 할 필요가 있다. 팀 접근법은 무엇보다도 협력을 기반으로 하고 있다. 하지만 많은 경우 이익집단 간의 경쟁으로 인해 청소년을 위한 팀을 구성하기보다는 청소년을 볼모로 서로 경쟁하는 경우를 볼 수 있다. 이로 인해 서비스의 중복이라든지 의뢰체계 및 전문적인 개입이 부실한 사례를 볼 수 있다. 때로는 이들 청소년은 여러 기관에 중복 의뢰되어 진정 체계적인 서비스를 받지 못하는 경우가 흔하다.

여섯째, 효과적인 서비스 접근법이 활용되어야 한다. 이전까지는 사례에 대한 개입의 효과성이 청소년이나 실무자의 주관적인 평가에 의존한 경우가 많았고, 사전 · 사후의 검사를 통해 클라이언트의 기능 향상을 측정해 내는 정도에 머물렀지만, 이제는 보다 체계적이고 과학적으로 클라이언트의 기능 향상을 측정해 내면서 이러한 효과적인 기술이나 접근 방법을 임상 현장에 반영할 수 있도록 하는 노력이 점차 증대하고 있다.

일곱째, 보호시설 및 청소년 유형에 따른 프로그램의 개발이 필요하다. 청소년 가출, 성매매, 가정폭력 및 방임 등 문제 유형에 따라 보호시설이 분류되어 있고, 한 시설 내에서도 다양한 증상 및 수준으로 혼합되어 있다. 방문심리치료사업이 일반적인 프로그램을 그대로 사용하기보다 보호시설 특성에 맞는 맞춤형 집단상담을 실시하여야 한다. 따라서 보호시설 유형에 따른 단 · 장기적 접근이 필요하며, 문제 유형 및 증상의 수준에 따른 단계별 프로그램의 개발을 통해 보호시설 청소년의 정신건강 문제를 사전에 예방하고 치료할 수 있어야 한다.

여덟째, 체계화된 정신건강 지원 시스템 구축이 이루어져야 한다. 청소년이 쉽게 찾아갈 수 있는 전문병원 및 치료기관을 확충하여 정신건강 문제해결에 대한 접근성을 높여야 할 것이다. 보호시설 청소년에 대한 심리사회적인 전문적인 평가가 조기에 될수록 문제 예방 및 치료에 효과적인 것은 자명한 일이며, 반복적인 입 · 퇴소 문제로 인한 개입 방향 및 예후를 판단하는 데 효과적일 것이다. 또한 현재 운영되고 있는 방문심리치료 지원단은 현재 일선에서 심리검사 및 상담을 진행하고 있는 전문인력으로 구성되어 있으며, 자신들의 직장업무 외 시간을 할애하여 참여하고 있다. 전문인력이라는 점에서 효율성은 매우 높으나, 간담회 이외에 정기적으로 모임을 갖는 것이 현실적으로 어려워 정기적인 사례연구를 하기가 어려웠다. 지원단의 직장업무 혹은 보호시설의 스케줄로 인해 방문 일정이 변경되고 대체할 다른 지원단을 급하게 섭외해야 되는 경우에는 업무 담당자가 상당한 곤란을 경험한다. 보호시설 청소년을 대상으로 하는 집단상담을 개발하고, 이에 대한 사례분석을 통해 질 좋은 집단상담을 제공하기 위해서는 전담인력이 구축되어야 한다.

아홉째, 다양한 매체를 이용한 프로그램 개발이 이루어져야 한다. 청소년을 위한 상담은 접근이 매우 용이하면서도 흥미를 끌 수 있어야 하나, 현실에서는 다양한 매체를 이용한 프로그램을 정례화하기에는 인력 및 경제적 예산이 부족하다. 청소년이 선호하는 미술 및 음악, 무용 등을 이용한 활동 위주의 집단 프로그램과, 깊이 있는 치료를 위한 다양한 심리치료가 개발되어야 한다. 상담이라는 활동에 대해 거부감 없게 접근시키기 위해 흥미를 끌 수 있는 프로그램으로 호기심을 충족시킨 후 깊이 있는 심리치료로의 접근을 유도하는 방법이 효과적일 것이다. 또한 가출, 성매매, 가정폭력, 학교폭력 등의 문제 유형별 및 개인의 인지적 · 성격적 특성에 알맞은 프로그램을 제공하기 위해서 정신건강 관련 전문가들의 활발한 활동이 요구되며, 이를 보호시설에서 이용할 수 있도록 실무자들에게 정기적인 교육을 할 필요가 있다.

최근 청소년 위원회에서 청소년 동반자(youth companion) 프로그램이 실시되고 있는 점은 반가운 일이다. 보호시설 청소년을 포함하여 위기청소년에 대한 관심이 높아지는 요즘 통합적인 서비스를 연계하고 지원체제를 마련하기 위해서는 다양한 분야 전문가의 긴밀한 상호협력이 매우 필요한 때이며, 서로의 영역 싸움보다는 '위기청소년을 위한' 정책이 체계적으로 형성되도록 지원해야 할 것이다.

## 7. 현대인 위기 및 대처방법

### 1) 위기의 정의

위기의 사전적 의미는 '위험한 시기나 고비'이며 영어 표기 'crisis'는 결단하다(to decide), 전환점(turning point), 절정(climax) 등의 의미인 'crit'를 어원으로 하고 있다. 즉, 위험하고 결정적인 중요한 시기라는 의미가 내포되어 있다. 위기에 내포되어 있는 위험성의 의미는 현재의 대처자원으로는 대처가 어려워 그 결과 심각한 손상이나 손실을 입게 될 수 있음을 뜻한다. 그리고 결정성의 의미는 '회복이냐 죽음이냐의 분기점이 될 수 있을 만큼 갑작스럽고도 결정적으로 병세가 변화되는 것'을 뜻한다. 즉, 질적으로 달라지는 결과의 기로에서 특정 사건을 통해 그 방향이 나눠지는 상황임을 뜻한다.

위기는 안정 상태의 혼란, 혹은 생의 전환점인 체계의 불균형 상태로 새로운 발달단계에서 유발되기도 하고 때론 우발적으로 발생된다(김기태, 2006). 또한 위기란 개인의 현재 자원과 대처기제로는 감당하기 어려운 사건이나 상황을 지각하거나 경험하는 것이다(James & Gilliland, 2001). 기존에 갖고 있던 기제, 자원, 방식으로는 그 대처가 적절하지 않아 균형이 깨지고 감당하기 어렵다고 느끼는 혼란 상태이다. 그래서 위기이다. 그러나 개인의 위기 대처 자원은 저마다 다르다. 따라서 위기는 위기이지만, 그 위기는 개인마다 다르게 규정될 수 있다. 유사한 문제에 대해 대처자원을 갖고 있거나 혹여 없는 경우라도 대처자원을 개발하거나 요청할 수 있는 능력을 갖고 있는 사람이라면 그렇지 않은 사람과는 다르게 위기를 경험할 것이다. 위기는 위기 그 자체라기보다 개인에 의해 지각되는 상황, 즉 개인이 위기로 지각하는 상황을 의미한다. 이는 곧 개인마다 위기를 지각하는 것에 차이가 있을 수 있음을 의미한다.

### 2) 위기의 특성

위기는 다양하고 저마다 다른 특성을 갖지만, 모든 위기의 공통적인 특성을 살펴보면 다음과 같다(James & Gilliland, 2001).

첫째, 위기에는 위험과 기회가 공존한다. 위기 상황은 그야말로 위험성이 있으나 그 위험에 대처하는 과정을 통해 성숙하고 강해질 수 있는 기회가 된다. 위기는 심리적 혼란과 붕괴, 자살, 이별, 가까운 이의 죽음, 재산상의 큰 손실, 직업적 · 사회적 불이익과 같은 것들이 있기 때문에 위험하다. 반면, 위기에 대처하기 위해 새로운 대체자원을 개발하거나 지금까지의 대처방법을 변경해 볼 수 있게 된다. 위기가 없었다면 만날 수 없었던 다른 차원의 세계를 만날 수 있는 기회가 된다.

둘째, 위기는 복잡한 증상을 보인다. 위기의 원인은 분명하고 확실하게 설명할 수 없는 경우가 대부분이다. 원인이 분명하다 하더라도 증상은 다양한 영역에서 복잡한 문제들로 드러날 수 있다. 위기가 갖고 있는 영향은 삶의 여러 부분에 영향을 미치고 2차, 3차의 영향을 받는 일들이 생기면서 그 증상은 훨씬 더 복잡한 양상으로 드러난다. 한 예로, 가장의 실직이라는 위기는 가족의 경제적 문제뿐만 아니라 이로 인한 건강 약화, 부부 갈등, 때로 알코올 문제나 가정폭력 혹은 불법적인 문제로까지 번질 수 있다.

셋째, 위기는 성장과 변화의 씨앗이 된다. 성장과 변화는 기존의 질서와 평형에서는 일어나지 않는다. 변화는 지금까지와는 다른 상황, 지금까지 대처로는 해결되지 않는 상황에서 일어나는데, 위기는 변화할 수밖에 없는 상황을 만들게 된다. 위기 전의 상황 속에서 효과가 있었거나 기존 질서를 이끌어 왔던 방식은 더 이상 쓸모가 없게 된다. 기존에 회피하는 방식으로 문제에 대처해 왔던 사람은 더 이상 회피할 수 없는 상황을 위기로 인식하게 되고 다른 적응적인 방법을 찾는 계기가 된다.

넷째, 위기의 빠른 해결책은 없다. 위기사건에 대한 빠른 개입은 필요하지만, 위기를 해결하기 위해 증상만을 누그러뜨리는 형태의 위기개입은 바람직하지 않다. 위기에 대해 임기응변식으로 대응하게 되는 경우 더 큰 위기를 초래할 수 있다. 오래된 문제가 위기로 나타나는 경우는 원인이 복합적인 경우가 많기 때문에 위기가 발생한 이유를 성찰하고 이에 대처함으로써 이후 재발되거나 문제가 커지는 것을 예방할 수 있도록 접근해야 한다. 지금 이 위기를 정면으로 바라보고 제대로 대응하고자 할 때 위기가 변화와 성장의 씨앗이 되며 기회로서 발휘될 수 있다.

다섯째, 위기는 선택을 필요로 한다. 위기는 위기에 처한 개인과 사회가 어떤 '선택'을 하게 한다. 위기 상황에서의 선택은 위기 해결을 위한 선택이다. 즉, 위기를 극복하기 위한 방법을 선택하고 자원을 조직화하여 동원하기 위해 어떠한 선택을 한다. 때로 어떤 것도 하지 않는 행동을 선택할 수도 있으나, 그 선택 역시 위기를 극복하기 위한 선택이다. 위기를 극복하는 과정은 선택의 과정이라고 볼 수 있다.

여섯째, 위기에는 보편성과 고유성이 있다. 대부분의 위기가 갖고 있는 보편적인 특성, 인생에 위기는 한 요소라는 점에서 위기는 보편적이며 그 특성은 일반적이다. 예를 들어, 혼란, 불균형, 혼돈 등은 여러 위기에서 공통적으로 발생하며 대부분의 개인이 비슷하게 경험한다. 그러나 같은 상황에서 어떤 사람은 치명적인 영향을 받기도 하고, 또 다른 사람은 성공적으로 그 상황을 극복해 낸다. 위기로 경험되느냐 그렇지 않느냐와 같은 위기경험과 위기에 대한 개인의 반응은 달라서 개인마다 고유하다고 할 수 있다.

### 3) 위기의 영역

위기의 영역을 구분하는 방식은 학자마다 조금씩 다르다. 위기를 발달적 위기, 상황적 위기, 환경적 위기, 실존적 위기로 나누어 살펴보면 다음과 같다.

(1) 발달적 위기

위기의 영역 중 발달적 영역은 인간의 성장과 발달과정에서 나타나는 급격한 변화나 전환으로 인해 발생하는 위기를 말한다. 즉, 졸업과 결혼, 출산과 양육, 취업과 은퇴, 노화, 배우자의 죽음과 같이 자연스러운 발달적 변화들이 있는데, 이러한 변화들에 대처하지 못하거나 적응하지 못할 때 발달적 위기가 발생한다. 인간은 태어나는 순간부터 죽음에 이르는 전 생애 동안 지속적으로 발달한다. 그 발달과정 속의 각 시기마다 필요한 과업들이 생긴다. 발달과업은 새로운 질적인 변화들을 의미하며, 성공적으로 발달과업을 수행하게 되면 성취감, 만족감 및 행복감을 갖는다. 하지만 그 자체만으로도 우리는 스트레스를 경험한다. 그런 과업들을 성공적으로 수행하지 못하거나 발달적 변화가 급격하게 발생했을 때 개인과 주변에게 발달적 위기가 될 수 있다.

또한 각 발달단계마다 고유하고 특정 발달 시기에 더욱 취약해져 위기가 될 수 있는 사건들이 있다(강경호, 2002). 예를 들어, 아동기에 일어날 수 있는 부모의 이혼이나 학대, 부모의 죽음은 다른 어떤 발달적 시기보다 큰 위기가 될 수 있다. 이와 마찬가지로, 청소년기에 발달적으로 발생 가능한 일탈, 학업실패, 학교 폭력의 문제들은 이 시기의 고유한 위기가 될 수 있다. 성인기에는 결혼, 배우자의 외도, 학대, 양가 집안과의 갈등, 이혼과 재혼, 실직과 같은 일들로 위기를 겪을 수 있다. 노년기에는 노화, 자녀의 출가, 은퇴, 배우자의 사망 등의 발달적 문제를 위기로 겪을 수 있다.

(2) 상황적 위기

상황적 위기란 예측할 수 없고 통제할 수 없는 사건들이 발생하여 맞게 되는 위기를 말한다. 자동차, 항공, 기차, 선박과 같이 이동 중 발생하는 교통사고, 자신 혹은 가족의 유괴, 낯선 사람 혹은 지인으로부터의 성폭행, 가까운 사람의 자살, 구조조정으로 인한 실직, 믿는 친구나 가족으로부터의 경제적 사기, 강도, 갑작스러운 질병, 직접적인 관계가 없는 사건에 휘말리는 일들은 갑작스럽게 발생한다. 우리는 이러한 일들이 발생할 것이라고 예측하거나 발생하지 않도록 상황을 통제할 수 없다.

대부분 상황적 위기는 충격적이고 맹렬하게 일상을 흔들어 버린다. 그리고 상황적 위기는 당사자뿐 아니라 가까운 이들의 삶에도 큰 영향을 미친다. 믿었던 친구로부터의 사기는 배신감으로 인한 심리적 위기뿐 아니라 가족의 경제적 상황을 어렵게 만들어 버린다. 학교폭력으로 인해 자살을 한 십대 자녀의 부모는 오랜 시간 위기를 경험한다. 상황적 위기는 발달적 위기에 비해 쉽게 납득하지 못한다. 또한 사회적으로 큰 파장을 일으키게 되는 상황적 위기는 사회 전반에 영향을 미치며 긴 회복 기간이 필요하다.

(3) 환경적 위기

환경적 위기란 일반적으로 자연에 의해 발생하거나 인간이 야기한 재해를 말한다. 환경적 위기는 같은 환경에 있는 집단 구성원에게 영향을 미친다. 지진, 태풍, 홍수, 산불, 화산폭발, 지진해일과 같은 자연재해와 전쟁, 테러, 전염병의 확산, 기름 유출, 원전 폭발, 경제공황, 국가적 부도와 같은 인재는 같은 환경 내에 있는 개인과 구성원에게 광범위하게 영향을 미친다.

위기는 많은 경우 외상(trauma)으로 영향을 미치게 되는데, 대인관계 관여도에 따라 그 심각성이 달라진다. 대인관계 관여도에 따라 외상을 인간 외적인 외상과 대인관계적 외상, 애착외상으로 구분해 볼 때, 타인의 실수나 고의성에 의해 발생하는 대인관계적 외상이 인간 외적인 외상에 비해 훨씬 견디기 힘들 수 있다(Allen, 2010). 환경적 위기 중에도 자연재해보다 인재에 의해 유발되는 위기가 훨씬 큰 어려움을 유발할 수 있다. 예를 들어, 인간이 어찌할 수 없는 자연의 힘에 의해 발생된 지진의 경우 지진 피해자들은 힘들어도 그 상황을 수용한다. 그리고 그 공동체 안의 사람들은 상황을 해결해 가기 위해 보다 단결하고 위기를 극복하기 위해 협심하는 경향이 있다. 그러나 인재로 인해 발생한 지진에 대해서는 복잡한 감정적 처리 등으로 상황에 대한 수용에 어려움이 생긴다.

(4) 실존적 위기

실존적 위기란 삶의 이유, 목표, 독립성, 자유, 의무와 같은 이슈로 인해 발생하는 위기를 말한다. 실존적 위기는 내적 갈등, 불안, 삶에 대한 의문, 허무, 공허감 등으로 경험된다. 실존적 위기는 아무리 외적인 성공을 거두거나 발달과업을 성공적으로 수행하였다 하더라도 이와 별도로 경험될 수 있고, 때론 성공과 심리적 경험의 격차가 크게 느껴질 때 큰 위기로 오기도 한다. 이전의 선택에 대한 후회, 이루어 온 삶에 대한 의문과 공허감은 살아온 인생을 때론 송두리째 흔들어 놓을 만큼의 위기이다. 외적으로 큰 사건이 발생하거나 상황이 변하지 않았음에도 불구하고 발생될 수 있는 실존적 위기는 주변으로부터 직접적인 도움이나 이해를 쉽게 구하기 어려워 개인의 대처가 힘들 수 있다.

### 4) 현대인의 위기대처를 위한 건강관리

(1) 위기대처를 위한 마음건강관리

현대인의 삶은 급격한 변화와 다양한 변수가 동시에 작동하므로 혼란스럽고 규칙이나 질서를 찾기가 어렵다. 이런 혼돈의 상태에서는 미래를 예측하기 어렵고 통제가 불가능하다. 위기 역시 많은 경우 예방하거나 피할 수 없다. 따라서 위기에 대처한다는 것은 위기 자체보다 위기에 대한 우리의 태도를 살피고 위기 시 잘 대처할 수 있도록 자신을 보살피는 일이다. 즉, 발생할 위기를 어떻게 대하고, 발생한 위기를 어떻게 내 삶의 일부로 받아들일 것인가에 대한 문제이다. 크고 작은 위기는 우리 삶의 일부이기에 우리는 위기요소를 삶의 한 요소로 통합시키고 위기가 갖는 의미를 재구성함으로써 위기를 바라보는 시선과 태도를 달리할 필요가 있다. 또한 단편적이고 파편화된 관계들을 통합하고 일상에서 감사와 사랑을 발견하는 노력을 기울이며 살아가는 길을 찾는 것이 필요하다. 결국 위기에 대한 건강한 대처란 위기가 삶의 한 요소임을 알고 이 위기를 통해 나의 삶을 보다 통합적으로 바라보며 기회 삼아 성장할 수 있도록 의미를 재구성하는 것이라고 할 수 있다.

위기에 대한 건강하고 통합적인 대처는 정신이 건강할 때 가능하다. 건강한 사람은 위기의 위험요소를 줄이고 기회로 삼아 한층 더 성장할 수 있는 인생의 전환점으로 만들곤 한다. 그러나 현대인은 여러 가지 정신질환으로 고통받으며, 그 자체가 위기로 경험되기도 한다. 2016년 전국 규모로 진행된 조사(통계청, 2017b)에서 주요 17개 정신질환 관련 우리나라 사람들의 평생 유병률은 25.4%였다. 이는 성인 4명 중 1명꼴로 평생 한 번 이상 정신건강문제를 경험하고 있다는 의미이다. 이 중 우울증과 불안장애는 현대인이 일반적으로 많이 경험하는 장애로 그 자체가 위기이며, 위기대처를 어렵게 하는 정신장애이다.

① 우울장애

우울장애는 우울한 기분, 일상의 흥미와 즐거움의 저하, 다양한 인지 및 정신 신체적 증상으로 인해 개인의 기능이 현저하게 저하되는 질환을 말한다(권석만, 2017a). 우울증은 정신적인 감기로 불릴 만큼 누구나 걸릴 수 있지만 감정, 생각, 신체 상태, 그리고 행동, 관계, 일상 기능 등 개인의 전반적인 삶에 부적응을 초래하는 심각한 질환이기도 하다. 우울증은 일상적인 우울감과는 다르며, 의지가 약한 사람이라서 생기는 것이 아니다. 우울증을 앓는 사람들은 평상시 의식하지 않고 무난히 해내던 작은 과업을 끝까지 마치는 것에서 어려움을 느끼며, 학업 및 직장에서 업무 수행의 장애, 새로운 과업을 시도해 볼 동기를 갖는 것에 어려움을 갖는 등 삶의 전반에 무기력과 에너지 저하 증상을 보인다. 수면장애, 식욕과 체중의 급격한 변화, 불안 증상, 성욕 저하, 주의집중력과 판단력의 저하, 죽음이나 자살에 대한 사고 등으로 고통을 받는다.

주로 상실, 실패의 의미를 갖는 부정적인 생활사건이 계기가 되어 우울장애가 촉박될 수 있다고 보는데(Mazure, 1998), 이러한 부정적인 생활사건은 질병, 죽음, 학업과 사업의 실패, 실직, 경제적 어려움, 이별 등이다. 그러나 환경적 요인에 의한 설명은 일부분이며, 유전적 소인이나 개인의 심리적 요인이 영향을 미친다고 보고 있다(권석만, 2017a). 결국 평상시 스트레스를 가져오는 생활사건들이 발생했을 때 스트레스를 조절할 수 있는 힘을 기르고 위기 시에 사회적 지지 등을 통해 도움을 구할 수 있어야 한다. 또한 증상 초기에 약물치료와 심리치료를 통해 적극적으로 증상이 악화되지 않도록 치료에 임해야 하고, 재발 예방을 위해서도 지속적으로 전문가와 치료적 관계를 유지하는 것이 중요하다.

② 불안장애

불안장애는 위험한 상황에서 작동되어야 하는 경계경보가 지나치게 민감하거나 수시로 경계음을 내게 되어 불필요한 경계태세, 과도한 긴장, 혼란스러움 등으로 인해 부적응적인 양상을 보이는 병적인 불안 상태를 의미한다(권석만, 2017a). 정신질환으로서의 불안장애에는 『정신질환의 진단 및 통계 편람 제5판(DSM-5)』에 따르면, 다양한 사건이나 활동에 대한 과도한 불안과 걱정을 보이는 범불안장애, 특정한 대상에게 보이는 특정공포증, 다양한 장소에 대한 공포를 보이는 광장공포증, 사회적 상황에서의 과도한 불안과 공포를 느끼는 사회불안장애, 급작스럽게 찾아오는 죽을 것 같은 강렬한 불안과 공포를 느끼는 공황장애, 그리고 애착 대상과의 분리에 대한 과도한 불안을 느끼는 분리불안장애 등 다양한 하위유형이 있다. 불안과 공포를 주된 증상으로 하는 불안장애는 걱정을 스스로 통제할 수 없다는 느낌과 고통감, 중요한 영역에서의 현저한 손상 등을 일으켜 현대인의 삶에 부정적인 영향을 미치게 된다.

불안이 높은 사람은 같은 위기 상황도 일반적인 사람에 비해 보다 크게 지각하게 되면서 대처할 수 있는 역량이 현저히 떨어지게 된다. 일상적으로 심리적 · 신체적인 에너지 소비가 많아 쉽게 피로를 느끼며, 위기 시 문제해결을 위한 주의집중 같은 정신작용도 원활하지 못할 수 있다. 현대인이 자신의 평상시 정신건강을 돌보고자 하는 관심과 적극적인 치료는 위기대처를 위해 필수적이다.

### (2) 위기대처를 위한 신체건강관리

우리의 몸과 마음은 매우 밀접하게 영향을 주고받는다. 스트레스나 심리적 이유가 신체적 질병으로 발현되기도 하고 때로 마음의 고통으로 인해 죽음에 이르기도 한다. 반대로 신체적 질병은 우울, 불안 등 심리적인 문제를 일으키기도 하고 이는 더욱 질병을 악화시킨다. 더구나 우리 국민의 기대수명은 지속적으로 상승되고 있어 긴 수명 동안 건강관리가 매우 중요해지고 있다. 2017년 기준 우리 국민의 기대수명은 82.7년으로 10년 전 대비 3.5년이 늘어났으며 점점 증가 추세이다(통계청, 2018a). 질병을 갖고 오래 사는 일은 개인과 사회에 상당한 부담을 안겨 그 자체가 위기를 초래하기도 한다. 또한 개인적으로 건강하지 못한 상태에서 위기를 맞이하게 되면 위험적 요인을 증가시킨다.

따라서 평상시 신체적 건강을 유지하는 것은 위기대처를 위해 필수적이다. 건강한 몸은 건강한 정신을 만들고 건강한 정신은 건강한 대처를 이끌어 낼 수 있다. 무엇보다 섭식, 운동, 휴식 등은 건강의 기본적인 관리 영역이다. 몸에 이로운 음식을 섭취하고 규칙적으로 운동하며 휴식과 여가시간을 갖는 일상의 노력들이 필요하다. 현대인이 위기에 잘 대처할 수 있도록 건강유지에 중요한 섭식, 운동과 관련하여 살펴보면 다음과 같다.

#### ① 섭식

섭취하는 음식은 우리의 건강과 생명에 직접적이다. 어떤 음식을 섭취하는가에 따라 병을 키우기도 하고 병을 치료하기도 한다. 때론 극단적인 섭식 행동으로 인해 내성과 금단증상을 갖는 중독을 보이기도 하고, 치명적인 독성으로 생명을 해칠 수도 있는 위기를 초래하기도 한다. 그런데 현대의 음식은 유전자 조작, 가공, 대량 생산이 이루어지면서 우리의 건강을 위협한다. 무분별하게 음식을 섭취하고 필요 이상의 양을 섭취하면서 건강과 생명유지를 위해 작동되어야 하는 기제가 마비되고 있다. 여기에 스트레스와 대중매체는 건강한 섭식을 한층 방해한다.

스트레스가 높은 현대인은 음식 섭취를 통해 스트레스에 반응하기도 하는데, 강하고 지속되는 스트레스는 뇌에 당분, 카페인 등 특정 성분의 섭취에 대한 강렬한 욕구를 품게 한다. 일종의 '심리적 허기'인데, 이는 스트레스가 심한 경우 신체가 필요한 열량이나 영양소에 대한 요구가 아니다. 심리적 허기를 느낄 때 섭취하는 음식은 대부분 자극적이고 고열량을 내는 질이 낮은 것들로서 비만, 영향 불균형, 중독, 죄책감 등을 초래한다.

또한 현대인에게 대중매체는 필요 이상의 먹기를 자극하여 그 폐해는 개인의 건강 악화로 이어진다. 특정 음식 혹은 특정 식자재에 대해 과한 노출과 홍보를 하는 대중매체의 편성과 산업화된 음식문화 속에서 음식 선택은 내 몸의 필요에 의해서가 아니라 단순 소비로 전락되고 있다. 여러 매체를 통해 과하게 노출되는 건강식품과 건강음식들은 슈퍼푸드나 특정 효능을 드러내는 식품과 음식으로 소개되며 소비를 부추기곤 하며, 이는 집중적인 소비로 이어진다. 각 식품이 좋은 것이야 말할 것도 없겠으나 무분별한 소비가 아니라 내 몸에 맞는 음식을 선택할 수 있는 다른 지혜가 필요해 보인다. 건강하게 오래 사는 사람의 먹거리를 통해 어떤 음식을 먹어야 하는가에 대한 답을 특정 식품이나 음식으로 찾기보다 그 식품과 음식들의 공통점을 통해 답을 찾아보는 것이 현명해 보인다.

전 세계 장수지역 음식들의 공통점이 그 지역에서 나는 신선한 음식, 가공되지 않은 거친 음식, 발효시킨 전통음식이라는 점(이원종, 2009)은 바로 그 해답이 될 듯하다. 미국 건강전문지 『The Health』에서 세계 5대 건강식품으로 발표되며 관심을 모았던 스페인의 올리브유, 그리스의 요구르트, 일본의 낫토, 한국의 김치, 인도의 렌틸콩 역시 각국 지역에서 생산되는 토종식품이라는 점을 주목할 필요가 있다. 세계 국가들은 그 지역의 기후와 풍토에 맞춰 저마다의 건강을 유지할 수 있도록 돕는 음식문화를 발달시키게 되는데, 이런 음식들의 공통점은 그 지역의 오염되지 않은 제철 채소라는 점이다(김원학, 2010). 건강식품의 영양성분이나 효능을 따져 가며 쫓아 먹기보다 우리 지역에 나는 식품으로 인공첨가물이나 보존제가 들어가지 않은 자연 음식을 섭취하는 것이 중요해 보인다.

세계 여러 나라는 음식과 식습관에 대한 중요성을 속담 등을 통해 후대에 전수하기도 한다. 중국의 "의료와 식사는 같다."는 말이나 일본의 "병은 입으로부터 들어간다."는 말은 매일 먹는 식사의 중요성이나 음식에 대한 관리의 중요성을 의미한다. "아침은 거르지 말고, 점심은 배부르게 먹고, 저녁은 적게"라는 중국인의 건강지침, 그리고 일본인의 건강을 유지하는 소식문화를 잘 드러내는 "늘 80%의 만복감을 채우면 의사가 필요 없다."는 말을 새롭게 새겨볼 만하다. 인도 등의 나라에는 "당신이 먹는 것이 곧 당신"이라는 속담이 있다. 이는 먹는 음식이 육체나 성격뿐 아니라 영혼에도 영향을 미칠 수 있음을 알고 좋은 음식을 가려 먹어야 함을 강조하는 것이다.

건강한 식이는 내 몸의 건강을 위한 중요한 행위로 음식 섭취를 이해하고 식품 선택과 섭취에 신중을 기하여야 할 것이다. 다음을 참고하여 나의 식습관을 점검해 보자.

- 하루 식사는 규칙적으로 하고 있는가?
- 내게 필요한 만큼의 양을 섭취하고 있는가? 불필요한 간식이나 야식을 하고 있지 않은가?
- 음식을 먹는 속도가 지나치게 빠르지 않은가?

- 먹는 음식의 종류로 기름진 음식과 단 음식의 섭취가 지나치지 않은가? 인스턴트 식품, 과자, 첨가물이 많은 음식의 섭취가 지나치지 않은가?
- 신선한 채소나 해조류, 제철 과일을 충분히 섭취하고 있는가?
- 녹차, 커피 등 카페인과 음료수 섭취가 적당하고 물을 충분히 마시고 있는가?
- 내 몸에 맞는 음식을 가려 먹고 있는가? 무조건 좋다고 하는 음식이나 섭취 후 불편함이 있는데도 반복하고 있지는 않은가?

② 운동

식이요법과 함께 운동은 비만의 예방과 체력 증진, 우울과 불안의 감소, 스트레스 해소에 도움이 된다. 운동은 각종 성인병을 유발하는 비만을 예방하고, 피로를 빠르게 회복시켜 균형된 일상을 유지할 수 있도록 돕는다. 체력은 각종 질환의 예방과 치료에 상당히 중요한 요인으로 평상시 체력을 잘 유지하는 것은 중요하다. 보통 일상의 활동과 노동을 통해 건강과 생존에 필요한 활동량과 신체기능을 증진할 수 있었던 과거와 달리 현대인은 운동량이 부족하다. 빠르고 편리한 이동수단과 가전제품 등 과학기술의 발달로 인해 일상에서 신체활동 자체가 줄고 노동의 특성 또한 육체노동보다 정신노동이 많아지면서 건강을 유지하기 위해서는 특별한 시간을 통해 부족한 신체활동을 보충해야만 한다. 또한 현대인에게 많은 정신노동은 쉼 없이 정신적인 활동을 요구하여 정신적 에너지를 소진시켜 버리는데, 운동은 과부화된 정신적 활동을 쉬게 하고 회복할 수 있도록 돕는다. 또한 신체활동 자체가 스트레스를 해소하는 데 도움을 준다.

그런데 때때로 운동 시 경험되는 쾌감은 운동의 양과 빈도에 대한 조절력을 상실케 하거나 체중조절에 대한 병적 집착은 운동에 중독되는 상황을 초래하게 하기도 한다. 자신에게 맞는 운동을 하지 못할 경우 운동의 좋은 영향에도 불구하고 해가 될 수도 있다. 먼저, 전문가들은 자신의 몸에 맞는 운동을 하도록 조언한다(황수관, 1997). 자신의 몸에 맞는 운동을 찾기 위해서는 먼저 문진이나 의학적 검사 외로 신체조성검사, 운동부하검사, 근기능검사 등 체력을 측정하여 자신의 건강 상태를 점검하는 것이 필요하다. 다음으로, 운동의 목적과 몸 상태, 체형, 일상활동에서의 결점을 보완할 수 있도록 운동 종목을 선택하며 운동의 강도와 시간, 빈도 등을 고려하여 운동량을 정하는 것이 중요하다. 또한 운동을 재미있고 꾸준히 할 수 있도록 환경적 여건을 만들고 운동하는 것에 대한 심리적인 부담이 되지 않도록 하는 것 또한 중요하다. 마지막으로, 효과적이고 안전한 운동을 할 수 있도록 운동 전후의 위험신호를 파악하여 운동할 것을 권하고 있다.

다른 나라의 사람들도 평상시 운동을 통해 건강을 관리하는 나름의 방법들을 갖고 있다. 프랑스의 경우 음식문화가 매우 발달했지만 매우 날씬한 나라이다. 프랑스인은 천천히 먹고 많이 걷는 것을 생활화함으로써 건강을 관리한다. 중국인은 태어나면서부터 배운다는 태극권을 통해 건강을 관리한다. 중국의 공원에서는 이른 아침에 남녀노소로 이루어진 무리의 사람들이 함께 운동하는 것을 쉽게 볼 수 있다. 인도인은 매일 습관적으로 하는 요가와 수행을 통해 건강을 유지하며, 낙천적인 성격의 브라질인은 삼바와 축구를 즐기며 사랑한다. 핀란드 사람들은 겨울 스포츠를 발달시켰고, 호주 사람들은 어렸을 때부터 윈드서핑, 스킨스쿠버, 골프, 농구, 야구 등 다양한 아웃도어 스포츠를 배우며 즐긴다.

③ 전인적 건강관리

앞서, 위기 대처를 위해서는 일상의 건강관리가 중요함을 언급하였다. 편의상 우리는 마음건강관리와 신체건강관리로 나누어 살펴보았으나, 이미 많은 건강 관련 전문가뿐 아니라 일반인도 몸과 마음이 밀접하게 연결되어 서로 영향을 주고받음에 따라 어느 한 부분만을 돌보는 것으로는 충분하지 않음을 알고 있다. 세계보건기구(WHO)는 건강에 대한 생물-심리-사회-영적 모형에서 건강을 정의하고 있다. 즉, '건강이란 질병이 없거나 허약하지 않을 뿐만 아니라 육체적 · 정신적 · 사회적 및 영적 안녕이 역동적이며 완전한 상태'를 의미한다. 여기서 건강한 상태란 단순히 신체적 질병이 없는 소극적 의미의 건강이 아니라 전인적이며 적극적인 건강을 이야기하고 있는 것이다. 더 나아가 건강에 회복 능력을 포함하여 '변화하는 환경 속에서 신체, 심리, 사회 및 영적 수준에서의 완전한 이상 상태를 회복할 수 있는 능력'으로 건강을 정의하며 훨씬 적극적이고 역동적인 개념으로 보기도 한다(김교헌, 2007). 즉, 전인적으로 건강하다는 의미는 신체적 건강, 정신적 건강, 사회적 건강, 나아가 영적 건강의 요소가 균형 있게 갖추어지도록 돌보고, 건강하지 않을 때도 이를 회복시킬 수 있는 회복 능력을 갖추고 있는 상태라고 말할 수 있을 것이다.

# 참고문헌

강경호(2002). 중독의 위기와 상담. 한사랑 가족상담 연구소.

강문희, 김매희, 유정은(2007). 아동발달론. 공동체.

강문희, 이광자, 박경(1999). 인간관계의 이해. 학지사.

강석화, 나동석(2013). 대학생의 대학생활스트레스가 자살생각의 관계에서 우울의 매개효과에 관한 연구. 청소년학연구, 20(4), 49-71.

강영희(2008). 생명과학대사전. 아카데미서적.

고명수, 김용주, 이레지나, 임수선, 성시한(2019). 정신건강론. 정민사.

고승덕, 손애리, 최윤신(2001). 노인의 일반적 특성에 따른 우울감에 관한 연구. 한국가족복지학, 6(1), 3-15.

고유진(2001). 인터넷 중독집단의 성격특성 및 자기개념연구: 대학생 집단을 중심으로. 성신여자대학교 대학원 석사학위논문.

고재욱, 전건영, 이지목(2019). 정신건강론. 정민사.

고진경(2013). DSM-5의 변화와 문제에 대한 개관. 한국심리치료학회지, 5(2), 1-11.

구본용, 금명자, 김동일, 김동민, 남상인, 안현의, 주영아, 한동우(2005). 위기(가능)청소년지원모델 개발 연구. 청소년위원회.

구현선(2002). 인간관계의 이해. 청목출판사.

국립서울병원, 보건복지부(2005). 우리나라 자살의 사회·경제적 비용부담에 관한 연구.

국립정신건강센터(2018). 정신건강현황 4차 예비조사 결과보고서.

권석만(2013). 현대이상심리학. 학지사.

권석만(2014). 이상심리학의 기초: 이상행동과 정신장애의 이해. 학지사.

권석만(2015a). 현대성격심리학: 이론적 이해와 실천적 적용. 학지사.

권석만(2015b). 현대이상심리학. 학지사.

권석만(2017). 이상심리학의 기초. 학지사.

권석만, 민병배(2000). 노년기 정신장애. 학지사.

권선중(2013). DSM-IV와 DSM-5의 도박중독 진단기준 비교: 유병률 추정을 중심으로. 연차학술발표대회 논문집. 한국심리학회.
권육상(2007). 정신건강론. 유풍출판사.
권준수, 김재진, 남궁기, 박원명, 신민섭, 유범희, 윤진상, 이상익, 이승환, 이영식, 이헌정, 임효덕 공역(2015). DSM-5 정신질환의 진단 및 통계 편람. (APA 저). 학지사.
김경훈, 김태우, 김한우 공역(2007). 시그마프레스.
김경훈, 배정규(2007). 경륜 및 경정 도박성 게임자들의 게임 이용실태, 주관적 삶의 질, 자존감 및 사회적 지지. 한국심리학회의 건강, 12(2), 367-382.
김교헌(2007). 도박행동과 도박중독 한국사회의 도박과 도박중독 문제에 대한 심리학적 접근. 한국심리학회 주최 심포지엄.
김규수(1999). 정신보건사회사업실천론. 형설출판사.
김기태(2006). 위기개입론. 대왕사.
김기태, 안영실, 최송식, 이은희(2005). 알코올 중독의 이해. 양서원.
김기태, 황성동, 최송식, 박봉길, 최말옥(2001). 정신보건복지론. 양서원.
김기태, 황성동, 최송식, 박봉길, 최말옥(2013). 정신보건복지론(제3판). 양서원.
김기환, 전명희(2000). 청소년 자살의 특성과 유형에 관한 연구. 한국아동복지학회 학술발표논문집.
김미리혜, 박예나, 최설, 김유리(2018). 건강심리학. 시그마프레스.
김미선(2011). 도박중독과 범죄와의 관련성 검토. 한국중독범죄학회보, 1(1), 1-21.
김미혜, 이금룡, 정순둘(2000). 노년기 우울증 원인에 대한 경로분석. 한국노년학, 20(3), 211-226.
김민정, 이은경, 김재희, 이선희, 박선영, 김희영 공역(2020). 정신건강론. 파워북.
김보기, 김인기, 김정일, 문상목, 박성석, 박연경, 정명란, 한신애(2017). 인간행동이해를 위한 심리학. 양서원.
김성이(2002). 약물 중독총론. 양서원.
김애순, 윤진(1997). 중년기 위기감 척도 제작에 관한 연구. 한국심리학회지. 4(1).
김용분, 이정섭(2003). 자살개념 분석. 정신간호학회지, 12(4), 394-401.
김우준(2012). 도박문제의 현황 및 치료적 처우방안. 한국중독범죄학회보, 2(1), 13-27.
김운삼, 모아라, 오현숙, 윤석주, 이영희, 이용환, 전대성, 정명희(2019). 정신건강론. 양성원.
김이영(2004). 통합정신재활서비스와 재활성과 및 삶의 질에 관한 연구. 계명대학교 대학원 박사학위논문.
김이영, 이우언, 배기효, 김병찬, 정선화, 정왕용(2016). 정신건강론. 양서원.
김익기, 심명희(1992). 가정폭력의 실태와 대책에 관한 연구. 한국형사정책연구원.
김재량(2014). 부모의 아동학대가 아동정신건강에 미치는 영향에 관한 연구. 사회복지경영연구소, 1(1).
김정미, 박희숙(2019). 정신건강론. 공동체.
김정숙(1986). 가정 내의 폭력에 관한 이론적 고찰: 아내구타를 중심으로. 효성여자대학교 대학원 석사학위논문.
김정진(2009). 자살위험 사정과 개입. 지역사회 정신보건전문가를 위한 자살예방 가이드북. 한국자살예방협회 · 생명보험사회공헌재단.
김정휘 역(1990). 노인심리학. (Bromley, D. B. 저). 성원사.
김종운(2017). 인간관계 심리학. 학지사.

김종흡(2002). 성 과학의 이해. 월드사이언스.
김주현, 강소현, 고가연, 김명희, 김현주, 박복순, 박현태, 윤청자, 이하나, 최경혜, 추현심(2018). 대학생의 건강관리. 메디컬사이언스.
김청송(2015). 사례중심의 이상심리학. 싸이북스.
김청송(2019). 현대 청소년심리 및 상담. 싸이앤북스.
김현수, 채규창, 임연정, 신윤미(2004). 인터넷 과다사용 청소년의 가정 내 변인연구. 신경정신의학, 43, 733-739.
김형수(2000). 노인과 자살. 노인복지연구, 10, 22-44.
김혜련, 신혜섭(2006). 정신건강론. 학지사.
김혜숙(2003). 가족치료이론과 기법. 학지사.
김혜숙, 박선환 외 3명(2016). 인간관계론. 양서원.
김효창(2006). 성인자살의 특성과 자살유형에 관한 연구. 사회문제, 12, 16-17.
김효창, 손영미(2006). 노인 자살의 특성과 자살유형에 관한 연구. 한국심리학회지, 12(2), 1-19.
나동석, 서혜석, 이대식, 강희양, 곽의향, 김미혜, 신경애(2015). 최신 정신건강론. 양서원.
나동석(2014). 정신건강에 대한 태도와 인식에 관한 연구. 한국사회과학연구, 36(1), 76-93.
나소정(2006). 현대소설에 나타난 심리적 적응행동에 관한 연구. 명지대학교 대학원 박사학위논문.
남민(1995). 아동심리치료에의 정신의학적 개입. 한국재활심리학회 학술대회 자료집.
문혁준, 김정희, 성미영, 손서희, 안선희, 장영은(2015). 정신건강론. 창지사.
미국중독오용센터(2016). 오남용 약물 평가 및 종합 관리 방안 구축 연구.
민성길(2015). 최신정신의학(제6판). 일조각.
민윤기, 김보성, 안권순, 한건환(2014). 인간생활과 심리학. 학지사.
박경애, 이재규, 권해수(1993). 청소년 동반자살. 한국청소년상담원: 청소년상담문제연구보고서.
박권생, 이재호, 최윤경, 김민영(2015). 사회심리학(제8판). 시그마프레스.
박병선, 배성우(2013). 정신사회재활서비스 사정 및 성과 척도 개발: 정신사회재활모델을 중심으로. 정신보건과 사회사업, 4(1).
박병준(2003). 아리스토텔레스의 인간학 이해. 신학전망, 140.
박상규(2014). 정신건강론. 학지사.
박상규, 강성군, 김교헌, 서경헌, 신성만, 이형초, 전영민(2009). 중독의 이해와 상담실제. 학지사.
박선영(2009). 미국과 한국의 정신장애인 가족과 자조집단에 대한 고찰. 사회과학논총, 28(2).
박선환, 박숙희, 이주희, 정미경, 김혜숙(2017). 정신건강론. 양서원.
박영신, 문은희, 송재룡, 이황직, 정재영(2004). 가족주의에 대한 조사. 한국연구재단.
박용천, 오대영 공역(2017). DSM-5 정신장애 쉽게 이해하기. 학지사.
박주현, 최덕경(2016). 다문화사회의 이해와 실천. 창지사.
박진규(2015). 청소년문화. 학지사.
배영미(2013). 아내학대 피해여성을 돕는 생존자의 경험에 대한 내러티브 탐구. 서울여자대학교 대학원 석사학위논문.
보건복지부(2016). 정신건강증진 및 정신질환자 복지서비스 지원에 관한 법률.
보건복지부(2019). 정신건강사업안내.

서미경, 최은진, 신윤정, 김동진, 송현종, 손애리, 임희진(2006). 건강증진정책 평가 및 실천방향. 한국보건사회연구원.
서진환(1998). 정신분열병 환자를 위한 직업재활프로그램의 개발과 효과성 연구: 문제해결 기술을 중심으로. 연세대학교 대학원 박사학위논문.
설진화(2016). 정신건강론. 양성원.
성태제, 시기자(2017). 연구방법론. 학지사.
손재석, 황미, 장경옥, 윤경원(2015). 정신건강론. 정민사.
신민섭(1993). 자살기제에 대한 실증적 연구: 자기도피 척도의 타당화. 연세대학교 대학원 박사학위논문.
신혜영(2018). 청소년의 스마트폰 중독이 학교생활적응에 미치는 영향. 한서대학교 대학원 박사학위논문.
안권순(2023). 인간심리의 이해. 학지사.
양명숙, 전지경, 김춘희, 최연화, 한영숙, 김윤희, 김현지, 이현우(2019). 현대인의 정신건강. 학지사.
양옥경(1995). 정신장애인 가족에 관한 연구-가족의 보호부담, 대처기제, 서비스 욕구를 중심으로. 신경정신의학, 34(3).
엄태완(2018). 정신건강사회복지론. 학지사.
연병길, 류성곤(2001). 노인 자살의 조기 발견과 예방. 노인정신의학, 5(2), 134-139.
오수성, 김정호, 김해숙, 김희경, 신기숙, 이숙자, 정정화, 채숙희, 한은경, 홍창희(2013). 정신병리학. 학지사.
오윤선(2020). 인간심리의 이해. 양서원.
오윤선, 유양숙(2019). 대인관계와 의사소통. 창지사.
유수현(2001). 정신건강론. 양서원.
유수현, 천덕희, 이효순, 성준모, 이종하(2017). 정신건강론. 양서원.
육성필(2002). 자살관련 변인의 탐색과 치료 프로그램 개발. 고려대학교 대학원 박사학위논문.
윤영애, 서연숙, 문영미(2018). 인간행동과 사회환경. 태영출판사.
이경아(2001). 지역사회 정신보건센터에서의 임상기술개발. 한국정신보건사회사업학회 춘계학술대회 자료집.
고영건, 김미리혜, 김지혜, 김진영, 박경, 박기환, 서혜희, 안귀여루, 오상우, 육성필, 윤혜영, 이경희, 이은영, 이임순, 이현수, 정진복, 조선미, 최기홍, 최승원(2019). 이상심리학(2판). 학지사.
이계존(2000). 정신장애인 직업재활체계의 수립에 관한 연구. 조사연구, 2.
이규은(2018). 성, 사랑, 성교육 그리고 가족. 공동체.
이근후, 박영숙(1990). 전래의 속담에 나타난 과거 한국인의 자아방어기제. 신경정신의학, 29(3).
이민규 외 공역(1998). 스트레스. 중앙적성출판사.
이민규(2004). 현대생활의 적응과 정신건강. 교육과학사.
이성태(2006). 인간관계론. 양서원.
이성희, 한희선(2020). 성 평등 관점에서 본 결혼과 가족. 공동체.
이수희(2010). 정신재활인의 재활에 영향을 미치는 요인-회복요인을 중심으로. 카돌톨릭대학교 대학원 석사학위논문.

이순민(2014). 정신건강론. 학지사.
이순민(2017). 정신건강론. 학지사.
이영실, 유영달, 조명희, 홍성희, 고은주(2016). 정신건강론. 창지사.
이영실, 이윤로, 유영달(2011). 정신건강론. 창지사.
이영호(2003). 정신건강론. 현학사.
이영호(2007). 정신건강론. 공동체.
이용표(2003. 현장과제를 활용한 정신장애인 사회기술훈련프로그램의 효과: 역량강화와 증산에 관한 효과를 중심으로. 정신보건과 사회사업, 15.
이우경, 이원혜(2019). 심리평가의 최신 흐름. 학지사.
이은희(2016). 인간행동과 사회환경. 공동체.
이인선, 황정임, 최지현, 조윤주(2017). 가정폭력 실태와 과제: 부부폭력과 아동학대를 중심으로. 한국여성정책연구원.
이인혜(1999). 현대인의 정신건강. 대왕사.
이장호(2005). 상담심리학. 박영사.
이태연, 이인수, 정기수, 최명구(2006). 인간관계의 이해. 신정.
이태연, 최명구(2006). 생활속의 정신건강. 신정.
이향숙, 김경우, 오영림, 윤애자, 이희정, 정선화, 조수정(2017). 정신건강론. 양서원.
이현수(2018). 현대인의 중독심리. 싸이앤북스.
이현주, 전수미, 강석임, 오봉욱, 김한나, 전동일(2014). 정신건강의 이해. 공동체.
이홍식, 남윤영(2008). 자살의 이해와 예방. 학지사.
이홍표(2002). 도박의 심리. 학지사.
임혁, 채인숙(2011). 정신건강의 이해. 공동체.
장미경, Z. Maoz, 이상희, 정민정, 김유진, 신현정, 김미경, 손금옥, 유미성, 김경남(2015). 정신건강론. 태영출판사.
장선철(2002). 현대인의 정신건강. 동문사.
장현갑, 강성군(1998). 스트레스와 정신건강. 학지사.
장혜진, 채규만(2006). 기술중독에 빠진 청소년들의 심리적 특성에 대한 연구. 한국심리학회지: 건강, 11(4).
장후용(2008). 약물 중독의 심리 생리학적 이해. 도서출판 조은.
전석균(2016). 정신건강론. 공동체.
전석균(2020). 정신건강론. 공동체.
전혜성(2011). 정신장애인 배우자의 스트레스에 영향을 미치는 생심리사회적 요인 연구. 한국가복복지학, 33(9).
정아란, 유정희(2019). 양성평등을 위한 행복한 성과 결혼. 공동체.
조현진, 박성수(1991). 가정교육과 청소년 비행의 관계. 한국심리학회: 한국심리학회지 발달 4(1).
조홍식 김혜례, 신은주, 우국희, 오승환, 성정현, 이지수(2000). 인간행동과 사회환경. 학지사.
조희순(2017). 정신건강론. 양성원.
지용근, 김옥희, 김희수, 김병숙(2004). 인간관계론. 박영사.

천성문, 박은아, 안세지, 문정희, 선혜민, 전은주, 윤정훈, 박선우(2019). 인간관계와 정신건강. 학지사.

최덕경, 박연옥, 박주현, 전영록, 안우상, 박서춘, 장갑수(2014). 정신건강론. 창지사.

최명민, 이기영, 최현미, 김정진(2009). 문화적 다양성과 사회복지. 학지사.

최송식, 최말옥, 김경미, 이미경, 박은주, 최윤정(2019). 정신건강론. 학지사.

최옥채, 박미은, 서미경, 전석균(2015). 인간행동과 사회환경(제5판). 양서원.

최은영(2008). 약물 중독. 학지사.

통계청(2007). 정신질환 유병률.

통계청(2018). 2017년 사망원인 통계.

한국자살예방협회(2007). 자살의 이해와 예방. 학지사.

한국정보화진흥원(2011). 인터넷중독 대응법 제정 연구.

한국정보화진흥원(2015). 인터넷중독과 예방과 해소를 위한 법제 정비 방향.

한국정신보건사회복지사협회(2012). 정신보건사회복지의 이론과 실제. 양서원.

한규석(2017). 사회심리학의 이해(제4판). 학지사.

한규석(2020). 사회심리학의 이해. 학지사.

홍강의(2009). 자살사망자 심리적 부검 및 자살시도자 사례관리서비스 구축방안. 보건복지가족부: 국립의과학지식센터(NCMIK).

홍숙기(2003). 젊은이의 정신건강. 박영사.

황수관(1997). 내몸에 맞는 운동으로 현대병을 고친다. 서울문화사.

황태연, 이금진(2002). 정신장애인 직업재활수행기관간 연계강화방안: 연계영향요인 및 연계경험을 중심으로. 한국장애인고용촉진공단 고용개발원.

Adler, A. (1956). *The individual psychology of Alfred Adler: A systematic presentation in selections from his writings*. New York: Basic Books.

Ajzen, I. (1985). From intention to actions: A theory of planned behavior. In J. Kuhl, & J. Beckman (Eds.), *Action control from cognition to behavior* (pp. 11-39). New York: Springer-Verlag.

Albrecht, K. (1979). *Stress and the management*. New Jersey: Englewood Cliffs.

Alderfer, C. (1969). An empirical test of a new theory of human needs. *Organizational Behavior and Human Performance*, *4*(2), 142-175.

Allen, M. (2010), *Narrative therapy for woman experiencing domestic violence*. London: Philadelpia.

Amaya-Jackson, L., & March, J. S. (1995). Posttraumatic stress disorder. In J. S. March (Ed.), *Anxiety disorders in children* (pp. 276-300). New York: Guilford Press.

American Psychiatric Association. (1994). *Diagnostic and statistical manual of mental disorders* (4th ed.). APA.

American Psychiatric Association. (2013). *Diagnostic and statistical manual of mental disorders* (5th ed.). APA.

Anderson, C. M. (1977), Psychoeducational program for families of patients with schizophrenia, In W. R. McFarlane (ED), *Family Therapy in Schizophrenia*, New York: Guilfor Press.

Anspaugh, D., Hamrick, M., & Rosato, F. D. (1991), *Wellness: Concept and Application* (7th ed), New York, NY: McGlaw Hill.

Anthony, W. A. (1993). Recovert from mentall illness: The guiding vision of the mentall health service system in the 1990. *Psychosocial Rehabilitation Journal, 16*(4), 11-23.

Anthony, W. A., Cohen, M. R., Farkas, M,. & Gagne, C. (2002). *Psychiatric Rehabilitation*. Boston, MA: Boston University, Center for Psychiatric Rehabilitation

Argyle, M. (2001). Causes and collates of happiness. In D. Kahneman, E. Diener, & N. Schwarz (Eds.), *Well-being: The foundations of hedonic psychology* (pp. 353-373). New York: Russell Sage Foundation.

Aronson, E., & Linder, D (1996), Gain and loss of esteen as determinants of interpersonal attractiveness, *Journal of Experimental Social Psychology, 1*(2).

Asch, S. E. (1946). Forming impressions of personality. *Journal of Abnormal and Social Psychology, 41*, 258-290.

Baars, B. J., & Gage, N. M. (2010). 인지, 뇌, 의식: 인지신경과학 입문서[*Cognition, brain, and consciousness: Introduction to cognitive neuroscience*]. 강봉균 역. 교보문고. (원저는 2010년에 출간).

Babcock, J. C., Waltz, J., Jacobson, N. S., & Gottman, J. M. (1993). Power and violence: The relation between communications patterns, power discrepancies, and domestic violence. *Journal of Consulting and Clinical Psychology, 61*, 40-50.

Baron-Cohen, S., Leslie, A. M., & Frith, U. (1985). Does the autistic child have a "theory of mind?". *Cognition, 21*, 37-46.

Baumgardner, S. R., & Crothers, M. (2009). *Positive psychology*. Washington, DC: Prentice Hall/ Pearson Education.

Becker, M. H. (1974), The health belief model and personal health behavio. *Health Education Monographys, 2*.

Beier, M. T. (2007). Pharmacotherapy for behavioral and psychological symptoms of dementia in the elderly. *American Journal of Health-System Pharmacy, 64*, 9-17.

Bem, S. L. (1993). *The lenses of gender*. New Haven, CT: Yale University Press.

Berk, L. E. (2007). *Development through the lifespan* (4th ed.). London: Pearson Education Inc.

Berry, J. W. (1997). Immigration, acculturation, and adaptation. *Applied Psychology: An International Review, 46*(1), 5-34.

Bhugra, D., Still, R., Furnham, A., & Bochner, S. (2004). Migration and mental health. *ActaPsychiatrica Scandinavica, 109*(4), 243-258.

Blank, A. S. (1994). Clinical detection, diagnosis, and differential diagnosis of post traumatic stress disorder. *Psychiatric Clinics of North America, 17*, 351-383.

Bloom, B. L. (1977). *Community mental health: A general introduction*. Brooks/Cole Publishing Company.

Brown, B. B. (1984). *Between health and illness*. Boston: Houghton Mifflin.

Byme, D., & Clore, G. L. (1970). A reinforcement model of evaluative processes. Personality: An International Journal. 1.

Campbell, J. C., & Lewandowski, L. A. (1997). Mental and physical health effects of intimate partner violence. *Psychiatric Clinics of North America, 20*, 353-374.

Carpenter, W. T. (2009). Anticipating DSM-5: Should psychosis risk become a diagnostic class? *Schizophrenia Bulletin, 35*(5), 841-843.

Cassirer, E. (1988). 인간이란 무엇인가: 문화철학서설[*Essay on man*]. 최명관 역. 서광사. (원저는 1944년에 출간).

Cattell, H., & David, J. (1995). One hundred cases of suicide in elderly people. *British Journal of Psychiarty, 166*, 451-457.

Cattan, M., & Tilford, S. (2006). Mental health promotion: A lifespan approach maidenhead: Open University University Press.

Chordokoff, B. (1964). Alcoholism and ego function. *Quarterly Journal of Studeis on Alcohol, 25*, 292-299.

Cohan, S., & Wills, T. A. (1985). Stress, social support and the buffering hypothesis. *Psychological Bulletin, 98*, 310-357.

Cohen, Y., Spirito, A., & Brown, L. K. (1996). Suicide and suicidal behavior. In R. J. Diclemente, W. B. Hansen, & L. E. Ponton (Eds.). *Handbook of adolescent risk behavior* (pp. 193-224). Plenum Press.

Coleman, M., & Ganong, L. (2002). Resilience and families. *Family Relations, 51*(2), 101-102.

Conwell, Y. (2004), Management of suicide behavior in the elderly, *Psychiatric Clinic of North American, 20*.

Cooney, N. L., Zweben, A., & Fleming, M. F. (1995). Screening for alcohol problems and at-risk drinking in health-care settings. In R. K. Hester & W. R. Miller (Eds.), *Handbook of alcoholism treatment approaches* (2nd ed., pp. 47-48). Boston: Allyn and Bacon.

Coreth, E. (1994). 인간이란 무엇인가: 철학적 인간학의 기본개요[*Was ist der Mensch?*] 안명옥 역. 성바오로출판사. (원저는 1973년에 출간).

Cox, W. M. (1987). *Treatment and prevention of alcohol problems: A resource manual*. Orlando: Academic Press, Inc.

Custer, R. L. (1984), *When luck rune out: Help for compulsive gamblers and their families*. New York: Fact on File Publication.

Dahl, S. (1989). Acute response to rape: A PTSD variant. *Acta Psychiatrica Scandinavica, 80*, 355-362.

Dancu, C. V., Riggs, D. S., Hearst-Ikeada, D., Shoyer, B. G., & Foa, E. B. (1996). Dissociative experiences and posttraumatic stress disorder among female victims of criminal assauly and rape. *Journal of Traumatic Stress, 9*, 253-267.

Davidson, G. C., & Nealem, J. M. (2001). Abnormal psychology (8th ed.). New York: John Wiley & Sons.

Davidson, J. R. T., & Smith, R. (1990). Traumatic experiences in psychiatric outpatients. *Journal of Traumatic Stress*, *3*, 459-475.

Davidson, L., & Roe, D. (2007). Recovery from versus recovery in serious mental illness: One strategy for lessening confusing plaguing recovery. *Journal of Mental Health*, *16*(4), 459-470.

Deblinger, E., McLeer, S. V., Atkins, M. S., Ralphe, D., & Foa, E. (1989). Posttraumatic stress in sexually abused, physically abused, and nonabused children. *Child Abuse and Neglect*, *13*, 403-408.

Deegan, P. E. (1988). Recovery: The lived Experience of Rehabilitation. *Psychosocial Rehabilitation Journal*, *11*(4), 11-19.

Diener, E., & Lucas, R. (1999). Personality and subjective well-being. In D. Kahneman, E. Diener, & N. Schwarz (Eds.), *Well-being: The foundations of hedonic psychology* (pp. 213-229). New York: Russell Sage Foundation.

Diener, E., & Seligman, M. E. P. (2004). Beyond money: Toward an economy of well-being. *Journal of Personality and Social Psychology*, *80*, 804-813.

Dillaway, H., & Broman, C. (2001). Race, class, and gender differences in marital satisfaction and divisions of household labor among dual-darner couples. *Journal of Family Issues*, *22*, 309-327.

Donnely, J. W., Eburne, N., & Kittleson, M. (2001). *Mental health dimensions of self esteem and emotional well-being*. Boston: Allyn & Bacon.

Durkheim, E., (1887). Suicide. New York: The Free Press.

Duvall, E. M., & Miller, B. C. (1985). *Marriage and family development* (6th ed.). New York: Haper and Row.

Dyer, J., & McGuinness, T. (1996). Resilience: Analysis of the concept. *Archives of Psychiatric Nursing*, *10*, 276-282.

Ehrenreich, J. T., Santucci, L. C., & Weinre, C. L.(2008). Seperation anxiety disorder in yourh: Phenomenology, assessment, and treatment. *Psicologia Conductual*, *16*(3), 389-412.

Ekman, P. (1972). Universals and cultural differences in facial expressions of emotion. In J. Cole (Ed.), *Darwin and facial expression: A century of research in review* (pp. 169-222). New York: Academic Press.

Ellis, A. (1998). *REBT diminishes much of the human ego*. New York: Institute for Rational-Emotive Therapy.

Eron, L. D., Huesmann, L. R., Lefkowitz, M. M., & Walden, L. O. (1972). Does televisioncause aggression? *American Psychologist*, *27*, 253-263.

Estes, N. J., & Heinemann, M. E. (Eds.). (1986). *Alcoholism: Development, consequences, and interventions* (3rd ed., p. 33). St Louis, MO: C. V. Mosby.

Ewing, J. A. (1984). Detecting alcoholism: The CAGE questionnaire. *Journal of American Medical Association*, *252*, 1905-1907.

Fairbank, J. A., Keane, T. M., & Malloy, P. F. (1983). Some preliminary data on the psychological characteristics of Vietnam veterans with posttraumatic stress disorder. *Journal of Consulting and Clinical Psychology, 51*, 912-919.

Freud, S. (1917). *The Ego and Id*. Routledge: MacGrow Hill.

Feldman, R. S. (1994). 생활 속의 적응[*Adjustment*]. 이수식, 장미옥, 진복선 공역. 양서원. (원저는 1989년에 출간).

Fishbein, D. H., & Pease, S. E. (1996). The dynamics of drug abuse. Boston: Allyn and Bacon.

Foa, E. B., & Riggs, D. S. (1994). Posttraumatic stress disorder and rape. In R. S. Pynoos (Ed.), *Posttraumatic stress disorder: A clinical review* (pp. 133-163). Lutherville, MD: Sidran Press.

Frank, G. (1995). An ego-psychological approach to Rorschach. *Psychological Reports, 77*, 911-930.

Frankl, V. E. (1963). *Man' search for meaning an introduction to logotherapy*. New York: Washington Square Press.

Fraser, M. W., Richman, J, M., & Galinsky, M. J. (1999). Risk, protection, and resilience: Toward a conceptual framework for social work practice. *Social Work Research, 23*, 129-208.

Freedman, S. A., Brandes, D., Peri, T. & Shalev, A. Y. (1999). Predictors of chronic posttraumatic stress disorder: A prospective study. *British Journal of Psychiatry, 174*, 353-359.

Friedman, J. M., & Polifka, J. E. (1996). *The effects of drugs on the fetus and nursing infant: A handbook for health care professionals*. Baltimore: Johns Hopkins University Press.

Friedman, S., & Stevenson, M. (1980). Perception of movements in pictures. In M. Hagen (Ed.), *Perception of pictures, Vol. 1: Alberti' window: The projective model of pictorial information*. Orlando, FL: Academic Press.

Gardner, H. (1983). *Frames of mind: The theory of multiple intelligences*. New York: Basic Books.

Gelles, R. J. (1974). *The violent home: A study of physical aggression between husbandsand wives*. Beverly Hills, California: Sage Publication.

Gelles, R. J. (1980). Violence in the family: A review of research in the seventies. *Journal of Marriage and the Family, 42*(4), 873-885.

Gelles, R. J., & Straus, M. A. (1979). Determinants of violence in the family: Toward a theoretical integration. In W. R. Burr, et al. (Eds.), *Contemporary theories about the family* (Vol. 1). New York: Free press.

Gerald, C. (2003). 심리상담과 치료의 이론과 실제(제6판)[*Theory amd Practice of Counseling and Psychotherapy*]. 조현춘, 조현재 공역. 시그마프레스.

Gesell, A. (1980). Adolescent suicide. *Adolescence, 23*, 13-19.

Gibson, E. J., & Walk, R. D. (1960). The "visual cliff". *Scientific American*, 64-71.

Giles-Sims. J. (1983). *Wife-battering: A systems theory approach*. New York: Guilford Press.

Godden, D. R., & Baddeley, A. D. (1975). Context dependent memory in two natural environments: On land and underwater. *British Journal of Psychology, 66*, 325-331.

Goldberg, I. K. (1996). Internet addiction disorder. http://www.rider.edu/

Gomberg, E. (1982). Alcohol use and alcohol problems among the elderly. *Alcohol and Health, 4*, 263-290.

Goode, W. (1971). Force and violence in the family. *Journal of Marriage and the Family*, *33*, 624-636.

Goodwin, D. W. (1985). Alcoholism and genetics. *Archives of General Psychiatry*, *42*, 171-174.

Griffiths, M. (1997). Does internet and computer addiction exist? Some case evidence. Paper presented at the 105th American Psychological Association annual convention. Chicago.

Griffiths, M. D. (1999). Internet Addiction. *The Psychologist*, *12*(5).

Handerson, S. (1980). A development in social psychiatry: The systematic study of social bonds. *The Journal of Nervous and Mental Disease*, *168*(2), 63-69.

Harlow, H. F., & Zimmerman, R. R. (1959). Affectional responses in the infant monkey. *Science*, *130*, 421-432.

Harris, B. (1979). Whatever happened to Little Albert? *American Psychologist*, *34*, 151-160.

Hartmen, W., & Fithian, M. (1984). *Any man can*. New York: St. Martin's.

Hebl, M., & Heaktherton, T. F. (1998). The stigma of obesity in woman: The difference is black and white. *Personality and Social Psychology Bulletin*, *24*.

Herman, J. L. (1992). Comples PTSD: A syndrome in survivors of prolonged and repeated trauma. *Journal of Traumatic Stress*, *5*, 377-391.

Hester, R. K., & Miler, W. R. (1995). *Handbook of alcoholism treatment approaches-effective alternatives* (2nd ed.). Boston: Allyn & Bacon.

Hodgins, D,. & Holub, K. M. (2007). *Motivational interviewing in the treatment of problem and pathological gambling*. New York: Gilford.

Hoff, L. A. (1995). *People in crisis: Understanding and helping* (4th ed.). Sanfrancisco: Jossey-Bass Publishers.

Hoffman, K. L., Demo, D. H., & Edwards, J. N. (1994). Physical wife abuse in a non-wetern society: An integrated theoretical approach. *Journal of Marriaged and the family*, *56*(1), 131-146.

Hooyman, N. R., & Kiyak, H. A. (1996). *Social gerontology: A multidisciplinary perspective* (4th ed.). Boston, MA: Allyn and Bacon.

Hopper, K., Harrison, G., Janca, A., & Sartorius, N. (2007). *Recovery from schizophrenia: An international perspective*. New York: Oxford University Press.

Hull, C. L. (1943). *Principles of behavior: An introduction to behavior theory*. New York: Appleton-Century-Crofts.

Hunt, M. (1993). The story of psychology. New York: Doubleday.

Jacobosn, N., & Curtis, L. (2000). Recovery as policy in mental health services: Strategies emerging from the states. *Psychiatric Rehabilitation Journal*, *23*(4), 333-341.

Jackson, L. A., & McGill, O. D. (1996). Body Type preferences and body chacteristics associated with attractive and unattractive bodies by African Americans and Anglo Americans. *Sex Roles*, *35*.

James, R. K., & Gilliland, B. E. (2001). Crisis intervention strategies (4th ed.). Belmont, CA: Brooks/Cole.

James, R. K., & Gilliland, B. E. (2008). 위기개입[*Crisis Interventiom Strategies* (5th ed)]. 한인영,

장수미, 최정숙, 박형원, 이소래, 이혜경 공역. 나눔의 집.

James, W. (1890). *Principles of psychology*. New York: Holt.

Jansson, L. B., & Parnas, J. (2007). Competing definitions of Schizophrenia: What can be learned from polydiagnostic studies? *Schizophrenia Bulletin*, *33*, 1178-1200.

Jurdek, L. A. (2005). Gender and marital satisfaction early in marriage: A growth curve approach. *Jounral of Marriage and Family*, *67*, 68-84.

Kagan, J. (1998). Biology and the child. In W. Damon & R. M. Lerner (Eds.), *Handbook of child psychology* (Vol. 1). New York: John Wiley & Sons.

Kalat, J. W. (2019). 생물심리학[*Biological psychology* (13th ed)]. 김문수, 박순권 공역. 박학사. (원저는 2019년에 출간).

Kalmuss, D. (1984). The intergenerational transmission of marital aggression. *Journal of Marriage and the Family*, *46*(1), 11-19.

Karatzias, A., Power, K. G., & Swanson, V. (2002). Bullying and victimization in Scottish secondary schools: Same of separate entities. *Aggressive Behavior*, *28*, 45-61.

Kaufman, E. (1994). *Psychotherapy of addicted persons*. New York: The Guilford Press.

Kelly, H. H. (1967). Attribution theory in social psychology. In D. Levine (Ed.), *Nebraska Symposium on Motivation*. Lincoln, NE: University of Nebraska Press.

Kelly, M., & Gamble, C. (2005). Exploring the concept of recovery in schizophrenia. *Journal of Psychiatric and Mental Health Nursing*, *12*, 245-251.

Kernberg, O. (1985). *Borderline Conditions and Pathological Narcissism*. New York: Aronson.

Kessler, R. C., Sonnega, A., Bromet E., Hughes, M., & Nelson, C. B. (1995). Posttraumatic stress disorder in the national comorbidity survey. *Archives of Genreal Psychiatry*, *52*, 1048-1060.

Kinsey, A. C., Pomeroy, W. B., & Marin, C. E. (1948). *Sexual behavior in the human female*. Philadelphia: Saunders.

Kinsey, A. C., Pomeroy, W. B., Martin, C. E., & Gebhard, P. H. (1953). *Sexual behavior in the human female*. Philadelphia: Saunders.

Kiser, L. J., Heston, J., Millsap, P. A., & Pruitt, D. V. (1991). Physical and sexual abuse in childhood: Relationships with Posttraumatic stress disorder. *Journal of the American Academy of Child and Adolescent Psychiatry*, *30*, 776-783.

Kosslyn, S. M. (1995). Introduction. In M. S. Gazzaniga (Ed.), *The cognitive neurosciences*. Cambridge, MA: MIT Press.

Kronsick, J. A., Betz, A. L., Jussim, L. J., & Lynn, A. R. (1992). Subliminal conditioning of attitudes. *Personality and Social Psychology Bulletin*, *18*, 152-162.

Kuhn, D., & Dean, D. (2009). Connecting scientific reasoning and causal inference. *Journal of Cognition and Development*, *5*, 261-288.

Ladouceur, R., Sylvain, C., Boutin, C., Lachance, S., Doucet, C., Leblond, J., & Jacques. (2001). Cognitive treatment of pathological gambling. *Journal of Nervous and Mental Disease*, *189*(11).

Lazarus, A. A. (1992). The multimodal approach to the treatment of minor depression. *American Journal of Psychotherapy*, *46*, 50.

Lazarus, R. S. (1984). On the primacy of cognition. *American Psychologist*, *39*, 124-129.

Lazarus, R. S. (1991). *Emotion and adaptation*. Oxford: Oxford PRess.

Lazarus, R. S., & Folkman, S. (1984). *Stress, appraisal, and coping*. New York: Springer.

Leahey, J. R (2000). *A history of psychology: Main currents in psychological thought*. New York: Upper Saddle River.

Leathy, R. L., & Holland, S. J. (2000). *Treatment plans and interventions for depression and anxiety disorders*. New York & London: The Guilford Press.

LeDoux, J. E. (1994). Emotion, memory and the brain. *Scientific American*, *270*, 32-39.

Lepper, M. R. (1983). Extrinsic reward and intrinsic motivation: Implications for the classroom. In J. M. Levine & M. C. Wung (Eds.), *Teacher and student perceptions: Implications for learning* (pp. 281-317). Hillsdale, NJ: Lawrence Erlbaum Associates.

Levi, L. (1967), *Stress and Distress in Response to Psychological Stimuli*. Pergamon, Press, Oxford.

Liberman, R. P. (1987). *Psychiatric rehabilitation of chronic mental patients*. Washinton, D.C.: American Psychiatric Press.

Lindstorm, L. (1992). *Managing alcoholism: Matching clients to treatment*. Oxford: Oxford University Press.

Lorenz, V. C., Politzer, R. M., & Yaffee, R. A. (1990). *Final report of the task force on gambling addiction in Maryland*. Baltimore, MD: Maryland Task Force on Gambling Addiction.

Mainis, M. (1958). Personal adjustment, assumed sililarity to parents, and inferred parental evaluations of the self. *Journal of Consulting Psychology*, *22*, 481-485.

Mann, J. J. (1998). The neurobiology of suicide. *Nature Medicine*, *4*, 25-30.

Maslow, A. H. (1954). *Motivation and personality*. New York: Harper & Row.

Maslow, A. H. (1970). *Toward a psychology of being* (3rd ed.). New York: Van Nostrand.

Maslow, A. H. (Ed.). (1970). *Motivation and personality* (2nd ed.). New York: Harper & Row.

Masten, A. S., & Coatsworth, J. D. (1998). The development of competence in favorable and unfavorable environments. *American Psychologis*, *53*, 205-220.

Matsumoto, D. (1987). The role of facial response in the experience of emotion: More methodological problems and a meta-analysis. *Journal of Personality and Social Psychology*, *52*, 769-774.

Mayer, D. G. (2002). Exploring psychology. New York: Worth Publishers.

Mayer, J. D., & Salovey, P. (1997). What is emotional intelligence? In P. Salovey & D. J. Sluyter (Eds.), *Emotional development and emotional intelligence: Educational implications*. New York: Basic Books.

McCubbing, M., Balling, K., Possin, P., Frierdich, S., & Bryne, B. (2004). Family resiliency in childhood cancer. *Family Relations*, *51*(2), 103-111.

McDonald, L., & Robb, A. L. (2004). The economic legacy of divorce and separation for women in old age. *Canadian Journal on Aging*, *23* (Supl. 1.1), S83-S97.

McFarlane, A. C. (1992). Avoidance and intrusion in posttraumatic stress disorder in the victims of a natural disaster. *Journal of Nervous and Mental Disease, 180*, 439-445.

McFarlane, A. C., & Yehuda, R. (1996). Resilience, vulnerability, and the course of posttraumatic reactions. In B. A. van der Kolk, A. C. Mcfarlane, & L. Weisaeth (Eds.), *Traumatic stress: The effects of overwhelming experience on mind, body and society* (pp. 155-179). New York: Guilford Press.

McInnis-Dittrich, K. (2002). *Social work with elderes: A biopsychosocial approach to assessment and intervention*. Boston: Allyn and Bacon.

McNally, R. J. (1994). Panic disorder: A critical analysis. New York: Guilford Press.

Meyer, I. H. (1995). Minority stress and mental health in gay men. *Journal of Health and Social Behavior, 36*(1), 38-56.

Meyer, I. H. (2003). Prejudice, social stress, and mental health in lesbian, gay, and bisexual populations: Conceptual issues and research evidence. *Psychological Bulletin, 129*(5), 674-697.

Miller, N. S. (1991). *Comprehensive handbook of drug and alcohol addiction* (pp. 882-897). New York: Marcel Dekker, Inc.

Monti, P. M., Abrams, D. B., Kadden, R. M., & Cooney, N. L. (1989). Treating alcohol dependence: A coping skills training guide. New York: The Guilford Press.

Moscovitch, M. (1997). Cited in C. Holden, A special place for faces in the brain. Science, 278, 41.

Motohashi, Y., Kaneko, Y., & Sasaki, H. (2004). Community-based suicide prevention program in Japan using a health promotion approach. *Environmental Health and Preventive Medicine, 9*(1), 3-8.

Mueser, K. T., Corrigan, P. W., Hilton, D. W., Tanzman, B., Schaub, A., Gingerich, S., Essock, S. M., Tarrier, N., Morey, B., Vogel-Scibilia, S., & Herz, M. I. (2002). Illness magagementand recovery: A review of the research. *Psychiatric Services, 53*(10), 1272-1284.

Myer, R. A. (2001). *Assessment for crisis intervention: A triage assessment model*. Cengage Learning.

O'Brien, J. (1971). Violence in divorce prone families. *Journal of Marriage and the Family, 33*, 692-698.

Ohnson, M. R. (2000). Developmental cognitive neuroscience: An introduction. Oxford: BlackwelL.

Orthner, K. D., Jones-Sanpei, H., & Williamson, S. (2004). The resilience and strengths of lowincome families. *Family Relations, 53*(2), 159-167.

Oxford, J. (2001), Addiction as Excessive Appetite. *Addiction, 96*.

Parad, H. J., & Parad, L. G. (1990). Crisis intervention: An introductory overview. In H. J. Parad & L. G. Parad (Eds.), *Crisis intervention book 2: The practitioner' sourcebook for brief therapy* (pp.3-68). Milwaukee, Wisconsin Family Service America.

Patterson, D. R., Carrigan, L., Questad, K. A., & Robinson, R. (1990). Posttraumatic stress disorder in hospitalized patients with burn injuries. *Journal of Burn Care and Rehabilitation, 11*, 181-

184.

Pescosolido, B. A., & Wright, E. R. (1990). Suicide and the role of the family over the life course. *Family Perspective*, *41*(1), 41-58.

Perls, F. (1973), *The Gesralt Approach and Eye Witness to Therapy*. New York: Bantam.

Peterson, L. R., & Peterson, M. J. (1959). Short-term retention of individual verbal items. *Journal of Experimental Psychology*, *58*, 193-198.

Pietrofesa, J. J., Hoffman, A., & Splete, H. H. (1984). *Counseling: An introduction* (2nd ed.). Boston: Houghton Mifflin.

Prugh, T. (1986). Recovery without treatment. *Alcohol Health & Research World*, *Fall*, 24-71.

Repper, J., & Perkins, R. (2003). *Social inclusion and recovery: A model for mental health practice*. London: Bailliere-Tindall.

Resnick, S. G., Rosenheck, R. A., & Lehman, A. F. (2004). An exploratory analysis of correlates of recovery. *Psychiatric Services*, *55*(5), 540-547.

Robertson, I. (2018). *Stress test: How pressure can nutke you stronger and sharper*. London: Bloomsbury Publishing.

Rosenbaum, A., & O'Leary, K. D. (1981). Marital violence: Characteristics of abusive couples. *Journal of Consulting and Clinical Psychology*, *49*(1), 63-71.

Ross, M. W. (1990). The relationship between life events and mental health in homosexual men. *Journal of Clinical Psychology*, *46*(4), 402-411.

Rothblum, E. D. (1990). Women and weight: Fad and fiction. *Journal of Psychology*, *124*, 5-24.

Roy, A. (1992), Self-destructive behavior. *The American Journal of Psychiatry*, *81*.

Rundus, D. (1971). Analysis of rehearsal processes in free recall. *Journal of Experimental Psychology*, *89*, 63-77.

Saigh, P. A. (1991). The development of Posttraumatic stress disorder following four different types of traumatization. *Behavior Research and Therapy*, *14*, 247-275.

Saigh, P. A., Green, B. L., & Korol, M. (1996). The history and prevalence of posttraumatic stress disorder with special refrence to children and adolescents. *Journal of School Psychology*, *34*, 107-131.

Santrock, J. W. (2017). *Life-span development*. New York: McGraw-Hill Education Ltd.

Schachter, S., & Singer, J. E. (1962). Cognitive, social, and physiological determinants of and emotional state. *Psychological Review*, *69*, 379-399.

Schneider, W., & Shiffrin, R. M. (1977). Controlled and automatic information processing: I. Detection, search, and attention. *Psychological Review*, *84*, 1-66.

Schwartz, B., & Reisberg, D. (1991). *Learning and memory*. New York: Norton.

Scott, J. M., Scott, G, M., & Garrison, S. M. (1999). *The psychology studend writer' manua*l. Upper Saddle River, NJ: Prentice-Hall.

Selye, H. (1983). The stress concept and some of it's implications. *Human stress and cognition: An information processing approach*, 11-32.

Setiawan, E., Wilson, A. A., Mizrahi, R., Rusjan, P. M., Miler, L., Rajkowska, G., …… & Meyer, J. H. (2015). Role of translocator protein density, a marker of neuroinflammation, in the brain during major depressive episodes. *JAMA psychiatry, 72*(3), 268-275.

Shaffer, H. J., Hall, M., & Bilt, J. (1999). Computer Addiction: A Critical Consideration. *The American Journal of Orthopsychiatry, 70.*

Shalev, A. Y., Peri, T., Canetti, L., & Schreibers, S. (1996). Predictors of PTSD in injured trauma survivors: A prospective study. *American Journal of Psychiatry, 155*, 219-225.

Shertzer, B., & Stone, S. C. (1981). *Fundamentals of Guidance* (4th ed.). Boston, MA: Houghton Mifflin.

Shneidman, T. (1984). Adolescents suicide. *Journal of Clinical Psychiatry, 48.*

Skinner, B. F. (1953). *Science and human behavior.* New York: Macmillan.

Slaikeu, K. A. (1990). *Crisis intervention: A handbook for practice and research.* Boston: Allyn and Bacon.

Smith, J. H. (1981). The idea of health: A philsophical inquary. *ANS, 4*(1), 43-50.

Spearman, C. (1904). "General intelligence" objectively determined and measured. *American Journal of Psychology, 15*, 201-293.

Sperling, G. A. (1960). The information available in brief visual persentations. *Psychological Monographs, 74*(Whole No. 498).

Spiegel, D., Koopman, C., & Classen, C. (1994). Acute stress disorder and dissociation. *Australian Journal of Clinical and Experimental Hypnosis, 22*, 11-23.

Squire, L. R., & Knowlton, B. J. (1995). Memory, hippocampus, and brain systems. In M. S. Gazzaniga (Ed.), *The cognitive neuro-sciences.* Cambridge, MA: MIT Press.

Stack, S. (2003). Media coverage as a risk factor in suicide. *Journal of Epidemiology and Community Health, 57*(4), 238-240.

Steil, J. M., & Turetsky, B. A. (1987). Is equality better? The relationship between marital equality and psychological symptomatology. In S. Oskamp (Ed.), F*amily processes and problems: Social psychological aspects* (pp. 73-79). Nesbury Park, CA: SAGE publicaions.

Sternberg, R. J., & Detterman, D. K. (1986). *What is intelligence? Contemporary viewpoints on its nature and definition.* Norwood, NJ: Ablex.

Sternberg, R. J. (1985). *Beyond IQ: A triarchic theory of human intelligence.* New York: Cambridge University Press.

Sternberg, R. J. (1986). A triangular theory of love. *Psychological Review, 93*, 119-135.

Sternberg, R. J. (2006). *The new psychology of love.* New Haven, CT: Yale University Press.

Sternberg, R. J., & Grajek, S. (1984). The nature of love. *Journal of Personality and Social Psychology, 47*(2), 312-329.

Sternberg, R. J., & Williams, W. M. (2009). *Educational psychology* (2nd ed.). Pearson: Available.

Steward, M., Reid, G., & Mangham, C. (1997). Fostering children's resilience. *Journal of Pediatric Nursing, 12*, 21-31.

Surgeon General Reports. (1999). Mental health: A report of the surgeon general, Chapter 2, The fundamental of mental health and mental illness. www.mentalhealth.org.

Tandon, R., & Carpenter, W. T. (2013). Psychotic disorders in DSM-5. *Psychiatrie, 10*(1), 5-9.

Tayoler, S. E., & Brown, J. D.(1988). Illusion and well-being: A social psychological perspective on mental health. *Psychological Bulletin, 103*, 193-210.

Terman, L. M. (1916). *The measurement of intelligence*. Boston: Houghton Mifflin.

Thelen, E. (1995). Motor development. *American Psychologist, 50*, 79-95.

Thorson, J. A. (2000). *Aging in a changing society* (2nd ed.). New York: Brunner Routhledge.

Tice, C. J., & Perkins, K. (1996). *Mental health issues and aging: Building on the strengths of older persons*. Pacific Grove, CA: Brooks/Cole Publishing Company.

Tolman, E. C. (1959). Principles of purposive behavior. In S. Koch (Ed.), *Psychology: A study of science* (Vol. 2). New York: McGraw-Hill.

Tomb, D. A. (1994). The phenomenlogy of Posttraumatic stress disorder. *Psychiatric Clinics of North America, 17*, 237-250.

Treisman, A. M. (1964). Verbal cues, language, and meaning in selective attention. *American Journal of Psychology, 77*, 206-219.

Treisman, A. M., & Gelade, G. (1980). A feature-integration theory of attention. *Cognitive Psychology, 12*, 97-136.

Tulving, E. (1974). Recall and recognition of semantically encoded words. *Journal of Experimental Psychology, 102*, 778-787.

Tulving, E., & Pearlstone, Z. (1966). Availability versus accessibility of information in memory for words. *Journal of Verbal Learning & Verbal Behavior*, 5, 381-391.

Turner, D. (2002). Mapping the routes to recovery. *Mental Health Today, July*, 29-31.

Walker, E. A., Gelfand, A. N., Gelfand, M. D., Koss, M. P., & Katon, W. J. (1995). Medical and psychiatric symptoms in female gastroenterology clinic patients with histories of sexual victimization. *General Hospital Psychiatry, 17*, 85-92.

Walker, L. E. (1979). *The bateered woman*. Newo York: Harper & Row.

Walker, T. (2013). Vioces from the group: Violenr women's experiences of intervention. *Journal of family violence, 28*(4).

Walsh, F. (2002). A Family resilience framework: Innovative practice applications. *Family Relations, 51*, 130-137.

Wason, P. C. (1966). Reasoning. In B. M. Foss (Ed.), *New horizons in psychology*. Harmondsworth, UK: Penguin.

Watson, J. B. (1913). Psychology as the behaviorist views it. *Psychological Review, 20*, 158-177.

Watson, J. B. (1924). *Behaviorism*. New York: Norton.

Watson, J. B., & Rayner, R. (1920). Conditioned emotional reactions. *Journal of Experimental Psychology, 3*, 1-14.

Wechsler, D. (1939). *The measurement of adult intelligence*. Baltimore: Williams and Wilkins.

Wenz, F. V. (1977). Seasonal suicide attempts and forms loneliness. Psychological Reports. 40.

Werner, E. E., & Smith, R. S. (1992). Overcoming the odds: High risk children from birth to adulthood. Ithaca, NY: Cornell University Press.

WHO. (1994). Kids Matter whole model for mental health promotion, prevention and early intervention in primary schools.

Wiener, N. (1948). *Cybernetics or control and communication in the animal and the machine.* Paris: Hermann & Cie.

Williams, R. J. (1959). *Alcoholism: The nutritional approach*. Austin: University of Texas Press.

Wood, N., & Cowan, N. (1995). The cocktail party phenomenon revisited: How frequent are attention shifts to one's name in an irrelevant auditory channel? *Journal of Experimental Psychology: Learning, Memory, and Cognition*, *21*, 255-260.

Young, K. S. (1996). Internet addiction: The emergence of a new clinical disorder. *Cyberpsychology and Behavior*, *1*(3), 237-244.

Young, K. S. (1997). What makes the internet addictive: Potential explanations for pathological internet use. Paper presented at the 105th annual conference of the American Psycological Association. Chicago, II.

Young, K. S. (1999). Internet addiction: Symptoms, evaluation, and treatment. On-line, Available https://netaddiction.com/article/symptoms.html.

Zajonc, R. B. (1968). Attitude effects of mere exposure. Journal of personality and social psychology. *Monograph Supplement*, *9*(2).

Zajonc, R. B. (1980). Feeling and thinking: Preference need no inferences. *American Psychologist*, *35*, 151-175.

Zastrow, C., & Kirst-Ashman, K. K. (2001). Understanding human behavior and the social environment. Belmont: Wadsworth/Thomson Learning.

Zide, M. R., & Gray, S. W. (2001). Psychopathology: A competency-based treatment model for social workers. Belmont, CA: Brooks/Cole.

Zilbergeld, B., & Ellison, C. R. (1980). Desire discrepancies and arousal problems in sex therapy. In S. R. Leiblum & L. A. Pervin (Eds.), *Principles and practices of sex therapy*. New York: Guilford Press.

네이버 지식백과. 건강[建康, health]. (두산백과).

네이버 지식백과. 정신건강[精神健康, mental health] (교육학용어사전, 1995. 6. 29., 하우동설).

# 찾아보기

## 저자 소개

**안권순**(Ahn Kwon Soon)
충남대학교 심리학과 학사
중앙대학교 대학원 심리학과 임상심리학 석사
동국대학교 대학원 교육학과 상담심리학 박사
(주 전공: 임상심리학, 상담심리학, 교육학)

현 한서대학교 교육대학원 상담심리전공 교수
한서대학교 보건상담복지학과 교수

전 원광대학교 의과대학 신경정신과 임상심리 인턴수료
대전광역시 활동진흥센터 교육개발부장
한국대학상담학회 사무국장
여성가족부 정책자문위원회 청소년분과위원장
한국청소년학회 회장
서산시 청소년문화의집 관장
한서대학교 평생교육원장
한서대학교 교수학습개발센터장
한서대학교 교육대학원장

〈저서 및 논문〉
『심리학의 실제』(공저, 2004, 형설출판사), 『인간생활과 심리학』(공저, 2011, 학지사), 『인간심리의 이해』(2023, 학지사), 「비행청소년과 일반청소년의 비행 경험 및 관련 요인 비교」(2007) 외 다수

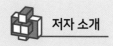

현대인을 위한
# 정신건강론
Mental Health

2023년 2월 20일 1판 1쇄 인쇄
2023년 2월 25일 1판 1쇄 발행

지은이 • 안권순
펴낸이 • 김진환
펴낸곳 • (주) 학지사
04031 서울특별시 마포구 양화로 15길 20 마인드월드빌딩
대표전화 • 02)330-5114 팩스 02)324-2345
등록번호 • 제313-2006-000265호

홈페이지 • http://www.hakjisa.co.kr
페이스북 • https://www.facebook.com/hakjisabook

ISBN 978-89-997-2868-6 93180

정가 21,000원

저자와의 협약으로 인지는 생략합니다.
파본은 구입처에서 교환해 드립니다.